生存的十二條法則

當代最具影響力的
公共知識分子
對混亂生活開出的解方

喬登·彼得森 著
劉思潔·何雪綾 譯

12 Rules for Life

An Antidote to Chaos

JORDAN B. PETERSON

作者

喬登·彼得森

多倫多大學心理學教授、臨床心理學家，前哈佛大學心理學系教授。

在加拿大亞伯達北部酷寒的荒地上磨練長大。曾用碳纖維製特技飛機飛過鎚頭滾、在惡魔鳥周圍駕駛桃花心木競賽帆船、與一隊太空人一起探索亞歷桑那州的隕石坑。在受邀加入加拿大第一民族並獲得族名之後，在多倫多家中的樓上建造了加拿大Kwagu'l族的祖廟。

在哈佛執教時，入圍獲極富聲望的李文森教學獎（Levenson Teaching Prize）。在目前任教的多倫多大學中，被學生視為三位真正改變人生的教授之一。為Quora網站「價值與原則」、「教養與教育」點閱率最高的作者。在課堂上教授的神學被加拿大公共電視台製作成13集的熱門電視節目。

Twitter帳號@jordanperterson
臉書帳號Dr Jordan B Peterson
YouTube頻道JordanPetersonVideos

目錄

推薦序⋯⋯⋯ 005
自序⋯⋯⋯ 023
1 站直，抬頭挺胸⋯⋯⋯ 033
2 善待自己，就像善待任何你有責任幫助的人⋯⋯⋯ 057
3 結交希望你變得更好的朋友⋯⋯⋯ 087
4 跟昨天的自己比，而不是跟今天的別人比⋯⋯⋯ 103
5 別讓孩子做出令你討厭他們的事⋯⋯⋯ 127
6 批評世界之前，先整理好自己的房間⋯⋯⋯ 155

7 做有意義的事，不要便宜行事……167
8 說實話，或至少不要說謊……205
9 假設你聆聽的對象，可能知道一些你不知道的事……231
10 說話要精準……253
11 孩子玩滑板時，不要干擾他們……277
12 在路上遇到貓，就摸一摸……321

終章……341
謝辭……354
尾注……i

推薦序

諾曼・多吉（精神科醫師、精神分析師、《改變是大腦的天性》作者）

規則？又是規則？當真嗎？人生還不夠複雜、限制還不夠多嗎？難道我們還缺少那種毫不考慮獨特性與個別境遇的抽象規則嗎？再說，既然人腦有可塑性，並且會根據生活經驗而有不同的發展，為什麼還要期待區區幾條規則能幫助每個人？

人類並不會大聲疾呼要有規則，連聖經的記載也是如此。當初摩西消失許久，當他帶著刻有十誡的法版下山後，卻發現以色列百姓正在狂歡作樂。這些人被埃及法老奴役長達四百年，飽受暴虐法規的壓制，然後摩西又要這些人到艱困的曠野流浪四十年，以淨化奴性。最後，以色列人終於自由了，可以無拘無束縱情享樂，便圍繞著金牛犢跳舞狂歡，炫示各種物欲放縱。

立法者對著百姓大喊：「我要宣布一些好消息……還有一些壞消息。各位要先聽哪一種？」

崇尚享樂的百姓回答：「先聽好消息！」

「我讓上帝把十五條誡命刪成十條了！」

「哈利路亞！」放蕩的群眾歡呼著。「那壞消息呢？」

「還是有不可姦淫這一條。」

看來規則是難免的，不過，千萬別太多。即使我們知道規則是為了我們好，卻仍會有矛盾感受。如果我們具有積極的精神、堅毅的品格，那麼規則對我們而言似乎綁手綁腳，侵犯了我們活出自己人生的能動感與自豪感。別人憑什麼依他們的規則來評斷我們？

而我們的確會受到評斷，畢竟上帝給摩西的不是「十條建議」，而是「十條誡命」。假設我是自由的個體，我對命令的第一個反應可能是：任何人（包括上帝）都不能要求我應該做什麼，就算那是為我好。不過這個金牛犢的故事也提醒我們，若是沒有規則，我們很快會淪為自己七情六欲的奴隸，如此便毫無自由可言。

這則故事透露出更多寓意：若不受監督，只憑自己天真無知的判斷，我們很快便會失去理想，崇拜一些比自己低下的特質，就像故事中的人崇拜動物造像，以完全不受控制的方式表現出我們的動物本能。這段古希伯來故事清楚刻劃出古人的感受：若沒有規則來提升我們的眼光與標準，我們的文明行為會有什麼樣的前景。

這個聖經故事有一個巧妙之處，就是裡面除了條列出一些規則，像律師、立法者或行政官員所做的那樣，還將這些規則嵌進一個很戲劇性的故事裡，說明人類為何需要這些規則，進而使規則更容易理解。同樣的，彼得森教授在這本書中不僅提出他的十二條法則，他也講述了故事，用故事傳達他在許多領域的知識，藉此闡釋和解說為何最佳規則最終不會限制我們，而是促使我們追尋自己的目標，成就更完整、更自由的人生。

二〇〇四年九月十二日，我和彼得森初遇於我們共同好友，即電視製作人辛伯格（Wodek Szemberg）和內科醫師貝琪爾（Estera Bekier）的家中。那天是辛伯格的慶生會。辛伯格和貝琪爾是波蘭難民，成長於蘇維埃帝國，而在那裡，有許多話題都被視為禁忌，隨意質疑某些社會安排和哲學觀念（遑論政權本身）都可能惹禍上身。

但此時，這對主人沈浸於自在、真誠的談話中，舉辦這場優雅的派對來享受無拘無束交流的樂趣，既說出自己**真正**的想法，也聆聽別人說出真心話。這個派對的規則就是「有話直說」，如果話題轉到政治，不同政治立場的人會用一種日益少見的方式交談，而且確實期盼能相互溝通。有時候辛伯格會突然發表自己的意見或實話，就像他會突然笑出來一樣，然後他會大力擁抱那個逗他發笑或激他講出內心話的人，力道大到他自己可能都會意外。這就是這些聚會最棒的地方，這樣的率真再加上辛伯格溫暖的擁抱，讓人覺得惹他發笑或說實話是值得的。同時，貝琪爾的聲音輕快活潑地傳過整個房間，精確地送到該聽到的人耳中。對這群人來說，真心話爆發絲毫不會減損自在氣氛，他們促成更多實話冒出來！以解放我們，並帶來更多笑聲，讓整個晚上更加愉悅。跟辛伯格與貝琪爾這兩位脫離壓迫的東歐人相處，你一定會很明白自己在做什麼、在跟誰交手，而這樣的坦率讓場面充滿活力。小說家巴爾札克曾經描述祖國法國的舞會和宴會，據他觀察，宴會表面上只有一場，實際上卻總是有兩場：前幾個鐘頭，會場充斥著無聊的賓客，都在裝腔作勢、故作姿態。有些賓客只想見到某個特定人士，好肯定自己的美貌和身分地位。然後，等到夜深了，大部分賓客都已離開，第二場——也就是真正的宴會——才終於開始，此時每個在場的人士都參與談話，豪爽的笑聲也取代了拘謹的氛圍。在貝琪爾和辛伯格的派對上，這種凌晨時分的坦白和親近往往從我們走進兩人家門的那一刻就開始了。

辛伯格一頭茂密銀髮，像是頂著獅子鬃毛的獵人，隨時在尋找具有潛力的公共知識分子。他知道如何發掘**真正**能在電視攝影機前侃侃而談、因為內心的真誠而顯得誠懇的人（攝影機能明察秋毫），也經常邀請這樣的人參加聚會。那一天，辛伯格找來一位心理學教授，跟我同樣任教於多倫多大學。他符合以上條件，兼具知性與感性。辛伯格是第一個把彼得森推到攝影機前的人，而且，由於彼得森隨時可以開口闡明事理，他也認為彼得森是正在找尋學生的老師。更棒的是，彼得森喜歡攝影機，而攝影機也喜歡他。

當天下午，辛伯格和貝琪爾的庭院擺著一張大餐桌，桌旁圍坐著一群常客，以及幾位能言善道的人。不過我們似乎被一群揮之不去的蜜蜂干擾著。一個新來的傢伙也在場，他操著亞伯達省的口音，穿著牛仔靴，對蜜蜂視若無睹，始終滔滔不絕，而我們其他人為了躲蜜蜂只得一直更換座位，又都盡量圍在桌邊，因為這個新來的傢伙實在太有意思了。

他有個怪習慣，就是他在向桌旁的任何人（多半是初次見面的人）講述最深奧的問題時，會一副只是在閒聊的樣子。或者，當他真的在閒聊的時候，只需十億分之一秒，就能從「你是怎麼認識辛伯格和貝琪爾的？」或「我養過蜜蜂，所以很習慣」這類內容切到比較嚴肅的話題。

這類問題的討論可能會出現在教授和專業人士雲集的聚會上，但通常只是某個角落裡兩位相關領域專家的對話。若是對著整群人談論，通常發表者會擺出不可一世的模樣。但這位彼得森教授雖然博學多聞，卻不是賣弄知識的學究。他的熱情就像剛學會某個新東西並且不吐不快的孩子，也跟還不懂成年人有多麼乏味的孩子一樣，一心認定自己覺得有意思的東西別人也會感興趣。這位牛仔帶著一股孩子氣，提及某些主題時，會一副大家全在同一個小鎮或家族裡長大，也都一樣不停思考著人類生存問題的樣子。

彼得森並不是「怪人」。他有一般人眼中非常好的學經歷，曾經是哈佛大學的教授，而且溫文儒雅（就牛仔而言），雖然他也很常說「該死的」和「去他的」，並帶著一九五〇年代那種鄉村風格。然而，大家都帶著入迷的表情，專心聽彼得森講話，原因是，他談論的內容實際上是桌旁每個人都關切的問題。

一個飽學之士講起話來卻如此質樸，這令身邊的人很自在。彼得森的思考是一種肌肉運動，他似乎需要**放聲**思考，並運用大腦的運動皮質，但那個運動神經也必須快速運作才能適度發揮功用，讓思考順利發射。彼得森不算很狂躁，但他空轉的轉速很高，洶湧的思緒噴薄而出。他也不像許多一開口便霸占發言台的學者，如果有人提出質疑或糾正，他看起來會真的很樂在其中。他不會暴跳如雷地嘶吼，而是會隨和地說「對」，然後不由自主低下頭。如果是他原本忽略了什麼，就會稍微搖搖頭，取笑自己太過以偏概全。他很看重有人提供問題的另一個面向，顯然對他而言，思考一個問題就是一種對話的過程。

彼得森還有另一個很不尋常的特質：儘管知識淵博，卻極端務實。這勢必令人印象深刻。他所舉的例子幾乎都是日常生活的應用，包括企業管理、如何製作家具（他自己就做了很多）、設計簡單的屋子、把房間布置得舒適漂亮（現在是網路上爆紅的話題），還有一個跟教育有關的實際案例：他建立了一個線上寫作課程，讓少數族裔的學生為自己做一種精神分析式的練習，以免這些學生輟學。學生在這個練習中可以對自己的過去、現在和未來做自由聯想，這個計畫現在稱為「開創自我計畫」（Self-Authoring Program）。

我向來特別喜歡中西部草原出身、在農場長大（可充分認識大自然）或在小鎮成長的人，以及會用自己的雙手製作物品、經常有大段時間在戶外面對惡劣氣候、往往要克服萬難才能自學並進入大學的人。我覺得這樣的人非常不像那些精明世故但又有點改變本性的都市人。都市人接受高等教育是早就確定的事，因此有時會將高等教育視為理所當然，或者不認為這是一種目標，而只是有利於職涯發展的一個人生階段。這些西部人則不然，他們自力更生、白手起家、說做就做、以助人為樂，不像大城市的同儕那麼嬌貴——這些都市人逐漸將大把生命投注在室內，操控著電腦上的符號。然而，只要某個想法可能在某些方面對某個人有幫助，這位牛仔心理學家似乎就會相當關切這個想法。

於是我和彼得森結為好友。身兼精神科醫師和精神分析師又熱愛文學的我，不免受彼得森吸引，原因是這個臨床心理學家同樣博覽群籍，不但熱愛富含精神性的俄國小說、哲學與遠古神話，而且似乎把這些東西視為他最珍貴的資產，此外他也針對人格和氣質做過很有啟發性的統計研究，並研讀過神經科學。他雖然受的是行為學派的訓練，卻因為精神分析的焦點在於夢境、原型、持續到成年期的童年衝突、防衛和合理化在日常生活中的角色，而對精神分析深感興趣。多倫多大學心理系以研究為導向，他是唯一還在臨床執業的教授。

我去彼得森家中拜訪時，我們的談話總是從揶揄和笑聲開始，那正是出身亞伯達偏遠小鎮、青少年時期跟電影《DJ狂想曲》(*FUBAR*)如出一轍的人表達歡迎光臨的方式。在彼得森和他妻子譚美的改裝下，他家大概是我所見過最迷人又最驚人的中產階級住家。這個家裡有藝術品，還有一些雕塑面具以及抽象畫，但令這些相形失色的，是一大堆社會現實主義的畫作真跡，由列寧和蘇聯委派的早期共產主義者所繪製。蘇聯解體後不久，世界上大部分的人剛鬆了一口氣，彼得森便開始在網路上以非常便宜的價錢收購這些宣傳品，他家所有的牆壁、天花板甚至浴室都掛滿這些吹捧蘇維埃革命精神的畫作，這不是因為彼得森對極權主義有絲毫的贊同，而是為了提醒自己記得一件他知道自己和其他人都寧可忘記的事：有一億以上的人民死於烏托邦之名。

我得花一些工夫，才能適應這間帶著鬼屋氣息、以實際上摧毀了人類的妄想來「布置」的房子。但這個家因為彼得森獨特又了不起的另一半譚美而讓人自在許多。譚美全心投入，不但接受而且還鼓勵這種很不尋常的表達需求！這些畫作讓訪客立即看見彼得森全心關切的兩件事：人類以善為名的行惡能力，以及自欺欺人的心理之謎（人們怎麼能若無其事地欺騙自己？）——而我們對這些都很感興趣。我們也會花數小時討論一個我可能會說是比較輕微的問題（說較輕微，是因為較罕見），也就是人類純粹為了作惡而作惡的能力，這些人的樂趣在於摧毀別人，十七世紀英國詩人米爾頓在

《失樂園》中對此已有極佳的刻劃。

我們就在彼得森那間廚房的地下世界中邊聊邊喝著茶，四周圍繞著那些怪異的藝術收藏品，而這些都具體標記出他真摯的探索，想要超越簡化的意識形態（無論左翼或右翼），並且絕不重蹈覆轍。過一會兒，在那間懸掛著不祥畫作的廚房裡喝茶、討論家庭問題和最近讀過的書，就沒那麼怪異了。這裡的生活，就只是重現了過去的世界，而現今有些地方也依舊是那樣的世界。

彼得森在他的第一本大作（也是本書之外唯一的著作）——《意義地圖》（*Maps of Meaning: The Architecture of Belief*，暫譯）中，分享了他對世界神話共同主題的深刻見解，並解釋所有的文化是如何創造出一些故事，幫助人類對抗從一出生就投身其中的混亂，並且最終得以繪製出地圖去探勘人生。這個混亂就是未知的一切，是所有必須橫越的處女地，無論是外在世界或內在心靈。

《意義地圖》出版於將近二十年前，書中結合了演化論、情緒的神經科學研究、榮格理論的精華、佛洛伊德的部分學說，還有許多人的偉大作品，包括尼采、杜斯妥也夫斯基、索忍尼辛、伊利亞德、諾伊曼（Erich Neumann）、皮亞傑、弗萊（Northrop Frye）、弗蘭克（Viktor E. Frankl），可見彼得森兼容各家精華，試圖去了解當我們在日常生活中必須面對未知的事物時，人類和人腦如何處理這種原型處境。《意義地圖》的卓越之處，在於彼得森闡述了這樣的處境是如何根源於演化過程、人類的DNA和大腦，以及人類最古老的故事。他也表明這些故事之所以留存至今，正是因為它們依然能夠提供指引，引導我們處理不確定性及無可避免的未知。

眼下這本書的眾多優點之一，在於提供了閱讀《意義地圖》的一個入門。《意義地圖》的內容之所以如此繁複，是因為彼得森在書寫時也正在發展他的心理學取向。但《生存的十二條法則》的內容很基本，因為無論我們的基因或人生經驗何等相異，無論我們具可塑性的大腦受經驗影響而產生多麼不同的迴路，每個人都還是必須因應未知，也都試圖從混亂進入秩序。正因如此，本書的許多規則都具有普遍性，而這些規則就是以《意義地圖》為根據。

觸發《意義地圖》寫作的，是彼得森的痛苦覺醒。他的青春期剛好趕上冷戰，當時大半的人類為了捍衛自己的身分認同，似乎差一點就將整個地球炸毀。彼得森覺得有必要了解人類何以為了某個「身分認同」（無論那是什麼）而甘願犧牲一切，也覺得必須了解那些意識形態如何迫使極權政體做出上述行為的變體：殺死自己的人民。在《意義地圖》和這本書中，彼得森提醒讀者最需要留意的問題之一就是意識形態，無論這個意識形態是由誰散播或有何目的。

意識形態就是將簡單的想法假扮成科學或哲學，企圖解釋世界的複雜現象，並提供補救，好讓世界臻至完美。意識形態家假裝自己知道怎樣「讓世界變得更美好」，卻沒有先處理好自己內在的混亂（這些人的意識形態讓他們以戰士自許，而這樣的認同感掩蓋了他們內在的混亂），那無疑是一種傲慢自大，而本書最重要的主題之一，就是先「整理好自己的家」，彼得森針對如何做到這點也提供了實用的建議。

意識形態是真實知識的替代品，崇信意識形態者一旦握有權力，勢必會帶來危害，因為那種單純、自以為無所不知的態度，根本無法應付生存的複雜性。此外，當意識形態家發明的社會裝置失靈時，這些人非但不責怪自己，反而譴責那些識破這種簡化方案的人。多倫多大學另一位知名教授費爾（Lewis Feuer）在他所著的《意識形態與意識形態家》（*Ideology and the Ideologists*）一書中指出，意識形態重新調整自己號稱已取代的宗教故事，卻刪除敘事和心理層面的豐富性。共產主義借用以色列百姓在埃及寄居的故事，強調當中被奴役的階級、富有的迫害者，以及一位類似列寧的領袖：曾經出國、曾與迫害者一同生活，後來帶領被奴役的人民進入應許美地（即烏托邦，無產階級的專政）。

為了理解意識形態，彼得森不但博覽群籍，研究了蘇聯的古拉格勞改營，也研究大屠殺和納粹的興起。我從沒見過出身基督宗教的同輩，有誰像他這麼為歐洲猶太人的遭遇痛心疾首，而且如此努力地試圖了解為何發生這種事。我也鑽研過這件事，我父親在奧斯威辛集中營劫後餘生，我祖母在中年曾與納粹醫師門格勒（Dr. Josef Mengele）面對面，此人對許多受害者進行無法言喻的殘酷實驗，而祖母之所以能活著走出奧斯威辛，是因為她沒有按照指示排在老弱殘疾的隊伍中，而是溜到年輕人的行列中，後來又用食物交換染髮劑，讓自己看起來不太老，因而再次逃過毒氣室，免於被殺害。她的丈夫（我的祖父）雖然熬過毛特豪森集中營的凌虐，卻在解放日前一天被他領到的第一個固體食物噎死。我講述這些事，是因為我和彼得森結為好友的幾年後，彼得森在言論自由議題上採取古典自由主義立場，因而被左翼極端分子指控為右翼偏執狂。

請容我以盡可能最溫和的方式這樣說：這些指控者充其量只能說是沒有盡責調查。但我有，基於我的家族歷史，我不但培養出能夠偵測右翼偏執狂的雷達，而且根本是水底聲納系統。更重要的是，我也學會辨認出哪種人擁有與右翼偏執狂戰鬥的理解力、工具、善意和勇氣。彼得森正是那樣的人。

現代政治科學試圖理解納粹主義、極權主義和偏見的興起，但我個人對這些討論並不滿意。基於這個主要因素，我決定在政治科學之外進一步研究潛意識、投射、精神分析、團體心理退化作用的可能性、精神醫學和大腦。彼得森也基於類似的原因轉離政治科學，因為這些重要的共同興趣，雖然我們並非總是對「答案」有共識（幸好），但對問題的見解幾乎都一致。

我們的友誼並不總是圍繞著劫數和黑暗。我習慣旁聽校內其他教授的課程，因此也去聽彼得森的課。他的課堂總是擠滿人，我也親眼目睹如今有數百萬人在網路上看到的畫面：一位才華洋溢、經常光采耀眼的公眾演說家，彷彿爵士樂大師般即興高談闊論。有時候，他像是熱情的北美大草原佈道家（不是在傳教，而是以自己的熱忱和能力講述故事，傳達出相信或否定各種觀念所帶來的篤定）。然後，他會輕鬆轉換話題，條理分明地為一系列科學研究提出令人驚奇的總結。彼得森極擅長協助學生反思，以及更認真看待自己和自己的未來。他教導學生尊重許多偉大書籍，並從臨床實務中舉出生動的例子，也會（適度）自我揭露甚至坦承自己的弱點，又在演化、大腦和宗教故事之間建立起相當令人著迷的連結。現在的學生學到的，都是演化論和宗教互相對立，而這是受到道金斯（Richard Dawkins）這類思想家的影響。彼得森則向學生說明演化論尤其有助於解釋許多遠古故事都蘊含深刻的心理訴求與智慧，從《吉爾伽美什史詩》到佛陀的生平事蹟，再到埃及神話及聖經，無不如此。例如，他闡述那些自願進入未知世界探險的故事（英雄的追尋之旅）如何反映出一些普世的任務，而大腦的演化即以這些任務為目的。彼得森很尊重這些故事，不會加以簡化，也從不宣稱要窮盡其中的智慧。當他探討偏見這樣的主題，或害怕與憎惡等相關情緒，或一般的性別差異，他都能指出這些特質的演化經過及存留原因。

最重要的是，他提醒學生注意大學裡很少談論的一些主題，包括一個簡單的事實：所有古人包括佛陀和聖經作者在內，都了解每個略經世事的成年人都知道的事：人生就是一場苦難。如果你或你親近的人正在受苦，這的確令人悲傷，唉，但這沒什麼特別的。我們的痛苦不僅是因為「政客太蠢」或「制度腐敗」，也不是因為你我就像其他人一樣，能夠用某些方式**合理地**將自己描述為某件事或某個人的受害者。我們之所以痛苦，是因為生而為人就注定要受苦。如果你或你所愛的人現在沒有任何苦難，很可能在五年內就會開始受苦，除非你們有異常的好運。養兒育女很不容易，工作很辛苦，生老病死無不艱辛。彼得森更強調，若完全靠一己之力，而沒有從親密關係、智慧或心理學大師的見解得到助益，人生只會更苦。他不是恐嚇學生，其實學生都覺得他的直言不諱令人安心，因為大部分的人在心靈深處都知道他講的是事實，即使從來沒有什麼論壇可以討論這件事——可能是因為生活中的大人對兒女的過度保護已到天真的程度，甚至欺騙自己相信只要不提到苦難，就可以神奇地保護兒女免受傷害。

彼得森也會講述英雄的神話故事，這個跨文化主題已有蘭克（Otto Rank）進行精神分析式的探索。蘭克跟隨佛洛伊德的腳步，指出許多文化都有類似的英雄神話，後來的榮格、坎貝爾（Joseph Campbell）和諾伊曼等人也研究這個主題。佛洛伊德的偉大貢獻，在於他專心致力於了解所謂的悲劇英雄故事（即伊底帕斯的故事），並以此來解釋精神官能症。彼得森則將焦點放在凱旋獲勝的英雄人物，這些故事的主角都必須走進未知世界、踏上未經探索的領域，應付全新的重大挑戰，並承擔極大的風險。在這個過程中，英雄內在的某些部分必須死去或丟棄，才能重生並迎接挑戰，而這就需要勇氣，但是心理學課程或教科書都很少討論這點。彼得森最近公開支持言論自由、反對我所謂的「強制言論」(forced speech)（因為涉及政府強迫公民表達政治觀點），這個賭注很大，也令他損失慘重。他很清楚這一點，但我看到他和譚美在這件事情上不僅展現出這股勇氣，也持續在生活中遵循這本書提到的規則，而其中有些規則可能相當嚴苛。

我看著彼得森一路成長。因為奉行這些規則，他從原本那個傑出人士變成更有能力、更自信的人。事實上，正是撰寫這本書和詳細闡述這些規則的過程，使得彼得森反對強制言論或強迫言論（compelled speech），也正是因為如此，他在這些事件期間開始上網發表自己對人生的一些想法和這些規則，迄今已有超過一億人次瀏覽他的YouTube影片，可見他的想法引起不少人的共鳴。

既然大家都不愛規則，而他在演講中卻提出規則，那麼，我們該怎麼解釋這麼不尋常的迴響？就彼得森的情形而言，這當然是因為他的魅力，再加上他難能可貴地挺身捍衛原則，令他一開始就在網路上大受關注。他起初在YouTube上發表的觀點，很快就累積了數十萬人次點閱，但人們還是持續觀看他的影片，因為他所講的內容滿足了大家內心深處沒有表達出的需求，而這都是因為人類雖然不希望被規則限制，然而同時也在追尋生命的架構。

現今年輕一輩對於規則（或至少是指引）的渴望更甚於從前，這有其理由。至少在西方社會，千禧世代生活在一個獨特的歷史處境中。我相信，世上從來沒有哪一代人像千禧世代這樣，在讀中小學和大學時，被我這一輩的許多人同時灌輸了兩種似乎互相矛盾的道德觀念。這個矛盾導致這世代的人有時會無所適從、猶豫不決，並且失去指引。更可悲的是，這些人被剝奪了豐富的資產，卻渾然不知。

第一種觀念或教導是：道德是相對的，充其量只是個人的「價值判斷」。**相對**表示任何事物都沒有絕對的對或錯，道德和相關規則只是一種個人見解或偶然事件，是「相對於」或「有關於」某個特定框架，例如一個人的族群、教養，或出生於哪個文化或歷史時刻，只是出生時的機遇而已。根據這種論點（現已成為教條），歷史教導我們的是，不同的宗教、部落、國家與族群很容易對根本問題產生歧見，歷來也都是如此。如今，後現代左翼人士又提出另一個主張，認為某個群體的倫理道德**純粹只是**試圖行使權力，以凌駕另一個群體。因此，一旦明顯看出自己和所屬社會的「道德價值」何等武斷，該做的事就是包容想法與背景不同（多元）的人。強調包容極為重要，因而對許多人而言，最嚴重的性格缺陷就是具有「批判性」[i]。此外，既然我們無法區別對錯好壞，或許成**年人最不恰當的舉動就是指導年輕人如何生活。**

於是，有一整個世代的人，成長過程中沒有被傳授往日稱為「實踐智慧」的內容，而這些智慧引領了過去的世代。千禧世代經常被告知自己接受了最好的教育，但這樣的教育實際上卻嚴重疏於傳授某種思索和道德。與我和彼得森同輩的相對主義者，有許多人成為千禧世代學生的教授，這些人選擇貶抑人類的數千年知識，將如何培養品德斥之為陳腐過時、「沒意義」，或甚至「壓迫」。這群人果然成功了，於是「品德」一詞變得不合時宜，提到這個字眼的人就像是時代錯置一樣，既說教又自以為是。

研究德性與研究道德（是非善惡）並不相同。亞里斯多德將德性簡單定義為最有助於生活福祉的行為舉止，惡習則被定義為最無益於生活福祉的行為舉止。他觀察指出，德性必然致力於均衡，並防範極端的惡習。亞里斯多德在《尼各馬科倫理學》一書中探討德性和惡行，該書根據經驗和觀察而非推測，論述人類可能得到的福祉。培養區別德性與惡習的判斷力，這正是智慧的開端，永遠不會過時。

相反的，現代的相對主義起於斷言人類不可能評斷該如何生活，因為沒有真實的善，也沒有真正的德性（這二者也是相對的）。於是，相對主義認為最接近「德性」的就是「包容」，唯有包容才為不同群體提供社會凝聚力，並防止我們互相傷害。因此在臉書和其他形式的社交媒體上，你會高舉自己所謂的美德，告訴大家你是何等包容、開明及慈悲，然後等著按讚數上升。（姑且不論告訴別人你是多麼正直善良並不是美德，而是自我推銷。宣揚德性並不是美德，反而很可能是人類最常

i 有些人誤認為是（這幾頁多處提到的）佛洛伊德促使現代人渴望「非批判性」的文化、學校和機構。佛洛伊德的確建議精神分析師進行治療時，必須以包容和同理傾聽病人，不要發表批判性的道德評斷，但這是為了一個明確的目的，就是讓病人能安心地全然坦白，而不會掩飾問題。這會鼓勵自我反思，允許病人探索被禁錮的感受和願望，甚至是羞愧的反社會衝動，並且（這正是最巧妙之處）讓病人發現自己的潛意識良知（和其評斷），以及對於自身「失誤」的嚴厲自我批判，還有病人經常對自己隱瞞的潛意識罪惡感，而這經常構成病人的低自尊、憂鬱和焦慮的基礎。最重要的是，佛洛伊德指出我們比自己意識到的更不道德也更道德。在治療中，這種「非批判主義」是一種能帶來解脫的強大技巧或手法，當你想更了解自己時，這是一種很理想的態度。但佛洛伊德未曾提出我們可以一輩子都不做評斷，或沒有倫理道德（而有些人想把整個文化變成一種巨型的團體治療時間）。事實上，他在《文明及其不滿》（*Civilization and Its Discontents*）一書中的論點是：唯有某些限制性的規則與道德就位之後，文明才會興起。作者注

見的惡習。）

不包容別人的觀點（無論那些觀點多麼無知或毫無條理）不僅是錯的，在一個不分對錯的世界裡，是更糟的問題，表示你單純天真得令人尷尬，或者可能具有危險。

不過，許多人終究無法忍受虛無，也就是混亂。混亂是生命所固有，而這種道德相對主義更讓問題雪上加霜。沒有道德羅盤，沒有理想作為人生的目標，人們就無法生活。（對相對主義者而言，理想也是一種價值，而且就跟所有的價值一樣，都只是「相對的」，不值得為此犧牲。）於是伴隨相對主義的，便是虛無主義和絕望的蔓延，以及道德相對主義的相反：由意識形態提供的盲目確定性，宣稱握有每件事的答案。

就這樣，我們得知了不斷轟炸著千禧世代的第二個教導。這世代的人報名參加人文課程，研究有史以來最偉大的著作，但指定讀物並不是這些書籍，而是根據一些低劣不堪的簡化來抨擊這些著作的意識形態。相對主義者充斥著不確定性，而意識形態家則正好相反，這樣的人過度批判又吹毛求疵，總是很懂別人錯在何處、該如何處理。在一個相對主義的社會中，似乎只有那些最言之無物的人願意提出建言。

當代的道德相對主義有許多源頭。西方人如果多懂一點歷史，就會知道不同時代有不同的道德規範。當我們出國旅行、探索世界時，會認識各大洲的遙遠種族部落，其各自相異的道德規範要相對於自己的社會或在自己的社會框架中，才合情合理。科學也在其中扮演要角，因為科學抨擊宗教的世界觀，從而破壞了倫理和規則的宗教根基。唯物主義者的社會科學暗示我們可以將世界劃分為事實（每個人都可觀察到，是客觀且「真實」的）與價值（主觀與個人的）兩個範疇，於是我們可以先對事實達成共識，之後或許有一天，再發展出科學的倫理準則（目前尚未能做到這點）。此外，科學還意味著價值的真實性低於事實，將「價值」放在次要地位，因而也會促成道德相對主義。（不過，認為事實和價值可以輕易劃分，這種想法始終太過天真。在某種程度上，一個人的價值觀就決定了此人關注的內容，以及會認定什麼是事實。）

每個社會各有不同的規定和道德觀，自古即有這樣的認知，而古人對這件事的反應又與當代的反應（相對主義、虛無主義、意識形態）形成有趣的對比。古希臘人航行至印度和其他地區時，也發現各地的規則、道德和習俗互不相同，並且看到針對是非對錯的解釋經常根植於某種祖傳的權威。對此，希臘人的反應並非絕望，而是出現一項新發明：哲學。

蘇格拉底意識到各種道德準則的衝突所產生的不確定性，但他的反應不是決心成為虛無主義者、相對主義者或意識形態家，而是將畢生投入追尋一種能夠思考這些差異的智慧，也就是說，他幫助催生出哲學。蘇格拉底終其一生都在問一些令人費解的基本問題，例如「何謂德性？」「如何經營美善人生？」「什麼是公平正義？」然後他研究各種方法，探詢哪一種看來最有道理、最符合人性。我相信正是這類問題賦予了這本書活力。

古人發現不同的人對於如何實際生活有不同的想法，但沒有因此而嚇得手足無措，反而加深自己對人性的了解，並且針對該如何生活，引發了人類自古以來最令人滿意的對話。

亞里斯多德亦然，他沒有因為道德準則的歧異而灰心絕望，而是提出雖然規則、法律和習俗會因地而異，但每個地方的人在本質上都傾向於制定規則、法律和習俗，這點並無不同。以現代用語來說，似乎全人類都有某種生物性的天賦，無法抹滅對倫理道德的關切，因此無論在哪個地方，人類都會建立法律和規則的架構。認為人類的生活可以完全免除道德關注，只是一種幻想。

人類就是規則的產生者，而既然人類是道德的動物，過分簡化的當代相對主義勢必會對我們產生何種影響？這意味著我們會因為假裝成另一種生物而困住自己。那是一張面具，但卻是張奇怪的面具，因為它主要是欺騙戴上這張面具的人。只要拿鑰匙刮一下那位最聰明機智的後現代相對主義教授的賓士汽車，你就會看到相對主義的面具（假裝凡事沒有對錯）和徹底包容的外袍卸得有多快。

因為我們尚未擁有根基於現代科學的道德標準，彼得森在建立規則的過程中，並沒有試圖將過往的錯誤一筆勾銷，或者將數千年來的智慧斥為迷信並忽視人類最偉大的道德成就。他做得更棒：將我們現在所學的精華跟人類保存了數千年的著作，以及歷經萬難力抗沖刷一切的時間洪流而流傳至今的古老故事結合起來。

彼得森所做的，正是明智的嚮導總是會做的事：他沒有宣稱人類的智慧從他自己開始，而是先向自己的嚮導取經。本書的主題雖然嚴肅，但彼得森往往處理得舉重若輕而趣味橫生，從各章標題就可看出這一點。他沒有宣稱做到詳盡徹底，有些篇章也廣泛討論了他所了解的心理學。

那麼，為何不將這本書稱為「人生指南」呢？這不是比「規則」更輕鬆、更便於使用，也更不死板嗎？

因為這些內容真的是規則，而最重要的規則就是你必須為自己的人生負責。就是這樣。

可能有人會認為，這個世代的人不斷從意識形態更強烈的老師口中聽到自己擁有的權利、權利及權利，因此會抗拒聽到承擔責任會讓他們更成功的說法。但這一輩的人有許多成長於小家庭，由過度保護的父母帶大，且從小習慣了柔軟的玩樂場，上大學後則在「安全空間」中聽課，不必聽自己不想聽的事——被訓練得很會規避風險。然而，這當中有好幾百萬人因為潛在的韌性被低估，因此覺得自己現在毫無行動力。這些人熱烈推崇彼得森傳遞的信息，贊同每個人都要承擔起終極責任，以及若想充分發揮人生價值，第一步就要將自己的屋子整理好，唯有如此，才能切實致力於承擔更重大的責任。這些回應的熱烈程度，經常令我和彼得森眼眶發熱。

書中有些規則頗為嚴格，會要求你投入一場漸進的行動，在一段時間之後將自己延展到一個新極限。就像我前面說過的，你必須冒險進入未知的領域。若要延展自己、超越目前自我的極限，必須先謹慎選擇理想，然後啟程追尋。這些理想就在前方，在你之上、越過你，因此你無法完全確定自己能夠達成。

但是，如果我們不確定自己的理想是否可以實現，為何一開始還要費心去追尋？因為假使不試圖追尋，可以肯定的是，你永遠都不會感到自己的生命具有意義。

而且，或許是因為在每個人心靈的最深處，我們都想要被評斷——即使這種說法聽起來既陌生又不可思議。

自序

喬登・彼得森博士｜臨床心理學家、心理學教授

這本書有一小段歷史和一大段歷史。先從小段的歷史開始講。

二〇一二年，我開始在網路知識問答網站「Quora」上貼文。在Quora上，每個人都可以提出各種問題，所有人都可以上去回答。讀者可以對喜歡的回答按「好評」(upvote)，不喜歡的就按「負評」(downvote)，於是最有幫助的回文會上升到頂端，其他的就往下沈沒。我對這個網站很好奇，也很喜歡它自由發表的自然狀態。那裡的討論經常很精采，可以看到同一個問題引來天南地北的意見，很有意思。

我在休息（或逃避工作）時很常上Quora，找一些問題來加入。我思索過且最後也貼上回文的問題包括：「快樂和滿足有何不同？」「隨著年齡增長，哪些事物會變得更好？」「什麼東西能讓人生更有意義？」

Quora會告訴你有多少人瀏覽了你的回文，以及你得到多少「好評」，因此你可以確知自己影響的範圍，看到大家如何看待你的想法。看過某篇回文的人當中，只有一小部分人會按「好評」。以我下筆至此的二〇一七年七月而言，也就是我回答了「什麼東西讓人生更有意義」的五年後，我的這則回文得到的瀏覽數算是比較少的（一萬四千人看過，一百三十三個好評），而關於年齡增長的問題，我的回文有七千二百人看過，得到三十六個好評。不算揮出全壘打，不過這不令人意外。在

這樣的網站上，大多數的回文都不太有人注意，只有極小部分會不成比例地走紅。

不久後我回覆了另一個問題：「每個人都該知道的最寶貴的事是什麼？」我列出一些規則，或可稱之為格言，當中有的很正經八百，有些則是半開玩笑：「雖然受苦，仍要感恩」「別做你討厭的事」「不要把東西藏在霧裡」……等等。Quora的讀者似乎很喜歡這些內容，紛紛發表意見又分享出去，還說了諸如「我絕對要把這列印出來參考。太了不起了」「你完勝Quora，這個網站可以關了」之類的話。我任教的多倫多大學有很多學生來找我，跟我說他們有多喜歡這一篇。到目前為止，我針對「每個人都該知道的最寶貴的事是什麼？」的回文，已有十二萬人看過，好評數超過兩千三百。Quora上大約共有六十萬個問題，當中只有幾百個問題的好評數超過兩千。我那由拖延症引發的沈思觸動了眾人的痛處。我寫出一篇百分等級九九．九的回文。

很顯然，在條列這些人生規則時，我並不知道會有這樣的佳績。我花了一些心思關注自己在那幾個月提交的大約六十個回覆，不過Quora本身就提供了最好的市場調查。回應者都匿名，完全沒有利害關係。大家都是自發性又不帶偏見地發表意見，因此我很注意結果，也思索是哪些原因導致那篇回文得到不成比例的成功。或許是我擬出的規則剛好擊中一個平衡點，讀者既覺得熟悉又感到陌生。或許大家是被這些規則隱含的結構所吸引。或許人們就是喜歡條列式的內容。

在這之前幾個月，就是二〇一二年三月的某一天，我收到一位作家經紀人的電子郵件，她聽過我上加拿大廣播電台「向快樂說不」(Just Say No to Happiness)，當時我在這個節目批評「快樂是人生的正確目標」這個觀念。過去幾十年來，我讀過太多關於二十世紀的悲觀著作，而且特別鎖定納粹德國和蘇聯。書寫並記錄蘇聯勞改營恐怖真相的偉大作家索忍尼辛曾表示，有一種「可悲的意識形態」認為「人類是為了快樂而受造」，這種意識形態只要「被工頭拿棍棒痛毆一次就垮了」。[1]在危難時，人生免不了會有的苦難會立即嘲笑「人生而追求快樂」的想法。我在節目中提到，人生必須有更深刻的意義，這種意義的本質在過去偉大的故事中不斷重演，涉及的主要是受苦時的品格發展，而非追求快樂。這就是本書大段歷史中的一部分。

從一九八五到一九九九年，我每天約有三小時埋首寫作，那是除了這本書之外，我唯一出版過的另一本書，即《意義地圖》。在那段時間和之後的幾年中，我也用書中的內容開設一門課，起初在哈佛大學，目前是在多倫多大學。二〇一三年，有鑑於YouTube盛行，而且我與安大略電視台（TVO，加拿大的公共電視台）製作的一些節目頗受歡迎，於是我決定錄製我在大學上課和公開演講的實況，並放到網路上。這些影片吸引了越來越多觀眾，到了二〇一六年四月已有超過百萬人次點閱。在那之後，觀看人次更是爆增（本書推出時已累積達一千八百萬人次），不過這有部分是因為我捲入了一場政治爭議，因而引來過度的注目。

那是另一段故事，或許甚至會促成另一本書吧。

我在《意義地圖》中提出，古時的偉大神話和宗教故事都旨在傳遞道德寓意，而非記敘事件，尤其是那些從更早的口述傳統衍生而來的故事。因此，這些故事關切的不是世界的本質（這是科學家的關注），而是人類該怎麼做。我提到，我們的祖先把世界描繪成一個舞台、一齣戲，而不是一個存在著許多物體的地方。我也描述自己是如何開始相信世界這齣戲的組成元素是秩序與混亂，而不是有形的物質。

秩序就是你身邊的人按照眾所周知的社會規範行事，不出人意表，且能相互合作。秩序是由社會結構、已知領域和熟悉事物組成的世界。在象徵意義（想像）上，秩序的狀態通常被描繪為陽性特質，是永遠二合一的賢君加暴君，如同社會同時具有結構性與壓迫性。

相反的，混亂是某個意料之外的事物發生的那個時空。當你在聚會上對著自認為認識的人講笑話，全場卻籠罩在沈默和尷尬的冰冷氣氛，混亂便以細微的形態浮現。在你突然得知自己失業或愛人不忠的那一刻，混亂則以更大難臨頭的樣貌浮現。混亂是秩序的對立面，而秩序在象徵上是陽性，因此混亂被想像為陰性。混亂是在司空見慣的熟悉內容中突然出現全新且無法預測的事物，是創造也是毀滅，是新事物的源頭也是死者的終點（正如自然，而自然是跟文化對立的，會同時帶來生命和死亡）。

秩序和混亂就是著名道家符號中的陰和陽：首尾相連的兩條蛇。[i] 秩序是白色的陽性蛇，混亂是它黑色的陰性互補。白色中有黑點，黑色中有白點，這就指出轉化的可能性：在一切看似穩當時，未知可能暗中逼近，既無從預料又來勢洶洶；相反的，就在一切看似喪失時，新的秩序卻可能從災難和混亂中浮現。

對道家而言，意義要在永遠相纏的兩極交界之處尋得，走在這條邊界上，就是走在人生之路、神聖天道上。

而這遠比快樂好多了。

前面提到的作家經紀人聽到我在加拿大廣播電台討論這些議題，之後她開始問自己一些更深刻的問題，然後寫信問我考不考慮寫一本大眾讀物。先前我曾試著為《意義地圖》這本厚重扎實的大書寫一個比較易讀的版本，但發現自己既缺乏興致，寫出的文稿也不精采。我想是因為我變成在模仿從前的自己與前一本書，而沒有站在秩序和混亂的邊界上產出新東西。我建議經紀人去找我的YouTube頻道，看看我在安大略電視台一個名叫「偉大的思想」（Big Ideas）節目中講過的四場演講。我心想，她看了之後，我們就可以更有根據而且更徹底地討論，以決定我可以在那本更適合大眾閱讀的書中探討哪些主題。

幾星期後她跟我聯絡。她已看完這四場演講，又跟一個同事討論過。她的興趣更濃厚了，也更全力投入這個提案。這本書大有可為——而且出乎預料。每當有人積極回應我所講的話，我總覺得看完這本書以後自行判斷我的擔心是否有道理。

訝異，因為那些內容既嚴肅又奇怪。我很驚訝竟然有人允許（甚至鼓勵）我傳授我起初在波士頓、此時在多倫多所教的內容。我總是認為，如果大家真的注意到我在教什麼，麻煩就大了。你可以在看完這本書以後自行判斷我的擔心是否有道理。

經紀人建議我寫一本指南之類的書，談談一個人需要什麼才能「過得好」——無論這代表什麼意思。我立刻想到我在Quora列舉的項目，在此期間，我又針對原先發表的規則寫了些更進一步的想法，大家對這些新想法的回應也很正面，所以我覺得這些發表在Quora上的內容跟經紀人的想法可能不謀而合，便把內容寄給她。她很喜歡。

大約同時，我的朋友（也是我以前的學生）小說家暨編劇赫維茲（Gregg Hurwitz）正在構思一本新書，就是後來的暢銷驚悚小說《孤兒刺客》（*Orphan X*）。他也很喜歡這些規則，在故事中有幾處他讓書中的女主角米雅（Mia）各挑選一句切題的規則貼在她的冰箱上。這也再次證明了我的推測，這些規則是有吸引力的。我向經紀人提議，我要為每條規則寫一章簡短的內容。她同意了。所以我寫了一份出版企畫書，提出這個建議。不過，當我開始實際撰寫時，每章的篇幅卻一點也不簡短。我對每個規則都有很多話想說，多到超過原先的想像。

這有部分是因為我花了相當長的時間研究我第一本書。我研讀歷史、神話、神經科學、精神分析、兒童心理學、詩歌、聖經的一些長篇段落。我讀了米爾頓的《失樂園》、歌德的《浮士德》、但丁的《神曲》，或許還讀懂了一大半，好歹把這些都整合起來，並試圖探討一個費解的問題：造成冷戰核武僵局的原因。我無法理解為何信仰體系會對人類如此重要，以致於人們甘願冒著毀滅世界的危險來捍衛這些信仰。後來我才領悟，共同的信仰體系能讓人與人相互理解，而且這些體系不只

i　更完整的太極圖有五個部分，陰陽符號是其中第二部分。完整的太極圖代表根本的絕對一體以及分裂成可見世界中的多樣性。本書的規則二及其他篇章會有更詳細的討論。作者注

關係著信仰。

遵守同一套準則的人對彼此來說是可預測的。這些人的行為舉止符合彼此的期待和期望。這些人可以互相合作，甚至和平競爭，因為大家都知道可以對別人有何期待。在心理上與行為上，共同的信仰體系簡化了每個人在自己和別人眼中的樣貌。共同的信仰也簡化了這個世界，因為當人們知道可以對彼此有何期待，就能夠攜手來馴服世界。或許沒有什麼比維護這種組織、這種簡化更為重要，如果它們受到威脅，偉大的邦國之船便會搖晃不安。

這並不完全表示人們會為自己的信仰而戰，而是會奮力維持相稱的信仰、期待與渴望，也會奮力讓自己的期待能跟所有人的表現相稱。正是這種相稱性的維持，令所有人能和平共處，過著符合預期又有生產力的共同生活，並且減少不確定性，也減少不確定性必然產生的各種無法忍受的情緒所造成的混亂。

假設某個人被信任的愛人背叛，這兩人原本締結的神聖社會契約就會推翻。真實行動勝過口頭承諾，而背叛之舉瓦解了親密關係裡小心交涉達成的脆弱和平。在背叛發生後，人們會困在可怕的情緒中：憎惡、蔑視（對自己和背叛者）、罪惡感、焦慮、盛怒和恐懼。衝突在所難免，有時還帶來致命的後果。共同的信仰體系（合意的行為與期待所形成的共有體系）調節著、控制著這些強大的力量，難怪人們會奮力保護那些能把自己從混亂和恐怖的情緒中拉出來的事物（之後才不會惡化為衝突與戰鬥）。

不但如此，共有的文化體系穩定了人與人之間的互動，但這也是一種價值體系，即價值的階層，以此分出事物的優先性和重要性。若是缺少這樣的價值體系，人類根本無法採取行動。事實上，就連感知也辦不到，因為行動和感知都需要目標，而有效的目標必然是有價值的事物。我們感受到的正面情緒大多與目標有關。嚴格來說，除非看到自己正在進步，否則我們不會快樂，而進步這樣的概念就意味著價值。更慘的是，若沒有正面價值，人生的意義就不只是變得黯淡而已。由於人類很脆弱，且終將一死，因此痛苦和焦慮是人類生存的一部分。我們必須擁有某個東西來對抗存有（Being）[ii]固有的苦難。我們必須擁有深刻的價值體系所蘊含的意義，否則存在的恐懼很快就會宰制一切，然後虛無主義便帶著無望與絕望向我們招手。

所以，若無價值，就無意義。但是不同的價值體系可能會互相衝突，於是人類永遠身陷困境，難以抉擇：失去以群體為中心的信仰，會導致生活混亂、悲慘、難以忍受；擁有以群體為中心的信仰，則必然會與其他群體發生衝突。西方國家的人民一直在脫離自己的傳統文化、宗教文化甚至民族中心的文化，部分原因即是為了減少群體衝突的危險，但我們卻逐漸陷入缺乏意義的絕境中，絲毫沒能改善情況。

撰寫《意義地圖》期間，還有一個領悟推動著我：人類無法再承擔衝突了——肯定承擔不起二十世紀世界大戰這種規模的全球戰火。我們用於毀滅的科技已變得太過強大，戰爭可能造成的後果就是人類末日。但我們也不能就這樣輕易放棄自己的價值、信仰與文化體系。我為了這個顯然相當棘手的難題苦思了幾個月：是否另有第三條路，而我沒有看見？在那段期間，某天夜裡我做了一個夢：在一座宏偉的大教堂圓頂正下方，我緊抓著一座吊燈懸掛在半空中，離地面有幾層樓高，地上的人們既遙遠又渺小，任何一道牆——甚至教堂的穹窿頂端和我之間都有一大片虛空。

ii 我用「存有」(Being）這個詞，有一部分是因為我接觸過二十世紀德國哲學家海德格的思想。海德格試圖區分客觀設想的真實及人類經驗的全部（也就是他所說的「存有」）。存有就是每個人的主觀、親身與個別經驗，以及每個人與他人的共同經驗，如此便包括情緒、驅力、夢想、預想、新發現，以及我們個人的想法和感知。最後，存有也是透過行動而存在，在某個不確定的程度上，其本質即為我們的決定和選擇的後果，並由人類假定擁有的自由意志所塑造。基於這樣的理解，存有（1）不能簡單或直接化約為物質或客觀層面，且（2）絕對必須有自己的專門用語，海德格努力數十年即為了指出這一點。作者注我知道要留意夢境內容，特別是我受過臨床心理學的訓練，知道夢境揭示了理性本身尚未探索的幽暗地帶。我也對基督宗教有相當的研究（多過對其他宗教傳統的了解，雖然我一直努力彌補這個不足），因此我就跟其他人一樣，必定也確實最倚重自己所知而非不懂的內容。我知道大教堂是按照十字架的形狀建造，圓頂正下方就是十字架的中心。我也知道，十字架同時是無窮苦難的所在、死亡與轉化的所在，也是世界中心的象徵。那並不是我想置身的地方，我設法從這個高處，從象徵性的高空下來，想要回到安全、熟悉、不會被注意的地面，但不知道該怎麼做。然後，我在夢境中回到自己的臥房，躺在床上，試圖再度入眠，以回到無意識的平靜中。但就在我放鬆時，卻可以感覺身體被移動，一陣大風正讓我消失，要把我推回大教堂，再次將我放上那個中心點，而我無法躲開。這真的是場噩夢，我努力讓自己醒過來，而身後的簾幕被吹到我的枕頭上。半夢半醒間，我看著床尾，卻看到大教堂的大門。我把自己徹底搖醒，那些東西才全都消失。

這個夢將我置於存有本身的中心，完全無路可逃。我花了幾個月才領悟其中的意涵，在這段期間，我更完整、更切身地了解歷史上那些偉大的故事不斷強調的重點：中心就是每個人的所在之處。中心的標誌是十字符號，正如字母X標示出的那個點。那個十字符號上存在著受苦與轉化，而最重要的是，人類必須願意接受這個事實。我們能夠超越對群體及其教條的盲目依附，同時又能避免另一個極端——虛無主義的陷阱。我們能夠在個人的意識和經驗中，找到足夠的意義。

世界要如何一方面掙脫衝突的兩難困境，另一方面又不陷入心理和社會的全盤覆沒？答案就是：藉著個人的提升和發展，藉由每個人願意扛起存有的重擔，並踏上英雄之路。我們每個人都必須盡力為自己的生活，為社會、為全世界承擔最大的責任。我們每個人都必須講述真相、修補破敗及崩壞的事物，為老舊過時的一切賦予新生命。如此一來，我們就能夠也勢必會減少毒害世界的苦難。這個要求很沈重，需要付出一切。但若不這麼做，顯然會更糟，將造成恐怖的極權信仰、國家瓦解的混亂、自然世界完全失控的悲慘災難，個人也會因為失去目的而陷入存在的焦慮與衰弱。

幾十年來，我一直思考著這些想法，並且在課堂講授，累積了相當大量的相關故事和概念。不過，我絲毫無意宣稱自己的想法完全正確或相當完整。存有的複雜遠超過一個人所能了解，我沒有完整的真相，只是盡我最大的努力貢獻一己之力。

無論如何，前述所有研究和思考的結果，形成了一些新的文章，最後構成這本書。起初我的想法是針對我發表在Quora的四十則回覆各寫一篇短文，加拿大企鵝藍燈書屋（Penguin Random House Canada）也接受了這個企劃案，不料在寫作期間，我把文章減至二十五篇，後來又減少為十六篇，最後則是現在的十二篇。過去三年當中，在出版社編輯的協助和關照下（還有前面提到的赫維茲既嚴苛又精準得可怕的挑剔下），我一直在校訂最後剩下的十二篇內容。

考慮很久之後，終於定下書名：《生存的十二條法則》。為什麼這個書名脫穎而出？首先而且最重要的是，它很簡單扼要，清楚指出人類需要一些原則去建立秩序，否則混亂就會向你招手。我們需要規則、標準、價值觀——每種都需要。人類就是馱獸，是背負重擔的動物，必定要承擔重任，那才能證明自己悲慘的存在具有意義。人類需要慣例與傳統，這就是秩序。秩序有可能變得極端，那就不好了。但是混亂會擊垮我們、淹沒我們，那也很不好。我們需要走在正道上。本書的十二條法則以及附帶的文章，提供了走在小徑上的指引，「那裡」就是秩序與混亂之間的分界線，讓我們兼有足夠的穩定、足夠的探索、足夠的轉化、足夠的修補與足夠的合作。那裡能讓我們找到意義，證明人生與其必然的苦難是有道理的。我們若是過著適當合宜的生活，或許就能承受自我意識的重量。我們若是過著適當合宜的生活，或許就禁得起認識自身的脆弱和有限，而不會產生委屈不平的受害感受，繼而開始憎恨，然後是嫉妒，接著就亟欲報復和毀滅。我們若是過著適當合宜的生活，或許就不必轉而訴諸極權式的確定性來掩蔽自己，來避免意識到自身的不足和無知。或許我們就能夠避開那些通往地獄的道路——我們已從恐怖的二十世紀看到地獄可以多麼真實。

我希望這些規則和附帶的文章，能幫助人們理解自己其實早已知道的事：個人的靈魂永遠渴望真實存有的英勇無畏，願意承擔這份責任，就等於決心過著有意義的人生。

若是每個人都過著適當合宜的生活，人類就會一起強盛起來。

敬祝展讀愉快。

RULE ·1·

站直，抬頭挺胸

❖龍蝦與地盤

如果你和大多數人一樣，就不會經常想到龍蝦[2]——除非你正在吃龍蝦。但這些有趣又美味的甲殼動物非常值得深思。龍蝦的神經系統相對簡單，有很容易觀察到的大型神經元，也就是神奇的大腦細胞，因此科學家能夠非常精確地勘測龍蝦的神經電路，這有助於了解大腦的結構與功能，以及比較複雜的動物（包括人類）的行為。龍蝦和你的共同點，比你所能想到的還要多（尤其是你抱怨個不停時——哈）。[i]

龍蝦生活在海底，需要一個海底家園，在這個範圍裡獵食並搜索周邊可吃的漂浮碎屑，這些碎屑從遙遠的上方飄落，那裡有屠殺和死亡構成沒完沒了的亂局。龍蝦要有安全處所，利於獵食與聚集。牠們要有家。

這很麻煩，因為龍蝦很多。如果兩隻龍蝦同時在海底占領同一個地盤，都想住在那裡，該如何是好？如果幾百隻龍蝦都試圖在同一片擁擠的沙石廢料地養家活口，又如何是好？

i 英文crabby意思是脾氣差、愛抱怨，但crab也可指螃蟹。譯注別的生物也有同樣的問題。例如，鳴鳥在春天北返時，會展開凶殘的地盤之爭。牠們唱出的歌曲聽在人類耳中如此平和優美，卻是警告聲和占有領地的鳴叫。歌聲美妙悅耳的小鳥，就是在宣告自己主權的小戰士。再以鷦鷯為例，這是北美常見的小型鳴鳥，性情火爆，吃昆蟲維生。新來的鷦鷯想在有遮蔽的地方築巢，好遮風避雨。這巢要靠近食物，也要能吸引未來的配偶。同時，牠還要有方法阻退跟牠競爭空間的鳥兒。

❖ 鳥類與地盤

十歲那年，我和父親設計了一個能容納鷦鷯家庭的鳥巢，外觀就像大篷車，入口約為十元硬幣大小。鷦鷯體型甚小，所以這個鳥巢很適合牠們，而不適合其他較大的鳥類，因為大一點的鳥兒進不去。當時我們也用一隻舊橡膠靴幫鄰居老奶奶做了一個鳥巢，入口較大，知更鳥的體型也進得去。老奶奶一直期盼鳥兒入住的那天。

不久後，有隻鷦鷯發現我家的鳥巢，住了下來。那年的早春，我們不時聽到牠重複的啼囀長音。只是，我們的鳥房客在這個篷車築巢後，就開始銜著細枝塞滿鄰居家的舊膠靴，讓其他大大小小的鳥兒都進不去。鄰家老奶奶對這種先發制人的攻擊舉動相當不悅，卻一籌莫展。父親說：「如果我們把老奶奶的鳥巢拿下來，清理乾淨之後再放回樹上，鷦鷯還是會繼續用小樹枝塞滿。」鷦鷯體型很小，模樣可愛，卻很無情。

那個時候，我在前一年冬天滑雪時摔斷了腿（那是我初次滑雪下山），學校的保險制度是設計來照顧倒楣又笨手笨腳的小孩，因此我領到了一筆錢。我用這筆收入買了一部卡式錄音機（當時可是高科技的新玩意），父親建議我坐在後院草地上，錄下鷦鷯的歌聲再播放出來給牠聽，看看會怎樣。於是我走到明亮的春陽下，錄下幾分鐘鷦鷯憤怒宣示地盤的歌聲，再讓牠聽聽自己的聲音。那隻體型只有麻雀三分之一的小鳥，竟開始向我和我的錄音機俯衝攻擊、來回飛撲，離喇叭只有幾吋的距離。即使沒有擺出卡式錄音機，我們仍目睹不少這樣的舉動。如果有隻較大的鳥兒膽敢在我們家鳥巢附近的樹上棲息，很可能就會在這隻鷦鷯的自殺式攻擊下落荒而逃。

鷦鷯和龍蝦非常不同。龍蝦不會飛翔、歌唱或棲息在樹上。鷦鷯有羽毛，沒有硬殼，無法在水裡呼吸，也很少被拿來沾奶油吃。但這兩者在一些重要的方面卻很相似，例如，牠們跟很多動物一樣，都執迷於身分和地位。早在一九二一年，挪威動物學家兼比較心理學家埃貝（Thorlief Schjelderup-Ebbe）便觀察到，連穀倉裡平凡的雞群也會建立「啄食順序」。[3]

在禽鳥的世界確立身分地位，對每隻禽鳥的存活有重大意義，特別是在資源匱乏的時候。每天早上在庭院，飼料一撒下，能優先進食的雞隻就是老大。排在後面的是二線選手、馬屁精和崇拜者。然後才輪到三流的雞，以此類推，最後則是那些滿身污泥、羽翼缺損、啄食困難的可憐蟲，牠們位列雞群中最低下、最卑賤的層級。

雞隻就像郊區居民一樣，過著群體生活。鷦鷯這樣的鳴鳥則不然，但牠們依然生活在權力的階級制度裡，只是分布的範圍更廣。最狡猾、強壯、健康且幸運的鳥會占領最佳地點並捍衛自己的地盤，因此最有可能吸引優質的配偶，孵化出的雛鳥也較能存活且茁壯成長。牠們免受風雨和掠食者的殘害，又容易獲得較好的食物，生存的壓力也小多了。地盤很重要，領地權幾乎等於社會地位，經常關乎生與死。

如果某種禽類傳染病在階級分明的鳴鳥棲地中擴散，最弱勢、承受最多壓力、位於禽鳥世界最低階的鳥最有可能染病和死亡。[4]人類社群也是這樣，當禽流感病毒和別的疾病橫掃全世界時，窮人與最困苦的人總是最先喪命，而且死傷慘重。此外，他們也最容易罹患非傳染性疾病，例如癌症、糖尿病、心臟病等。俗話說，貴族小感冒，勞工肺炎死。

因為地盤很重要，而且最好的區域總是供不應求，所以動物尋覓地盤時就會產生衝突，而衝突又產生另一個問題：雙方要怎樣避免在獲勝或落敗後損失太過慘重。後者尤其重要。試想，兩隻鳥為了理想築巢地點而爭吵，雙方的互動很容易惡化為實際的打鬥，在這個情況下，其中一隻鳥（通常是最大的那隻）最終會勝出，但即使是勝利者也可能在打鬥時受傷，這表示第三者，即毫髮未傷、機靈狡詐的旁觀者，便可趁機坐收漁翁之利，擊敗因打鬥而傷殘的勝利者。這對前兩隻鳥而言都太不划算了。

❖ 衝突與地盤

數千年來，必須與同類棲息在同一片領域的動物，都學會了許多建立權力階級的招數，將可能的傷害減至最小。例如，落敗的狼會仰臥在地、向勝利的一方敞露喉嚨，而勝利者不會屈尊撕裂對方，畢竟牠雖然此刻占優勢，未來可能還是需要狩獵搭檔，即使是現在可憐的手下敗將。髭頰蜥是相當社會化的蜥蜴，會朝彼此溫和地揮動前腳，表示希望維持社會關係和諧。海豚在獵食時和極度興奮時會發出特殊的聲脈波，以減少優勢和劣勢群體成員的潛在衝突，這樣的行為在動物群體中很普遍。

在海底四處竄的龍蝦也不例外。[5]如果你捕到幾十隻龍蝦，將牠們移到一個新的地方，就可觀察到牠們形成地位的儀式和技巧。一開始，每隻龍蝦會探索這個新領域，一部分為了勘測細節，一部分是要找到適合的藏身處。龍蝦很懂得挑選住處，也能記得自己學到的東西，如果你在牠的巢穴附近驚嚇牠，牠會咻一下迅速躲回巢中。但如果是在離巢穴較遠處，牠會記得事先找好的地點，立刻衝到最近的適當避難處。

龍蝦需要安全的藏身處來歇息，好避開掠食者和大自然的威脅。此外，龍蝦在成長過程中會脫殼，導致牠們有一段很長的時間既柔軟又脆弱。岩石下的洞穴是很好的棲身處，如果附近還有甲殼和其他碎屑殘渣可以拖來遮蔽入口，讓龍蝦安心躲藏，那就更好了。然而，每片新領域可能只有區區幾個優質掩蔽處或躲藏處，既稀少又珍貴，且別的龍蝦會不斷找出這些地點。

這表示龍蝦在探索環境時經常狹路相逢。研究人員指出，即便是在隔離飼養中長大的龍蝦，發生這種事情時也知道該做什麼。[6]牠們的神經系統內建了複雜的防衛和攻擊行為，一開始會像拳擊手那樣跳著轉圈，雙螯張開高舉，然後前後左右移動，還會模仿對手的動作，前後揮舞雙螯。同時，牠會對準敵人，從眼部下方噴出含有混合化學物質的特殊液體，讓對方得知牠的體型、性別、健康狀況和心情。

有時候，一隻龍蝦可以在展示雙螯尺寸時，立刻得知自己的體型輸了一大截，於是未戰先降。雙方互噴液體所交換的化學訊息也有同樣的效果，讓比較不健康或攻擊力不足的龍蝦知難而退，這是化解紛爭的第一階段。[7]如果兩隻龍蝦體型非常接近，看起來旗鼓相當，或是互噴液體所交換的資訊還不足夠，就會進展到化解紛爭的第二階段：雙方猛揮觸鬚，雙螯向下收起，然後其中一隻會前進，另一隻則退後，之後再由防守方前進，攻擊方退後。經過幾個回合，比較緊張的一方覺得繼續下去對自己並無好處，便反射性地輕彈尾巴，飛快後退，逃之夭夭，溜到其他地方碰碰運氣。不過，如果雙方都不認輸，兩隻龍蝦就進入第三階段，進行真正的決戰。

此時，兩隻盛怒的龍蝦會猛烈攻擊對方，伸出雙螯互相扭打，企圖將對方撂倒。被撂倒的一方得知對手有能力造成嚴重的傷害，通常就會放棄並離開（雖然會懷著強烈的恨意，不停在勝利者背後說閒話）。假使雙方都無法打倒對方，或是有一方雖被撂倒卻不願認輸，就會進入第四階段，這是極為冒險的行為，至少有一隻龍蝦會在接下來的激戰中受傷，或許還性命不保，未經三思實在不宜貿然這樣做。

兩隻龍蝦都向對方進攻，速度愈來愈快。牠們張開雙螯，以便抓住對方的一隻腳、一條觸鬚、一個眼柄，或其他暴露在外的脆弱部位。一旦抓住對方的某個部位，龍蝦就會大力向後彈，大螯死命鉗緊，拚命將夾住的部位扯下來。爭鬥若是升級至此，通常勝負便立見分曉，落敗者性命不保，如果牠繼續待在勝利者占據的地盤上，就更是如此，畢竟現在牠們已經勢不兩立了。

落敗的龍蝦無論曾經表現得多麼氣勢洶洶，都會變得不願再次出戰，即使對手也曾被擊敗。落敗使競爭者失去信心，有時會持續幾天，有的甚至會造成更嚴重的後果。優勢龍蝦一遭受慘敗，腦部基本上會逐漸消失，再重新長出一個劣勢者的腦，比較適合這個新的低階地位。[8]牠原先的腦不夠精密，若不經過徹底消解和再生，無法處理從王者轉變成喪家之犬的過程。任何人只要經歷過感情或事業嚴重挫敗後的痛苦轉變，對這隻曾經高高在上的甲殼動物，必然心有戚戚焉。

❖ 勝負的神經化學機制

落敗的龍蝦與獲勝的龍蝦有著截然不同的大腦化學組成，並反映在牠們的相對姿勢上。一隻龍蝦是很有自信還是畏縮害怕，取決於兩種負責調節龍蝦神經傳導的化學物質比例：血清素和章魚胺（octopamine），獲勝者的血清素對章魚胺比例會提高。

龍蝦體內若是血清素濃度高、章魚胺濃度低，就是隻狂傲又趾高氣揚的甲殼動物，遇到挑戰時極不可能退縮，原因是血清素有助於控制姿勢的屈曲程度。屈曲的龍蝦會張開附肢，讓自己看起來高大又危險，彷彿義大利式西部片[ii]裡的克林·伊斯威特。剛落敗的龍蝦若接觸到血清素就會伸展身體，即使對方曾擊敗牠，仍會發動更頑強更長時間的攻擊。[9]開立給憂鬱症病患的選擇性血清素再回收抑制劑，在化學上和行為上的效果跟血清素是大致相同的。地球生物演化的連續性這個研究主題有份驚人證明，顯示百憂解甚至會讓龍蝦振作起來。[10]

高血清素／低章魚胺濃度是勝利者的特徵。相反的神經化學組成，即章魚胺對血清素的比例較高，會使龍蝦看起來很像敗軍，身體蜷縮、膽怯、垂頭喪氣、躲躲藏藏，極可能只在角落徘徊，一察覺到麻煩就立刻逃之夭夭。血清素和章魚胺也會調節輕彈尾部的反射動作，讓龍蝦在需要逃跑時迅速後退。落敗的龍蝦只需要少量刺激就會觸發這種反射動作，在罹患創傷後壓力症的士兵或受虐兒童典型的高度驚嚇反射動作上，也可看到如出一轍的表現。

❖ 分配不均原理

根據統計，當戰敗的龍蝦重新鼓起勇氣再次出戰，再度敗北的可能性會高於你根據牠先前的戰績所做的預估。相對的，勝方則更可能再度獲勝。龍蝦的世界是贏家通吃的世界，和人類社會一樣，金字塔頂端一％人口拿到的戰利品與底層五十％拿到的一樣多，[11]而且最富有的八十五人擁有的財富，就相當於三十五億個低端人口的資產。

這個殘酷的分配不均原理在財務之外的領域也成立。實際上，所有需要創意的產業都是如此。一小群科學家發表了大多數的科學研究成果，極少數作曲家幾乎創作了所有錄製的商業音樂作品，一小撮作家獨霸整個書市。美國每年發售一百五十萬種書籍（！），但銷售超過十萬冊的只有五百種。[12]同樣的，四位古典音樂作曲家（巴赫、貝多芬、莫札特、柴可夫斯基）譜寫的樂曲幾乎包辦現今管弦樂團演出的所有曲目，而巴赫一個人的作曲量之龐大，單是要抄寫他的樂譜就得耗掉數十年，但如此龐大的產量卻只有極小部分經常被演奏。另外三位超級作曲大師的作品也是如此，至今仍經常彈奏的只有其中一小部分。因此，古今所有古典音樂作曲家當中，只有極小部分的人譜寫的極少數作品，構成全世界所認識並喜愛的古典音樂。

ii Spaghetti Western或稱為Italian Western，出現於一九六〇年代，因為這類電影的導演多半是義大利人而得名。多呈現美國西部和墨西哥蠻荒時代的草莽英雄，顛覆傳統電影的英雄形象，如克林．伊斯威特主演的《荒野大鏢客》。譯注

這個原理有時也稱為普萊斯定律（Price's law），得名自研究者普萊斯（Derek J. de Solla Price）[13]，他在一九六三年發現該定律可用於科學領域。這個定律可用一個近乎L形的曲線圖來表示，縱軸是人數，橫軸是生產力或資源，而其基本原理則發現得更早，二十世紀初就有一位義大利博學家帕雷托（Vilfredo Pareto）注意到，此定律適用於財富分配，且每個受過研究的社會都適用，無論其政府形式為何。這個定律還適用於許多情形，像是城市人口數（極少數城市裡幾乎住著所有居民）、星球的質量（極少數星球積聚了所有物質），以及語言中常用的字彙（九成的溝通只用得到五百個字詞）等。有時這也稱為「馬太效應」，出自《馬太福音》第二十五章第二十九節，是基督講過最嚴酷的一段話：「因為凡有的，還要加給他，叫他有餘；沒有的，連他所有的也要奪過來。」

當你講的格言連甲殼動物也適用時，你真的會知道自己就是上帝之子。

再回來看這隻難搞的龍蝦。龍蝦會彼此試探，很快就得知誰好惹、誰最好敬而遠之。一旦弄清楚這一點，形成的階級便極為穩定。勝利者登上寶座後，只需要擺動觸鬚表現出危險的模樣，先前的對手就會一溜煙消失。實力較弱的龍蝦會放棄嘗試，接受自己低賤的身分地位，保住小命。相反的，高高在上的龍蝦占據最佳掩蔽處，可以好好休息、吃飽喝足，在自己的地盤周圍大搖大擺地到處巡視，夜裡還把低等龍蝦從牠們的掩蔽處趕出來，只為了提醒牠們誰是老大。

❖ 所有的女性

母龍蝦（在一生中明確的母性時期也會為地盤奮戰）[14]很快就會認出頂尖的對象，並且不可自拔地受到吸引。在我看來，這是高明的策略。許多雌性物種（包括人類）也使用同樣的策略。母龍蝦並不費神去用困難的運算來辨認最佳對象，而是把問題外包給權力階層那機器般的計算：先讓公龍蝦一決勝負，再從權力階層的頂端挑選伴侶。這差不多就是股價的狀況，任何一支股票的價值是由所有人的競爭來決定。

母龍蝦一脫去硬殼並讓身體軟化一點，就會對交配感興趣，開始在優勢公龍蝦的地盤附近徘徊，散發誘人的氣味和催情劑，試圖引誘公龍蝦。公龍蝦的攻擊性造就牠的成功，牠因此很可能以支配、急躁的態度回應。而且牠的身形碩大，既健壯又有力，不容易將注意力從戰鬥轉移到交配。然而若是受到恰當的吸引，牠就會改變對母龍蝦的態度。這就是龍蝦版的《格雷的五十道陰影》（有史以來銷售最快的書籍），也是羅曼史原型裡永垂不朽的美女與野獸情節。這個行為模式不斷出現在深受女性喜愛的情色文學幻想中，如同撩人的裸女圖深受男性歡迎一樣。

不過有一點必須注意：若想建立持續的權力地位，單靠體魄不足以奠定穩固的基礎，荷蘭的靈長動物學家德瓦爾（Frans de Waal）[15]就煞費苦心證明了這一點。在他研究的黑猩猩群當中，得勢較久的雄性必須用更老謀深算的特質來支援身體的驍勇，畢竟連最野蠻殘酷的黑猩猩暴君，也可能被兩隻只有牠四分之三強的對手合力擊敗。因此，在寶座上坐得較穩的雄性，都會與地位較低的同胞形成互惠聯盟，同時也會細心關照群體中的女性和嬰孩。親吻嬰孩這種政治手段，其實已經有幾百萬年的歷史。不過，龍蝦還是比較原始的動物，只要美女與野獸的故事元素就夠了。

一旦這隻野獸成功上勾，得償所願的母龍蝦就會褪去厚袍，脫下硬殼，讓自己變得柔軟、脆弱，好準備交配，只是這也會落入危險。在適當的那一刻，變成細心的愛侶的公龍蝦會將一袋精液儲存在母龍蝦的受精囊中。完事後的母龍蝦就在附近閒晃，而且有幾星期的時間表現得很冷酷（另一個不時出現在人類物種中的現象），氣定神閒地揹著受精卵回到自己的住處。這時會有另一隻母龍蝦試圖做同樣的事——以下省略。有權有勢的男性，姿態直挺又自信，不僅獲得一流的地盤，最輕易就能到達最好的獵場，還擁有所有的女人。假如你是龍蝦，而且還是公的，獲勝的價值就翻了好幾倍。

這些事情為何有意義？除了那些明顯到荒唐可笑的部分以外，原因多得驚人。第一，我們知道龍蝦以某幾種形式存活在世界上超過三億五千萬年了，[16]這是極為漫長的時間。六千五百萬年前地球上還有恐龍，對我們來說是無法想像的遠古時期，但是對龍蝦而言，恐龍只是「突然崛起的暴發戶」，在永恆的時間洪流中瞬間出現又旋即消失。這表示權力階層本質上一直是環境中固定不變的特性，而所有複雜生命都適應了這個環境。三億多年前，大腦和神經系統相對簡單，但已經具備必要的結構和神經化學作用來處理關於地位和群居社會的訊息。這個事實的重要性再怎麼強調也不為過。

❖ 自然界的本質

演化是保守的，這是生物學的老生常談。某個物種演化時，必然是建立在自然界原已產生的東西上。增加新的特徵，微調舊的特點，但大部分維持不變。正因如此，蝙蝠的翅膀、人類的手和鯨魚的鰭都有極為相似的骨架，甚至有相同數量的骨頭。演化早已奠定了基礎生理學的基石。

演化的運作大體上是透過變異與天擇。變異的存在有許多原因，包括基因的重新洗牌（簡而言之）和隨機突變，因此同一物種的不同個體會呈現多樣性。隨著時間流逝，大自然便從中挑選，這個理論看似說明了生物形態從遠古到現今的持續變更，不過潛藏在表面下的另一個問題是：「天擇」裡的「天」，究竟指什麼？動物所適應的「環境」到底是什麼？我們針對大自然——針對環境，做了許多假設，也造成一些後果。馬克吐溫說：「讓我們陷入困境的，不是無知，而是看似正確的謬誤論斷。」

首先，我們很容易認定「自然界」是具有靜態特性的東西，但其實不然，至少從任何簡單的道理來看都並非如此。大自然同時是靜態及動態的，環境（即進行挑選的大自然）本身會變動，眾所熟知的道家陰陽符號完美詮釋了這一點。對道家而言，存有（指真實本身）是由兩個相反的定律組成，通常以陰和陽來解釋，或用比較狹隘的雌雄兩性來表達。然而，陰陽兩儀更精確的理解則是混亂與秩序。道家符號是一個圓，圈住首尾相連的兩條蛇。黑蛇是混亂，頭部有一個白點；白蛇是秩序，頭部有一個黑點。這是因為混亂和秩序可以互換且永遠並列。沒有什麼事物是如此絕對而不會改變，連太陽本身的周期也不穩定。同樣，沒有什麼事物是持續變動而無法固定的，每一次革命都會產生新的秩序，每一次死亡同時也都是一種蛻變。

如果認為大自然純粹是靜態，就會產生嚴重的誤解。大自然進行「挑選」，這個挑選的概念隱含著**適應性**的概念，被「挑選」的就是具有「適應性」的。大致上來說，「適應性」就是某個特定生物會留下後代（將基因繁衍下去）的可能性。因此，「適應性」中的「適應」就是生物的屬性符合環境的要求。如果那個要求被概念化為靜態的，意即如果自然界被概念化為永恆的、毫無變動的，那麼演化就是一連串永無止境的線性改良，「適應性」則可能隨著時間愈來愈緊密近似。維多利亞時代認為人類位於生物界的頂端，這種對演化進展的想法便是此種大自然模式的後果之一，且至今仍有影響力。此種想法產生了一個謬誤觀念，認為天擇有一個最終目標（愈來愈適應環境），且這個目標可以視為一個固定點。

但是自然界並非靜態的選擇器——從任何簡單的意思來看都不是。大自然在每個時節都有不同的裝扮，如音符般千變萬化，這某種程度上也說明了音樂為何會產生深刻的意義暗示。當孕育某個物種的環境轉換和改變時，令特定個體能成功存活與繁殖的特徵也會隨之轉換和改變。因此，天擇的理論並非假定生物會讓自己愈來愈精確地符合世界指定的模板，而是生物會與大自然共舞，儘管這支舞是一場殊死戰。正如紅心女王在仙境中告訴愛麗絲的：「在我的國度，妳必須盡全力奔跑，才能停留在原地。」再怎麼天賦異稟，也不可能站定不動就獲勝。

自然界也不僅僅是動態而已。有些事物變化迅速，但套在其他變化較慢的東西內（音樂也經常仿效這一點）。樹葉的變化比樹木快，樹木的變化比樹林快。天氣的變化比氣候快。若非如此，手臂和手的基本形態就必須像手臂骨骼的長度及手指的功能一樣快速改變，而這麼一來，演化的保守主義就無法運作了。自然界的混亂被包在秩序內，然後混亂又包著秩序，然後更高一層的秩序包著混亂。最真實的秩序就是最不變的秩序，但那未必是最容易見到的秩序。觀察者若察覺到樹葉，可能就看不到這棵樹；若看到樹，則可能看不見整片樹林。有些最真實的事物（例如一直存在的權力階層）根本無法「被看到」。

以浪漫的方式概念化自然界也是不對的。富裕的現代都市居民被熱烘烘的水泥建築圍繞，便將自然環境想像為清新純粹的樂園，如同法國印象派的風景畫。生態激進分子的觀點更是理想化，他們想像的自然界既完美又和諧平衡，不受人類的破壞和掠奪。不幸的是，「自然環境」還包括象皮病、幾內亞線蟲（不要問，很可怕）、瘧蚊與瘧疾、餓死人的乾旱、愛滋病、黑死病。我們不會對自然界的這些部分心存美麗的幻想，雖然它們與伊甸園的美好元素同樣真實。當然，正因有這些事物存在，我們才會努力改變自己的周遭環境、保護我們的孩子、建立城市與交通系統、栽種糧食作物、生產電力。假如大自然並非如此一意孤行地毀滅人類，我們就比較容易在她的主宰下單純和諧地共存。

這就令我們產生第三個錯誤觀念：大自然與從大自然中出現的文化建構有著嚴格的區隔。在存有的混亂和秩序中，秩序維持得愈久就愈「自然」，因為「自然」就是「選擇器」，某個特徵存在愈久，中選的時間就愈長，繼而形塑生命。無論那個特徵是身體和生理方面，或是社會與文化方面，從達爾文主義的觀點來看，重要的是永久性，而權力階層不管看起來如何具有社會性或文化性，已經存在約五億年了，既長久，又真實。權力階層並非資本主義，亦非共產主義，也不是軍事工業複合體。它不是父權體制那種可拋棄、可塑造、獨斷的文化產品，甚至也不是人類的創造物——從最深刻的意思來說並不是。權力階層是環境中近乎永遠存在的面向，以上種種受到抨擊、一閃即逝的表現形式，大部分都是不變的存在所造成的後果。我們（至高無上的我們，從一有生命就存在至今的我們）在權力階層裡生活了很長、很長的時間，在我們有皮膚、雙手、肺臟或骨骼之前，就為了身分地位而搏鬥。沒有什麼東西會比文化更自然，權力階層的歷史比樹木還要古老。

因此，人腦中有一個非常古老又原始的部分，記錄著自己在權力階層裡的位置。[17]那是一個主控系統，調節人類的感知、價值觀、情緒、思想和行動，強烈影響我們存有的每個面向，包括意識和潛意識。所以我們在挫敗時的表現會與戰敗的龍蝦非常相像：垂頭喪氣、覺得受到威脅和傷害，既焦慮又軟弱，如果情況沒有好轉，就會演變成慢性憂鬱。在這種情況下，我們不太容易進行生活中必要的搏鬥，於是成為那些強橫惡霸的首要目標。而且，我們與龍蝦不單在行為上和經驗上有明顯的相似性，基本的神經化學機制多半也是相同的。

談到血清素，這是控制龍蝦姿勢和逃跑的化學物質，低階龍蝦製造出的血清素相對較少，地位低下的人類也是如此（且會隨著一次次挫敗逐漸減少）。血清素濃度低表示自信下降，壓力反應較大，身體要花更高的代價來應付緊急情況——而在權力階級的底層，任何時刻發生的任何事都可能很緊急（而且很少有好事）。血清素濃度低也表示較不快樂、較痛苦和焦慮、更常生病、壽命較短——對人類和甲殼動物皆然。權力階層中較高的位置，以及這個位置上的個體所具備的典型高濃度血清素有個特色：較少病痛、苦難和死亡，即使絕對收入等因素（或腐爛的食物殘渣數量）維持不變也是如此。這一點極為重要。

❖ 頂端與底層

在你大腦深處的基底，有一個原始到無法形容的計算機，它深埋在你的想法和感受的下方，準確監測你在社會上處於什麼地位。為了方便討論，以下用一到十的量表來說明。假如你位居第一，處在最高階的位置，你就是占壓倒性優勢的成功人士。如果你是男性，就可以優先取得最佳居住地、最優質的食物，而且大家都爭相向你示好，你有無限的戀愛與性交機會。你是成功的龍蝦，最有魅力的雌性排隊競相等你垂青。[18]

如果妳是女性，就會有許多優秀的追求者，他們身材高壯勻稱，具開創性又可靠，誠實且慷慨。妳就像強勢的男性一樣，與人競爭時凶猛又不留情，好在同樣你爭我奪的女性交配階層中維持或提升自己的地位。雖然妳比較不可能訴諸肢體攻擊，但妳有許多有效的言辭伎倆和策略可用，包括誹謗對手，而妳可能相當精通此道。

相反的，無論男女，只要落在最底層的第十級，就會無處可住（或沒有好的居住地點），只要沒有到飢不擇食的地步，食物看起來都糟到不行，且身心狀態都很慘。任何人都沒什麼興趣跟你交往，除非跟你一樣窮途末路。你很可能會病倒、快速老化、早逝，而且只有幾個人會為你哀悼（如果有的話）。[19]即使有錢也可能沒什麼用，你不知道怎麼花錢，因為要妥善運用金錢並不容易，尤其是你跟錢很不熟的話。如果你長期不快樂，錢會害你一下子便落入毒品和酒精的危險誘惑中，因為這些東西會帶來更多立即的滿足。錢也會令你成為掠奪者和精神病質人格者[iii]的目標，這些人就是靠剝削社會底層人士發達致富。權力階層的底部是可怕又危險的地方。

大腦那個專門評估地位的古老區塊，會觀察你受到怎樣的對待，然後據此決定你的價值，分配你的地位。如果同儕認定你微不足道，這個計算機便會限縮你可獲得的血清素，導致你在任何會引發情緒（尤其是負面情緒）的情境或事件發生時，出現更大的身體或心理反應。然而你需要這樣的反應，突發狀況在底層生活早已司空見慣，你必須隨時準備求生。

不幸的是，身體的過度反應，也就是持續的警戒，會燃燒大量的寶貴能量和身體資源。這種反應就是所謂的壓力，而且絕對不只關乎心理，甚至主要也不是影響心理層面。壓力反映的是惡劣處境的真實限制。古老的大腦計算機在底層運作時，會假設即使是最小的意外阻礙也可能產生一連串無法控制的負面事件，而你只能獨自應付，畢竟處在社會邊緣，的確沒多少朋友能幫忙。因此你將不斷犧牲掉實際上是為日後所儲備的資源，將這些全耗在加強戒備及屆時可能出現的驚慌舉動上。當你不知該如何是好，你會為了以防萬一，做足準備去應付任何事情，就好像坐在汽車駕駛座，把油門和煞車都踩到底，做過頭反而導致一切崩毀。這個古老的計算機甚至會關閉你的免疫系統，在危機出現當下耗盡身體日後健康所需的能量和資源。它讓你變得衝動，[20]這樣你才能撲過去抓住任何短暫的交配機會，或是任何享樂的可能性，無論那有多麼低俗、可恥或不合法。結果是，當千載難逢的享樂機會出現了，你卻很有可能因此而活得大意、死得草率。為突發狀況備戰的身體需求，會在各方面削弱你的力量。[21]

相反的，如果你的地位很高，這個計算機冷漠的前爬蟲類機制便認定你所處的環境穩固、安全又富饒，也有充分的社會支持，於是覺得你受到損害的風險很低，低到你可以安全地忽略。這機制也會認為改變可能是機會，而非災難。你的血清素分泌充裕，讓你既自信又沈著，站得又直又挺，更不會持續處於警戒狀態。由於你的地位穩固，因此前途很可能大有可為，值得長遠思考、規畫更美好的未來。你不必急迫地抓緊眼前的殘羹剩飯，因為你確實可以指望美好事物將源源不絕。你能夠延宕滿足，不用永遠放棄滿足。你有能力當可靠又深思熟慮的好公民。

❖ 功能障礙

然而，計算機有時會出錯。睡眠和飲食習慣不規律會干擾它的功能，不確定性會令它驚慌失措。

iii Psychopathy，中文亦譯作精神病態或心理病態，《精神疾病診斷與統計手冊》第五版將其歸類為反社會型人格障礙症。編注

整具身體及身體的各個部位都需要像充分排練過的管弦樂團那樣運作，每個系統都必須在一絲不差的恰當時間善盡職責，否則會造成噪音和混亂。因此必須要有規律的作息，讓每天重複的日常活動變得自動化，成為穩定又確實的習慣，才能去除這些活動的複雜性，達到可預測性和簡易性。這一點最能在幼童身上清楚觀察到：如果他們按時吃飯和睡覺，就會可愛逗趣又活潑，否則就會暴躁、煩人又粗魯。

所以我都先詢問臨床個案有關睡眠的問題：早上醒來的時間是不是跟一般人差不多？是不是每天都一樣？如果答案是否定的，我會建議先處理這個問題。每天晚上是否按時就寢比較不那麼重要，但是必須按時起床。患者的日常作息如果無法預測，焦慮和憂鬱就不容易治癒。調解負面情緒的系統，與循環得宜的晝夜節律是緊密相連的。

接下來我會問到早餐。我通常建議個案早上醒來後盡快食用富含脂肪和蛋白質的早餐（不要吃單一碳水化合物和糖類，這些東西消化得太快，會造成血糖驟升又暴跌），這是因為焦慮和憂鬱的人已經很緊張，尤其是當他們的生活已經失控了好一陣子。因此，如果他們進行複雜或吃力的活動，身體就會做好準備去分泌過多的胰島素。若是在整夜沒有進食和空腹時這樣做，血液中過量的胰島素會將所有的血糖處理掉，他們就會血糖過低，出現心理生理上的不穩定，[22]並影響一整天。這樣的身體系統必須有更多睡眠，之後才能重新設定。我有許多個案只是開始按時入睡、吃早餐，焦慮就減輕到輕微程度。

其他壞習慣也會干擾這個計算機的準確度。有時候這會直接發生，但生理原因還不得而知；有時候是因為這些壞習慣引發了複雜的正回饋循環。正回饋循環需要一個輸入偵測器、一個擴大器，再加上某種形式的輸出。想像某個信號被輸入偵測器接收，然後放大，再以放大的形式發送出去。到目前為止一切還好。但是當輸出物再度被輸入偵測器，再次通過系統，再次放大並傳送出去，問題就發生了。經過幾回合的增強，情況就會變得危險失控。

多數人都曾在演唱會中聽過音響系統發出尖銳刺耳的聲音，感受過音訊回授那震耳欲聾的嘎吱。麥克風把信號傳送到揚聲器，揚聲器發送信號，信號若是太大聲或太靠近麥克風，就會被麥克風接收到，再次通過系統，於是聲音迅速放大到無法忍受的程度，若繼續下去甚至足以摧毀揚聲器。

同樣的破壞性循環也發生在人類生活中，我們多半把這個情形稱為心理疾病，即使這不僅發生在心智中，甚至完全與心智無關。對酒精或其他改變情緒的藥物成癮，就是一種常見的正回饋過程。假設有一個人很喜歡喝酒，或許有點太過喜歡。他很快就喝了三到四杯，血液的酒精濃度猛然飆高，這樣可能讓他覺得極度興奮，尤其是有遺傳的酗酒傾向的人。[23]但是興奮的感覺只出現在血液酒精濃度不斷升高的時候，因此他必須繼續喝酒，只要停下來，血液中的酒精濃度不但變得平穩然後開始下降，身體更會開始產生各式各樣的毒素，原因是身體在代謝攝取的乙醇。他也開始經歷酒精戒斷症狀，酒醉時被抑制的焦慮系統現在開始過度反應。宿醉就是酒精戒斷（經常令戒斷中的酒鬼生不如死），只要停止喝酒便會立刻發生。為了保持飄飄然，以及避免停酒後的不舒服，酒徒就會繼續喝，直到家裡的酒全部喝光、酒館打烊、身無分文。

隔天醒來時，他會嚴重宿醉，但這不過是小小的狀況，真正麻煩的是他發現隔天早上再喝幾杯酒就可「治好」宿醉。當然，這種療效是暫時的，只是把戒斷症狀拖到未來而已。但如果痛苦的程度夠嚴重，那麼在短期之內，酒徒也就只會這樣做。於是，酒徒學會用喝酒治療宿醉。當治療宿醉的「藥物」帶來了疾病，就是建立了正回饋循環，在這種狀況下，很快就會出現酗酒。

類似情形經常出現在焦慮症患者身上，特定場所畏懼症便是一例：患者完全被恐懼吞噬，因而無法走出家門。特定場所畏懼症就是正回饋循環的結果，罹患這種障礙症之前通常會先經歷恐慌發作，患者通常是太過依賴別人的中年女性，原本可能過度依賴父親，接著立刻轉而依賴年紀較長且相對較強勢的男友或丈夫，中間幾乎沒有獨立生活過。

特定場所畏懼症突發之前的幾個星期中，她通常會經歷一些意料之外又很反常的事，可能是生理方面的問題，例如心悸，這在任何案例中都很常見，而停經期女性由於調節心理感受的荷爾蒙作用會有無法預期的波動，因而更可能發生。只要心率出現任何察覺得到的變化，都可能促使她聯想到心臟病，以及心臟病發作後自己的不幸和痛苦（死亡和社會羞辱是兩大基本恐懼）將赤裸裸攤在眾人面前的難堪場面。預期之外的事件則可能是婚姻中的衝突，或是另一半生病或死亡，也可能是密友離婚或住院。通常會有某些真實事件使她更畏懼死亡和社會評斷。[24]

在衝擊過後，這位處於前特定場所畏懼症時期的女性走出家門，前往購物商場。該地車水馬龍，要停車也不容易，這令她更加緊張。由於最近的不愉快經驗，自己很脆弱的想法原本便已埋在她腦中，此時更是浮現出來，觸發了焦慮，使她心跳加速，呼吸變得又淺又急。她感覺到自己的心臟狂跳，開始擔心自己是否得了心臟病，這個想法又引發更大的焦慮，呼吸就變得更短淺，使血液中二氧化碳的濃度提高。由於這新添的恐懼，她的心跳又加快了。她察覺到這一點，導致心率再度飆高。

哇！這就是正回饋循環。焦慮馬上轉變為恐慌，由大腦的另一個系統控制，這個系統是為最嚴重的威脅而設計，會被過量的恐懼觸發。她被自己的症狀嚇得手足無措，便前往急診室，經過焦慮的等候，終於完成心臟功能檢查。結果根本沒什麼問題，但她還是無法放心。

只要再加上一種正回饋循環，就會將那個不舒服的經驗轉變成完全的特定場所畏懼症。這位處在前特定場所畏懼症時期的女性，在下次需要去購物商場前就開始焦慮，因為她想起上次發生的事。但她還是去了，在途中她感覺到心跳劇烈，這便引發焦慮和擔心的另一輪循環。為了預防再度恐慌發作，她避開購物商場帶來的壓力，轉頭回家去，但此時大腦中的焦慮系統注意到她逃離購物商場，得到的結論就是這段路程真的很危險。我們的焦慮系統非常務實，會認為你逃離的東西必定是危險的，而證據當然就是你逃走的這個事實。

於是，購物商場現在被標記為「太危險了，不可靠近」，或者，這位正值特定場所畏懼症萌芽期的女性，會把自己標記為「太脆弱了，不可靠近購物商場」。或許這還不至於令她陷入真正的麻煩，她還有別的地方可以購物，但附近的超市可能跟購物商場很像，足以在她前往時觸發相似的反應，然後她就折返了。現在超市也被歸到同一類，接著是街角的小店，然後是公車、計程車、火車或捷運，不久後就擴及每個地方。特定場所畏懼症患者最後甚至害怕自己的家，如果有辦法的話，她會逃走，但是她無處可逃，所以很快就困在家中動彈不得。焦慮引起的退縮會讓人放棄每一件事，以免引發更多焦慮，也會讓人縮小自我，放大愈來愈危險的世界。

大腦、身體和社交世界之間有許多可能陷入正回饋循環的互動系統。例如，憂鬱的人會開始覺得自己很沒用、是個累贅，他們極為悲傷又痛苦，因而不與朋友和家人連絡。接下來，退縮又令他們更孤單、更疏離，更加覺得自己一無是處又多餘，然後就更退縮。在這個情形下，憂鬱症就不斷加劇、日益嚴重。

一個人如果在生命中的某個時刻受到嚴重的傷害，也就是創傷，評估階層位置的計算機可能發生轉變，因而更可能受到更多傷害。這種情形經常發生在一些成年人身上，他們在童年或青少年期曾被惡意霸凌，因而變得焦慮又容易沮喪，並用防衛的卑躬來保護自己，避免和別人四目相交，因為直視別人可能被解讀為挑戰支配權。

這表示即使霸凌已經結束，造成的傷害（地位和自信心低落）仍持續存在。[25]最簡單的情況是，原本地位低下的人現在已經成年，步入比較成功的人生新頁，但他們沒有充分注意到這一點。早年為了現實生活而做的生理調適依然存在，並於現在產生不良的後果，令他們出現不必要的緊張和不確定感。在比較複雜的案例中，習慣性擔任歸順者會使人陷入非必要的緊張和不確定中，再加上習慣性的屈從姿勢，使他們持續吸引到真正的負面關注：成人世界中尚存的少數失意惡霸，會有一兩個特別攻擊他們。在這樣的情況下，先前的霸凌造成的心理後果，增加了現在繼續被霸凌的可能性（即使嚴格來說大可不必如此，因為他們已經成年，或搬遷到新環境，或繼續接受教育，或客觀的地位已有改善）。

❖ 起身反抗

有時候，人們被霸凌是因為無力反擊，這種情形可能發生在體型比對方弱小的人身上，這也是兒童霸凌最常見的原因之一。就算是最強悍的六歲兒童，也敵不過九歲的小孩。然而到了成年期，這種力量的差距多半不存在，大家的體格大致穩定且旗鼓相當（除非是男女之別，男性一般比較高大強壯，尤其是上半身），而且堅持不放棄暴力脅迫的成年人，通常會受到更重的刑罰。

但同樣常見的是，人們因為不反擊而受到霸凌，善良或自我犧牲的人就常這樣，特別是他們又有強烈的負面情緒，被攻擊時會發出痛苦的哀嚎，滿足面前的施虐者（例如，比較愛哭的小孩更常被霸凌）。[26]有些人出於某種原因，認定各種形式的攻擊行為（甚至包括生氣的感覺）都是不道德的，他們也會因為不反擊而被霸凌。我看過有些人對於專制作風和過度侵略性的競爭格外敏感，會在心裡隱忍所有可能引發這些舉動的情緒，這些人的父親往往脾氣火爆又有控制欲。但是，心理力量的價值絕對不只單一面向，憤怒和攻擊真正恐怖的地方在於可能產生殘酷行為和重大傷害，但這個可能性也會被抵銷掉，原因是這些原始力量能夠在衝突、不確定和危險的時刻抵擋壓迫、說出真相，並激發堅定的行動。

一味同情與自我犧牲（而且天真又易受利用）的人，攻擊能力被限制在太過狹隘的道德觀裡面，無法喚起保護自己所不可少的正義及適度自衛所需的怒火。你如果有能力咬人，通常就不必真的這樣做。用攻擊和暴力來回應的能力只要有技巧地整合，就會降低而非提高必須真的出手攻擊的機率。如果你在壓迫循環的早期就明白說「不」，而且說到做到（表示你的拒絕並非只是說說，會用行動證明），那麼壓迫者的欺壓會維持適當的界線和程度。暴虐的力量會無情擴張，填滿為它們的存在而提供的空間。人們若是不做出適度自我保護的防衛反應，就是在開門迎接剝削，就像是因為更實質的失能或真正的權力失衡，而無法為自身權利挺身而出的人一樣。

天真純良的人，通常會用一些簡單的格言來指引自己的看法和舉動：人性本善、沒有人真的想傷害別人、肢體或其他方面的暴力威脅是不對的（更別說使用暴力）。如果有人真的心懷不軌，這些至理名言就失效了，甚至更慘。[27]更慘是指天真的信念可能會積極招致傷害，因為那些以傷人為目標的人，相當精於捕獵有這種信念的人。這樣看來，那些性善論的格言必須重新研議。在我的臨床實務中，有些個案認為好人永遠不會生氣，我常請他們注意一個嚴酷的事實：他們自己的怨氣。

沒有人喜歡任人擺布，但人們經常隱忍太久，因此我會讓他們正視自己的怨氣，先是將怨氣視為怒氣，然後視為跡象，而這跡象指出有些話他們該說出來（特別是人本來就該說實話）。接著我會請他們將這些舉動視為阻止暴虐逼近的部分力量——在社會層面和個人層面都是如此。許多官僚體系內都有心胸狹窄的權威者，他們建立一些不必要的規則和程序，只為展現和鞏固自己的權力。這種人的身邊會形成一股強烈的怨恨暗流，如果表達出這些憤慨，就能約束他們這種病態的權力展示。因此，個體勇於為自己挺身而出的舉動，也保護每個人免受社會腐敗的傷害。

天真的人若是發現自己內在有生氣的能力，便會受到衝擊，有時候甚至非常嚴重。一個深刻的例子就是新兵容易罹患創傷後壓力症，這通常是因為他們看到自己所做的事，而非發生在他們身上的某件事。他們在極端的戰場情境下做出殺人魔般的反應，而察覺到那種能力，讓他們摧毀了自己的世界。這也難怪，或許他們認為歷史上所有可怕的大惡人都跟自己判若雲泥，或許他們從來無法看見自己內在也有欺壓和霸凌的能力（或許也從未看到堅定和成功的能力）。我有些個案只是看到攻擊者惡毒的臉孔，就嚇得連續幾年每天出現歇斯底里型痙攣，這些人通常出身過度保護的家庭，家中不容許有任何可怕的東西，一切都像仙境（之類的）一樣美妙。

等清醒的時刻一到，原本天真的人在自己身上看到邪惡和殘暴的種子，認清自己具有危險性（至少有這種可能），他們的恐懼就減少了。他們的自尊提升了，然後可能會開始抵抗壓迫。他們知道自己有能力反抗，因為自己也有讓人生畏的一面。他們知道自己能夠也必須挺身而出，因為他們開始了解，若不這麼做，而讓內心的憤恨滋長、轉變成最具毀滅性的願望，自己將真正變成殘暴的人。再強調一次：整合過的傷害能力和摧毀能力，與品格的力量幾無分別。這是人生最困難的功課之一。

你可能是失敗者，也可能不是，但假如是，你不必繼續這樣下去。或許你只是有某個壞習慣，或許只是集某些壞習慣於一身。然而就算你確實擺過可憐的姿態，就算你以前在家或在小學不受歡迎或被霸凌，[28]現在也未必需要這樣。情勢會改變，如果你委靡不振，舉止像戰敗的龍蝦，別人會把低階的地位指派給你，而你大腦底部那跟甲殼動物一樣的古老計算機將分配一個劣勢的號碼給你，於是大腦就不會分泌太多血清素，導致你不太快樂，你會更焦慮又更悲哀，在應該為自己挺身而出時更容易打退堂鼓。這也會降低你住在優良社區、獲得最優質資源、得到健康的理想配偶的機率，導致你更可能濫用古柯鹼和酒精，因為此時你的世界裡充滿了不確定的未來。你罹患心臟病、癌症和失智症的可能性也會增加。從各方面來看都很不好。

情勢會改變，你也會改變。正回饋循環就像滾雪球，會適得其反地加劇負面後果，但也可以帶你走向成功。這是普萊斯定律和帕雷托分布教我們的另一堂課，比前一個樂觀多了：人只要一開始擁有，就有可能得到更多。有一些向上移動的循環可能出現在你自己的私人、主體空間裡，身體語言的改變就是重要實例。當研究人員要求你逐一動動臉部肌肉，向觀察者做出很悲傷的樣子，你會覺得更悲傷。如果要求你逐一動動臉部肌肉，做出快樂的表情，你會覺得比較快樂。情緒是身體表達的一部分，而且可以被身體表達放大（或減弱）。[29]

身體語言的正回饋循環實例，有些是發生在主體經驗的私人範疇以外，表現在你和別人共有的社會空間裡。例如，假使你姿態可憐，意志消沈，含胸駝背，垂頭喪氣，自慚形穢，一副挫敗又沒用的樣子（理論上，是在防衛後方的攻擊），你就會覺得自己很卑微、失敗、無能為力。別人的反應會更放大這些感受。人類和龍蝦都會彼此打量，這有一部分是根據姿態。如果你自己表現得像失敗者，別人的反應就是把你當魯蛇；如果你開始挺直身體，別人就會用不同的眼光看待你。

你可能會反駁：底層是事實，身在底層也是事實，光改變姿勢並不足以改變既定事實。如果你處在第十級的位置，挺身站立、擺出強勢的樣子，可能只會吸引一些想再度欺壓你的人。這很合理。但是，抬頭挺胸不單指身體，因為你不只有身體，也有所謂的靈魂，也就是心靈。抬頭挺胸同時也代表、引發、要求在抽象層次挺身對抗，代表你主動承接存有的重擔。當你主動面對生活中的要求，你的神經系統便以全然不同的方式回應。你正面迎戰，而非等著大禍臨頭。你看到巨龍囤積的黃金，而不是因為巨龍確實存在而恐懼退縮。你向前邁進，踩上你在權力階層中的位置，占據自己的領土，展現捍衛、擴展、改變疆域的意願。這些全都可以在實際或象徵層面發生，如同身體或概念上的重新建構。

抬頭挺胸，就是張大雙眼，接受人生的重責大任。這代表決意主動改變潛在的混亂，使之成為適宜安身、井然有序的現實。這也表示接受自我意識的脆弱此一重擔，接受童年的無意識樂園已經結束——對有限和死亡不再只有模糊的了解。這也表示願意為了打造豐碩、有意義的現實生活，承擔必要的犧牲（用古人的說法，就是做符合上帝心意的事）。

抬頭挺胸，就是建造方舟，拯救世界脫離洪水，引領你的子民在逃離暴政之後行過曠野沙漠，讓你的腳步遠離舒適的家園和國度，向不顧寡婦和幼童的人宣講先知的信息。這表示扛起X形十字架，那是你和存有激烈相交之處。這表示將死板、僵硬、過於專制的秩序，扔回當初造就它的混亂中。這表示承受接踵而至的不確定性，然後建立更好、更有意義、更有成效的秩序。

所以，留意你的姿勢，改掉垂頭喪氣和駝背的習慣。說出內心的想法，提出你的渴望，就好比你有權要求一樣——至少擁有和別人同樣的權利。昂首闊步，直視前方，勇於冒險，鼓勵血清素在你那迫切需要鎮定效果的神經迴路中大量流動。

包括你在內的所有人，都會開始認為你既能幹又有本事，或至少不會立刻下相反的結論。你現在接收到的正向反應令你更有膽量，於是變得不那麼焦慮，也因此較容易注意到人們在溝通時互換的細微社交線索。你的談吐會更流暢，尷尬的停頓也變少了。因此你更可能認識別人，與他們互動，讓他們留下好印象。如此不僅真正增加好事降臨到你身上的機率，也會令你在好事發生時感覺更棒。

你是如此強壯又有膽量，便可以選擇擁抱存有，努力促進和改善存有。因為變得強大，即使所愛之人患病，即使父母撒手離世，你依然可以站得挺直，而且讓其他人在你身旁得到力量，不被絕望擊倒。因為更有膽量，就會啟程航向自己的人生，讓自己的光芒彷彿在天上的山丘閃耀，追尋你應有的天命。那時，你生命的意義或許足以遏阻致命絕望帶來的腐敗影響。

那時，你或許能夠接受人世中的沈重負擔，並找到喜悅。

就從戰勝的龍蝦身上尋找你要的啟發吧，因為牠擁有三億五千萬年的實用智慧。把頭抬起來，肩膀挺直。

RULE ·2·
善待自己，就像善待任何你有責任幫助的人

❖ 為什麼你就是不肯吃藥？

假設有一百個人拿到醫師開立的處方箋，試想接下來會發生什麼事。其中三分之一的人不會按照處方拿藥，[30]剩下的六十七人中，有一半會按照處方拿藥，但不會正確服用，或是服用的劑量不足，或是不久後自行停藥，甚至有可能根本沒吃。

醫師和藥劑師會責怪這些病人不聽話、怠惰、自誤。他們推斷道，你只能把馬牽到水邊，但不可能強迫馬喝水。心理學家向來不贊同這類評斷，我們的訓練使我們認為病人沒有依循專業建議不是他們的問題，而是醫療從業人員的問題。我們相信醫護人員有責任提出病人將會遵循的建議，提供病人將會尊重的介入，並與病人或個案共擬計畫，以達到理想的結果，而且會繼續追蹤，以確保一切都按部就班進行。這只是心理學家值得欽佩的許多原因之一（笑）。當然，我們有充裕的時間跟個案相處，不像其他專業醫療人員那麼焦頭爛額，他們不懂病人為何不吃藥，這些人是哪裡有毛病？難道不想讓病情好轉嗎？

還有更慘的。試想有個人接受器官移植，假設是腎臟好了。器官移植通常要先經過長時間焦急的等待，因為只有少數人會在死後捐贈器官（活體捐贈更少），而捐出的器官又只有很少數可以

跟希望受贈者配對成功。這表示典型的腎臟移植病人都已做了多年的血液透析，這是唯一的替代選項。血液透析會用機器把病人全部的血液送出體外處理，再輸送回體內，是一種難以想像又非常神奇的治療。過程沒什麼問題，但不舒服，而且必須每週進行五到七次，每次八小時，每晚睡覺都要做，實在太過痛苦，沒有人會想一直做透析治療。

然後，移植的併發症之一是排斥。你的身體縫上別人身體的某部分後，會不開心，免疫系統會攻擊並摧毀這些外來者，就算那是你活下去的關鍵。為了避免發生排斥，你必須服用抗排斥藥物以減弱免疫作用，這會讓你容易感染疾病。但是大部分的人樂於接受這個交換條件。儘管有這些藥物之助，接受移植者依然飽受器官排斥的折磨，這並非因為藥物無效（有時候確實是無效），更多時候是因為當事人並未服藥。真是匪夷所思。腎臟衰竭是嚴重的健康問題，血液透析也不是輕鬆的事。經過漫長等待才換來的器官移植，風險極高、費用極貴，卻因為不服藥而前功盡棄？怎麼會有人這樣對待自己？這種事怎麼可能發生？

平心而論，這件事很複雜。許多接受器官移植的人都很孤立，或是受到好幾種身體疾病的折磨，更不必說還有失業問題或家庭危機。他們可能在認知上有缺損，或是意志消沈，也可能不完全信任醫師，或沒有真正了解服藥有多麼必要。或許他們負擔不起這些藥物，只好絕望、無益地降低藥量。

不過，令人訝異的是，假設不是你生病，而是你的狗病了，你帶牠去看獸醫，獸醫開了藥，然後呢？你有同樣多的理由不信任獸醫師，而且假如你不那麼關心寵物，才不會在乎獸醫可能開出什麼不適當、不合標準或錯誤連篇的處方，你一開始就不會帶狗去就診。可見你很在乎，你的行動證明了這一點。事實上通常是很在乎。人類會乖乖按照處方箋為寵物買藥並正確用藥，而對自己比較不會這樣。這可不是好事，就算從寵物的觀點來看也不是。你的寵物（或許）很愛你，如果你乖乖服藥，牠會更高興。

從這些事實很難歸納出什麼結論，除了一件事之外：人類似乎愛自己的小狗、小貓、雪貂、小鳥（可能還有蜥蜴）勝過愛自己。這太可怕了吧！竟然真有這種事，實在太荒唐！究竟是什麼原因，讓人類喜愛寵物勝過愛自己？

在聖經舊約開頭的《創世記》裡，有一則古老的故事幫我回答了這個費解的問題。

❖ 最古老的故事和世界的本質

《創世記》的記載，看起來是把兩則源自中東的創世故事編在一起。編排在前但撰寫年代較晚的記載（稱為「祭司典」）提到，上帝用神聖話語創造天地，祂說話，於是有了光和水，還有陸地，以及其後的植物與日月星辰，然後同樣藉著說話創造鳥類、走獸、魚類，最後則是按照祂的形象造了男人和女人。這些都收錄在《創世記》第一章。第二種版本是比較古老的「雅威典」，裡面有另一種關於天地起源的記載，包含亞當和夏娃（創造過程的細節與前面略有出入），以及該隱和亞伯、挪亞、巴別塔的故事，這記載在《創世記》第二到十一章。若要了解《創世記》第一章的祭司典故事，以及當中如何強調上帝的話語是最根本的創造力量，首先必須檢視幾個古老的基本假設，這些假設的類型和含義明顯有別於科學假設，畢竟從歷史的角度來看，後者仍相當新穎。

因著培根、笛卡兒、牛頓的努力，科學真理在五百年前才獲得清楚闡述。無論我們的祖先在此之前是用什麼方式看待世界，反正不會是用科學的角度，也不可能用同樣才出現不久的望遠鏡觀察月亮和星星。因為我們現在是如此科學化，也堅決信奉唯物主義，所以我們甚至很難理解可以有而且確實有別的觀看方式。但是在那遙遠的時期，也就是奠定我們文化的各個史詩出現的時代，人類比較關心的是決定生存的行動，以及用切合這個目標的方式詮釋世界，比較不重視探求現在所謂的客觀真理。

科學世界觀初露曙光之前，人類對現實有不同的解釋。存有被理解為行動發生的場所，而非容納事物的地方。[31]存有被理解為某種比較近似故事或戲劇的東西，是人類的生活發生過的主觀經驗，展現在每個人每一刻的意識中，很類似我們向彼此講述的生命故事，以及這些故事對個人的意義，也很類似小說家在書稿中記錄生活時所描述的事件。主觀經驗包括熟悉的物體，例如樹木和雲朵，這些主要是客觀的存在，此外也包括（更重要的）情緒和夢，以及飢餓、口渴、疼痛等。從古老的戲劇式觀點來看，這些親身體驗到的事物才是人生最根本的元素，即使在現代化約論者或唯物論者的心中，也無法輕易簡化為不帶感情的客觀事物。以主觀的痛苦為例，這是任何論點都無法反駁的真實，每個人都表現得彷彿他們的痛苦是真實的，終極、徹底的真實。痛苦是重要的，比有形的物質還重要，我相信正是因為如此，世界上才有這麼多的傳統文化都視伴隨生存而來的苦難為存有中不能消滅的真實。

無論如何，**我們的主觀經驗**更接近小說或電影，而不像用科學方式描述的物理真實性。那是關於我們生命經驗的戲劇；是父親過世時獨一無二、悲痛至極的親身感受，而非醫院檔案中不帶感情的死亡名單。是初戀的痛楚。是希望破滅時的灰心喪志。是兒女成功時帶來的欣喜。

❖ 無關物質，卻很重要的領域

從某個意義來說，科學的物質世界可以化約到基本的組成元素：分子、原子，甚至夸克。而經驗的世界也有基本的組成元素，這些必要元素的相互作用就構成了戲劇和小說的內容，其一為混亂，另一則是秩序，第三個（總共就這三項）則是在前二者之間調解的過程，似乎相當於現代人所說的意識。因為我們永遠受制於混亂與秩序，所以會懷疑自己存在的確實性，導致我們出於絕望而放棄一切，無法好好照顧自己。唯有正確理解上述第三個元素，我們才能找到唯一真正的出路。

混亂是由無知占領的領土，是未經探索的版圖。混亂會擴大，永不停息、無邊無際，超出所有狀態、想法和紀律的界線。混亂是外來者、陌生人、其他幫派的成員，是深夜灌木叢裡的窸窣聲，是床底下的怪獸，是母親藏起的怒火，是孩子的疾病。混亂是你經歷重大背叛的絕望和憎恨，是一切分崩離析時的最後下場；是你的夢想消逝、事業失敗或婚姻畫下句點的那一刻。混亂是童話故事和古典神話中的冥界地府，巨龍和牠看守的黃金永遠相守的地方。混亂是我們不知自己身在何處時的位置，不知自己在做什麼時的舉動。簡言之，混亂就是所有我們既不知道也不明白的事物和情況。

混亂也是《創世記》第一章中，上帝在時間的起點用語言從中召喚出秩序的無相潛態。按上帝形象受造的人類，也從這個潛態開創生命中所有新奇又不斷變化的時刻。而混亂也是自由，令人敬畏的自由。

相對的，秩序是已被探索的領域，是有數億年歷史的身分、地位與權力階層，是社會的結構，也是生物學提供的結構——如果你適應了社會結構，就更是如此。秩序是部落、宗教、壁爐、家庭和國家；是溫暖安全的起居室，那裡有火爐發出光熱、孩子打鬧嬉戲。秩序是國家的旗幟，貨幣的價值。是你腳下的地板，你今天的計畫。是傳統的偉大。是教室裡一排排的課桌椅。是準時發動的列車。是日曆，是時鐘。秩序是我們被要求穿上的體面外表，是有教養的陌生人聚會時的禮節，也是我們大家滑行其上的那層薄冰。秩序是世界的表現符合我們的期待和欲望之處，是每件事的結果都如我們所願之地。但如果太一面倒地要求明確、一致和純粹，秩序有時也會是專橫和愚蠢的。

凡事都已確定時，我們就有秩序。當事情按照計畫進行，沒有新的或煩擾的狀況，我們就在秩序裡。在秩序的版圖中，萬物都遵從上帝的意旨。我們喜歡生活在秩序裡，熟悉的環境令人覺得舒適。有了秩序，我們就能夠從長遠觀點思考事物。在那裡，萬事順利進行，我們穩定、冷靜又能幹。因此我們（在地理上或概念上）很少會離開自己了解的地方，如果被迫或突然必須離開，我們肯定很不開心。

當你有忠誠的友人、可靠的同盟，你就有秩序。當此人背叛你、出賣你，你就從白晝世界的清澈、明亮，墜入黑暗陰間的混亂、困惑和絕望。當你上班的公司開始走下坡、你的職位可能不保時，你也會墜入同樣的地方。當你申報退稅，就是秩序；當你被查帳，就是混亂（大多數人寧可被搶也不想被查帳）。世貿雙塔傾倒之前，就是秩序；傾倒之後，所有人都感覺到顯現出來的混亂，空氣中充滿不確定。究竟是什麼倒下？這個問題問錯了。究竟還剩什麼屹立著？這才是眼前的問題。

你滑冰的冰層堅固時，就是秩序；當腳底的冰層碎裂，一切隨之瓦解，你猛然穿過碎冰跌入水裡，那是混亂。秩序是托爾金筆下哈比人的故鄉夏爾，安寧、豐饒，即使天真的人也能安居。混亂是矮人的地下國度，被屯積寶藏的惡龍史矛革侵占。混亂就是海底深處，皮諾丘曾航行至此，從大鯨魚（噴火龍）魔斯路的肚子裡救出父親。如果小木偶想變成真正的人類，如果他想脫離欺騙、假裝、傷害、放縱享樂的誘惑和極權的壓制，如果他想成為這世界真正的存有，那麼，深入黑暗的拯救之旅就是他必須完成的艱鉅任務。

秩序是你婚姻的穩定狀態，由過去的傳統和你的期望（通常無形地建立在傳統之上）支撐著。混亂是當你發現伴侶不忠，這個穩定狀態在你腳下完全粉碎。混亂是當指引你的方針和傳統完全瓦解，那種在空間上失去依歸和支撐、天旋地轉的感受。

秩序是某個時空，那裡有你賴以度日但通常察覺不到的原則，使你能夠梳理自己的經驗和行為，讓該發生的事確實發生。當悲劇突然降臨，或惡意露出臉來令人動彈不得時（即使就發生在你自家的範圍內），混亂就是那浮現出來的新時空。當某個計畫正大步開展時，無論多麼熟悉整個情況，總是會有始料未及或不希望發生的事物出現。在這種時候，領土已然變遷。可別弄錯了：空間（表面上的空間）或許相同，但我們不只生活在空間裡，也生活在時間裡。因此，就算是最舊、最熟悉的地方，在根本上仍具有突擊你的能力。你可能愉快開著多年來既熟悉又喜愛的車子，但時間不斷流逝，煞車可能會失靈。你可能用依賴多年的身體走在路上，假使你的心臟功能異常，即使只是片刻之間，一切都會不再一樣。溫和的老狗也可能咬人，可靠的老友也可能騙你，新想法可能摧毀舊時安逸的確定性。這些事情都很要緊，都真實存在。

混亂出現時，我們的大腦會立刻反應，這是遠古時代存留至今的神經迴路，既簡單，速度又超快。那時我們的祖先住在樹上，而蛇的攻擊快如閃電。[32]這種立即、相當反射性的身體反應會先出現，接著是較晚演化、較複雜但反應速度較慢的情緒，而在那之後才會出現思考，這是屬於較高的層次，並且可以延續好幾秒、好幾分鐘甚至幾年之久。從某個意義來看，這些反應都是本能，但愈快出現的反應就愈本能。

❖ 混亂與秩序：人格特性、雌與雄

混亂和秩序是兩種最根本的生命經驗元素，是存有本身最基本的項目。但它們並非事件或物體，也不是以這種形式被體驗。事件或物體是客觀世界的一部分，沒有生命也沒有靈性，是死的。混亂和秩序則不然，它們被人類感知、體會、理解（某個程度的理解）為人的特性，而現代人和古老的祖先有同樣的感知、體會和理解，只不過現代人未加注意。

秩序和混亂並非先被客觀地了解（視為事件和物體），然後再被賦予人類的屬性——假如我們先感知到客觀事實，再推想意圖和目的，才會是這樣。但人類的感知卻不是這樣運作，雖然我們以為是。例如，某個東西會先被感知為一種工具，然後再被感知為物體，或是二者同時發生。我們看到某個事物時，會同時看到或先看到它的意義。[33]事物也是先被感知為具有人類屬性的實體，然後才被感知為事物，對於他者——有生命的他者的舉動就更是這樣，[34]但我們也會視無生命的「客觀世界」為有生命、有目的、有意圖的，這是因為我們內在有心理學家所謂「過度活躍的動作偵測器」。[35]數千年來，人類在極度社會性的環境中演化，這表示我們的原始環境中最重要的元素是人類屬性，而非事件、物體或境遇。

人類在演化中逐步感知到的各種人類屬性，無論其意圖與目的為何，自始至終都以可預測的形式和典型的、階層化的結構存在著。例如，雌雄之別已經存在十億年了，相當久遠，在多細胞動物演化出來之前，生命便區分為成對的兩種性別。而那些無微不至地撫育幼獸的哺乳動物，存在的年代則是性別的五分之一，仍然相當可觀。因此，「親」「子」這個類項已經存在兩億年了，比鳥類更久，比花朵更早，雖然不到十億年，但還是相當長的時間，足夠讓「雌雄」和「親子」成為人類適應的環境中重大、必要的一部分。這表示雌雄和親子對人類而言都是自然的類項，深嵌在人類的知覺、情緒與動機結構中。

人類的大腦非常社會化，別的生物（尤其是別的人）在我們的生活、交配和演化中極為重要，這些生物就是我們的自然棲地，是我們的環境。從達爾文主義觀點來看，自然界即現實本身、環境本身，它就是天擇的**選擇者**。這是「環境」最根本的定義，它並不是無生命的物質。現實本身就是我們拚命存活並繁衍後代時的競爭對手，其中有大半是別的生物及其社群，還有這些生物對我們的看法。事實就是如此。

數千年以來，隨著腦容量增加以及發展出多餘的好奇心，人類逐漸意識到，在家庭和群體等人類屬性之外還有個世界（最終被概念化為客觀世界），並對這個世界的本質感到好奇。「之外」不僅代表尚未探索的物質範疇，**之外**就是超越我們目前所理解的內容，而理解是指**處理**和**因應**，不只是**客觀呈現**。但我們的大腦長久以來都專注於其他的人類，因此我們似乎一開始就用社會腦中與生俱來的類項，去感知混亂、未知、非人類的世界。[36]但這樣講也是一種錯誤陳述，我們一開始是用最初演化來代表**人類出現前的動物社會世界**的類項，去感知混亂、未知、非動物的世界。人類的心智遠比人類更早出現，我們使用的類項也遠比人類這個物種更加古老。人類最基本的類項（在某個意義上，和性交的動作一樣古老）似乎就是男女兩性，人類似乎已經接受了這種結構化與創造力的對立，並開始透過這種原初知識的鏡頭來詮釋每件事。[37]

秩序就是已知，在象徵上與陽剛相關（如前一章提到的道家陰陽符號中的「陽」），這可能是因為人類社會主要的階級結構是陽剛的，大多數動物也是如此，包括與人類基因和行為最接近的黑猩猩。男人從古至今一直是城鎮的建立者、工程人員、石匠、泥水匠、伐木工人、重型機具操作員。[38]秩序是天父上帝，永遠的審判者、總帳管理者、賞罰分配者。秩序是承平時期的軍警部隊，是政治文化、企業環境、系統組織，是「大家都這樣說」的「大家」，是信用卡、教室、超市結帳隊伍，是依序輪流，是交通號誌，是每天通勤的熟悉路線。秩序如果執行過頭且失衡，也可能表現得很有毀滅性、很可怕，例如強迫遷徙、集中營，還有踢正步那種吞噬靈魂的一致性。

混亂即未知，在象徵上與陰性相關，這有部分是因為我們所知的一切都源於未知，正如每個生物都由母體所生。混亂是**母親**、起點、源頭、媽媽，也是**材料**，萬物都是從這個物質造出。混亂也是**要緊的事**，或**有什麼問題嗎**？是思想和溝通的主題。混亂披上正面積極的外衣就是可能性，是思想的源泉，是孕育和誕生的神祕國度。混亂也是一種負面力量，是洞穴裡穿不透的黑暗，是路旁的意外事故，是憐愛幼態的母熊，會將你標示為潛在掠食者而撕碎你。

混亂是永恆的女性，也是性擇的決定性力量。女人是求毛求疵的母親，這一點也不像跟她們最接近的動物——母猩猩。[39]大部分的男性都達不到女人的標準，因此約會網站上的女性把八成五的男人評為吸引力不足。[40]所以人類的女性祖先人數是男性祖先人數的兩倍（假設每個女性平均生一個孩子，那麼半數的男性會有兩個孩子，而另外一半的男性則沒有孩子）。[41]女性就是大自然的化身，她們看著半數的男人，然後說：「不！」對男人而言，那就是直接遭遇混亂，每當他們提出約會卻被拒絕，這種遭遇便以毀滅性的強度發生。我們之所以非常不像人類跟黑猩猩共有的祖先，而黑猩猩卻很像，正是由於女人的挑剔。女人很會說「不」，而人類能演化成具有開創性且勤奮、直立、腦容量大（有競爭力、積極、盛氣凌人）的生物，這個說不的傾向是在背後推動的最大力量。[42]大自然化身的女性這樣說：「嘿，你這傢伙，當朋友還可以，但到目前為止我跟你相處的經驗，尚未顯示你的基因原料適合繼續繁殖。」

最深刻的宗教符號之所以具有力量，大半有賴這種基本的兩黨式概念劃分。例如大衛之星是陰性的倒三角加上陽性的正三角所組成，[i]又如印度教的約尼和林伽（上面覆著蛇——人類祖先的死對頭兼挑唆者；淫婆林伽的神像上纏繞著蛇神那伽）。另外，古埃及人將全國性的神祇歐西里斯與陰間女神伊西斯呈現為尾部交纏的雙生眼鏡蛇，中國則是以同樣的符號描繪伏羲與女媧——人類和書寫的創造者。基督教的呈現比較不抽象，而是直接用人的模樣，但西方人熟悉的童貞女馬利亞與孩童基督圖，還有聖殤像，都表現出女性／男性的二元一體，傳統上也強調基督是雌雄同體。[43]

最後要提出的是，大腦本身的構造在整體形態上似乎也反映出這個二元性。我認為，這說明了象徵性的陰陽之分具有根本上、超越隱喻的真實性，因為從定義上來看，大腦會適應現實，也就是以這種準達爾文主義的方式概念化的現實。俄國偉大的神經心理學家盧瑞亞（Alexander Luria）的弟子高德伯（Elkhonon Goldberg）直接又清楚地提出，大腦皮質的半球結構就反映了新奇性（未知或混亂）和常規化（已知或秩序）的基本區分。[44]他並未提到代表世界結構的符號跟這個理論的關係，但這樣更好，當某個想法出現在各種不同領域的研究結果中，就更加可信了。[45]

我們早就知道這一切，卻不曉得自己知道。但只要有人以這樣的方式闡述，我們便能立刻理解。只要用這些詞彙來說明，每個人都能了解秩序和混亂、世界與地下世界。我們都具體感覺到混亂潛伏在一切熟悉的事物之下，正因如此，我們才看得懂《木偶奇遇記》、《睡美人》、《獅子王》、《小美人魚》、《美女與野獸》這些奇特又超現實的故事，以及其中關於已知與未知、世界和地下世界的永恆樣貌。我們都曾多次去過這兩個地方，有時是出於偶然，有時是出於選擇。

當你開始有意識地以這個方式理解世界，許多事物便逐漸變得清晰，就好像關於你身體和靈魂的知識，已經與關於你智性的知識一致。此外，這種知識不但是描述的，也是引導的。你知道的內容會幫助你知道方法，你可以從是什麼得知應如何。例如，道家將陰陽並列，不單描繪出混亂和秩序是存在的基本元素，也告訴你該如何行動。「道」就是道家的生命之路，表現為（或存在於）雙生蛇的交界處，「道」就是正確存有的路徑，也就等於基督在《約翰福音》第十四章第六節所說的「道路」：**我就是道路，真理，生命**。同樣的想法也表明在《馬太福音》第七章第十四節：**因為引到永生，那門是窄的，路是小的，找著的人也少**。

人類永遠住在秩序裡，被混亂圍繞。人類永遠占領已知的領土，被未知包圍。當我們適當居於二者之間，便能體驗到有意義的參與。在達爾文主義最深層的意義上，我們並非適應了客體的世界，而是適應了陰和陽、混亂和秩序的後設現實。混亂與秩序構成了永恆、超驗的生命場域。

跨在這根本的二元性之上的，就是臻至平衡：一腳穩穩踏在秩序和安定裡，另一腳則深深踩進混亂、可能性、成長和冒險中。當生命忽然揭露其激烈、扣人心弦、饒富意義的特質，當你全

i 就此而言，**太極圖**的五個部分相當值得注意（第一章提到，這是較簡單的陰陽符號的起源）表達出宇宙最初是源自未分化的絕對，之後分為陰陽兩儀（混亂／秩序，陰性／陽性），然後分成五行（木、火、土、金、水），接著簡單說就是形成「萬物」。大衛之星（混亂／秩序、陰性／陽性）同樣產生四個基本元素：火、風、水、土，這是其他一切的基礎。印度教也有類似的六芒星，倒三角形象徵陰性的莎克蒂（Shakti），正三角則是陽性的溼婆，這兩個三角形即梵文中的**唵**（*om*）和**甚**（*hrim*）。這些都是在概念上互相對應的顯著例子。作者注

神貫注於正在做的事而沒有注意到時光流逝，就在那個時空，你正位在秩序和混亂的交界。我們在那裡遭逢的主觀意義，就是靈魂最深處的反應，根基於神經系統和演化的本能自我，指示我們在確保安定的同時，也要擴張宜居、富饒的領土，擴張個人、社會和自然的空間。從各種意義來看，這就是正確的位置。你所處的時間點和所在的位置都很緊要。當你正在聆聽，甚或正在舞動，當可預測和無可預測和諧交疊，令意義自行從你生命最深邃之處湧現時，音樂也正在告訴你這件事。

混亂和秩序是基本元素，因為所有的生命處境（甚至是所有想得到的生命處境）都是由這兩者構成。無論我們身在何處，總有一些事物是我們可以辨認、運用和預測的，也有一些東西我們既不認識也不了解的。不管我們的身分為何，是喀拉哈里沙漠的居民還是華爾街的銀行家，總有一些事物在我們掌握之中，另一些則不然。正因如此，這兩群人都可以了解同樣的故事，住在同樣的永恆真理範疇內。最後，混亂與秩序的基本實相不只適用於人類，也適用於所有生命。生物總是居住自身能夠掌控的地方，周邊則圍繞著一些險惡的事物和情境。

光有秩序並不足夠，你不能只是保持穩定、安全和固定不變，因為還是有一些生死攸關的重要新事物必須學習。不過，混亂可能會過量，當你在學習必須知道的事物時，你無法長期忍受力有未逮那種被淹沒和被擊垮的感覺。因此你需要一腳立足在已經掌握且了解的事物上，另一腳踏進此時正在探索和企圖掌控的領域。如此你所站立的地方，便是生存的恐懼得到控制的地方，你可以安心，但還是要留神且保持警戒。這裡，正是有一些新事物要去掌握、有些方式你可以改進的地方。這裡，就是你可以挖掘到意義的地方。

❖ 伊甸樂園

前面曾提過，《創世記》的故事混合了幾種不同來源的原始資料。第一章是年代比較晚的祭司典故事，描述從混亂中出現秩序。接著，基本上從第二章開始是年代更早的「雅威典」部分。雅威典的記載使用YHWH或雅威來代表上帝，裡面包含亞當夏娃的故事，也更詳細解說前一章祭司典故事所提到的第六天發生的事。這些故事的連貫性看起來是細心編輯的成果，這可能是當時的兩大傳統因故要聯合起來，但故事合併後並不合邏輯，而這些扞格不入隨著時間變得愈來愈難入目，令執著於連貫性、腦袋清醒又有勇氣的人感到憂慮，於是就有一個人或幾個人將這些故事編在一起，聖經學者稱之為「編修者」。

根據雅威典的創世故事，上帝最先創造出有邊界的空間，稱為伊甸（在亞蘭文中指精心澆灌之地，亞蘭文是公認的耶穌使用的語言）或樂園（古伊朗語或阿維斯陀語中的*pairidaeza*，意思是圍住或受到保護的圈地或庭園）。上帝將亞當安置在此，裡面有各種果樹，其中兩種特別被提到，一是生命樹，一是善惡知識樹。上帝叫亞當盡情享用這些果實，但不准吃善惡知識樹上的果子。接著祂創造了夏娃，作為亞當的伴侶。[ii]

一開始，亞當夏娃剛被安置在伊甸園的時候，似乎沒有很清晰的自覺，而且鐵定不會不自在。故事強調，這對始祖完全裸體卻不覺得羞恥，而這樣的描述暗示了人類以裸體為恥是完全自然又正常的事，否則就不必特別提到這件事了。再者，這個描述也暗示人類的始祖有些說不上是好是壞的不對勁。雖然還是有例外，但現在會突然在公共場所裸露身體而不覺得羞恥的人，除了奇怪的暴露狂之外，就只有三歲以下的小孩了。事實上，有一種常見的噩夢，就是夢到自己忽然裸體出現在舞台上，面對滿屋子的觀眾。

《創世記》第三章出現一條蛇，一開始這蛇顯然有腳。天曉得上帝為何允許（或放置）這樣的

ii 另一種詮釋是，祂將原本雌雄同體的個體分成男女兩部分。根據這條思路，基督身為「第二亞當」，也就是區分性別之前最初的人類。讀者一路看到這裡，對於這種詮釋的象徵意義應該相當清楚了。作者注

動物在園子裡。我苦思其中的意涵，這似乎部分反映出秩序／混亂這樣的二元性是所有經驗都具有的特點。樂園是適合人居的秩序，蛇扮演的是混亂的角色。因此，伊甸園中的蛇所代表的意思，正如同道家宇宙陰陽符號裡陽的那一半中的小黑點，也就是在一切看似平靜之處，未知和變革的可能性突然顯現。

看起來，連上帝自己也不可能造出完全不受外在侵擾的有界空間——現實世界有其必要局限，四周都是超驗，因此不可能這樣。外界，即混亂，會不斷潛入，沒有任何東西能與現實的其餘部分徹底隔絕，所以就算是最安全的空間，也難免會住著一條蛇。在人類原始非洲樂園的草地樹叢間，永遠會出現真正的、尋常的、陰險卑鄙的蛇。[46]不過，即使有某個古代的聖喬治[iii]以某種無法想像的方式驅逐所有的蛇，蛇還是會以原始人類死對頭的樣子存在（至少從我們狹隘的、小圈子的、血親關係的觀點來看，牠們當時表現得就像是敵人），畢竟人類的祖先根本不缺衝突和戰事，不管是部族之間還是其他方面。[47]

就算我們擊敗所有從外面圍攻的蛇（無論爬蟲類或人類），也還不算真的安全，現在也是這樣。畢竟我們已經知道，敵人就是我們自己。蛇住在我們每個人的靈魂裡，就我所知，正是這個原因讓基督徒異常堅持伊甸園的蛇就是撒但，是邪靈本身——這點米爾頓[iv]說得最清楚。這個象徵性識別之重要、之出色，再怎麼強調也不為過。人類就是這樣運用數千年的想像力，發展出抽象道德觀念這樣的思想，以及這些思想所需的一切，並投注難以想像的心血於善惡的概念，還有環繞著善惡的如夢隱喻。**所有潛在的蛇當中，最可怕的就是人類永遠偏好惡**。最可怕的蛇是心理的、靈性的、個人的、內在的。無論圍牆有多高，都無法將這蛇阻隔在外。就算防衛的堡壘夠厚夠穩，基本上足以把一切有害事物都擋在外面，邪惡仍會立刻再次從內部出現。正如俄國大文豪索忍尼辛強調的，善惡的分界線越過你我的心。[48]

沒有什麼方法可以隔絕周遭廣大現實的某些個別部分，讓內部的一切永遠合乎預期又安全無虞。就算是費盡苦心全力排除的東西，也總有一些會重新潛入。從象徵意義來看，難免會有一隻蛇出現。父母親就算把孩子照顧得無微不至，即使是將孩子鎖在地下室，遠離毒品、酒精和網路色情，也無法提供百分之百的保護。在這種極端的例子中，過分小心、過度關愛的父母，只是用自己去取代了孩子人生中其他可怕的問題，這就是偉大的佛洛伊德式伊底帕斯情結噩夢。[49]**使你照料的生命擁有足夠的能力，遠遠好過於保護他們。**

即使有可能永遠驅除所有威脅和危險（於是也驅走所有挑戰和有意思的事），那也只會出現另一種危險：永遠的巨嬰和徹底的廢人。若沒有挑戰和危險，人要如何發揮所有本質的潛能？假如不再有任何理由要時時留意，我們會變得何等愚鈍又可鄙？或許上帝認為祂剛創造的人類有能力應付這條蛇，認為蛇的存在是兩害相權下較輕的惡。

問各位父母親一個問題：你希望孩子很安全，還是很堅強？

總之，伊甸園有一條蛇，而根據這則古老的故事，牠是「狡猾」的野獸（難以看見，忽隱忽現，奸詐又陰險），所以牠決定要作弄夏娃，這完全不令人意外。為何找上夏娃而非亞當？可能只是碰巧，從統計來說，找上夏娃的機會是二分之一，這個機率還滿高的。但我已明白這些古老的故事不會包含多餘的內容，所有的偶然，任何無助於推動情節的元素，早已在講述過程中遺落。正如俄國劇作家契訶夫所言：「如果第一幕有一把來福槍掛在牆上，下一幕必定會開槍，否則槍何必在那裡。」[50]或許始祖夏娃比亞當更有理由注意到蛇的存在，例如，可能有蛇正在覬覦她安放在樹上的嬰孩。或許是因為這樣，夏娃的女兒們迄今仍然比較有防衛心、比較顧慮、比較害怕且更緊張，在最平等

iii 聖喬治（St.George）是著名的殉道聖人，經常以屠龍英雄的形象出現在西方文學、雕塑、繪畫等領域。編注

iv 米爾頓（John Milton）是十七世紀英國詩人，最重要的作品為長篇史詩《失樂園》。編注

的現代人類社會中，仍然且更是如此[51]。無論如何，蛇對夏娃說，只要吃下禁果，她就不會死，而且眼就開了，像上帝一樣知道善惡。當然，蛇沒有讓夏娃知道，只有後面這件事會跟上帝一樣，畢竟牠是蛇。夏娃身為人類，很想知道更多事，便決定吃這個果子。呼，她醒了，有生以來她第一次有個人意識，或許也是第一次感到難為情。

沒有哪個有識人之明及自覺的女人，忍受得了昏懵不醒的男人。因此夏娃立刻與亞當分享這個果子，導致他也覺得不自在了。這一點幾乎沒什麼改變，自遠古以來，女人始終令男人難為情，她們主要是透過拒絕男人來做到這一點，或者，如果男人沒有擔當，她們也羞辱男人。既然女人肩負著繁殖後代的主要重擔，這一點並不足為奇，很難有別的選擇。不過，女人有能力羞辱男人、讓他們不自在，依舊是一種自然界的原始力量。

你可能會問：蛇和視力究竟有何關係？首先，看到牠們顯然是挺重要的事，因為牠們可能會把你當獵物，尤其是如果你長得嬌小、住在樹上，就像我們樹棲的祖先那樣。加州大學人類學和動物行為學教授伊斯貝爾（Lynn Isbell）博士提到，幾乎唯獨人類具有驚人的敏銳視力，這個適應作用是數千萬年前被迫發展出來的，因為老祖先必須偵測與他們同時演化的蛇類這種可怕又危險的動物，避免受到傷害。[52]這或許部分說明，蛇除了是人類最初始且永恆的敵人以外，為何還在伊甸園扮演將上帝的眼界帶給人類的角色。或許，這也說明了馬利亞這個永恆的母親原型（全然完美的夏娃）出現在中世紀和文藝復興的圖像時，為何總是在天上抱著嬰孩基督，遠離虎視眈眈的虺蛇，且牢牢將牠踩在腳下。[53]不止如此，蛇拿出的是果子，而果子也與視力的轉變有關：人類能夠看到色彩就是一種演化適應，如此人類才能快速找到樹上已成熟因而可食的纍纍果子。[54]

人類始祖聽了蛇的話，吃下果子，眼目明亮，也覺醒了。你可能會像夏娃起初那樣，覺得這是好事。但有時候，只收到一半的禮物比沒收到禮物還慘。亞當夏娃的確醒了，卻只夠發現一些可怕的事。首先，他們注意到自己赤身裸體。

❖ 裸體的人猿

我兒子早在三歲以前就知道自己光著身體。他會想要穿上衣服，而且會關緊廁所的門，沒穿衣服就不肯出現在大家面前。我絞盡腦汁還是無法理解這跟他所受的教養有什麼關係。這是他自己的發現和領悟，是他自己選擇的反應。我覺得看起來是內建的。

知道自己裸體，或可能更糟的是，知道自己和伴侶都裸體，這表示什麼？代表各種可怕的事，文藝復興時期的畫家格里恩（Hans Baldung Grien）就以相當恐怖的方式呈現裸體。裸體表示脆弱、易受傷害。裸體表示要接受評斷，看你是否美麗、健康。裸體表示在競爭激烈的自然界與人類群體中缺乏保護和武裝。這就是亞當夏娃眼目明亮後立刻感到羞恥的原因，這兩人能看見了，而第一個看見的就是自己。兩人的缺點一目了然，脆弱也完全展現。別種哺乳動物嬌弱的腹部都有盔甲般的大片背部保護著，但人類是直立的動物，身上最脆弱的部位都暴露在外。更糟的是，亞當夏娃立刻為自己製作纏腰布（這是聖經國際標準譯本的用字，聖經欽定本是用「裙子」），好遮住自己脆弱的身體，並保護兩人的自尊心，然後就迅速溜去躲起來。亞當夏娃完全明白自己的脆弱，覺得自己不配站在上帝面前。

假如你無法認同這種心情，就表示你根本沒在思考。美麗令醜陋羞怯，強壯令軟弱窘迫，死亡令存活難堪，而完美則令所有人無地自容。因此我們害怕完美、討厭完美，甚至痛恨完美（當然，這就是《創世記》接下來在該隱和亞伯的故事裡要檢視的主題）。人類該如何是好？拋棄所有關於美麗、健康、才華與力量的理想嗎？這不是好辦法，只會確保我們無時無刻感到羞恥，而且有更充分的理由該感到羞恥。我不會為了要讓其他人自在，就希望那些一出現便豔驚四座的女人全部消失。我不會因為自己的數學勉強只達到十二年級，就希望像馮諾伊曼（John von Neumann）這樣絕頂聰明的人都絕跡。馮諾伊曼在十九歲重新定義了數字，[55]是數字耶！感謝上帝造了馮諾伊曼！感謝上帝造了葛麗絲・凱莉、安妮塔・艾格寶、莫妮卡・貝魯琪這些美女！我很榮幸在這些人面前自慚形穢，這是我們為了目標、成就和企圖心要付出的代價。但也難怪亞當夏娃要遮掩自己。

在我看來，接下來的故事是十足的鬧劇，雖然也很可悲又可怕。那天傍晚，當伊甸園轉涼時，上帝出來散步，但亞當沒有現身，上帝覺得不解，祂習慣跟亞當一起散步。「亞當！你在哪裡？」上帝呼喊著，似乎是忘了祂自己可以看穿樹叢。亞當立刻現身，但表現得很糟糕，起先很神經質，後來更打起小報告。宇宙創造者發出呼喚，亞當回應：「我聽到了，上帝，但我赤身裸體，只好躲著。」這表示什麼？表示人類因為自己的脆弱而不安，永遠害怕說實話、害怕平衡混亂和秩序，也害怕顯露自己的天命。換言之，他們害怕與上帝同行。或許這不值得敬佩，但絕對可以理解。上帝是施行審判的父親，祂的標準很高，很難討好。

上帝說：「誰跟你說你裸體？你吃了不該吃的東西嗎？」可憐的亞當直接指著夏娃，就是他的愛人和配偶，他的靈魂伴侶，然後告她的狀，還怪罪上帝。他說：「是你給我的那個女人，她拿給我吃（我就吃了）。」多麼可悲，但又多麼準確啊。第一個女人令第一個男人覺得羞愧又氣憤，然後這第一個男人怪罪女人，又怪罪上帝。所有被蔑視的男人至今仍有同樣的感受。可能成為他戀人的女人貶損他不適合繁殖下一代之後，他先是在她面前自慚形穢，然後咒罵上帝為何讓她如此惡毒、讓他自己如此沒用（如果他有意識到的話），而且讓生命本身如此殘缺。然後他轉而產生報復的想法。這真是卑劣極了（但也完全可以理解）。女人至少可以怪罪蛇，但其實蛇就是撒但本身，雖然長得不算太像。因此，我們可以理解並同情夏娃犯的錯，她被頂尖的騙子糊弄了。但亞當不是！沒有人逼他講出那樣的話。

很不幸，後面更慘，對人類和蛇都是。首先，上帝咒詛蛇，說蛇此後會無腳可走路，只能以滑動挪移身體，處境也堪憂，永遠可能被發怒的人類踩踏。其次，祂告訴女人，她將在痛苦中分娩，而且戀慕一個不配，有時還惹人厭的男人，而這個男人此後將永遠作威作福控制她的命運。這可能意味著什麼？若是以政治動機的角度來解讀這段古老的故事，便會堅持這恰恰指出了上帝是父權制的暴君。但我認為這段故事只是在描述而已，原因是：人類演化時，大腦急遽發展、增大，最後產生自我意識。結果是，胎兒的頭和女性的骨盆猶如進入演化的軍備競賽，[56]女性慷慨地讓臀部變寬，幾乎到了不可能再跑步的程度，而嬰兒則讓自己提前一年多出生（與體型相當的其他哺乳動物相比），並且演化出柔軟可塑的頭骨。[57]不論以前還是現在，這對母嬰雙方來說都是痛苦的調整。新生兒基本上還是胎兒，出生第一年幾乎每件事都完全仰賴母親，而他的巨型大腦中可編寫程式的特性，表示他必須持續接受訓練，直到十八歲（或三十歲）才被推出巢穴之外。更不用說女人因而要在生產時承受痛苦，而且母親和嬰兒都有很高的死亡風險。上述一切都表示女人要為生兒育女付出昂貴的代價（尤其是前期），所以無法避免的結果之一，就是更依賴男人施惠，而那些恩惠有時並不可靠，還總是出問題。

夏娃此時已經清醒，上帝把以後要發生的事告訴她之後便轉向亞當——他和他的男性後代也難以輕易逃過處罰。上帝說了類似這樣的話：「男人，因為你聽了女人的話，你的眼界打開了，蛇、果子和你的愛人帶給你上帝般的眼力，讓你看得很遠，甚至看到未來。然而，看到未來的人也會永遠看到未來的麻煩，因此必須為所有突發事件和各種可能性做準備。為了做到這點，你必須永遠為將來犧牲現在，你必須為了安定而撇棄享樂，簡單說，你必須工作。這會很艱辛，希望你會喜歡荊棘和蒺藜，因為你會種出一大堆。」

然後上帝就把最早的男人和女人趕出樂園，逐出嬰兒期和無意識的動物世界，進入歷史的恐怖與悲慘。然後祂讓智天使基路伯和發出火燄的劍看守伊甸園大門，以阻止這兩人去吃生命樹的果實。這樣做特別顯得氣量狹窄，何不乾脆立刻讓可憐的人類永生不朽？特別是，當故事繼續發展下去，那無論如何就是祂安排的最終未來啊。不過，有誰膽敢質問上帝呢？

或許天堂是你必須建造的，不朽是你必須掙來的。

讓我們再回到原本的疑問：為什麼有人幫小狗買了處方藥品，小心翼翼餵牠吃藥，但是卻不這麼對待自己？現在你可以從人類最基本的故事推衍出答案了。為什麼有人應該照顧亞當的後裔這種裸體、醜陋、羞恥、驚恐、無用、懦弱、可恨、防備又怨天尤人的東西，即使那個東西、那個生命，就是自己？我這樣講可沒打算把女人排除在外。

到目前為止我們所提種種不看好人類的理由，都適用於別人和自己。這些都是關於人性的概括說法，並沒有比較具體的細節。然而你比誰都了解自己，你知道自己很糟糕，跟別人對你的認識一樣。但是唯有你知道你所有不為人知的過失、不當與不足，沒有人比你更熟悉你的身體和心理有什麼缺陷，沒有人比你更有理由藐視自己、認為你很可悲。你不讓自己得到可能對你有好處的東西，以此懲罰自己的所有缺點。無害又天真坦率的小狗，顯然更值得照顧。

如果這還不足以說服你，且讓我們再想想另一個重要議題。秩序、混亂、生命、死亡、罪、眼界、工作、受苦，這對《創世記》的作者來說還不足夠，對人性來說也是。故事就在所有災禍和悲劇中繼續發展，當中的人物（就是我們）必須與另一個痛苦的覺醒搏鬥。接下來我們注定要深思的就是道德本身。

❖ 善與惡

亞當夏娃雙眼明亮後，不只醒悟自己的赤裸和勞苦的必然，也認識了善惡。蛇對於這個果子的說法是：「因為上帝知道，你們吃的日子眼睛就明亮了，你們便如上帝能知道善惡。」這可能是什麼意思？除了前面提過的大範圍相關內容，還有什麼可以探討和講述的？嗯，光是上下文脈絡，就顯示出這必然涉及園子、蛇、違背命令、果實、性關係和裸體，而最後這一項「裸體」，終於在好幾年之後給了我線索。

狗是掠食者，貓也是。牠們會殺死並吃掉動物，這並不可愛，但我們還是養小貓小狗當寵物，並且悉心照料，在牠們生病時餵牠們吃藥。為什麼？牠們是掠食者，但這就是牠們的天性，牠們不必為此負責，那是餓而不是惡。牠們沒有心智和創造力，也沒有最重要的自我意識，這是人類被激發出殘忍的必要條件。

為什麼不？原因很簡單，掠食動物不同於人類，牠們並不理解自己本質的缺點、脆弱，以及躲不過痛苦及死亡。但人類清楚知道自己可能會怎樣受傷、在何處受傷、為什麼受傷，這可說是「自我意識」的最佳定義。我們意識到自己沒有防衛能力，是有限的，且終將一死。我們會感覺痛苦、羞恥、恐懼，並唾棄自己，我們很清楚這一切。我們知道什麼東西會讓自己痛苦，也知道懼怕和痛苦會如何打擊我們，這意味著我們完全知道如何打擊別人。我們知道自己會如何赤裸裸，也知道會如何受剝削，而這就表示我們知道別人會如何赤裸裸，也知道怎樣剝削他們。

我們可以有意識地威脅別人，用別人的缺失來傷害和羞辱別人，那些缺失我們都再清楚不過。我們也可以慢慢地、有技巧又可怕地折磨人。這遠遠超過掠食，是理解的一種質變，這個劇變就跟自我意識的發展一樣重大，是善惡知識進入世界的大門，是「存在」的結構中迄今尚未癒合的第二道裂痕，存有本身自此轉變為一種為道德而努力的過程——這一切都隨著複雜的自我意識發展而來。

只有人類想得出肢刑架、鐵娘子和拇指夾這些刑具。只有人類會為了令別人痛苦而殘害人。這是我對於邪惡所能想出的最佳定義。動物做不到這種事，但人類具有殘酷的、半神般的能力，無疑最能做到。我們懷著這個體認，幾乎已經完全承認原罪的概念，雖然這概念在當代知識圈非常不盛行。誰敢說在演化、個人和神學的變化中，絲毫沒有自主選擇的成分呢？人類祖先在挑選性伴侶時，是根據意識、自我意識，或是道德知識？有誰能否認因存在而生的罪惡感？那已滲透到人類的經驗之中。有誰能夠不去注意到，若是沒有那種罪惡感（意識到與生俱來的墮落和作惡的本領），人類距離精神病態僅有一步之遙？

人類相當擅長作惡，這在生物界中是絕無僅有的特質。我們能夠，也確實會讓情形變得更壞更糟，而且是出於自願，完全知道自己在做什麼（也會出於意外和疏忽，以及蓄意的盲目）。基於這種可怕的本領，這種造孽的傾向，人類很難照顧自己或別人，甚或懷疑人性的價值，這又何足為奇？而且我們有充分理由不信任自己，我們很久之前就這樣了，例如幾千年前，古老的美索不達米亞人就認為人類是用惡神金古（Kingu）的血造出來的，而金古是偉大的混亂女神在極力復仇和毀滅之時所創造出最窮凶極惡的怪獸。[58]根據上述結論，我們怎能不質疑自己存在的價值，甚至質疑存有本身？有誰在面對自己或別人的疾病時，絲毫不懷疑開立治病藥方的道德效益？並且，沒有人比自己更了解自己的黑暗面，那麼，有誰在生病時會全心全意照顧自己呢？

或許人類根本不該出現，或許世界上所有的人類都該清除乾淨，讓意識和存有可以回歸動物單純無害的獸性。如果有人聲稱自己不曾有過這種念頭，想必是沒有查閱過自己的記憶，或是不曾面對自己最黑暗的幻想。

所以該怎麼辦？

❖ 神性的火花

《創世記》第一章說，上帝用神聖、真實的「道」創造世界，從宇宙源起之前的混亂，造出適於居住、天堂般的秩序，然後再按照自己的形象創造男人和女人，又賦予這兩人創造的能力——從混亂中創造秩序，延續祂的工作。在創造的每個階段，包括形成第一對夫妻的過程，上帝都反思祂所造出的東西，並斷言這是好的。

《創世記》第一章與第二、三章並列（後兩章概述了人類的墮落，描寫人類的命運為何如此多舛，受盡道德折磨），所產生的敘事序列具有深刻意義，幾乎令人難以承受。第一章的寓意就是，從真實的言詞所產生的存有是好的，對於與上帝分開之前的人類來說也是如此，但這個美好因為墮落的事件（以及該隱與亞伯、洪水、巴別塔等事件）而嚴重破損，不過人類還保有墮落前的幽微印象。我們是記得的，可以這麼說。我們總是懷想童年的純真，還有美好、無意識的動物存有，以及大教堂般的原始森林，我們在這些事物中找到暫歇之處。我們膜拜這些東西，縱使是自命為最反人類的無神論環保主義者也不例外。如此看來，自然界的原始狀態就像天堂，只是我們不再與上帝和自然界合一，而且也沒有簡單的回頭路。

最原初的男人和女人與其創造者是一體的，那時這兩人似乎還沒有意識（肯定也沒有自我意識）。這對男女的雙眼尚未張開，但處在完美狀態的這兩人卻比不上墮落後的自己——這時的善是被賦予的，而不是自己應得或努力博得的。這兩人別無選擇。上帝知道，這樣比較簡單。然而，這可能不比真正努力贏得的善還要好。或許甚至從宇宙的角度看（假設意識這種現象對宇宙是有意義的），自由選擇也很重要。但誰有辦法很肯定地談論這些事呢？然而我不願意只因為這些問題很棘手，就避而不談。那麼，在此提出一個命題：或許不單是自我意識出現、人類對於死亡和墮落的道德知識興起，使人類苦惱不堪又懷疑自己的價值。儘管人類既脆弱又容易作惡，但或許問題在於人類不願意與上帝同行（反映在亞當的羞愧躲藏上）。

整本聖經的內容安排相當結構化，將人類作惡墮落後的每件事，從以色列到眾先知，再到基督降臨的歷史，都呈現為墮落的補救，是脫離惡的途徑。人類有意識的歷史起點、國家的出現及其所有病態的驕傲與僵化、道德高尚的偉人如何努力撥亂反正、彌賽亞本身帶來整個歷史的最高點，這一切都反映出人類在上帝許可之下努力回歸正途。這表示什麼？

很神奇的是，《創世記》第一章已隱含答案：體現上帝的形象，從混亂當中，以說話創造出美好的存有。但是，必須出於人類的自由選擇，有意識地這樣做。艾略特（T. S. Eliot）說得很對，回歸即為向前之路，但必須以甦醒的存在回到起點，以甦醒的存在行使恰當的選擇，而非回到睡眠狀態：

我們不應停止探索，
一切探索的終點，
將抵達我們起步之處，
且第一次真正認識這個地方。
穿過未知而記憶尚存的大門，
地上最後尚待發現的，
正是最初的起點；
在最長之河的源頭，
是深藏的瀑布飛流直下的水聲，
和蘋果樹上孩子們的歡笑聲。
不為人知，因為無人找尋，
卻在靜寂中聽見，隱約聽見，

在大海的潮來潮去之間。
稍縱即逝的此刻，此地，現在，永遠——
一種完全單純的狀態
（代價不比任何事物少），
而一切終將安好，
萬事萬物終將安好，
當火燄之舌交織
成為火之冠結，
烈火與玫瑰合而為一時。
（〈小吉丁〉，《四首四重奏》，一九四三）

如果我們想把自己照顧好，就必須尊重自己。但我們沒有，因為我們是作惡墮落的生命，在自己眼中尤其如此。如果我們活在真理中、說的是真話，就可以再次與上帝同行，並尊重自己、他人和這個世界。那麼，我們對待自己就可像對待我們在意的人一樣。我們可以奮力導正世界，使世界朝向天堂，這是我們希望自己所關心的人居住的地方；而不是朝向地獄，這是我們的怨恨和憎惡讓所有人永遠受刑之處。

兩千年前基督教出現的地區，居民比現在野蠻許多，衝突隨處可見，甚至在高度科技發展的社會，例如古迦太基，也常以活人（包括幼童）獻祭。[59]在古羅馬，競技場上的賽事拚得你死我活，濺血是家常便飯。比起古代社會的居民（和現今一些依然無政府的混亂地區），現代人生活在有效民主的國家裡，殺人或被殺的機率都微乎其微。[60]在古時，社會面對的主要道德問題是控制殘暴又衝動的自私行為，以及伴隨發生的盲目貪婪和殘酷舉動。時至今日，具有這些攻擊傾向的人依舊存在，但他們至少知道這種舉動並不適切，如果不設法加以控制，就會遭遇嚴重的社會阻礙。

不過現今也出現另一個問題，這在以前比較艱苦的生活中可能較少發生。人們很容易相信人類就是傲慢、自我中心，總是只為自己著想。讓這種觀點成為普世自明之理的犬儒主義，不但流傳很廣又蔚為風潮。但有許多人完全不是以這種方式來在世界中找出自己的方位。這些人的問題正好相反，他們肩負著無法承受的重擔，包括憎惡自己、輕賤自己、羞愧、侷促不安。因此他們不會自戀地抬高自己的重要性，而是根本不重視自己，也不把心思和能力用在照顧自己。人們似乎經常不相信自己應該得到最佳照顧。他們極其痛苦地意識到自己真實及誇大的過失和不足，對自己的價值感到既羞愧又懷疑。他們相信別人不該受苦，於是便費盡苦心、無私地幫別人減輕痛苦。他們甚至對自己認識的動物也同樣體貼周到，但是對自己卻不那麼容易做到。

確實，犧牲自我的美德是西方文化根深柢固的觀念，至少在西方受基督教影響的範圍內是如此，基督教的基礎就是效法一個最終自我犧牲的人。任何人若宣稱黃金律[v]並不表示「為別人犧牲自己」，都可能受到質疑。但是基督受死這個原型，是要示範如何英勇地接受有限、背叛和暴政，如何在自我覺知的悲劇中與上帝同行，而非指使我們犧牲自己來服務別人。將自己奉獻給上帝（或至善，如果你喜歡這樣說），並不表示某個人或組織經常向我們索求卻少有回報時，我們還要自願默默受苦，因為如此一來，我們就是支持暴政，允許自己被當作奴隸。被惡霸迫害並不是什麼美德，即使那個惡霸就是你自己。

榮格這位瑞士知名的深度心理學家讓我學到兩堂非常重要的課，是關於「你們願意人怎樣待你們，你們也要怎樣待人」，或「愛鄰舍如同自己」。第一堂課是，這兩句話都與友善無關。第二堂課是，這兩者都是等式而非禁制令。如果我是某人的朋友、家人或愛人，那我就有道德義務要努力代表自己去對外談判，如同他們也對自己有此道德義務。如果我不去做，最後就會淪為奴隸，而對方會變成暴君，這有什麼好？任何關係裡的雙方若都很強大，這關係會理想許多。此外，當你受到霸凌或是折磨、奴役時，若挺身而出為自己發聲，這與挺身而出為別人發聲並沒有什麼不同。榮格指出，這表示擁抱和愛護你自己這個罪人，就如同寬恕並協助另一個有過失與瑕疵的人。

上帝的宣告是（故事上這樣寫）：「主說：『伸冤在我，我必報應。』」根據這個原則，你不僅屬於自己，你不僅是自己可以折磨和虐待的財產，這有部分是因為你的存有與別人的存有無情地緊密相連，你若虐待自己，別人可能會承受悲慘的苦果。這一點或許在自殺事件的餘波中最為明顯：被留下的人往往承受喪親之痛又受到精神創傷。但是以比喻來說，還有這一點：你內在有一種神性的火花，這不屬於你，而是屬於上帝。畢竟根據《創世記》，我們都是按照上帝的形象所造，擁有半神的能力去開啟意識。我們的意識參與了用語言帶來生命的過程。我們是低解析版（「放棄神性」）的上帝，可以用自己的方式、以自己的言詞，從混亂中造出秩序，或是將秩序帶入混亂。因此，我們或許未必能夠成為上帝，但我們也並非一無是處。

在我自己的黑暗時期、靈魂的幽冥世界中，我發現自己經常很驚歎人類有能力彼此友好、去愛親密伴侶和雙親子女、盡自己的義務讓世界繼續正常運作。我認識一個車禍受傷導致殘疾的人，他受雇於當地的公用事業單位，意外發生後與另一個同事一起工作了好幾年，而這位同事則受退化性神經疾病所苦。他們在維修線路的工作上互相合作，彌補彼此的不足。我相信這種日常生活中的英雄事蹟是通例而非例外，大部分人都有一種以上的嚴重健康問題，同時仍極有效率且毫無怨尤地工作。假如有人夠幸運，處在稀有的喜樂、健康時期，通常也至少有一位親近的家人正陷入危機。然

v Golden Rule 一詞源自西方世界，又稱「恕道」，是為人處世的道德準則，不同文化均存在這樣的概念。黃金律的典故出自新約聖經的《馬太福音》第七章第十二節：「你們願意人怎樣待你們，你們也要怎樣待人。」編注

而，人類都會奮力戰勝逆境，且繼續從事艱難又費力的任務，努力將自己和家人及社會維繫在一起，我認為這實在是不可思議，唯有感激到目瞪口呆才是合宜的反應。事物崩壞或完全無法運作的方式如此之多，但力挽狂瀾的，總是那些受傷的人，為此，他們值得受到真誠由衷的欽佩。人類的堅忍和毅力是一種從不斷絕的奇蹟。

在我的臨床實務中，我會鼓勵人們讚賞自己和身邊的人行事周到又成果斐然，而且真誠地關心和體貼別人。人類飽受生命與生俱來的束縛及限制所苦，因此我很驚歎，大家竟仍能正當行事，或是無私助人。但也因為有足夠多的人這樣做，於是我們能有中央暖氣、自來水、無限的電腦運算能力和電力，食物也足以供應所有人，甚至還有能力去思索更廣泛的社會和自然界（可怕的大自然）本身的命運。所有保護人類免於凍僵、飢餓、渴死的複雜結構，都會因為能趨疲[vi]的作用而漸漸失靈，而正因為有謹慎的人不斷留意，才讓這一切運作良好得難以置信。有些人淪落到怨恨的地獄和對生命的憎惡中，但大多數人即使承受著痛苦、失望、失去、不足、醜惡，卻拒絕向下沈淪。再一次，對親眼目睹這一切的人而言，這真是奇蹟。

人類，不分全體或個體都該得到一些憐憫，為了那迫使他們不得不蹣跚前行的駭人重擔，也為了他們在凡人的脆弱、國家的暴政、自然界的掠奪之下低頭。這種生命處境，一般動物不會遭遇也不用忍受，其艱辛嚴苛，只有上帝自己才有辦法完全承受。要治療人類的自覺所帶來的自我輕賤，最適當的處方正是憐憫，因為人類固然有理由自我輕賤，但那只傳遞出故事的一半真相。我們必須平衡掉自己對自我和人類的憎惡，而那有賴我們對傳統心存感激，並為平凡人在日常生活中的成就（更別說真正傑出者的卓越成就）感到驚奇。

人類值得尊重，你也值得尊重。你對別人很重要，對自己也很重要。世界的命運逐漸開展，你在當中扮演極為重要的角色，因此你有道德義務照顧自己。你應該照顧自己、幫助自己、善待自己，正如你會照顧、幫助、善待你所珍愛、重視的對象。因此，你或許必須時時管理好自己，藉此對自己的存在表達些敬意，那才夠合理。不過，每個人都有嚴重的缺陷，都沒能榮耀上帝。但如果這個嚴峻的事實意味著我們沒有責任關愛自己也照顧別人，那麼每個人隨時都會受到殘酷的懲罰，這樣並不好，結果是世界的缺點在各方面都變得更嚴重，而這些缺點足以令所有認真思考的人質疑世界本身的正當性，這根本不可能是通往前方的正道。

像善待你有責任幫助的人那樣善待自己，則是在思考怎麼做才真的對你有益。這不會是「你想要什麼」，也不是「什麼會讓你開心」。你只要給孩子甜食就會讓孩子開心，但這不表示你只需要餵孩子糖果，其他什麼都不必做。「開心」絕對不是「有益」的同義詞。你必須叫小孩去刷牙。如果他們要在嚴寒中外出，就必須穿上雪衣雪褲，儘管他們可能拚命抗議。你必須協助一個小孩成為善良、負責、覺醒、能夠與別人完全互惠的人，既能照顧自己和別人，又活得精采。而你怎麼會認為可以不用為自己做那麼多呢？

你需要考慮未來，並且這樣想：「假如我好好照顧自己，我的人生會是什麼樣子？有什麼挑戰性的工作會令我成為一個有用的人，能做出有意義的事，使我能背起自己這份重擔，並享受一切的成果？當我稍微自由時，應該怎樣增進自己的健康、擴充自己的知識、強化自己的身體？」你需要知道自己身在何處，才能著手規畫自己的路程。你需要知道自己是誰，才能了解自己的裝備，根據自己的限制來增強自我。你需要知道自己正走向何方，才能限制生命中的混亂程度、重新安排秩序，帶來「希望」的神聖力量，以影響世界。

你必須決定自己要往哪裡去，才能為自己爭取，才不會怨恨、報復或傷人。你必須表達出自己

vi Entropy又稱「熵」，為熱力學概念，後引申為凡具秩序性之組織或封閉體系因能量遞減，會朝向混亂和衰退而變化。
編注

的原則，才能保護自己免受剝削，工作或玩樂時才能安心又安全。你必須謹慎鞭策自己，信守你對自己的承諾，也要給自己獎勵，這樣才能信任自己、激勵自己。你需要選擇如何對待自己，才最有可能讓自己成為良善的人，並保持下去。讓世界變得更美好是好事，畢竟天堂不會自動來到，我們必須努力讓天堂出現，並且要增強自我，才能抵擋上帝用來封鎖天堂入口的滅命天使和審判的火焰之劍。

別低估了眼界和方向的威力，這些不可扼阻的力量能夠改變看似無法克服的阻礙，使之化為可穿越的小徑和擴展中的機會。請增強每個個體，就從你自己開始。照顧好自己，定義你是誰，提升你的人格，選擇你的目的地，並明確表達你的存在。十九世紀德國偉大哲人尼采便非常精闢地指出：「知道生命的意義，便能承受一切苦難。」[61]

世界走在傾斜的軌道上，你可以為世界指引方向，朝天堂近一點，離地獄遠一點。你一了解地獄，探究過地獄，特別是你個人的地獄，就能決定不往那裡走，不去創造那樣的地方。你可以瞄準別的目標，事實上你可以為此奉獻一生，那將帶給你意義，人生最重大的意義，讓你悲慘的存在變得正當，彌補你罪惡的本性，以重新學會與上帝在樂園中同行所生的自豪和直率的信心，取代你的羞愧與不安。

你可以從這裡開始：善待自己，就像善待你有責任幫助的人。

RULE ·3·

結交希望你變得更好的朋友

❖ 故鄉小鎮

我小時候住的小鎮，五十年前才在一望無際的北方平坦草原上辛苦開墾出來。亞伯達省的費爾維尤（Fairview）位於邊疆地帶，鎮上的牛仔酒吧可以證明這一點。主街上的哈德遜灣百貨公司仍然會直接向當地的捕獸人購買海狸、狼和郊狼的皮毛。小鎮有三千個居民，離最近的城市約有六百公里。有線電視、電動玩具和網路在費爾維尤都不存在。在那裡你很難無憂無慮地傻樂，尤其是每年長達五個月的冬季期間，經常一連好幾個白天氣溫低於零下四十度，夜裡就更冷了。

冷到那種程度，世界會變得截然不同。鎮上的酒鬼早早便結束悲慘的人生。他們凌晨三點醉倒在路邊的雪堆，然後就凍死了。氣溫低於零下四十度時，你不會隨便走出去。吸第一口氣，乾冷的荒漠空氣就會令你肺部緊縮。你的眼睫毛會結冰，黏在一起。洗澡弄溼的長髮會凍結變硬，在溫暖的屋內解凍乾透之後，又會因為靜電的關係，像鬼一樣自動豎起來。孩子只會舔一次遊戲場上的鋼製設備。住家煙囪冒出來的煙不會往上飄，而是被冷風壓得向下飄落，像霧一樣堆積在覆滿積雪的屋頂上和庭院裡。夜裡必須把汽車電源接通，並運轉引擎加熱器，否則早晨汽油無法流過引擎，車子就不能發動。有時候車子就是發不動，你只能徒勞地重新啟動引擎，直到起動器嘎嘎作響又歸於沈寂，然後你要在嚴寒中用僵硬的手指鬆開螺栓，把結凍的電池從車上拔下來，拿進屋裡去，讓電池在屋裡持續冒出水氣，直到幾小時後變暖了，有足夠的蓄電量。你也無法從後車窗看到外面，因為後車窗從十一月就開始結霜，一直結到五月，擦掉只會弄濕汽車內裝，然後再次結霜。有天夜晚我去找朋友，卻因為車內暖氣壞了，只能在一九七〇年道奇挑戰者的副駕駛座邊緣坐兩小時，身體抵著排檔桿，用浸泡過伏特加的抹布擦拭駕駛座前的擋風玻璃。停車不在當時的選項中，根本無處可停。

這種天氣是家貓的地獄。費爾維尤的貓都短耳短尾，耳朵和尾巴的尖端都因為凍瘡而壞死了。這些貓變得很像北極狐，這種動物就演化出同樣的特點，以預先應付嚴寒。有一天，我家的貓在我們不注意時跑出去，後來我們發現牠坐在後門那裡，身上的毛都結冰了，緊緊黏在冰凍的水泥台階上。我們小心翼翼把牠和水泥分開，除了牠的自尊以外，沒有留下永久的傷害。費爾維尤的貓在冬季也因為汽車而陷入險境，但不是你所想的那樣，並不是因為汽車在結冰的路面打滑撞到牠們——只有倒楣的貓才會這樣死掉。危險的是那些跑了一段路之後剛停下來的汽車，冷得受不了的小貓很喜歡鑽到這樣的車子底下，坐在還有餘溫的汽缸上，而萬一駕駛決定繼續開車，但引擎尚未冷卻，小貓還沒離開呢？這麼說好了，追尋熱源的寵物和快速旋轉的冷卻風扇是無法和平共存的。

由於我們地處偏北，酷寒的冬季也極為幽暗，十二月的太陽直到早上九點半才升起，我們得在一片漆黑中舉步維艱走到學校，放學回家時，天色也沒有比較明亮，因為太陽就快落下了。即使在夏天，費爾維尤的年輕人也沒什麼事情可做。不過冬天還是更慘，這時你的朋友就很重要了，比任何事都重要。

❖ 我的朋友克里斯和他堂弟

那時候我有個朋友，就叫他克里斯好了，他很聰明，讀很多書，他喜歡的科幻小說很吸引我，作者是布萊伯利、海萊因、克拉克之類的。克里斯很有發明頭腦，對電子工具、齒輪、馬達都很有興趣，是天生的工程師。然而，上述一切卻因為他家裡的某個問題而蒙上陰影。我不知道原因是什麼，他的姊妹都很聰明，父親談吐斯文，母親性情和善。幾個女孩看起來都沒問題，但克里斯在某些重要方面卻得不到關注，他雖然聰明又有求知欲，但也很憤怒、充滿怨恨，而且對未來不抱希望。

這一切都具體呈現在他那部一九七二年的藍色福特皮卡上。那部惡名昭彰的貨車車殼上傷痕累累，每片側板至少有一處凹痕，更慘的是車內也一樣，連續的意外事故不但會毀損車身外部，也會讓車內朋友的身體撞擊內部表面。克里斯的貨車就是虛無主義者的外殼，保險桿上貼著最恰當的標語：Be Alert – The World Needs More Lerts。[i] 這句話表現出的反諷加上車身的凹痕，巧妙地將整個畫面提升為一齣荒謬的鬧劇，當中幾乎沒有所謂的意外成分。

每次克里斯撞毀他的貨車，他父親都會修好，再買別的東西給克里斯，於是他有一輛摩托車和一部賣冰淇淋的廂型車。但他不喜歡摩托車，也不賣冰淇淋。克里斯對父親及父子關係都常有不滿，但他父親年紀已大，而且身體狀況不佳，幾年後才診斷出病因。克里斯的父親缺乏應有的體力，或許也無法給兒子足夠的關注，這可能就是父子關係破裂的原因。

克里斯的堂弟艾德大約比他小兩歲，我很喜歡他，就像你青少年時期會喜歡你好友的堂弟那樣。艾德個子高，頭腦聰明，外形出色又幽默風趣，如果你在他十二歲時認識他，一定會預期他前

i 這是伍迪．艾倫的諧音名句。「Be Alert」唸起來像「Be a lert」，但「lert」並無其字。譯注

途不可限量。但是艾德的人生卻逐漸走下坡，落入自暴自棄、半漂泊的存在模式。他不像克里斯那樣憤怒，但同樣很困惑。如果你認識艾德的朋友，可能會說是同儕壓力讓他走上墮落之路，但他的同伴雖然不那麼聰明，卻顯然沒有比他更迷惘、更素行不良。艾德和克里斯在接觸大麻之後，情況看起來也沒有特別改善。大麻的危害不像酒精那麼多，有時甚至似乎會改善人們的狀態，只是大麻並未改善艾德，也沒有改善克里斯。

為了在漫漫長夜中自娛，克里斯、艾德、我還有其他青少年會開著我們一九七〇年代的汽車和皮卡車四處兜圈子。我們慢慢開過主街，沿著鐵道大街經過高中，繞過小鎮的最北邊，再開到西邊。或開上主街，繞過小鎮的北端，再開到東邊去，諸如此類，沒完沒了地重複同樣的過程。如果我們沒有在鎮上開車，就會開車到鄉間去。一個世紀之前，測量員已在這個大約七十萬平方公里的西部大草原上鋪設了超大路網，每向北走三公里就會有一條橫貫東西的碎石路通向天際，而每向西走一公里半，又會有另一條路連通南北。我們從來不會找不到路開。

❖ 青少年的荒原

我們若不是在鎮上和鄉間亂晃，就是參加派對。某個相對年輕的大人（或某個相對詭異的老人）會在家裡招待朋友，他家便成了各種不速之客的臨時收容所，其中不少人一出現就惹人厭，或一喝酒就立刻變得惹人厭。派對也可能突然舉行，如果某個青少年的父母傻傻出了遠門，那些一直開車在街上閒逛的人就會發現這家的燈亮著但車子不在。那可不妙，情勢可能會一發不可收拾。

我不喜歡青少年的派對，回憶起來也不覺得懷念。派對都很陰沈，燈光微弱，把不自在減到最低。但音樂震耳欲聾，人們無法交談，也沒什麼話可講。每次都會出現一些鎮上的精神病質人格者，大家拚命抽菸喝酒，一股陰鬱、沈重又百無聊賴的氛圍籠罩著，也沒有任何事發生，除了以下幾件事：我有個極文靜的同學，喝醉後揮舞他裝滿子彈的十二號口徑霰彈槍；有個女孩被一個男的拿刀威脅，就輕蔑地辱罵他（這女孩後來成為我的妻子）；另一個朋友爬上大樹，在樹枝上晃來晃去，然後整個人摔到我們在樹底生起的營火旁，背部著地跌個半死，一分鐘後他的笨蛋同夥跟著如法炮製。

沒有人知道自己到底在這些派對上做什麼。是認識啦啦隊員，還是等待果陀？雖然前者顯然更誘人（但我們鎮上沒幾個啦啦隊員），後者卻比較接近事實。我想，比較浪漫的說法是，我們都無聊死了，只要出現任何更有創造性的東西，我們都會緊緊抓住。但其實不然。我們只是早熟地憤世嫉俗、厭世又怕負責，所以不願忍受身旁大人試圖安排的辯論社、航空青年團或學校體育活動。做任何事情都不酷。六〇年代晚期的革命分子叫每個年輕人要「激發熱情、探索內在、脫離體制」[ii]，不知道在此之前的青少年生活是什麼模樣。一九五五年的青少年可以全心全意投入某個社團嗎？二十年後肯定是不行的。有很多人激發了熱情也脫離了體制，但探索內在的人並不多。

我想離開這裡，到別的地方去。不是只有我這樣想，每個最終離開費爾維尤小鎮的人，全都在十二歲那年就知道該離開。我知道，和我在同一條街一起長大的妻子知道，那些或離開或留下的朋友，不管踏上哪一條路，也都知道。打算上大學的人，家中都有一種心照不宣的期望，認為上大學是理所當然。如果是出身教育程度較低的家庭，對未來的概念根本不包含大學，倒不是因為沒錢，當時高等教育的學費非常便宜，亞伯達也有很多高薪的工作機會。我一九八〇年在一間夾板工廠工作，賺的錢比之後二十年我可以做的任何工作都多。在一九七〇年代，富產石油的亞伯達沒有人是因為錢而錯過大學。

ii「Turn On, Tune In, Drop Out」為美國著名心理學家兼藥物文化之父 Timothy Leary 所發表的宣言，這句話也變成重要的反主流文化口號。譯注

❖ 幾個不同的朋友，和幾個老樣子的朋友

高中時代，我原本那群死黨全都退學之後，我跟幾個新同學結為好友。他們來費爾維尤當住宿生。他們的家鄉更偏遠，有個非常貼切的名字，熊峽谷，那裡九年級之後就沒有學校可念了。相較之下，這兩個同學都很有雄心壯志，直率又可靠，但也又酷又有趣。畢業後我離開家鄉，到一百多公里外的格蘭博瑞爾學院（Grande Prairie Regional College）讀書，其中一人成為我的室友，另一個人到別的地方深造。兩人都很力爭上游，這份決心也鼓舞了我。

進大學時，我異常開心。我發現另一個更大的團體，由志同道合的同伴組成，那個來自熊峽谷的夥伴也加入了。我們都沈醉在文學和哲學中，一起經營學生會，並且史無前例地以舉辦學生舞會來賺錢。賣啤酒給大學生怎麼可能賠錢？我們創辦報紙，在大學一年級的小型研討會上就認識了政治學、生物學、英國文學的教授。教授很感謝我們的熱情投入，也用心教會我們許多事。我們正在打造更美好的人生。

我丟棄了許多往事。在鎮上，每個人都知道你是誰，你就像尾巴上綁著鐵罐奔跑的小狗，身後拖著從前的歲月，無法脫離過去的一切。那時候沒有網路可以搜尋任何事，實在是謝天謝地，但這些事卻同樣留在每個人或說或不說的期望與記憶中，揮之不去。

當你向前邁進時，一切都是未定數，至少有一陣子會是如此。這時壓力很大，但混亂中會有新的可能。包括你在內的每個人，都不能把你禁錮在自己的舊觀念裡。你可以甩掉舊習性，跟有上進心的人結伴同行，建立新的、更好的習慣。我以為這是自然的發展，我以為每個離開家鄉的人都會有（也想要）這種鳳凰重生的經驗，但事實並非總是如此。

我大約十五歲時，有次跟克里斯和另一個朋友卡爾一起去愛德蒙頓（Edmonton），一座有六十萬

人口的城市。卡爾從來沒有去過大城市，這並不罕見，從費爾維尤到愛德蒙頓來回將近有一千三百公里。我倒是去過很多次，有時跟父母一起，有時自己去。在這座城市，我是無名人士，這點我很喜歡。我想要新的開始，想要逃離家鄉小鎮那種陰鬱、狹隘的青少年文化，於是說服這兩個朋友一起上路。但這兩人沒有相同的經歷，我們一抵達，克里斯和卡爾就想買大麻。我們前往愛德蒙頓的一些地帶，那裡跟費爾維尤最差的地區沒有兩樣，我們同樣看到在街上偷賣大麻的藥頭。那個週末我們都待在旅館房間裡喝酒，雖然千里迢迢才去到那裡，但我們哪裡都沒去。

幾年後，我看到更糟的例子。為了完成大學學位，我搬去愛德蒙頓，跟我那正在攻讀護理的妹妹合租一戶公寓。她也是全心全意力爭上游的人，幾年後她到挪威種植草莓、到非洲經營獵遊之旅、冒著被圖阿雷格人射殺的危險，私運卡車穿越撒哈拉沙漠、在剛果照顧大猩猩孤兒。我們住在新蓋的高樓上，房子很不錯，可以俯瞰北薩斯喀徹溫河寬闊的峽谷，背景則是城市的天際線。我一時興起，買了一架漂亮的全新山葉直立式鋼琴，家裡看起來棒極了。

那時我輾轉得知克里斯的堂弟艾德搬到這座城市，我心想這是好事。有天他打電話來，我便邀他到家中聊聊他的近況。我希望他發揮了我從前在他身上看到的潛力，但事實不然。艾德看起來比以前更老、更禿、更駝，比較像失意青年，少了許多身為年輕人的可能性，兩眼的血絲透露出他是吸毒老手。他做過一些工作，包括割草和園藝造景的臨時工，這些工作對打工的大學生或能力不足的人都還算不錯，但對有才有智的人來說，實在低廉得可悲。

艾德身邊跟著一個朋友。

我對他這個朋友印象相當深刻。他因為吸食毒品而精神恍惚，腦袋和我們這間舒適、文雅的公寓並不在同一個時空。我妹妹也在場，她認識艾德，也見過這種事，但我還是不高興艾德把這傢伙帶來我家。艾德坐了下來，他朋友也跟著坐下，雖然看不出來他打了招呼。這是一場悲喜劇。艾德雖然也精神恍惚，但還會覺得尷尬。我們喝著啤酒，艾德的朋友兩眼向上看，吃力說著：「我的虛詞全散射在天花板上。」真是再貼切也不過。

我把艾德拉到一旁，客氣請他離開我家，告訴他，他不應該帶這種差勁的渾蛋一起來。他點點頭，他懂，但這讓情況變得更糟。很久以後，他表哥克里斯寫了一封跟這些事有關的信給我，我把內容收錄在我一九九九年出版的第一本書《意義地圖》裡。他寫道：「我曾經有一些朋友，那是以前的事了。任何人只要夠輕賤自己，都能夠寬恕跟他們一樣的我。」[62]

什麼原因導致克里斯、卡爾和艾德無法（或者更糟，是不願）有所行動或改變交友，並改善自己的生活境況？是他們本身的限制、初發的疾病、往日的創傷造成這些不可避免的結果嗎？畢竟每個人生而不同，從構造上和宿命論上來看都是如此。每個人的智力不同，而智力是學習和轉變的主要能力。人們也擁有天差地別的性情，有些人主動，有些人被動，也有人很焦慮或很鎮靜。只要有一個人受到驅策而有所成就，就會有另一個懶散的人。這些差異是人固有的一部分，難以改變的程度，超過樂觀者所認為或期望。此外還有心理上或身體上的疾病，無論是已經診斷出來或是還沒被發現，都會更進一步限制或塑造我們的人生。

克里斯的精神狀況已有幾年時好時壞，然後三十幾歲時精神崩潰，不久就結束自己的生命。他大量使用大麻，這是讓問題更嚴重，或者是可以理解的自我藥療？畢竟，在科羅拉多等大麻合法化的州，已經比較少使用醫師開立的藥物來止痛。[63]或許大麻讓克里斯的日子比較好過，而不是更糟。或許大麻減輕了他的痛苦，而不是加重他的不穩定。他長期懷抱的虛無主義哲學，是否將他帶往最終的崩潰？那樣的虛無主義是否為體弱多病的結果，或者只是他不願意負責任地投入生活，而在理智上的一種合理化？為什麼他就像他堂弟，或是我其他的幾個朋友一樣，持續選擇那些對他有害無益的人和地方？

當一個人對自己的評價很低，或拒絕為自己的人生負責時，所選擇的新朋友往往正是以前就出過問題的那種類型。這些人覺得自己配不上較好的同伴，所以不會去找這樣的人。或者，他們也有可能不想費事結交比較好的朋友。佛洛伊德稱這種情形為「強迫性重複」，他認為這是一種重複舊時恐懼的潛意識驅力，有時可能是為了更精準地調配出那些恐懼，有時是試圖更主動地掌握，有時則可能是沒有別的選項。人們會以手邊現有的工具打造自己的世界，有缺陷的工具便製造出有缺陷的結果，而一再使用這些有缺陷的工具，只會製造出同樣有缺陷的結果。因此，沒有從往事學到教訓的人，注定要重蹈覆轍，這有一部分是命運所致，一部分是無能為力，另外還有一部分是……不願學習？拒絕學習？**有動機地拒絕學習？**

❖ 拯救糟透的人

人們選擇對自己不利的朋友，還有其他原因。有時候是想要拯救某個人，這在年輕人當中比較常見，雖然這樣的動力也存在於一些比較年長的成人身上，就是太過隨和、依然天真，或是故意視而不見的成年人。可能會有人反駁道：「看到別人最好的一面有什麼錯？樂於助人是最崇高的美德。」但是，並非每個失敗者都是受害者，並非每個在谷底的人都想往上爬升，雖然有許多人這樣想而且也設法這樣做。然而，如果能拿來證明世界的不公不義，人們便會接受甚至放大自己的苦難，以及別人的苦難。被壓榨的人當中並不乏壓迫者，即使地位低微，卻有不少人只想霸道地得償所願，因為這是最容易選擇的路，無時無刻都如此，雖然長期下來只會通往地獄。

假設有一個人過得不好，需要協助，甚至他可能也想得到幫助，但我們不容易區別誰是真的想要也需要幫助，而誰只是在剝削願意幫忙的人，甚至連剝削者自己也很難分得清楚。如果有人努力之後失敗，而且被原諒，然後再次努力，之後又失敗，又得到原諒，這樣的人往往希望大家相信他所做的一切努力都是出於真心。

如果不只是天真，那麼，拯救別人的企圖往往還出於虛榮和自戀。俄國大文豪杜斯妥也夫斯基的《地下室手記》是刻劃憤恨痛苦的經典著作，詳細描寫了類似的情形，這本小說的開頭就是一段名句：「我有病……我充滿惡意。我其貌不揚。我認為我的肝有病。」這段自白出於一個可悲又傲慢的人，他寄居在混亂又絕望的地下世界中，無情地分析自己，只想以此懲罰一百件惡，但他所犯的惡有上千種。接著，這個地下室人想像自己得到了救贖，又犯下最不堪的罪過。他主動援助麗莎，這位真正不幸的女士在十九世紀險惡環境的逼迫下淪為娼妓，地下室人邀她前來拜訪，答應幫助她重回人生正軌。在等候麗莎時，地下室人內心出現愈來愈彌賽亞式的幻想漩渦：

> 然而，一天天過去，她都沒有來，我開始變得平靜。每過九點鐘，我便覺得特別英勇又快活，有時候甚至開始夢想，甜蜜地夢想著，比如說，只是因為她來找我，而我跟她講話，我就變成她的救星……我開導她、教育她。最後，我注意到她愛上我，熱烈愛著我。我假裝不明白（但我也不知為何要假裝，大概只是為了做做效果）。終於，一切的混亂有了改變，她顫抖著、痛哭著，撲到我的腳前，說我是她的救星，說她愛我勝過世上一切。

這些幻想只會滋養地下室人的自戀。麗莎本身已經被這些幻想給吞沒。地下室人想救贖她，但他不夠堅定、不夠成熟，既不願也無法提供那樣的救贖。他沒有勇氣看清——而他也很快就明白這一點，並將之合理化。麗莎最後真的來到他破舊的公寓，絕望地希望能逃出生天。她告訴地下室人，她想離開目前的生活，而他的回應是什麼？

「妳來幹嘛？請妳告訴我！」我上氣不接下氣地開口大叫，顧不得自己講的話是否前後連貫，我只想一口氣全部講完，連該怎麼開頭也沒費力去想。「妳為什麼會來？妳說啊！妳說！」我大吼著，幾乎不知道自己在做什麼。「我來告訴妳，我的好女孩，妳怎麼會來。妳來是因為我那時對妳說了幾句感情用事的話，於是妳現在變成這副軟弱的樣子，又想再來聽一些感人的話。那麼妳最好明白，我當時是在取笑妳，現在也是在取笑妳。妳發什麼抖？對，我就是在取笑妳！那天晚餐時，我剛被人侮辱，就是比我早去的那些人。我去妳們那裡，是想要痛打其中一個人，他是軍官。但我沒有成功，因為沒找到他。我得找人報復，吐吐怨氣，而妳出現了，我把怒氣發在妳身上，嘲笑妳。我受到羞辱，所以也想羞辱人。我被當條破抹布，所以我想要耍威……這就是事實的真相。妳還以為我去那裡是為了救妳，是不是？妳是這樣想的嗎？妳是這樣想的嗎？」

我知道，她可能腦中一片混亂，無法弄清整件事的原委，但我也知道她會聽懂我的意思，非常懂。果真如此。她的臉變得像手帕那麼慘白，她試著說些什麼，嘴唇痛苦地動了一下，但整個人彷彿被斧頭砍到似地跌坐在椅子上。之後的時間她都在聽我講話，她張著嘴唇、瞪大雙眼，驚恐地顫抖著。嘲諷，是我話語中的嘲諷擊垮了她……

地下室人膨脹的自負、冷漠和純粹的惡意，粉碎了麗莎最後的希望。他很清楚這一點。更糟的是，他內在有某個部分向來以此為目標，他自己也知道。但是，一個對自己的惡毒感到絕望的惡棍，並不會變成英雄。英雄之所以為英雄，不僅不邪惡，還需具有某些正面的特質。

你可能會提出異議：基督自己就結交稅吏和娼妓，我竟然膽敢污衊試圖助人者的動機？但是，基督是完美人類的原型，你只是你，你豈知自己努力想把別人往上拉，會不會反而害他們（或你自己）跌得更深？假設有個人管理一群非常出色的員工，每個人都全力追求全體的目標，努力工作而且表現優異，既能發揮創意又能團結一心。但這個上司也負責帶領一個麻煩人物，此人在其他部門表現很差，這個好意的上司突發奇想，將那個麻煩人物調進明星團隊，希望用榜樣來改善他的表現。結果呢？心理學文獻針對這個問題已有清楚的說明。[64]行為不當的外來者會立刻改正嗎？不，反而是整個團隊會墮落。新進的組員依然憤世嫉俗、狂妄自大又神經質，不但怨天尤人、逃避責任、缺席重要會議，而且工作品質低落，延誤進度，結果是別人必須幫他重做。但他還是像其他隊友一樣領到工資。他身邊那些認真工作的人開始覺得自己被辜負了，每個人都想著：「這個新來的組員汗都沒流一滴，我又何必不停賣命完成這項計畫？」當輔導員好意將青少年罪犯安置在相對文雅的同儕中，也會發生同樣的情形：違法行為開始擴散，穩定度卻不會。[65]向下沈淪遠比向上提升容易得多。

或許你拯救別人，是因為你堅強、慷慨、精力充沛，想做對的事。但也有可能（或許相當有可能）是你想要別人注意到你取之不盡用之不竭的同情和善意。或者，你之所以拯救別人，是想要說服自己相信你品格的力量不只是運氣和出身的副產品。也可能是因為當你和完全不負責的人站在一起時，你比較容易顯得品德高尚。

先假設你做的是最簡單，而非最困難的事。

他瘋狂酗酒，令你的豪飲顯得不足為意。你花了很長的時間，認真跟他討論他嚴重失敗的婚姻，讓你們雙方都相信他盡了一切努力，你也竭盡全力幫助他了。看似很盡力，看似有進步，但你們兩人都必須付出更多才能有真正的改善。你怎麼確定這個大聲呼救的人不會一千次做出更輕鬆的決定，寧願接受毫無意義又日漸加劇的苦痛，只因為那比負起真正的責任還要容易？你是在促成妄想嗎？有沒有可能，你的輕蔑比憐憫更有效？

或許你並沒有真心或假意的計畫要拯救任何人。你與那些對你有害的人來往，不是因為這樣對誰比較好，而是因為這樣比較輕鬆。你知道，你朋友也知道。你們被無形的契約綁在一起，而這個契約是以虛無主義、失敗、最愚蠢的苦難為終點。你們都決定只看當下，不顧將來。你們沒有討論，沒有聚在一起說：「我們選這條比較輕鬆的路，今朝有酒今朝醉吧！我們也不要互相提醒，這樣就更容易忘記自己在做什麼。」你們都沒提到這些，但對真相心知肚明。

在你幫助某個人之前，應該先看出這個人為何陷入麻煩，不該一味認定他或她是不公平的環境或剝削下的崇高受害者——這是最不可能的解釋，而非最可能的情形。根據我在臨床工作和其他方面的經驗，事情絕對不會那麼簡單。此外，假如你聽信他的故事，認為每件可怕的事情就這樣自動發生，受害者絲毫沒有自己的責任，你就是否定這個人過去曾經擁有的任何能動性（也暗示現在和將來也是這樣），這樣就剝奪了他或她所有的力量。

最可能的情形是，對方只是決定拒絕向上的路，因為力爭上游是困難的。或許這才是你面對這種情況時應該預設的假定。你會覺得這種想法太過嚴苛，你可能有道理，或許這一步跨得太遠了，但想想這一點：失敗很好理解，沒有必要解釋失敗為何存在。這樣看來，害怕、憎惡、成癮、雜交、背叛、欺騙，都不需要解釋。邪惡的存在或沈浸在邪惡中也不需要解釋。邪惡很簡單，失敗也很容易。不承擔責任比較輕鬆；不思考、不做事、不在乎，都比較輕鬆。把今天該完成的事拖到明天，把接下來幾個月、幾年都淹沒在今天不費力氣的享樂中，也比較輕鬆。正如《辛普森家庭》那個聲名狼藉的老爸荷馬在吞下一整罐美乃滋和伏特加之前所說：「那是未來的荷馬要傷腦筋的事，嘿，我可不羨慕那傢伙！」[66]

我怎麼知道你的受苦不是在要求我犧牲資源，讓你能有那麼一刻躲開無可避免的問題？或許你甚至不再關心即將發生的崩解，卻還不想承認。或許我的幫忙並不會修復也無法修復任何事，但確實會暫時遏阻那個太可怕、太切身的領悟。或許你的悲慘是對我的強烈索求，為了讓我也失敗，好在你墮落沈淪時，能不那麼痛苦地感受到我們之間的隔閡。我怎麼知道你會拒絕玩這種遊戲？我怎麼知道當我毫無意義地「幫助」你時，我不是在假裝承擔責任，好讓我不必做些真正困難而且真的有可能做到的事？

或許你的悲慘是你揮舞的武器，因為你憎恨有人在你等候和沈淪時往上爬。或許你的悲慘是你試圖證明世界的不公不義，而非證明你的罪惡、你的失敗、你有意識地拒絕奮鬥和活下去。基於你用苦難所證明的事，或許你就是一直願意在失敗中受苦。或許這是你對生命的報復。當你這樣對待自己時，我究竟該如何與你成為朋友？我究竟能怎麼做？

成功是個謎，美德則難以言喻。要失敗，只需培養一些壞習慣，只需等待時機。一旦花費足夠的時間培養壞習慣和等候時機，整個人就被嚴重消耗。原本可以達到的，現在都揮霍掉了；原本會有的沈淪，如今也大半成為事實。很多事情會自動分崩離析，但人類的惡加速了自己的墮落，然後洪水便排山倒海而來。

我的意思並不是沒有救贖的希望，但要從深淵中用力拉一個人上來，遠比從水溝裡抬他出來更困難，而且有些深淵非常深，落在底部的身軀也所剩無幾。

若要幫助你，或許我至少該等一下，直到清楚確定你想接受幫助。著名的人本主義心理學家羅傑斯（Carl Rogers）認為，如果求助者不想有所改善，就不可能展開治療關係。[67]羅傑斯相信我們不可能說服別人變得更好，但渴望改善卻是進步的前提。我曾有一些法院裁定需接受強制心理治療的個案，他們不想接受我的幫助，卻被迫來求助。這根本行不通，失去了原本的意義。

如果我跟你維持著不健康的關係，或許是因為我意志薄弱，無法下定決心離開，但我不想知道這一點，於是我繼續幫助你，也用我毫無意義的奉獻來安慰自己。或許這樣我便可給自己下一個結論：「如此自我犧牲、樂於助人的人，必定是個好人。」其實不然。這可能只是想要看起來好，假裝解決看似困難的問題，而不是真正成為好人，處理實際的困難。

或許我應該前往別的地方，重整混亂，以身作則，而不是繼續維持我們的友誼。必須聲明的是，你不能以上述一切為藉口，拋棄真正有需要的人，去追逐自己狹隘、盲目的野心。

❖ 互惠的約定

請考慮以下情況：如果你不想讓你的姊妹、父親或兒子知道你和某人是朋友，你又為何要結交這個朋友？你可能會說自己是出於義氣。嗯，義氣並不等於愚蠢，義氣必須有公平誠實的協議。友情是一種互惠的約定，你沒有道德義務去支持某個讓世界變得更糟的人。恰好相反，你應該選擇想讓一切變得更好而非更壞的人。選擇對你有益的人是好事，而不是自私。有些人看到你的人生有所改善，他們的人生也會有所改善，與這種人來往是妥善又值得讚許的事。

如果你讓自己身邊充滿支持你力爭上游的人，他們不會容許你憤世嫉俗、毀滅破壞，而是在你為自己和別人做有益的事時鼓勵你，當你不這麼做時則會謹慎處罰你，這將幫助你加強決心，以最適當和用心的方式去做該做的事。一個人若不是立志向上，就會反其道而行，他們拿菸給以前會抽菸的人，拿啤酒給曾經愛喝酒的人。當你成功了，或做出一些創舉時，他們會嫉妒，會撤回原本的陪伴或支持，或是為此積極懲罰你。他們會用自己過去的作為，無論是真實或出於想像，來壓倒你的成就。或許他們是在測試你是否真的有決心、是否內外一致，但他們多半會把你往下拉，因為你的新進展令他們的缺失更加黯淡。

正因如此，每個好榜樣都是重大的挑戰，每個英雄都是人生的裁判。米開朗基羅偉大完美的大理石雕像大衛對觀眾吶喊著：「你可以不只是這樣！」當你勇於渴望向上提升自我，你會揭露現今的不足和未來的希望，然後你會攪動別人的靈魂深處，在那裡，他們明白自己的冷嘲熱諷和無所作為根本毫無道理。你就像亞伯，他們則是該隱。你提醒他們，他們的不在乎並非因為生命中的驚濤駭浪，這些令人恐懼的事是無可否認的，但他們不在乎是因為他們不想把世界扛上肩頭，而世界就該扛在人的肩頭上。

別以為跟狀況良好的人為伍是比較輕鬆的，被惡劣有害的人包圍是比較吃力的。不是這樣。狀況良好的人是一種理想，我們需要力量和膽識，才能站在這種人身旁。要謙卑，要勇敢，運用你的判斷力，並且保護自己，遠離太無關緊要的同情和憐憫。

要結交希望你變得更好的朋友。

RULE ·4·

跟昨天的自己比，而不是跟今天的別人比

❖ 內心的批評者

當大多數人還生活在小型的農村社區時，比較容易出現擅長某件事的高手。某個人可能當過返校節女王[i]，另一個人可能是拼字比賽冠軍、數學高手或籃球明星。當地只有一兩個技師和幾位老師，這些地方英雄在自己的領域裡，都有機會享受勝利者以血清素為燃料的自信心。可能就是因為這樣，在小鎮出生的人出人頭地的比例特別高。[68]如果你是百萬人中只有一個的高手，但出身於現代的紐約，就有二十個人與你並駕齊驅，而今日大多數人都住在城市。更重要的是，現在大家都用數位工具與全球七十億人口相連，成就的等級是令人眼花撩亂的垂直分布。

無論你多麼擅長某件事，無論你如何評價自己的成就，總會有某個人令你相形見絀。你的吉他彈得不錯，但你不是吉米．佩奇（Jimmy Page）或傑克．懷特（Jack White），幾乎可以肯定，你連風靡一家地方酒吧都辦不到。你是烹飪高手，但厲害的大廚非常多。無論你母親的魚頭米飯食譜在她出身

i 美國高中會在秋天舉行「返校節」（homecoming）活動，邀請校友回母校參加派對、舞會、看足球比賽等等，活動大約維持一星期，第一晚的活動包括選出一位公認人緣好又漂亮的在校女學生，舉行「返校節女王」（homecoming queen）加冕典禮。譯注

的村莊多麼遠近馳名，在葡萄柚泡沫和威士忌／菸草冰淇淋當道的現代，也不夠看了。某個黑手黨老大有一艘更俗氣的遊艇，某個偏執的總裁有一隻更精密複雜的自動錶，收藏在他更貴重的硬木鋼製機械自動上鏈盒中。連最豔冠群芳的好萊塢女星也變身壞心皇后，永遠多疑地提防著新的白雪公主。你呢？你的職涯既無趣又無意義，家務技巧普普通通，品味糟到不行，比朋友還胖，每個人都怕跟你聚會。如果世界上有美國總統，誰管你是什麼加拿大總理？

我們心裡有個內在的批評聲音和靈魂，它對這一切瞭若指掌，而且動不動就發表吵雜的意見，譴責我們平庸的成就。它可能非常難壓制，更慘的是，這種內心的批評者是必要的。世上不乏毫無品味的藝術家、不成聲調的音樂家、食物難以入口的廚師、罹患官僚型人格障礙的中階經理、陳腔濫調的小說家，和乏味又充斥意識形態的教授。不論事物或人，素質都有重大的差異，可怕的音樂到處折磨聽眾，設計拙劣的建築物在地震中倒塌，不符合標準的汽車在碰撞時害駕駛人葬送性命。失敗是我們為標準付出的代價，而平庸帶來的後果既真實又殘酷，因此標準有其必要。

人的能力或結局都不相等，也永遠不會相等。極少數人創造出極大多數的事物。贏家縱使不全拿，也會拿走絕大部分。底層並不是容身的好地方，那裡的人不快樂，就算病倒也無人聞問、關愛，就在底層虛度餘生，然後死去。人們心中自我詆毀的聲音於是編織一個毀滅性的謊言：生命是一場零和競賽，出廠的預設狀態是毫無價值。除了故意視而不見，還有什麼方法能讓人免受這種尖銳的批評？基於這些原因，一整個世代的社會心理學家都推崇「正向錯覺」，認為那是心理健康的唯一可靠途徑。[69]他們的信條是什麼？讓謊言成為你的保護傘。實在無法想像比這更淒涼、可憐、悲觀的哲學了：一切是如此可怕，只有妄想能解救你。

還有另一個方法（而且不需要用到妄想）。如果這些牌總是對你不利，或許你參加的比賽受到了操縱（可能是受你操縱，但你不知道）。如果內心的聲音令你懷疑你所有努力、你的人生或生命本身的價值，或許你應該停止聽這些聲音。如果那個內在的批評聲音同樣詆毀每個人，無論那人有多成功，這個聲音能有多可靠？或許它的評論只是喋喋不休的嘮叨，而非智慧之語。永遠會有比你更好的人——這是虛無主義的陳腔濫調，就像是在說一百萬年以後，誰會知道有何差別？針對這種陳述的適當回應並不是嗯，那麼，一切都沒有意義。而是，任何蠢蛋都能選擇一段一切都無關緊要的時間。認為自己的存在無關緊要，並不是對存有的深刻批判，而是大腦的低劣伎倆。

❖ 許多合適的競賽

較高或較低的標準並非不實際或不必要。你若是還沒確定自己現在做的事比其他選項更好，就不會做了。所謂價值中立的選擇，在措辭上是自相矛盾的。實際上，價值判斷是行為的前提。此外，一旦經過選擇，每個行動都帶有內在的成就標準。如果做得到某件事，就可能做得更好或更差。因此，做任何事都是進行一場競賽，有明確、重要的目標，而這個目標大致上都可以有效率又漂亮地達成。每場競賽都有可能成功，也有可能失敗，素質的差別無處不在。此外，如果沒有優劣之分，就沒有值得做的事，而沒有價值，也就沒有意義。假如你的努力無法改善任何事，又何需努力？意義要成立，就需有優劣之別。那麼，如何平息自我意識的批判聲音？它傳達的訊息在邏輯上顯然無可挑剔，漏洞在哪裡？

我們先來思考這些過於黑白二分的詞彙：「成功」或「失敗」。你若不是成功，就是失敗；成功是一種全面、唯一、徹頭徹尾的好事，失敗則完全相反，是一種全面、唯一、無可挽救的壞事。這種說法意味著沒有其他選項，沒有中間地帶。然而，在如此複雜的世界上，這樣的概括（沒能做到細分）正是天真、不精細甚至惡意分析的象徵。價值有程度及等級之分，而這種二元對立系統抹滅了這中間的重大差別，後果堪憂。

首先，世上並不是只有一項競賽可以一較高低，而是有許多項目，具體而言，是有許多良性競賽——符合你的才能，讓你和其他人一起取得成果，並且從中獲得跨越時間的支持甚至改善。律師是很好的競賽，水電工、醫師、木匠、教師也是。世界容許各式各樣的存有方式，如果你在某方面不成功，還可以試試別的。你的長處、弱點和處境形成一個獨特組合，你可以選擇與這組合更相稱的事。進一步說，如果更換競賽還不奏效，你可以發明新的競賽。我最近看到一場才藝秀，其中有個默劇小丑用膠帶把嘴巴封起來，戴著隔熱手套做出很逗趣的表演，出乎觀眾的預料，很獨創，看來他成功了。

你也不太可能只參加一項競賽。你有職業、朋友、家人、個人計畫，還有對藝術的努力、對運動的熱愛。你可以衡量所有競賽，以整體來評定自己的成果。你可能對某些領域很擅長，還有一些很普通，剩下的項目則非常慘。或許本來就應該這樣。你可能會反對：我應該全部獲勝！但全部獲勝可能只表示你沒有做任何新的或困難的事。你或許勝出，卻沒有成長，而成長可能是最重要的勝利形式。此刻的勝利會永遠比跨越時間的人生軌跡重要嗎？

最後，你可能會逐漸意識到，你所投入的許多競賽對你而言是如此獨特、如此個人化，實在不適合與別人比較。或許你過分高估自己缺乏的東西，卻低估了自己所做的事。感恩是有實用功效的，而且可以防止你陷入受害情緒和怨恨的危險中。你同事的工作表現比你好，但他太太有外遇，而你有幸福穩定的婚姻，是誰比較好？你仰慕的名人長期酒後開車而且執迷不悟，他的生活真的比你理想嗎？

當你心裡的批評者用這種較量來貶低你的時候，會這樣進行：首先，它任意選出某個單一領域來比較，可能是名氣或權力，接著搞得好像只有這個領域才有意義。然後，它惡劣地拿這個領域裡真正光芒四射的人，把你比下去。最後一步可能會做得更絕，它運用你和比較對象之間無法跨越的鴻溝，證明人生根本就不公平。如此一來，你做任何事的動力都會受到最大的打擊。用這種方式來評價自己的人，肯定不會受到指責說他們為了自己而太過簡化事情。不過，把事情變得太困難，問題同樣很大。

我們年幼的時候，既無個性，也沒什麼見識。我們沒有時間也沒有智慧去形成自己的標準。結果，我們必須拿自己與別人相比，因為標準是必要的，否則會失去前進的方向，不知該做什麼。相較之下，當我們變得成熟，我們有了個性，且愈來愈獨特。生活境況變得更加個人化，更難與別人相比。從象徵意義來看，這表示我們必須離開由父親掌管的家，迎頭面對個體存有的混亂。我們在這個過程中必須注意到自己的混亂，但不完全背棄那位父親。我們必須重新發現自身文化的價值，那已被我們的無知所掩蔽，埋在蒙塵的舊時寶藏中，我們要營救這些價值，將之融入自己的生命中。這會讓存在具有充分又必要的意義。

你是誰？你以為你知道，但或許你不知道。好比你既不是自己的主人，也不是自己的奴隸。你無法輕易告訴自己該做什麼，強迫自己遵從，就像你無法輕易告訴你的先生、太太、兒子或女兒該做什麼，強迫他（她）們服從。你對某些事有興趣，對另一些事則否。你也可以培養那個興趣，但程度會有限。有些活動總是會吸引你投入，另一些活動就是不會。

你有自己的天性，或許可以獨裁地壓制它，但你肯定會反抗。你能多刻苦強迫自己去工作並維持工作的欲望？你能為夥伴犧牲到什麼程度，直到慷慨變為憎恨？你真正愛的是什麼？你真正想要的是什麼？在你清楚表達自己的價值標準之前，必須先把自己視為陌生人，然後務必去認識這個人。你會在什麼事物中找到價值及愉悅？你需要多少閒暇、享樂和報酬，才不會覺得自己只是一頭馱獸？你必須如何對待自己，才不會掙脫束縛、摧毀圍欄？你可以強迫自己熬過每天苦悶的工作，回家後再把受挫的悶氣發洩在家人或寵物身上。你可以看著寶貴的日子一天天流逝。或者，你可以學著慫恿自己參與持久又有成果的活動。你問過自己想要什麼嗎？你有和自己好好商量嗎？或者你是暴君，把自己當奴隸？

你在哪些時候不喜歡你的父母、配偶、孩子？原因是什麼？可以做些什麼來改善？你需要且想要從朋友及事業夥伴那兒獲得什麼？這不僅是你應該想要什麼的問題，我指的並非別人對你的要求，或你對別人的責任，而是向自己確認你的道德義務的本質。「應該」可能會列入這樣的道德義務中，因為你置身於社會責任的網絡裡。應該是你的責任，你必須付諸實踐。但這不表示你必須扮演供人玩賞的小狗，或順從又無害的角色。只有獨裁者才會要求他的奴隸這麼做。

反之，你要勇於面對危險，勇於坦率誠實，勇於表達自己，表達出（或至少覺察到）什麼才能真切證明你人生的價值與意義。例如，如果你對夥伴有未能啟齒的黑暗欲望，允許那些欲望顯露出來，甚至願意思考那些欲望，你可能會發現，它們在白日的光明下並不那麼黑暗，你可能會發現自己只是害怕，所以裝出道貌岸然的樣子。你可能會發現，獲得自己真心渴望的東西，就可避免被誘惑而誤入歧途。你真的那麼肯定，你的夥伴會因為更多真實的你浮出表面就不開心嗎？紅顏禍水和反派人物具有性吸引力不是沒有道理的……。

你需要別人對你說什麼？你需要從別人那裡得到什麼？你的責任或義務令你忍受什麼，或假裝自己喜歡什麼？向你的怨恨請益，怨恨的情緒有其前因後果，能透露很多真實。怨恨是邪惡三角（傲慢、欺騙、怨恨）的一員，這個地獄三位一體造成的傷害勝過一切。但怨恨永遠意味著兩種可能：怨恨的人不成熟，他或她應該閉嘴，停止抱怨，面對事實；或者，暴政正在醞釀，這麼一來，受壓制的人就有道德義務大聲說出來。為什麼？因為保持沈默的後果更糟。在當下保持沈默、避免衝突當然比較容易，但長期下來，後果不堪設想。當你有話要說時，沈默就是一種謊言，而謊言會助長暴虐。當你默默滋生報復的幻想，當你的人生受到毒害，而你的想像充斥著毀滅和破壞的渴望時，你應該不顧危險奮力抵抗壓迫。

數十年前，我有名個案罹患嚴重的強迫症，每晚睡覺前非得把睡衣排列得整整齊齊，接著必須把枕頭拍鬆，然後一定要調整床單，一遍又一遍不斷確認。我說：「或許你內在那個瘋狂堅持的部分渴望著某個東西，儘管那可能難以啟齒。就讓它表達意見吧，那會是什麼？」他回答：「控制。」我說：「請閉上眼睛，讓它告訴你它想要什麼。別讓恐懼阻止你。你不會因為這樣想，就得把它做出來。」他說：「它要我抓住我繼父的衣領，把他推到門板上，好好揍他一頓。」或許是該好好揍某人一頓了，不過我建議他採取不那麼原始的方法。然而上帝知道，在通往和平的路上，有哪些仗一定要打，而且是直截了當、主動地打。你做了什麼來避免衝突，儘管這個衝突可能是必要的？你認為真相可能令人難以承受，所以打算撒什麼謊？你在假裝什麼？

嬰兒需要的一切幾乎都仰賴父母。兒童（成功的兒童）至少可以暫時離開父母，結交朋友。他要放棄自己的一小部分，才能做到這點，卻會獲得很多回報。成功的青少年必須將這個過程帶往合理的結局。他必須離開父母，變得像其他人那樣。他必須融入群體，才能超越童年期的依賴。融入群體之後，成功的成年人必須學會如何適度與他人不同。

你拿自己和別人相比時，要很小心。一旦長大成人，你就是獨特的生命，有自己特定、具體的問題，不管是經濟、親密關係、心理，或其他方面。這些都深植於你生命的獨特廣泛脈絡中。你的職涯或工作是以一種個人化的方式，與你生命的其他特點發生獨特的相互作用，從而為你效力，或不為你效力。你必須決定要花多少時間做這件事、花多少時間做那件事，同時也必須決定該放下什麼、繼續追求什麼。

❖ 目光或評估的瞄準點

我們的目光總是望向自己有興趣接近、研究、找尋或擁有的東西。我們一定要看見，但為了看見就必須瞄準，所以我們不斷在瞄準。我們的心智就建立在身體專司狩獵與採集的平台上。狩獵就是鎖定目標，追蹤並擊中。採集則是鎖定目標，然後抓住。我們扔出石頭、長矛或迴力鏢。我們把球投進籃框，把冰上曲棍球打進網裡，還在冰上掃刷，讓雕琢過的花崗岩滑向水平靶心[ii]。我們使用弓箭、手槍、步槍、火箭來對準目標發射，也口出惡言、推動計畫、拋出想法。若射門得分或擊中目標，我們就成功了；若不然，我們就會失敗或有罪（**罪**〔sin〕這個字的原意就是沒達到目的[70]）。如果沒有某樣東西作為標的，我們便無法導航，而我們在這世界上就是必須不斷航行。[71]

我們始終是**處在**「a」點（這個點較不理想）的同時，也**移動到**「b」點（我們根據自己外顯或內隱的價值觀，認為這一點更好）。我們總是在不足的狀態與世界遭逢，總是尋求改正。即使已經擁有自認為需要的一切，我們仍然可以想出修正和改善事物的新方法。就算暫時得到滿足，我們還是會好奇。我們生活在一個框架中，將現在定義為永遠缺乏，而未來則永遠更好。如果不是這樣看事情，我們就不會採取任何行動，我們甚至會看不見，因為看見必須對焦，而對焦必須對準一個最重要的東西。

但我們看得見，甚至能看見不存在的東西。我們可以設想讓事物更好的新方法。我們可以建構嶄新的假想世界，讓我們甚至沒有意識到的問題能在此刻自動浮現，並且獲得解決。這樣做的優勢顯而易見：我們可以改變世界，如此一來，現在無法忍受的狀態就能在未來修正。然而這種遠見和創造力的缺點，則是長期的不安與不適，因為我們總是在比較現在的狀態與可能的狀態。我們必須瞄準可能的目標，但我們可能瞄準得太高、太低，或太亂，因此，就算我們在別人眼裡似乎過得很好，但我們依舊辜負自己且活在失望之中。該如何從我們的想像力、改善未來的能力中獲益，又不會繼續貶低目前不夠成功、不值一提的生活呢？

第一步或許就是仔細評估：你是誰？當你買了一間房子也預備搬進去時，你會雇用檢查員列出所有毛病，那才是房子實際的現狀，而不是你對房子的期望。你甚至會為了得到壞消息而付錢給他，因為你需要知道，需要找出這房子藏著什麼缺陷，需要知道問題是出在裝潢瑕疵還是結構不穩固。你需要知道什麼東西壞了，否則你無法修理。而你並不完美，你需要檢查員，內心的批評者可以扮演這個角色——如果你讓它走上正軌，如果你和它合作，它可以幫助你評估。但你必須帶它走遍你心理上的房舍，明智而審慎地聆聽它的肺腑之言。或許你就是修繕高手的夢想，真正的待修閣樓。如果你內心的批評者不先針對你的不足提出令人痛苦的長篇報告，打擊你、粉碎你，你要如何開始革新翻修？

給大家一個提示：未來和過去很像，但有一個關鍵的區別，那就是過去無法改變，但未來可以更好。只需要極小的投入，未來的某一天就能有相當明確的進步。現在永遠有缺憾，但你出發的起點可能不比你前進的方向重要。**或許快樂總出現在上坡路段，而不是在下一個山頂上等著你的短暫滿足中。**快樂絕大部分來自希望，無論這個希望是從多麼深沈的黑暗世界中萌生。

適當徵召心中的批評者，它會建議你把某個東西整頓好，這是你能夠且願意整頓的，你會心甘情願去做，沒有怨恨，甚至樂在其中。問問自己，在你的生命或形勢中，有哪件事亂成一團，而你能夠也願意去匡正？哪件事正卑微地表示自己需要整修，你是否能夠也願意去修復？你可以現在做嗎？想像自己是你必須去交涉的那個人，而且那個人很懶惰、脾氣暴躁、怨天尤人又難以相處，基於這些，要讓那個人採取行動可不容易。你可能得運用一點魅力和開個小玩笑。你可以不帶諷刺或挖苦地對自己說：「不好意思，我正努力讓這裡減少一些不必要的痛苦，可能會需要一點協助。」別讓嘲弄靠過來，「我想知道，有沒有什麼是你願意做的，我會非常感激你的幫助。」請你真誠、謙遜地提問，這可不是簡單的事。

ii 這項活動即為冰壺運動，為冬季奧運的比賽項目之一，也是北方國家的熱門運動。編注你可能需要進一步跟自己協商，端視你的心智狀態而定。也許你不信任自己，你擔心叫自己做一件事，達成之後會立刻要求更多，而你會因此受到懲罰與傷害，並且貶低原有的付出。誰想為這樣的暴君效力呢？你不想，所以你不去做你希望自己做到的事。你是壞員工，但也是更壞的老闆。或許你需要對自己說：「好吧，我知道我們以前處得不好，我很抱歉，我正努力改進。我以後可能還會犯錯，但如果你抗議，我會試著傾聽，並且努力學習。我今天注意到，在我求助時，你沒有在可以幫忙時立刻跳出來。我能提供什麼來換取你的配合嗎？如果你洗了碗盤，或許我們可以去喝杯咖啡。你喜歡義式濃縮，來一杯義式濃縮如何？雙份好了。還是你想要別的？」然後你可以傾聽，或許你會聽到內心的聲音，或許，那聲音甚至出自一個失散已久的小孩。或許它會回答：「真的嗎？你真的想為我做點好事嗎？你真的會去做？不是在騙我？」

這時你一定要很小心。

那個微弱的聲音，發自一個驚弓之鳥。所以，你可以小心翼翼說：「的確，我可能沒有做好，可能不是好夥伴，但我保證，我會做一些對你好的事。」一點點細心的友善就會大有幫助，合宜的酬賞是強大的激勵。然後你就可以和自己的這一小部分手牽手，一起去洗那些該死的碗盤。之後，最好別把自己趕去打掃浴室，而忘了咖啡、電影或啤酒之類的承諾，否則以後若想從黑暗世界的縫隙和角落喚回自己那些被遺忘的部分，就難上加難了。

你可以問問自己：「我能對某個人，對我的朋友、兄弟、老闆或助理說些什麼，讓我們明天處得更好嗎？今晚我在家時可以清掉書桌上、廚房裡的哪些雜物，讓這些地方更能好好發揮功用？我要扔掉衣櫃裡哪些雜亂的東西，驅逐心裡的哪些蛇？」五百件小小的決定，五百場微小的行動，就構成你的一天、今天和每一天。你是否可以讓其中一兩樣瞄準更好的結果？所謂更好的結果，是根據你自己私下的意見與個人的標準。你是否可以拿明天的你跟昨天的你做具體的比較？你是否可以運用自己的判斷，問自己，更好的明天是什麼樣子？

先鎖定小的目標。鑑於你有限的才能、欺騙的習性、怨恨的重擔，還有推卸責任的能力，你一開始不會想承擔太多。因此你可以設定下列目標：今天結束之前，我想讓自己的生活比今天早上稍微改善一點，一點就好。接下來你可以問自己：「我能夠做什麼、我願意做什麼，好達成這個目標？我想要什麼小小的獎勵？」然後你就去做自己決定要做的事，就算做得很差，之後你還是可以得意洋洋地給自己一杯超棒的咖啡。你可能會覺得這有點蠢，但你還是做了。明天你同樣會去做，後天也是，大後天也是。一天天過去，你比較的基準線每天都會稍微升高一點點，非常神奇，這是一種複利的概念。這樣持續三年，你的人生就會徹底不同。現在你瞄準的是更高的目標，等於是向天上的星星許願。你眼中的梁木已經消失[iii]，你正在學習看見，而你瞄準的目標就決定你能看見什麼。這句話值得再重複一次：**你瞄準的目標就決定你能看見什麼**。

❖ 你想要什麼，你看見什麼

眼界取決於目標（因此也取決於價值，因為你會瞄準自己重視的東西）。認知心理學家西蒙斯（Daniel Simons）在十五年前就以令人印象深刻的實驗證明這一點。[72] 西蒙斯研究所謂的「持續不注意視盲」（sustained inattentional blindness），他讓受試者坐在電視螢幕前，讓他們看麥田之類的畫面，並在他們觀看時悄悄轉換畫面，慢慢淡入一條穿過麥田的路，他加入的並不是容易被遺漏的小徑，而是較大的步道，足足占據畫面的三分之一。特別的是，觀看者經常不會注意到。

令西蒙斯博士聞名遐邇的是另一個類似實驗，而且更戲劇性，甚至難以置信。西蒙斯先錄製一

iii 語出《馬太福音》：「為什麼看見你弟兄眼中有刺，卻不想自己眼中有梁木呢？你自己眼中有梁木，怎能對你弟兄說『容我去掉你眼中的刺』呢？」編注

段影片，畫面裡有兩支隊伍，每隊各有三人，[73]一隊穿白衣，另一隊穿黑衣。兩隊距離攝影機並不遠，也不會不容易看到。這六個人占滿大部分的螢幕，臉部表情清楚可見。影片是在電梯前方的小空間中拍攝，兩隊各有一顆球，隊員會在這小空間中移動腳步以及做假動作，並彈地傳球或直接傳球給隊友。西蒙斯完成影片後，播給研究受試者觀看，請每個受試者計算白衣隊員傳球的次數，並在幾分鐘後要求受試者回答，很多都回答「十五次」，這是正確答案，大部分的人都很滿意，認為通過測試了！但西蒙斯接著問：「你有看到大猩猩嗎？」

是在開玩笑嗎？大猩猩？

於是他說：「請再看一次影片，但這次不要數傳球的次數。」果然，大約一分鐘左右時，有一個裝扮成大猩猩的人在幾秒鐘內輕快地走入畫面，停下腳步開始搥胸，就像大猩猩千篇一律、到處可見的動作。牠就在螢幕的正中央，就是牠，錯不了，明顯得怵目驚心又無可否認，但二分之一的受試者在第一次看影片時卻沒看到。更慘的是，西蒙斯博士又做了另一個研究，這次他讓受試者看的影片中有一個人站在櫃枱旁接受服務，侍者在櫃枱後面彎下身子去拿東西，又忽然站起來。結果呢？大部分受試者並沒有察覺哪裡不對，但其實是另一個人站在原本那個侍者的位置！你心想：「不可能，我會注意到。」但實際上就是「有可能」，就算同時換掉性別和種族，你察覺不到變化的可能性依舊很高。你也有視盲。

這有一部分是因為視覺很昂貴——在心理生理學上與神經學上很昂貴。你的視網膜只有極小塊區域是高解析度的中央窩，這個區域就是眼球最中央、視覺最敏銳的部位，負責辨識人臉這樣的工作。每個稀有的中央窩細胞都需要視覺皮質裡的一萬個細胞，才能處理「觀看」這個多階處理過程的第一階段。[74]然後，這一萬個細胞中的每個細胞都需要另外一萬個細胞，才能進入第二階段。假如你的視網膜都是中央窩，你就要有B級片中外星人那樣的頭顱，才能容納你的大腦。因此，我們看東西時會分類，大部分景物的影像是落在視網膜周圍的低解析度區，把中央窩留給重要的事物。我們把高解析度的能力用在瞄準少數特定目標上，其他東西幾乎都淡入背景，不去注意。

如果你本來沒有留意的某個東西突然出現危險的變化，直接干擾你狹隘的注意力所關注的活動，你就會看到，否則，它就彷彿不存在。西蒙斯的研究受試者關注的是球，這顆球始終沒有被大猩猩或隊員遮住，正是因為大猩猩沒有干擾正在進行、定義狹隘的任務，當受試者注視那顆球的時候，便無法區分大猩猩與其他視而不見的東西，大猩猩就可以安全地忽略掉。你就是用這個方法應付這個龐大、複雜世界：每分每秒都專注在自己關切的事情上，其餘的都忽略。你看著那些能幫助你前進、邁向理想目標的事物。當你的路上出現阻礙，你很快就會偵測到。你對其他東西都視若無睹，而其他東西實在太多了，所以你非常盲目。這是必然的，因為世界上的事物遠多於你自己的事物，所以你必須謹慎看管自己有限的資源。觀看是相當艱鉅的事，你必須挑選該看的東西，其餘的就放開吧。

古老的《吠陀經》（印度教最古老的經書，為印度文化根基的一部分）提到一個深奧的概念：我們知覺到的世界其實是摩耶，即表相或幻覺。這有部分意味著人們因自己的欲望而盲目，也無法看到事物真實的狀態。這不只是一種比喻，更是事實。你的眼睛是工具，幫助你得到你想要的東西，你為了這種實用、明確聚焦的指引所付出的代價就是對其他東西一概視而不見。在風平浪靜時倒是無妨，我們會得償所願，雖然這也可能會是個問題，因為得到自己目前想要的東西，會令我們看不到更崇高的使命。然而，在我們陷入危機時，整個被忽略的世界便構成非常可怕的問題，沒有一件事按照我們期望的方式來發展，於是會有太多狀況而應付不暇。幸好，問題本身就含有解決的種籽，由於你素來忽略了太多，有大量的可能性是你尚未注意到的。

假設你因為沒有得到需要的東西而不開心，反過來說，也可能是你的期望導致你不開心。你因為欲望而盲目，或許你真正需要的東西就在眼前，但因為你正瞄準另一個目標，所以看不到。這又讓我們明白另一件事：你或任何人必須先付出什麼代價，才能得到想要的東西，或更好一點，得到需要的東西。這樣想吧，你以自己獨特的方式看待世界，你用一組工具篩除大部分事物，只容許某些東西進來。你花了很多時間打造這些工具，這些工具於是變成一種習慣，不僅是抽象想法，更深深嵌進你的內心，帶領你熟悉世界。它們是你最深層、內隱且無意識的價值觀，成為你生理構造的一部分。它們具有生命，不願消失、改變或死亡。但有時它們的大限已至，全新的東西需要誕生，因此（但並非只有這個原因）有必要在上坡路段放掉一些東西。如果你目前諸事不順，那或許正如這句最憤世嫉俗的格言所說：「人生糟糕透頂，而你終究會死。」然而，在危機迫使你下這個悲慘的結論之前，你可以思考這句話：**人生沒有什麼問題，有問題的是你**。這個領悟至少給你幾個選擇。如果你的生活不如意，那麼有所不足的或許是你目前的知識，而不是生活本身。或許你需要認真地重新調整價值結構。或許你想要的東西阻擋你看到別的可能性。或許你把目前的欲望抓得太緊，導致你無視別的東西，甚至是你真正需要的東西。

假設你嫉妒地想著「我應該得到我老闆的職位」，如果你的老闆緊守著這個職位，也夠難對付、夠能幹，這樣的想法會讓你陷入惱怒、不滿、憎恨的情緒。你可能了解這一點，心裡想著：「我不開心，但只要我實現自己的雄心壯志，我就可以走出這個不開心。」但你可以進一步想：「等一下，或許我不是因為沒得到那個職位才不開心。或許我不開心，是因為我無法停止去想那個職位。」這不表示你可以簡單又神奇地叫自己不要覬覦那個職位，然後聽從建議，轉換心境。你不會（事實上是無法）那麼輕易就改變自己，你必須深入探究，必須更深刻改變自己追求的目標。

所以，你可能會想：「我不知道該怎麼處理這種愚蠢的痛苦。我總不能就這樣放棄自己的抱負，那會使我失去目標。但是，渴望得到自己無法擁有的職位是沒有用的。」你可以決定採取不同的策略，要求另一個令你茅塞頓開的計畫：能真正達成願望和滿足野心，又能消除目前影響你的怨恨和憎惡。你可以這樣想：「我要訂定不同的計畫。我會試著渴望任何能改善人生的東西，不管什麼都好，而且我現在就要開始努力。如果這最後意味著不要追求我老闆的職位，我會接受，繼續前進。」

現在你走上一條完全不一樣的軌道了。在此之前，所謂正確、理想、值得追求的東西，都既狹隘又僵固，而你被卡在那裡，動彈不得也不開心。所以你放下它，做出必要的犧牲，讓原本被你的雄心壯志所遮蔽的可能性顯露出來，你會看到一個有很多希望的嶄新世界。假如你的人生可以更好，那看起來會是什麼樣子？生命本身會是什麼模樣？「更好」又是指什麼？你不知道，但即使你無法立刻確切知道也無妨，因為一旦你真的決定要變得「更好」，就會開始慢慢看到它的樣子。你會開始察覺到以前被你的預設立場和偏見、被你原先的視覺機制所掩蓋的東西。你會開始學習。

不過，唯有你真心想要改善生活，這個方法才會奏效。你騙不過自己內在的知覺構造。一點也騙不過。它們會瞄準你指向的目標。若要重新調整工具、仔細評估、瞄準更好的目標，你必須從頭到尾徹底思考一遍。你必須滌淨自己的心靈。你必須把那些該死的東西收拾乾淨。你也必須非常小心，因為讓人生變得更好表示要承擔很多責任。跟傻傻活在痛苦、自大、虛假和忿恨之中相比，改善人生需要付出更多努力和用心。

假使世界展現了一切善意，以完全滿足你對「最好」的渴望，情況又會如何？假使你的「最好」，概念變得更高、更寬、更複雜，以至於你能察覺到的可能性與好處也變多了，又如何呢？這不表示你可以只是心想便能事成，也不表示一切都只是詮釋，或根本沒有所謂的真實。世界依然在那裡，有其結構和限制。當你和世界一起前進時，世界可能會配合你，也可能阻擋你，但如果你的目標是翩翩起舞，就可以與世界共舞，或許你甚至可以領舞，只要你有足夠的技巧與風度。這不是神學或神祕主義，這是實證知識，沒什麼神奇的魔力。或者該說，這只是意識的神奇力量，本來就存在。我們只看到自己瞄準的目標，世界其餘的一切（就是絕大部分的東西）都被掩蔽。如果我們開始瞄準不一樣的東西，例如「我希望我的生活更美好」，我們的心智就會開始從先前被掩蔽的世界中汲取新資訊，呈送到我們眼前，幫助我們追求這個目標。於是我們可以運用這些資訊，開始前進、行動、觀察、改善。當我們這樣做也有了改善之後，便可追求不同或更高層次的目標，例如「我想要比『生活更美好』還要好的東西」，於是我們便邁入更重要、更完整的現實之中。

在那個位置上，我們可以關注什麼？我們會看到什麼？

你可以這樣想，先從觀察開始。我們的確會有渴望的事物，甚至也需要這些東西。這是人性。我們都有飢餓、孤單、口渴、性慾、攻擊、害怕、疼痛的經驗，這些都是生命的元素，是生命最初始且不證自明的元素。但我們必須分類和組織這些原始欲望，因為世界是那麼複雜，且難以撼動地現實。我們無法只得到現在特別想要的某個東西，以及通常想要的每個東西，因為我們的欲望可能會與別的欲望產生衝突，也可能與別人和世界產生衝突。因此，我們必須意識到自己的欲望，然後明確表達出來，決定優先順序，並排出先後等級，讓我們的欲望變得世故成熟，可以相互合作，也與別人的欲望和世界合作。如此一來，欲望的層次便提升了，組織成各種價值觀與道德觀。人類的價值觀和道德觀就是世故成熟的指標。

針對道德觀（即是非對錯）的哲學研究就是倫理學，這類研究可使我們的選擇更細緻周詳。宗教則比倫理學更古老、更深奧。宗教不但考量是非對錯，更涉及善惡本身，即是非對錯的原型。宗教關注的是終極價值的範疇，不是科學的範疇，不是實證描述的領域。例如，撰寫和編輯聖經的人並非科學家，即使他們想當科學家也不可能，因為在聖經的寫作年代，科學的觀點、方法和做法都還沒制定。

宗教是**關於行止合宜**，關於柏拉圖所謂的「善」。真正的宗教追隨者不是要為世界的客觀本質制定精確的觀念（雖然他可能試圖這樣做），而是力求成為「好人」。對他而言，「善」可能只表示「遵從」，即使是盲目遵從。因此古典自由派的西方啟蒙運動反對宗教信仰，認為單有遵從還不夠。但這至少是一個起點（而我們都忘了這件事）：你若完全沒有紀律又野蠻無知，就不可能致力於任何事。你會不知道目標是什麼，就算你設法瞄準目標，也無法直線飛行，然後你會下這個結論：「沒什麼可瞄準的東西。」於是你就迷失了。

因此，對宗教而言，教條的元素是需要且值得擁有的。一個價值體系若不提供穩定的架構，又有什麼用？一個價值體系若不指向更高的層次，又有什麼用？而你若不能或沒有內化這個架構、接受這個層次（未必當作最終目的地，但至少作為起點），又怎麼可能成為多好的人？你若不這樣做，就只是個生理上成年的兩歲幼童，毫無魅力和可能性。再說一次，這並不表示只要遵從就夠了，但是一個能夠遵從（假設也有適當紀律）的人，至少是精心鍛造的工具，至少如此，而這並非無關緊要。當然，人一定要向前展望，要超越紀律，超越教條。工具仍然需要目的，所以《多馬福音》記載基督說過：「天父的國已經遍布大地，人們卻視而不見罷了。」[75]

這表示我們所見的一切都取決於宗教信仰嗎？沒錯！我們看不見的部分也是！你可能會反駁說：「我是無神論者。」不，你不是（如果你想了解這一點，可以看杜斯妥也夫斯基的《罪與罰》，本書堪稱史上最偉大的小說，故事的主角拉斯柯尼科夫決定認真貫徹自己的無神論，犯下殺人罪卻合理化為善意謀殺，並於後來付出代價）。你的行為並不是無神論者，而你的行為最準確反映出你最深刻的信念——內隱且深植於你的生命之中，在你有意識的理解、清楚表達的態度、表層的自我知識[iv]底下。你只能藉由觀察自己的行事，才能找出你真正相信什麼，而非你以為自己相信什麼，否則你根本不知道自己相信什麼。你太複雜了，以至於無法輕易了解自己。

iv Self-knowledge，個人對自己心智狀態的知識。編注

就算只是要稍微了解自己的信念，也需要仔細觀察，再加上教育、反思，以及和別人交流。你重視的每件事，都經歷漫長得難以想像的發展過程，是個人、文化和生物層面的產物。你不明白你想要的東西，因此，也不明白你看見的東西是如何被浩瀚無際、深不可測且意義深遠的過去所制約。你不明白你用來凝視世界的每道神經迴路，是如何經由人類祖先數百萬年以來的道德目標，和在此之前數十億年的所有生命，所（費力地）塑造出來。

你什麼都不明白。

你甚至不知道自己是盲目的。

我們對於人類信仰的知識，有些已經記錄下來。數萬甚至數十萬年以來，人類觀察自己的行動，根據這個觀察進行反思，再從反思中提煉出故事並加以講述。這些都是我們個人和集體嘗試的一部分，企圖發現並闡述自己的信念是什麼。如此產生的部分知識，就濃縮在我們文化的基本教義中，以及古代典籍諸如《道德經》、前面提過的《吠陀經》，或聖經故事中。無論好壞，聖經是西方文明（或西方的價值觀、道德觀、善惡概念）的基礎文獻，產生的過程基本上仍超出我們的理解。聖經是一部由許多書卷組成的文集，每一卷都由許多人撰寫再編輯而成，是真正自然衍生的文件——數千年以來由眾人而非個人書寫而成的故事，精選、排序過，且最終變得相後連貫。聖經被人類的集體想像從意識深處高高舉起，本身就是無法想像的力量運作了一段深不可測的時間的產物。謹慎並尊重地研究聖經，將揭示我們相信什麼、如何行事以及應該採取的行動，這些幾乎無法以別的方式發掘。

❖ 舊約的上帝與新約的上帝

舊約的上帝看似嚴厲，動輒審判定罪，難以捉摸又危險，讀者若只是草草翻閱更會覺得如此。基督教評論者誇大了這種感覺的真實程度，意圖放大聖經新舊兩部分的區隔，但以此用心畫分的內容情節造成昂貴的代價：現代人面對耶和華時會傾向認為「我絕對不相信這樣的上帝」，但舊約的上帝不太在意現代人怎麼想，祂往往也不太在意舊約時代人們的想法，雖然祂可以接受討價還價，而且接受的程度很驚人，這一點在亞伯拉罕的故事中格外明顯。儘管如此，在祂的子民誤入歧途——即不聽從祂的命令、違背祂的約、違反祂的誡命時，麻煩必定隨之出現。如果你沒做到舊約那位上帝的要求，無論是什麼要求，也不管你如何試圖躲避，你、你的兒女還有你兒女的兒女就麻煩了，而且是很嚴重的麻煩。

寫實主義者創造或注意到舊約的這位上帝。古代社會的居民曾在歧路上漫不經心地遊蕩，雖然沒有完全滅族，卻落入為奴的悲慘命運，甚至長達數百年之久。這合理嗎？適當嗎？公平嗎？舊約的諸位作者以極度謹慎的態度，在非常有限的條件下提出這樣的問題，並認定存有的造物主知道自己在做什麼。基本上祂擁有所有權力，祂的要求應被仔細遵守。這群作者很有智慧，因為祂是自然界的威力，飢餓的獅子會講道理、會有公平正義嗎？這是什麼荒謬的問題！舊約中的以色列人和其祖先都知道，上帝是不能怠慢的，如果招惹了祂，這位憤怒的天神真的會允許任何可怕的地獄出現。人類在上世紀剛經歷過希特勒、史達林和毛澤東帶來的無邊煉獄，不難了解這件事。

新約呈現的上帝往往具有不同性情，雖然《啟示錄》記載了最後的審判，警告人們不可過度天真自滿，但新約的上帝比較像小木偶的爸爸傑佩托，集工藝大師和慈父於一身，一心希望給我們最好的，慈愛且寬恕一切。當然，如果你的行為太壞，祂會讓你下地獄，但基本上祂是慈愛的上帝。這個觀點似乎更樂觀，也更受到天真的歡迎，不過（在精確的比例上）比較不可信。在這個世界，這個末日毀滅的溫室裡，誰會相信這種事？在這個經歷過奧斯威辛集中營的世界，會有這種全善的上帝？正因如此，最敏銳的基督教批判者哲學家尼采就認為新約的上帝是西方文獻史上最嚴重的罪。他在《善惡的彼岸》一書寫道：[76]

在猶太舊約這本關於上帝正義的書中，人、物和言談的風格是如此偉大，希臘和印度的文獻竟無可與之比肩者。面對這些由人類之一度所是者留下的遺跡，人們顫慄而敬畏，並由此對古老的亞洲和它延伸出來的小半島歐洲滿懷憂思……把這部從各個方面看都是洛可可式趣味的新約跟舊約拼成一部書，拼成聖經，拼成「自在之書」：這也許是歐洲文獻界最魯莽滅裂之舉和最嚴重的「對精神的犯罪」。

除了天真到極點的人，有誰會假定是這麼全善又慈悲的存有統治著這個如此恐怖的世界？但是，視而不見的人所無法理解的事，對雙眼明亮的人來說卻再明顯也不過。

讓我們回到剛才的場景：你的目標由某件微不足道的小事所左右，也就是你對老闆的嫉妒。因為嫉妒，你生活的世界無形中變成得充滿怨恨、失望、憤怒。假設你開始注意到這點，然後深入思索，重新考量自己的不幸，並且決定承擔這個責任，勇敢假定這至少有部分在你的掌控之下，有片刻時間，你張開一隻眼睛，看了一下。你想要更好，於是捨棄自己狹小的器量，為自己的嫉妒懺悔。你打開心門，不咒詛黑暗，而是引進一盞微光。你決定瞄準更好的人生，而非更高的職位。

但你不會停在這裡。你領悟到，如果代價是令別人的生活惡化，以更好的生活為目標就是個錯誤。於是你發揮創意，決定進行一場難度較高的比賽。你決意採取的行動不僅讓自己的生活更美好，也讓家人的生活更美好。或許也包括朋友和周遭的陌生人。你的死對頭呢？也可以包含進來嗎？你當然不知怎麼做才好，但你讀過歷史，知道敵意是如何愈演愈烈，於是你甚至開始希望連死對頭也過得好，至少在道德原則上如此，雖然你的情緒與此背道而馳。

接著，你看東西的方向改變了。不知不覺間，你的視線已超越那些禁閉你的限制，人生嶄新的可能性浮現，於是你努力讓它們實現，而你的人生也確實獲得改善。然後你開始進一步想：「這真的是更好嗎？或許對我、我的家人、朋友、甚至死對頭而言是如此。但更好的意思不只是這樣，而是更好的今天，會使明天、下星期、明年、十年後、一百年後、一千年後、永遠的一切都更好。」

於是，「更好」就代表著以改善存有為目標，這裡的「改善」和「存有」是針對宇宙萬物而言。想到這一切，領悟這一切之後，你決定冒險。你決定要重新看待舊約的上帝（祂有可怕的能力和經常看似專制獨斷的權力），開始認為舊約的上帝有可能就是新約聖經的上帝，儘管你明白這樣做在很多方面都有點荒謬。換言之，你決定相信只要行為合宜，存在就會因其中的良善而變得合理。這樣的決心、這種信仰存在主義的宣言，能讓你克服虛無主義、怨恨與傲慢。這樣的宣言能牽制存有中的怨恨與隨之而來的邪惡，這樣的信仰絕不是去相信自己明知是虛假的事物。信仰並非幼稚地相信魔法——那是無知，或甚至刻意盲目。反之，信仰是領悟到生命中悲慘的不合理必須抵銷，而方法就是同樣不合理地獻身給存有的良善本質，同時也要勇於將目光瞄準無法實現的目標，願意獻上一切，而其中最重要的，就是獻上你的生命。你明白自己確實沒有更好的選擇。但，假如你傻到願意一試，你要如何做到這一切？

你可以先從不要思考開始，更準確且較溫和的說法是，拒絕讓你的信仰屈從於此刻的理性和理性狹隘的觀點。這並不是指「把自己變笨」。正好相反，這代表你必須放棄操弄、心機、算計、陰謀、強迫、苛求、迴避、忽視和懲罰。這代表你必須丟開以前的策略。這代表你要留神，因為你可能從來未留神過。

❖ 留神

要留神。要把心思放在四周，包括實質上和心理上。留意有哪些事讓你煩惱或擔憂，令你無法自在生活，但你能夠也願意處理。為了找出這樣的事，你可以問自己（彷彿你真心想知道）三個問題：「有什麼困擾著我？」「是我能處理的嗎？」「我真的願意處理嗎？」如果其中任何一個答案是否定的，請你改到別的地方去找，瞄準比較低的位置，直到找出令你困擾，而且你可以處理也願意處理的問題，然後處理好，這樣就夠了。

也許桌上有一疊你一直在逃避的文件，你走進房間時甚至看都不看一眼。那裡潛藏著一些可怕的東西，有報稅單、帳單，還有一些向你索取東西的信件，但你不確定是否有辦法提供。注意你的恐懼，給予一些同情。也許那堆文件裡有蛇，也許你會被咬。也許有九頭蛇潛伏在那，你砍下一顆頭，還會再長出七顆。你怎麼可能應付得了這種事？

你可以問自己：「眼前這堆文件中，有什麼是我可能願意處理的？或許我可以看一下某個部分？二十分鐘就好？」答案也許是：「不！」但你可以看個十分鐘，甚至五分鐘。就算沒辦法，一分鐘也行。就從這裡開始吧，你很快就會發現，只要你看了其中某個部分，那疊文件就沒那麼可怕了。然後你會發現，整件事都是由部分所組成。你是否可以允許自己晚餐時喝杯紅酒，或是縮在沙發上看書，或看一部愚蠢的影片作為犒賞？你是否可以請你的另一半在你處理好問題之後對你說「做得真好」？這會讓你有動力嗎？你希望某些人向你道謝，但他們一開始可能不諳此道，然而你不應該因此卻步。人是可以學習的，就算一開始很不熟練。請誠實問自己，你需要什麼才有動力去做這件事，然後聽從自己的回答。別對自己說：「我應該不需要這樣做來激勵自己。」你對自己的認識有多少？你一方面是全世界最複雜的東西，另一方面又連微波爐上的時鐘都搞不定。別高估了你的自我知識。

讓你當天的任務宣告自己，供你沈思研究。或許早上坐在床沿時就可以這樣做。或許前一夜準備就寢時可以試試看。要求自己要自願貢獻。如果你好聲好氣地要求，細心地聆聽，不用任何奸詐的手段，你可能會獲得一次應允。請每天這樣做，持續一陣子。然後一輩子都這樣做。不久後，你會發現自己的境況變得不同了。現在你會習慣性問自己：「我願意做什麼、能夠做什麼，好讓人生變得更好一點？」你沒有規定怎樣才算「更好」。即使面對自己，你也不是極權主義者或空想家。因為你從納粹、蘇聯、中共和自己的經驗中知道，身為極權主義者是件壞事。要有雄心。要決心改善存有，讓你的靈魂與真理和至善站在同一陣線。要建立適宜居住的秩序，為存在帶來美好。要克服邪惡，減低痛苦。要讓自己變得更好。

根據我的閱讀心得，這正是西方經典的最高倫理原則，更是基督山上寶訓中永遠費解卻熠熠生輝的文句所傳達的主旨。就某種意義而言，這也是新約聖經的智慧精髓。這是人類心靈試圖把對倫理學的理解，從幼童啟蒙必要的「你不可」和十誡，轉變為一個個真實的人所充分描述的美好景象。這不僅表達了值得欽佩的自制和克己，更表達了撥亂反正的根本渴望。這不是罪惡的止息，而是罪惡的反面——良善。山上寶訓概述了人類真正的本質，以及人類的正確目標：專注於今天，好讓你能活在當下，徹底又恰當地投入眼前的事。但在那之前，你一定要下定決心讓自己的內在發出亮光，它才能讓存有變得正當，並照亮全世界。要先下定決心獻上必須獻上的任何東西，好讓你能夠追求至高的良善。

> 你想野地裡的百合花怎麼長起來；它也不勞苦，也不紡線。
> 然而我告訴你們，就是所羅門極榮華的時候，他所穿戴的，還不如這花一朵呢！
> 你們這小信的人哪！野地裡的草今天還在，明天就丟在爐裡，上帝還給它這樣的妝飾，何況你們呢！
> 所以，不要憂慮說：吃甚麼？喝甚麼？穿甚麼？

這都是外邦人所求的。你們需用的這一切東西，你們的天父是知道的。
你們要先求他的國和他的義，這些東西都要加給你們了。
所以，不要為明天憂慮，因為明天自有明天的憂慮；一天的難處一天當就夠了。（《馬太福音》第六章第二十八至三十四節）

你正逐漸覺醒。因此，你不必專橫嚴苛，而是要留神。要講出實話，不必操控世界。你不必扮演殉道者或暴君，而是進行協商。你不再需要嫉妒，因為不再覺得別人真的比你優越。你不再感到挫折，因為已經學會腳踏實地和耐心等候。你正在探索自己是誰、想要什麼、願意做什麼。你逐漸發現，要解決自己特定的問題，必須為自己量身打造正確的方法。你不那麼在意別人的舉動，因為你自己有很多事要做。

照顧每一天，但是以至善為目標。

現在，你的軌道已經通往天堂。那令你充滿希望。一個人就算待在下沈的船上，也可以在攀上救生艇時開心起來！誰又知道他日後會走向何方？快樂踏上旅程，很可能勝過成功抵達……

你們要祈求，就必得到；要扣門，門就必打開。如果你以很想得到的樣子去祈求，以很想進去的樣子去扣門，就有機會提升你的生活。從進步一點點，到進步很多，再到完全轉變。而在進步的同時，存有本身也會得到一些改善。

請跟昨天的自己比，而不是跟今天的別人比。

RULE ·5·

別讓孩子做出令你討厭他們的事

❖ 事實上，那當然有關係

前陣子我在擁擠的機場看到一個三歲男孩，他跟在父母後面慢慢走，每五秒就大聲尖叫，更重要的是，他是故意的。他不是無計可施了才這麼做。我自己身為人父，從音調就可以辨別出來，他是為了引起注意才激怒他的父母和幾百個旁人。或許他需要什麼，但這樣做絕對得不到，他的父母應該要讓他明白這一點。你或許會反駁說：「他們可能在長途旅行後累壞了，更何況還有時差。」但是，只要花三十秒去悉心解決問題，就能結束這場丟臉的鬧劇。父母親若是想得較細，就不會讓自己真正關心的人淪為眾人看不起的對象。

我還看過一對夫妻無法或不願意對兩歲大的孩子說不，結果是，一場原本應該很愉快的親友拜訪，變成只能每分每秒都追著孩子跑，因為如果沒有緊迫盯人，這孩子連一秒鐘的自由都會造成危險。父母親不希望孩子每次只是一時衝動就要受罰，卻完全造成反效果，反而剝奪了孩子每個獨立行動的機會。父母不敢教導何謂「不行」，結果是孩子完全不知道什麼是合理限制下的最大幼童自主權，這就是過度混亂滋生過度秩序（反之必然）的典型實例。同樣地，我在宴會上也看過一些父母親根本無法和別人聊天，因為他們四、五歲大的孩子控制了整場聚會，吃掉每片麵包中間較軟的部位，大家都要忍受這種橫行霸道的幼稚行為，而父母卻只是尷尬地袖手旁觀，沒有能力調停。

我女兒現在已經是成年人。她小時候曾被另一個小孩用金屬玩具卡車砸她的頭。一年後我又看到那個小孩，他惡劣地用力推自己的妹妹，讓她撞上易碎的玻璃茶几桌面，他母親立刻跑過來抱起他（反而不是抱起驚魂未定的妹妹），輕聲告訴他不要這樣做，同時卻以一種明顯默許的方式安慰地拍拍他。她是決心製造出宇宙中的小天皇。這正是許多母親心照不宣的目標，包括不少自認為倡議全面性別平權的人。這些女性大聲反對成年男性發出的任何命令，但如果她那不可一世、沈迷於電玩的兒子要求她做花生醬三明治，她卻會立刻遵照辦理。這些男孩將來的另一半實在有足夠的理由痛恨自己的婆婆。尊重女性？那是針對別的男孩、別的男人，不是她們心愛的兒子。

這類情形在某種程度上可能突顯了重男輕女的現象，這在印度、巴基斯坦、中國等地特別常見。在這些國家，經常有人因為胎兒性別而墮胎。維基百科把這種做法歸因於重男輕女的「文化規範」（我之所以引述維基百科，是因為這裡的內容經過集體撰寫和編輯，所以是公認觀點的最佳出處），不過並沒有證據顯示這種觀念只與文化有關。這種態度的演進也有貌似合理的心理生理成因，但從現代平等主義的觀點來看，這些原因並不令人愉快。這麼說好了，如果環境迫使你把所有雞蛋放在同一個籃子裡，根據演化邏輯的嚴格標準，繁衍基因是最重大的任務，因此兒子會是較好的賭注，為什麼呢？

好吧，一個能成功繁衍後代的女兒，可能會為你帶來八到九個子孫。猶太大屠殺倖存者舒瓦茲（Yitra Schwartz）的三代直系子孫就都達到這個成績，讓她成為這方面的熠熠明星。舒瓦茲在二〇一〇年去世時共有將近兩千個後代。[77]但是，一個能成功繁衍後代的兒子，卻可以有無限多個子孫。他能與多位女性發生性關係，也就是拿到繁衍速度呈指數型增長的門票（畢竟人類受到單胞胎的實際限制）。據說知名演員華倫比提和NBA球星張伯倫都曾與數千名女性發生關係（搖滾巨星也有類似情形），但他們沒有繁衍出這麼多後代，那是因為現代的避孕法限制了這個數字。不過，以前的王公貴族確實子女成群，例如清朝的先祖覺昌安（約西元一五五〇）就是中國東北地區一百五十萬人的父系祖先；[78]中世紀的尼奧爾王朝（Uí Néill）繁衍出高達三百萬個男性後裔，主要分布於愛爾蘭西北部，再經由愛爾蘭移民而來到美國；[79]成吉思汗更是穩居繁衍者的王座，他征服了亞洲大部分地區，子孫占中亞人口的八%，在三十四代之後共有一千六百萬個男性後代。[80]因此，從深入的生物學觀點來看，父母有理由看重兒子到殺死雌性胎兒的程度。不過，我並非宣稱這當中有直接的因果關係，也不是在暗示沒有其他更因文化而定的因素。

在發育過程給予兒子特殊待遇，甚至可能有助於培養出一個很有魅力、多才多藝又有自信的男人，這就是精神分析之父佛洛伊德所敘述的：「一個男性若從小無疑就是母親最偏愛的人，終其一生都會覺得自己是征服者，這種對成功的自信往往會帶來真正的成功。」[81]有道理。但是，「覺得自己是征服者」很容易就變成「真正的征服者」。成吉思汗優異的生殖成就，代價當然是犧牲其他人的成就（包括數百萬喪命的中國人、波斯人、俄羅斯人、匈牙利人）。用演化生物學家道金斯（Richard Dawkins）著名的「自私基因」觀點來看，溺愛兒子可能站得住腳（讓寵兒的基因複製出無數後代），卻可能在當下造成黑暗痛苦的局面，而且突變成難以言喻的危險人物。

這並非表示所有的母親都重男輕女，也不表示完全不可能發生重女輕男，或父親完全不會偏愛兒子。其他因素也可能明顯左右一切，例如，有時候潛意識中的敵意（有時也不完全是潛意識）會無視孩子的性別、個性或處境，而凌駕父母親對任何一個孩子可能有的任何關愛。我曾看過父母經常讓家裡的四歲男孩挨餓。男孩的保母受傷了，所以暫時由鄰居輪流照顧。他母親將他帶來我家時，說他整天都不吃東西，她說：「那沒關係。」那當然有關係（如果這還不夠明顯）。我太太一再努力、堅定又溫和地設法餵他吃完整頓午餐，他一配合就獎勵他，絕不讓他半途而廢。於是這個四歲小男孩不顧一切緊緊黏著我太太好幾個小時，寸步不離。起初他緊閉著嘴，跟我們所有人，包括我太太跟我、我們的兩個孩子，以及我們那天幫忙照顧的兩個鄰居小孩，一起坐在餐桌旁。我太太把湯匙送到他面前，耐心又堅定等待著，但是他的頭來回轉動，一口也不肯吃，使出兩歲小孩頑抗的典型防守招數。

我太太沒有放任他。只要他終於吃下一口，她就摸摸他的頭，真誠地告訴他這樣做就是「好男孩」。她的確認為他是好孩子，他是可愛卻受了傷的孩子。十分鐘後，他把飯吃完了，其實也不是那麼痛苦。我們都專心看著，這是一場攸關生死的嚴肅戲碼。

我太太拿起他的碗說：「你看，你吃完了。」我第一眼看到這個小男孩時，他自行站到角落，悶悶不樂，不想跟別的小孩互動，一直皺著眉頭。我試圖讓他跟大家玩，於是就搔他癢、戳戳他，但他都沒有反應。此時他卻立刻綻放出開朗、燦爛的笑容，讓桌旁的每個人也都開心了起來。時隔二十年的今天，寫到這件事仍令我落淚。後來，他整天像小狗一樣跟在我太太身邊，不讓她離開視線。她一坐下來，他就跳到她腿上，摟抱著她，重新對世界敞開心扉，拚命尋找他長期以來得不到的愛。時間實在過得很快，那天稍晚小男孩的母親再次現身，走下樓梯，進入我們都在的房間裡，看見兒子蜷臥在我太太腿上，用憤恨的口吻說：「喔，真是超級媽媽啊。」然後就牽著她那可憐的兒子離開，黑暗、殘忍的內心絲毫未變。她是心理學家，就算只睜開一隻眼也看得見眼前的事實，難怪有人寧願兩眼都看不見。

❖ 大家都討厭算數

我的臨床個案經常來找我討論日常家庭生活中的問題，這些日常俗務帶來的憂慮會在不知不覺間加劇。因為都是些習以為常又可以預料的事，所以看似稀鬆平常，但這種微不足道的表象是騙人的。我們的生活正是由這些每天發生的事情所組成，我們再三耗費在這些事情上的時間也以驚人的速度累積。最近有位父親跟我提到，他晚上總是得大費周章才能讓兒子就寢[i]，這個儀式通常包含四十五分鐘的戰鬥。我們計算過，每天四十五分鐘，一週七天就超過三百分鐘，或五小時。每個月有四週都耗費五小時，表示每個月耗費二十小時，每年十二個月就耗費兩百四十小時，以每週標準工時四十小時來看，等於耗去一個半月的工時。

我的個案每年要花一個半月的工時無效又悲慘地跟兒子搏鬥，不必說，雙方一定都很痛苦。不管你用心多麼良善，不論你個性多麼溫和包容，你都不可能跟每年要花一個半月工時搏鬥的人維持良好關係，勢必會累積怨恨。就算無怨無悔，那些浪費掉的不愉快時光顯然可以運用在更有成效、更實用，以及較無壓力、較愉快的活動上。要如何理解這種情況？問題出在孩子還是父母身上？是天性使然還是社會的問題？如果有辦法解決的話，可以怎麼做？

有些人把這類問題歸咎於父母或更廣泛的社會等成年人身上，認為「沒有壞小孩，只有壞父母」。當我們想到兒童純淨無瑕的理想形象，這個觀念似乎完全合理。兒童擁有可愛、坦率、歡樂、信任，再加上愛的能力這些特性，令人輕易就認為成年的當事人是罪魁禍首。但這種不切實的態度既危險又天真，也過於片面，畢竟有些父母的兒子或女兒確實特別難照顧。不分青紅皂白就要社會承擔人類所有的墮落腐敗，這也不太妥當，得到的結論只會轉移問題，讓一切回到過去，既沒有解釋任何事情，也沒有解決任何問題。如果社會墮落腐敗，但當中的個人並不壞，那麼腐敗又從何而起？如何傳播？這是一種片面、意識形態強烈的理論。

有些人會以社會腐敗這樣的邏輯，堅決主張所有個人的問題無論多麼罕見，都必須透過文化重

i 此處和書中不少地方（包含前面的個人經歷簡述）會提到我的臨床經驗，我盡量保持故事寓意的完整性，同時也為涉及相關人士的隱私而修飾一些細節。希望我有做到適當的平衡。作者注

建來解決，不管過程將多麼激烈。然而這會造成更大的問題。現今的社會面對愈來愈大的呼聲，要求解構穩定的傳統，以容納愈來愈少數無法或不願符合原有類別的人，甚至是基於我們的感知所建立的類別。這可不是好事，社會革命無法解決每個人的私人問題，因為革命會造成動盪危險。人類經過相當長的時間，慢慢逐漸學會如何共同生活並組織複雜的社會，而且我們還未確實了解自己做的事為何有效。因此，若是以某種意識形態的口號（在心頭浮現的多樣化）為名義，任意更改社會存在的方式，很可能是弊多於利，即使是小規模的變革往往也會帶來痛苦。

例如，一九六〇年代如此戲劇性地放寬離婚法規，真的是好事嗎？這種解放的嘗試衍生出自由的假設，卻令不少兒童落入生活不穩定的狀態，我想這些兒童未必會說這是好事。前人以睿智搭建的圍牆後方潛伏著恐怖駭人的事物，我們卻冒險將之拆除，毫無自覺地在薄冰上滑行，而冰下是冰冷的深海，潛伏著無法想像的怪物。

我認為現在的父母已被孩子嚇壞，尤其是在假想的社會暴政中，父母都被視為暴政近身的代理人，而所付出的仁慈關懷以及執行必要管教、秩序和規範的功勞，卻遭全盤否定。這些父母不自在又不安地置身於一九六〇年代青春期思潮那強大的陰影底下，那個年代的脫軌導致成年人普遍被貶低，以及一種未經深思的不信任，認為世界上存在著管轄的權限，也導致現代人無法區分不成熟的混亂與負責任的自由。這讓父母變得格外敏感，不忍心讓孩子承受短暫的、情緒上的折磨，也更害怕傷害到孩子，這已經嚴重到痛苦且產生了反效果的程度。你也許會說這種事寧願過之也不要不及，但每段道德光譜的極端，背後都潛藏著可怕的災難。

❖可鄙的野蠻人

有人說，每個人都在意識或無意識層面追隨著某個有影響力的哲學家。認為孩子本質上擁有純真無瑕的心靈，只是受到文化和社會的污染，這個想法主要源自十八世紀的瑞士裔法國哲學家盧梭。[82]盧梭強烈相信人類社會和私有財產會導致腐敗，他主張未開化的人類才最和善、最美好。於此同時，他發現自己沒有能力為人父，便將自己的五個子女送到孤兒院，讓子女得到重要的溫柔憐憫。

然而，盧梭描述的高貴野蠻人是一種理想，是一種原型和宗教性的抽象概念，而非他所認定的活生生的事實。但這位完美如神話的「神聖小孩」ii卻永遠存在我們的想像中。他是青春的潛力，初生的英雄，是受委屈的無辜好人，正統國王失散許久的愛子。他是陪伴我們早期經驗的永生信息。他是完美的人類亞當，於犯罪墮落前在樂園裡與上帝同行。但是，人類既善良又邪惡，而永遠盤據在靈魂中的黑暗，也在年少的自我中占有一席之地。一般而言，人們會隨著年紀增長而日漸改善，而不是日益惡化，會在長大成熟時變得更仁慈、更謹言慎行、情緒更穩定，[83]所以成人社會比較沒有校園那種不折不扣且經常激烈得駭人的霸凌。[84]高汀（William Golding）描述黑暗與無政府狀態的小說《蒼蠅王》會成為經典不是沒有道理的。

此外，有大量的直接證據顯示，人類的恐怖行徑不能簡單歸咎於歷史和社會。靈長類動物學家珍古德自一九七四年開始的研究帶來最椎心的發現：她鍾愛的黑猩猩竟然能夠且願意自相殘殺（以適用於人類的術語來說）。[85]由於這個發現的震撼力和對人類學的重大影響，她保密了好幾年，擔心這些動物是因為和她接觸才表現出不自然的行為。即使在她發表這些記述之後，許多人依然不願相信。然而，這件事立刻變得一目了然，她觀察到的現象並不罕見。

說穿了，就是不同群體的黑猩猩會自相殘殺，而且殘酷得無法想像。典型的成年黑猩猩雖然體型比成年人小，但力氣是成年人的兩倍以上。[86]珍古德帶著幾分恐懼表示，她研究的黑猩猩會用力

ii Divine Child，榮格提出的人格原型之一，一方面幼稚脆弱，另一方面又擁有巨大的轉變能力。編注

扯斷堅固的鋼索和鐵桿，[87]而且有能力撕碎其他黑猩猩。實際上牠們也會這樣做。這就不能歸咎於人類的社會和複雜技術了。[88]珍古德寫道：「當我半夜醒來時，恐怖畫面經常躍上心頭：撒但（她長期觀察的一隻黑猩猩）兩手放在史尼夫的下巴下方，捧著從牠臉上的巨大傷口湧出的鮮血來喝……喬米奧扯下阿戴大腿上一大塊皮毛。費甘一遍又一遍追逐並擊打歌利亞那受傷、顫抖的身體，而歌利亞是費甘童年時期的英雄之一。」[89]青少年黑猩猩會在地盤的邊界上成群遊蕩，其中多半是雄性黑猩猩。如果遇到外來者（即使是過去認識但後來脫離現在這個過於龐大的黑猩猩群體），而且我眾敵寡，這幫青少年黑猩猩就會毫不留情地圍攻並摧毀對方。黑猩猩沒有太多的「超我」，而我們也需要謹記，人類或許也高估了自己的自制力。張純如所著的《南京大屠殺》（*The Rape of Nanking*）[90]描述日軍侵略中國南京時的殘暴殺戮，如果仔細看過這種駭人聽聞的恐怖作品，就算是一心沈醉於人性光明面的人也會不再執迷。至於日本當時祕密設立的七三一部隊這個生化戰研究單位，更是令人難以卒讀，有興趣了解的讀者請自負風險，在此先行警告。

狩獵採集者雖然擁有群體生活和地方文化，卻比都市化、工業化的居民更加凶殘。現代英國每年凶殺案的發生率大約是十萬分之一，[91]美國高出四到五倍，宏都拉斯則高出九十倍，是現代國家中最高的紀錄。但有證據強烈指出，隨著時間演進，加上社會擴大並且更有組織，人類變得更加和平，而非更不和平。在一九五〇年代，湯瑪士（Elizabeth Marshall Thomas）美化了非洲坤族的布希曼人，稱之為「無害的人種」，[92]然而，這個種族每年的凶殺率是十萬分之四十，後來在國家治理下才降低三成以上。[93]這是很有啟發性的實例，說明複雜的社會結構有助於減低而非加劇人類的暴力傾向。巴西的雅諾瑪米人（Yanomami）素以暴力聞名，每年的凶殺率是十萬分之三百，但這還不是最高的數字。巴布亞紐幾內亞的居民每年自相殘殺的比率介於十萬分之一百四十至一千。[94]不過，最高紀錄保持者顯然是加州的原住民卡托族（Karo），在一八四〇年左右，每十萬人就有一千四百五十人遭暴力殺害。[95]

兒童和其他人一樣，不只有善的一面，因此無法不接觸社會就自行發展成完美的個體。即使是狗，也必須社會化才能被群體接納。兒童比狗複雜多了，這表示兒童如果未加以訓練、管教和適度鼓勵，就更可能嚴重誤入歧途。這表示把人類所有的暴力傾向都歸咎於社會結構的病症，不僅是錯誤，實際上甚至足以令人類退步。社會化的重要過程可以防止許多傷害，培養許多良善特質。兒童必須被塑造、受教導，否則就無法茁壯成長。這個事實明顯反映在行為上：孩子極為渴望得到同儕和大人的注意，這些關注能讓孩子成為有力又社會化的社群參與者，極為必要。

兒童若是缺乏深切的關注，受到的傷害相當於或更甚於身心受虐，這種因失職而非犯罪所造成的傷害，影響同樣嚴重且久遠。如果「仁慈」而懈怠的父母無法讓孩子變得機敏、善於觀察、頭腦清醒，而是讓孩子處在毫無自覺和未分化[iii]的狀態，孩子就會受到傷害。如果主要照顧者害怕面對衝突或混亂，因而不敢糾正、指導孩子，孩子也會受到傷害。我在街上可以認出這樣的小孩，他們軟弱蒼白、眼神渙散、面無表情，整個人沒有活力又呆滯，看起來既不討喜也不聰明。他們是未經雕琢的木塊，被困在永久的等待狀態裡。

這些孩子長期被同儕忽視，因為跟他們玩很沒意思。大人也很容易表現出同樣的態度（雖然被追問時會拚命否認）。我在職涯早期曾到日托中心工作，那些相對被忽略的孩子會拚命靠近我，表現出不成熟的笨拙模樣，毫無與人保持適當距離的概念，也不會專心玩遊戲。這些孩子會撲通倒在旁邊，或不管我在做什麼就直接撲到我腿上。他們因為無法克制的驅力而強烈渴望大人的關注，而大人的關注正是進一步發展的必要催化劑。對於這種孩子和他們持續過久的幼稚行為，即使我非常為他們難過，也很了解他們的困境，卻實在很難不感到惱怒，甚至厭惡。我很難不推開他們。我相信

iii 在心理學上指個體未與外界區分開來。編注

這樣的反應雖然殘酷又可怕，卻是一種幾乎人人都經歷過的內在警示信號，指出與社會化程度低的孩子建立關係會有的相對危險：可能會立即產生不當的依賴（而那應該是父母親的責任），而且接受這樣的依賴，就必須付出極大量的時間和資源。在這樣的情況下，原本會表達善意的同儕和關心的大人就更可能轉移注意，去和別的孩子互動。老實說，這樣付出的成本較低，而獲得的效益會高很多。

❖ 父母或朋友

架構不良甚至完全缺席的管教方式都帶有忽略和虐待的成分。這有可能是故意的，即父母親有明顯蓄意（可能是被誤導）的動機。但是，現代父母的毫無作為，多半只是害怕自己若因任何理由責罰孩子，就會不再受孩子喜歡甚至不再被愛。父母最想得到孩子的友誼，寧願為此犧牲孩子的尊敬。這並不好，一個孩子會有很多朋友，但只有兩個父母。因此，父母比朋友更重要，而非不如朋友。朋友沒有什麼糾正的權力，因此每個父母都需要學習，在採取必要的糾正之後，忍受孩子片刻的怒氣甚至憎惡，因為孩子沒有那麼多能力去理解或在乎長期後果。父母親是社會的仲裁者，教導孩子如何為人處事，讓其他人能夠和孩子發生有意義且有利的互動。

管教孩子是一種負責的行為。管教並不是在為孩子的品行不端而發怒，也不是在報復孩子做錯事，而是慈愛和長遠判斷的謹慎結合。合宜的管教需要費盡苦心，事實上，管教跟費盡苦心是同義詞。細心關照孩子很困難。分清是非對錯及其原因很困難。擬訂公平又慈愛的管教對策，並與深入參與照顧這個孩子的其他人討論商量，也很困難。在這種責任與困難的組合之下，任何關於限制孩子會傷害孩子的說法，都會異常受到歡迎。這樣的觀念一旦被接受，會讓應該更明事理的大人拋棄身為教化執行者的職責，假裝這樣做是為孩子好。這是一種強烈又有害的自我欺騙，是懶惰、殘忍又不可原諒的行為。而人類的合理化傾向並不僅止於此。

我們假定規則會無可補救地抑制孩子本身無窮的創造力，即使科學文獻清楚指出：第一，超越平凡的創意極為罕見；[96]第二，嚴格的限制會促進而非抑制創意成就。[97]如果深信規則和架構純粹只有破壞性元素，通常也會認為只要允許孩子表現出完美的天性，孩子就會正確決定該吃什麼、何時該就寢，然而這些同樣是毫無根據的假設。兒童完全有辦法用熱狗、炸雞柳和五彩水果穀片來填飽肚子，只要這樣能吸引注意、帶來權力，或不必嘗試新的食物。兒童不會明理地、安安靜靜地上床，而是會抗拒入睡，直到疲憊不堪，走路搖搖晃晃。兒童也非常願意在探索社會環境的複雜構成時激怒大人，如同青少年黑猩猩會擾亂群體中的成年黑猩猩一樣。[98]藉由觀察戲弄與嘲笑的後果，黑猩猩和我們的孩子都會發現界線在哪裡，否則，就只會有過於鬆散又恐怖的自由。這些界線一旦被找到，就能帶來安全感，即使偵測到限制也會導致幼童短暫的失望或挫折。

記得我女兒大概兩歲時，有次我帶她去遊戲區，她玩著兒童攀爬架，整個人懸吊在半空中，有個年紀相當的小壞蛋特別愛挑釁。他就站在我女兒抓的桿子上方，我看到他向她靠過去。我們四目相對，他緩慢且故意地踩著我女兒的手，而且一次比一次用力，還往下瞪著我。他完全知道自己在做什麼，「去你的，臭老頭」，這就是他的哲學思維，他已經認定大人都不值一顧，可以安全、公然地蔑視大人。很不幸，他自己注定會變成大人，而他的父母給他一個毫無希望的未來。後續發展令他大吃一驚，卻對他比較有益：我把他拖出遊戲區，丟到將近十公尺以外的地上。

不，我沒有那樣做，我只是把我女兒帶到別處去。但假如我有的話，對他而言會比較好。

假設有一個幼童不停打他母親的臉，他為何會這樣做？這個問題太蠢了，天真到無法忍受的程度。答案很明顯，他要掌控母親，他要知道自己是否能做這種壞事而不被懲罰。畢竟暴力不難理解，和平才是自然界的奧祕。暴力是內建的，很容易做到。和平才困難，需要學習、諄諄教誨、努力爭取。人們經常搞錯基本的心理問題：為什麼有人會吸毒？這並不奇怪，奇怪的是為什麼他們不會一直吸毒？為什麼有人會受焦慮之苦？這並不難理解，難理解的是人們如何才能平靜下來？人類是脆弱的生物，終將一死，有無數的事情可能以無數種方式出錯，我們應該每一秒鐘都嚇得發瘋，但我們沒有。憂鬱、懶惰和犯罪，也無不如此。

如果我能夠傷害你、制伏你，那麼，我就會在想要的時候為所欲為，即使你就在一旁。我可以為了滿足自己的好奇心而折磨你。我可以忽視你，控制你。我還可以偷走你的玩具。小孩子會動手打人有兩個原因：第一，攻擊是一種天性，雖然在某些人身上更明顯，另一些人則否；第二，攻擊有助於得到渴望的東西。認為打人的行為一定是學來的，這實在很蠢。蛇不必經過教導就會用毒牙攻擊，這是動物的天性。從統計上來看，兩歲是人類最暴力的時期，[99]會踢、打、咬，還有偷別人的東西。兩歲幼兒以此進行探索，也表達憤怒和挫折，並滿足自己衝動的欲望。對我們來說，兒童這樣做是為了找到許可行為的實際限制，否則還能怎樣搞清楚什麼是可接受的？嬰兒彷彿盲人般在摸索一堵牆，他們必須向前探索、進行測試，才能知道真正的界線位於何處（通常跟他們聽到的不一樣）。

持續糾正這樣的行為，可向孩子指出可接受的攻擊行為界線何在，而若是不加以糾正，只會提高孩子的好奇心。如果孩子具有侵略性和支配權，就會打人、咬人、踢人，直到某個東西指明界線。我可以多麼用力打媽咪？直到她反對為止。有鑑於此，如果父母期望的結果不是被打，那麼越早糾正越好。糾正也能幫助孩子學到打人並非理想的社交策略。若是沒有這樣的糾正，孩子就不會經歷組織和調節衝動的辛苦歷程，而這些歷程是為了讓這些衝動可以在孩子的心靈中以及更廣闊的社交世界中和平共存。整理心智可不是簡單的事。

我兒子還在學步期時特別頑劣。我女兒小時候，我只要狠心瞪她一眼，她就不敢輕舉妄動。但這種介入方式對我兒子完全無效。他九個月大就跟我太太（她不是輕易讓步的人）爭奪湯匙的控制權，讓她在餐桌上一籌莫展。我們心想，「好啊！」無論如何都不要再多浪費一分鐘餵他。但這小傢伙只吃了三四口就開始玩，在碗裡攪來攪去，掉一些食物在兒童高腳餐椅的桌面上，然後眼睜睜看著食物掉在地板上。沒關係，他正在探索。但是這麼一來，他吃下的食物就不夠多，又因為吃得不夠，導致睡眠不足，半夜的哭聲吵醒他的爸媽，於是他的爸媽變得脾氣暴躁、無精打采。他讓他媽媽挫折沮喪，他媽媽就發洩在我身上，這樣發展可不好。

情況持續惡化，幾天之後我決定奪回湯匙，準備應戰。我撥出足夠的時間，雖然難以相信，但耐心的大人依舊可以打敗兩歲的小孩。俗話說：「薑是老的辣。」這有一部分是因為兩歲小孩會覺得時間過得極慢，我的半小時對我兒子而言卻像一個星期。我向自己保證勝利在望，他很倔強又恐怖，但我可以更狠。我們面對面坐好，把碗放在他面前。我們兩人都心知肚明，一場對決即將展開。他拿起湯匙，我搶了過來，舀了一口美味的食物泥，故意移到他的嘴邊。他瞪著我看，眼神跟遊戲區那個踩人的小壞蛋完全一樣。他嘴角向下、眉頭緊蹙，一口也不肯吃，拚命轉頭、扭來扭去，我則拿湯匙追著他的嘴巴跑。

但我還有別的妙計。我用另一隻手戳他的前胸，故意惹惱他。他依舊不讓步，我就再戳一次，然後再一次、又一次。我出手不重，但也不是他可以置之不理的程度。大約戳他十次之後，他張開嘴巴，正要發出憤怒的怒吼，哈！他失算了！我靈巧地把湯匙送進他嘴巴，接著他試圖用舌頭強行推出討厭的食物，非常頑強。但我知道怎麼應付，我把食指橫放在他嘴唇上，有些食物跑出來，但也有些被吞下去，我這老爸先馳得點了。我拍拍他的頭，跟他說他是好孩子。我是真心的。當某人完成了你企圖要他做的事，就獎勵他。獲勝之後就不要懷恨。一小時後，大功告成。雖然過程有點粗暴，也有人哀號，我太太因為壓力太大而不得不離開餐廳，但孩子吃進食物了。我兒子累到癱在我胸口，然後我們一起小睡了一會兒。他睡醒後，比被管教之前還更喜歡我。

這是我和兒子近身肉搏時經常觀察到的現象，而且不只有他如此。不久後，我們夫妻和另一對夫妻輪流帶小孩，所有小孩都聚在一個家裡，讓一對父母外出用餐或看電影，另一對父母則留下來照顧這些不滿三歲的孩子。有一天晚上，另一對夫妻也加入這個輪流當保母的行列，但我不太熟悉這對夫妻那長得又高又壯的兩歲兒子。

那位父親說：「他不肯睡覺，你把他放上床之後，他會爬下來，然後下樓。我們通常會放芝麻街艾蒙的影片給他看。」

我心想：「我絕對不會為了無法容忍的行為獎勵倔強的小孩，我絕對不放任何艾蒙的影片給任何人看。」我向來討厭那個長相怪異又愛亂叫的布偶，他把亨森（Jim Henson）[iv]的一世英名都毀了，所以我絕對不考慮用艾蒙作為獎勵。當然，我沒說什麼，要跟家長討論對方的小孩是不可能的事，除非家長準備好要傾聽。

兩小時之後，我們讓孩子上床睡覺。五個孩子中有四個立刻睡著了，這個布偶迷卻沒有。不過我把他放在有欄杆的嬰兒床裡，所以他無法逃走。但他還是可以大聲哭鬧，而他也確實這麼做了。這很棘手，他使用相當厲害的策略，實在很煩人，而且有可能吵醒別的孩子，然後全部開始嚎啕大哭。小屁孩先馳得點。於是我走進臥室對他說：「躺下。」他沒理我，我又說：「快躺下，不然我會擺平你。」跟小孩講道理通常不太有用，特別是在這種情況，但我認為應該先給予合理的警告。當然，他沒有躺下，而且為了製造效果，他又開始嚎啕大哭。

小孩經常這樣做。驚恐的父母親總認為孩子會哭，必定是因為他很難過或受了傷，這並不正確。生氣是哭泣最常見的原因之一，有人仔細分析了小孩哭泣時肌肉組織的形態，證實了這一點。[100]因生氣而哭，或是因害怕或傷心而哭，看起來並不一樣，聲音聽起來也不同，仔細注意就可以分辨。因生氣而哭通常是一種控制的行為，應該這樣處理：我抱起他，再讓他躺下，溫柔又有耐心，但是很堅定。他又爬起來，我再讓他躺下。他再爬起來，我還是讓他躺下。他又爬起來了，這次我不但讓他躺下，還把手放在他背上，他用力掙扎但是無效，畢竟他的體型只有我的十分之一，我一隻手就可以把他抓起來。我讓他繼續躺著，平靜地跟他說話，告訴他，他是好孩子，應該休息了。我給他安撫奶嘴，溫柔拍著他的背，於是他開始放鬆，眼睛逐漸閉上，我就將手收回來。

他立刻站了起來。真叫我刮目相看，這孩子真有活力！我再次將他抱起來，再讓他躺下，一邊對他說：「躺好吧，小壞蛋。」然後我又輕輕拍他的背，有的小孩會覺得這樣很舒服。後來他漸漸累了，準備投降，便閉上眼睛，我也起身，安靜、迅速走向門口。但我回頭做最後確認時，他又站了起來。我手指著他說：「躺下，小壞蛋。」我是認真的。接著他立刻躺下來，我便關上門。我們對彼此都有好感。我和太太整個晚上完全沒聽到他又偷偷爬起來的聲音。

「那小子好嗎？」他爸爸回來時這樣問我，當時已經很晚了。我回答：「很好，毫無問題，他睡著了。」

「他有爬起來嗎？」他爸爸問。

「沒有，他一直在睡。」我這麼說。

他爸爸看著我，似乎很想知道些什麼，但他沒有問，而我也沒講。

俗話說，別對牛彈琴。你可能覺得這樣說太刺耳，但是訓練孩子不睡覺，而且還用奇怪布偶的荒誕表演獎勵他？這也頗為刺眼。你有你的看法，我也有我自己的選擇。

❖ 管教與懲罰

現代父母很怕兩個經常並列的詞：管教與懲罰。這兩個詞令人想起監獄、士兵、納粹的長筒靴

iv 美國著名木偶師，芝麻街布偶的創造者。編注

等畫面。事實上，管教與暴虐或懲罰與酷刑之間的距離，是很容易跨越的，因此管教和懲罰一定要小心拿捏。父母會害怕並不足為奇，但這二者都有其必要，在運用時可能是無意識或有意識，也可能用得拙劣或妥善，但不可能完全避免。

用獎勵來管教並非不可能。實際上，獎勵良好表現可能非常有效。最著名的行為心理學家史金納（F. B. Skinner）便大力提倡這個方法，他是這方面的專家。史金納教鴿子玩乒乓球，不過牠們只是用喙部啄著球來回滾動，[101]雖然表現得不好，但以鴿子來說算是相當不錯。史金納甚至訓練他的鳥兒在第二次世界大戰期間導航飛彈，稱為「鴿子計畫」（後來稱為「生控計畫」）。[102]他的研究成果卓越，直到電子導航系統問世，他的心血才遭到淘汰。

史金納格外仔細地觀察他訓練的動物如何執行這些動作。牠們只要做出與他的目標接近的行為，就會立刻得到一個大小適度的獎勵，不至於太小而無足輕重，也不至於太大而消滅日後獎勵的價值。這種方法也適用於兒童，而且效果非常好。假設你希望家裡的幼兒幫忙擺設餐桌，這是很實用的技能。如果他做得到，你會更喜愛他，對他（脆弱）的自尊也有幫助。好，你把預定要達成的行為拆解成幾個部分，其中一項就是從櫥櫃拿一個盤子放在餐桌上。但這個動作可能還是太複雜，或許孩子幾個月前才剛學會走路，仍然搖搖晃晃，不太可靠。所以你一開始訓練時，先拿一個盤子給他，再讓他交還給你，之後你就輕撫他的頭。你可以把這變成一個遊戲：左手拿盤子，交換到右手，繞過背後轉一圈，把盤子交給他，接著你後退幾步，這樣他就必須走幾步才能交還給你。訓練他成為端盤子大師，別讓他一直笨手笨腳。

你可以用這樣的方法教任何人：第一步，先弄清楚你想要什麼，然後像老鷹一樣觀察身邊的人。最後，每當你看到任何事情稍微更接近你想要的結果，就撲過去（跟老鷹一樣精準，要記得）送出獎勵。你女兒進入青春期之後就非常沈默，你希望她能多開口講話，你的目標就是「比較願意聊心事的女兒」。有一天早上吃過早餐，她講了一則學校的趣事，這就是你給予關注的絕佳時機，這就是獎賞，停止發簡訊並仔細聆聽，除非你不希望她日後再告訴你任何事。

父母的介入若是能讓孩子高興，顯然就能夠且應該用來形塑孩子的行為。這個道理也適用於丈夫、妻子、同事和父母親。但史金納是現實主義者，他注意到使用獎賞有其難度，觀察者必須耐心關注，直到觀察目標自發地表現出期望的行為，然後才增強。這需要大量的時間和等待，這就構成了問題。另外，史金納也必須先讓動物挨餓到只剩正常體重的四分之三，動物才會對食物獎賞有足夠的興趣，才會真的關注。但這些並不是純粹正面取向的唯一缺點。

負面情緒就像正面情緒，也會幫助我們學習。我們需要學習，因為我們很愚蠢，很容易受傷，然後可能會送命，這可不是好事，也令我們痛苦（否則我們就會尋死，然後就沒命了）。就算死亡只是**可能**發生，我們也不會感到舒服。我們向來如此。可見負面情緒帶來的不愉快可以保護我們。我們感到受傷、害怕、羞愧、厭惡，所以我們會避開傷害。而且我們很容易受到這些感受的影響。實際上，我們因失落而產生的負面情緒，會大於同樣程度的收穫所帶來的正向感受。痛苦比快樂更深刻，焦慮比希望更強烈。

情緒（正面和負面）有兩種截然不同的變形。滿意（嚴格來說是飽足）讓我們知道自己做得很好，希望（嚴格來說是誘因式酬賞）表示令人愉快的事即將來到。痛苦傷害我們，所以我們不會重複做出造成個人損傷或社會孤立的舉動（寂寞嚴格來說也是某種形式的痛苦）。焦慮使我們遠離帶來傷害的人和不好的地方，讓我們不必感到痛苦。這些情緒都必須相互平衡，並在適當脈絡下審慎判斷，但也都是我們生存與蓬勃發展所必需。因此，如果沒有用盡一切可用的東西幫助孩子學習，就是在傷害他們。可用的東西也包含負面情緒，只是應該以最仁慈的方式運用。

史金納知道威脅和懲罰可以遏阻令人厭惡的行為，正如獎勵會強化理想的行為。現代人一想到會阻礙兒童走上自然發展的假想原始路徑，就嚇呆了，連要討論純粹正面取向的管教技巧也有困難。但假使兒童的行為不必經過塑造，在長大成熟之前就不會有如此漫長的自然發展時期，只會一蹦出子宮就打算買賣股票。兒童也無法完全避免害怕和痛苦。他們又小又脆弱，對世界沒什麼認識，即使是學走路這麼自然的事，也會一再受到世界的重擊，更別提跟手足、同儕及不配合又固執的大人相處時，難免會經歷受挫、被拒絕。因此，最基本的道德問題並不是如何保護孩子完全免於不幸和失敗，讓孩子永遠不會經歷任何害怕或痛苦，而是如何極大化學習，讓孩子以最低的成本獲得有用的知識。

迪士尼電影《睡美人》的故事裡，國王和王后期待很久才終於生下寶貝女兒奧蘿拉公主，兩人計畫舉辦盛大的洗禮儀式，把她介紹給全世界，也歡迎所有喜愛她、祝賀她的人參加盛會。但國王和王后沒有邀請壞女巫梅菲瑟（Maleficent這個名字就是惡意、惡毒的意思）。她根本就是地獄女王，是大自然反面的模樣。這個象徵意義就是，國王和王后過度保護心愛的小女兒，在她周圍打造了毫無負面元素的世界，但這樣做無法保護她，只會令她軟弱無能。壞女巫詛咒小公主，宣判她將在十六歲時被紡織機的紡錘刺破手指而喪命。紡織機就是命運之輪，紡錘令她流血，象徵失去童貞，表示從小孩變成女人。

幸好一位好仙女（自然界的正面元素）降低了懲罰的程度，從死去改為沈睡不醒，並且可以用愛人的初吻來挽救。國王和王后驚恐萬分，下令摧毀全國所有的紡織機，又把女兒交給三位實在太善良的好仙女。仙女繼續採取消滅所有危險物品的策略，但這麼一來，卻使這個小女兒停留在無知、不成熟和軟弱無能的狀態。十六歲生日前的某一天，奧蘿拉在森林中遇見王子，兩人一見鍾情。從任何合理的標準來看，這實在有點離譜。接著奧蘿拉大聲哀歎，說自己從小就被許配給菲利普王子，必須嫁給他。當她被帶回父母親的城堡過生日時，她崩潰痛哭了。就在此時，壞女巫的詛咒出現了，城堡中有一扇門突然打開，出現一部紡織機，奧蘿拉的手指被刺傷，昏迷過去，變成了睡美人。同樣以象徵意義而言，她這樣做就是選擇無意識，以逃避恐怖的成年生活。受到過度保護的孩子很常出現類似的情形。當這些孩子初次接觸到失敗或真正的惡意，卻無法或不願去了解和抵抗，沒有能力防禦，便會往下沈淪，接著便是渴望無意識的極樂。

以尚未學會分享的三歲小孩為例，她在父母面前做出自私的行為，但父母太慈祥了，以至於無法介入。更真實的講法是，父母拒絕關注、拒絕承認發生了什麼事，拒絕教她如何舉止合宜。當她不願意和姊姊分享時，父母當然會惱怒，卻又假裝沒關係。實際上並非如此。父母稍後會為了毫不相干的事凶她，她會感到受傷與困惑，但完全學不到東西。更糟糕的是，當她試圖結交朋友時，會因為缺乏社交成熟度而無法如願，同年齡的孩子會因為她無法與人配合而產生反感，跟她爭吵，或離開她去找別人玩耍。其他孩子的父母也會觀察到她很難相處又不禮貌，於是不會邀請她到家中跟自己的孩子一起玩。她變得寂寞，被排擠，因而焦慮、沮喪、怨恨，導致她放棄生命，相當於盼望無意識。

拒絕承擔管教職責的父母，以為自己可以從適當管教無可避免的衝突中全身而退。這些父母迴避扮黑臉（短期而言），但完全沒有營救或保護孩子免於害怕和痛苦。事實是，更廣大的社交世界既苛責又冷漠，所施加的衝突和懲罰，遠多於清醒的父母所給予。你可以管教自己的小孩，或是把這個責任交給嚴酷、冷淡、苛責的世界，而決定選擇後者的動機永遠都不該與愛混淆。

你可能會像現代父母有時會做的那樣反駁，說孩子為何要受制於父母專橫的規定？事實上，有一種新興的政治正確思維就認為這樣的觀念屬於一種「成人主義」，[103]即一種類似性別歧視或種族主義的偏見與壓迫。關於成人威權的問題必須仔細回答，這需要徹底檢視這個問題本身。接受提出的異議，就幾乎等於接受其正確性，如果提出的問題不恰當，可能會很危險。我們分成幾部分來談。

第一，孩子為何要服從？這很簡單。每個孩子都仰賴一或多個不完美的成年人願意給予的照顧，所以必須聽從和服從成年人。既然如此，孩子的行為表現最好會引發真誠的喜愛和善意。我們還可以想像更好的情況，例如在確保孩子獲得成年人的最佳關注時，還有利於他或她當下的生存狀態和日後發展。這是非常高的標準，但符合孩子的最大利益，所以有充分理由渴望達成這標準。

每個孩子也應被教導為得體地符合公民社會的期望，這不表示要把孩子硬塞到無腦的意識形態中，而是指父母必須獎勵那些能在家庭以外的世界為孩子帶來成功的態度和行為，在必要時則運用威脅和懲罰減少那些會導致痛苦和失敗的行為。這樣的機會稍縱即逝，因此有必要盡快導正。研究文獻清楚指出，如果兒童四歲時尚未被教導合宜的行為，他或她將永遠難以結交朋友。這一點很重要，因為四歲之後社會化的主要來源就是同儕，被排斥的兒童因為與同儕疏離而停止發展，以至於愈來愈落後，而別的孩子則持續進步。因此，沒有朋友的孩子往往會變成孤單、反社會或憂鬱的青少年和成年人，這可不是好事。我們的理智有許多部分是我們有幸融入社會群體的成果，且所占比例比我們所認為的還高。我們需要有人不斷提醒我們要適切地思考與行動。當我們出軌時，關心和愛護我們的人會用明顯或隱晦的方式將我們推回軌道。我們身邊最好能有這樣的人。

而且事實上（回到原本的問題），成年人的規定和命令並非都是專橫獨斷的，只有在功能失常的極權國家才如此。在文明、開放的社會，大多數人會遵守一套實用的社會契約，旨在相互提升改進，或至少在緊密的共存中不至於有太多暴力。在這些情況下，即使是只允許最少量契約的規則系統，也絕不是任意獨斷的。如果社會沒有充分獎勵有益、有利社會的行為，而堅持以明顯獨斷又不公平的方式分配資源，容許偷竊和剝削，這樣的社會絕不可能長期沒有衝突。如果社會的階級制度只是（或甚至主要是）以武力為基礎，而不是基於完成重要和困難工作所需的能力，這樣的社會也很容易瓦解。甚至形式更為單純的黑猩猩階級制度也是如此，表示這是基本的、生物的、非任意突發的事實。[104]

社會化不足的兒童會有艱難的生活，因此最好讓兒童都受到最佳的社會化。這有一部分可以用獎勵做到，但並非全部，所以問題不在於是否要使用懲罰和威脅，而在於使用時是否有自覺且考慮周延。那麼，該如何管教小孩呢？這個問題非常困難，因為每個孩子（和父母）的性情極為不同，有的孩子很隨和，熱中於討好別人，代價是很容易規避衝突且很依賴。有的孩子較強硬，也較獨立，任何時刻只要心動就要去做自己想做的事，這樣的孩子可能桀驁不馴且倔強。有的孩子迫切需要規則和架構，即使在僵化的環境中也怡然自得。有的孩子不太在意可預測性和常規，即使只要求最低限度的秩序，也完全不理會。有些孩子富有想像力和創造力，也有些孩子比較實際和保守。這些都是深刻又重要的差異，受生物因素影響甚鉅，很難有社會性的改變。所幸，針對社會控制的適當運用，我們已有許多周延的思考，可以協助我們面對這些差異。

❖ 最低限度的必要強制力

以下是一個簡單易懂的初步概念：規定不應加乘到超過必要的程度。換言之，劣法會逼人不尊重良法，這是倫理版甚至是法律版的奧坎簡化論（Occam's razor）。奧坎簡化論是科學家的概念斷頭台，說明了最簡單的假設比較好。因此，別用太多規則拖垮小孩或管教執行者，否則只會帶來挫折。

限制規則的數量，然後想好違反規則時該怎麼做。我們很難為懲罰的嚴厲程度建立脈絡獨立的通則，但西方文明的偉大產物之一——英格蘭《普通法》，已經讓一條很有用的規範成為圭臬，加以分析後便可幫助我們建立第二條有用的原則。

英格蘭《普通法》允許人們捍衛自己的權利，但只能用合理的方式。假設有人闖入你家，你有一把裝滿子彈的手槍，而你有權自衛，但你最好分階段自衛。如果是酒醉到頭腦不清的鄰居？「開槍射他！」你會這樣想。但事情沒這麼簡單，所以你就說：「站住！我有槍！」如果對方既不解釋也不後退，你可以考慮鳴槍示警。但如果犯罪者繼續向前走，你可以瞄準對方的腿（別誤以為這是法律建議，這只是舉例）。在做出所有漸趨激烈的反應時，有一個極為實用的原則：最低限度的必要強制力。現在我們就有兩條管教的通則了，第一是限制規則的數量，第二是運用最低限度的必要強制力來執行這些規則。

關於第一個原則，你可能會問：「具體來說，有哪些規則是必要的？」以下是幾個建議：除非是自衛，否則不可咬人、踢人、打人。不要折磨或霸凌別的小孩，日後才不會落入坐牢的下場。吃東西時要有教養，要懂得感謝，別人才會樂意邀請你到家裡、樂意給你東西吃。要學會分享，別的小孩才會跟你玩。大人跟你講話時要注意聽，他們才不會討厭你，還會願意彎下身來教你一些事情。該睡覺時就乖乖去睡覺，父母才能有自己的生活，才不會討厭你的存在。管好自己的東西，因為你需要學習如何擁有它們，也因為你很幸運能擁有它們。發生好玩的事情時，要當個有趣的夥伴，你才會被邀請去玩。行為舉止要讓別人很高興身邊有你，人們才會希望有你作伴。明白這些規定的小孩，就會人見人愛。

關於同樣重要的第二個原則，你可能會問：什麼是最低限度的必要強制力？這必須以實驗來建立，從盡可能最少量的干涉開始。有些小孩只要挨瞪就嚇得不敢動，有些則需要口頭制止，還有些必須以輕彈小手來警告。這種策略在餐廳之類的公共場所格外有用，可以安靜又有效地突然執行，不會讓風險逐步升高。否則會怎麼樣？生氣大哭、要求別人關注的兒童，不會受歡迎。在各桌之間亂跑、破壞大家安寧的兒童，不但讓自己丟臉（老派的講法，但是很好用）也讓父母丟臉。這樣的結果一點也不理想，而且以後在公開場合必定會表現得更差，因為兒童正在實驗，試圖確認同樣的舊規定是否適用於新地方。兒童不會整理好問題並用言語表達，三歲以前都不會。

我的孩子年紀還小時，我們帶孩子上餐館，旁人會微笑以對，因為我的兒子和女兒乖乖坐著，吃東西也很規矩。孩子無法撐很久，但我們不會讓小孩待太久。差不多四十五分鐘後孩子就會開始坐立不安，我們就知道該走了，本來就該這樣。周圍的用餐者會告訴我們，能看到這樣幸福的家庭真是美好。我們並非總是這麼幸福，我家的孩子並非總是表現得體，但多半都是。看到大家這麼樂於看到孩子出現，實在很棒。這對孩子真的很好。孩子會看到自己受大家喜歡，因而強化好的表現，而這就是獎賞。

只要給別人機會，大家都會真心喜歡你的孩子。我們剛生下大女兒米凱拉時，我領悟了這件事。那時我們住在蒙特婁法語區的勞工階級社區，當我們讓女兒坐在小型摺疊式嬰兒車裡面，推著她走在街上時，總會有一些看似粗魯又喝很多酒的伐木工人停下腳步對她微笑。他們會輕聲逗她笑，擠眉弄眼跟她玩。看到有人這樣回應孩子，會令你重拾對人性的信心。當你的孩子在公開場合表現良好時，那些感受會倍增。為了確保這種情形發生，你必須謹慎且有效地管教孩子，為此，你必須認識獎賞和懲罰，而非迴避這方面的知識。

與兒子或女兒建立關係的過程，就包括了解這個小傢伙對於管教介入的反應，然後你就能有效介入。人們會輕易說出一些陳腔濫調，像是「任何事都不能當作體罰的藉口」或「打小孩只會讓小孩學到怎麼打人」。先看前面那句話：**任何事都不能當作體罰的藉口**。我們應該要注意的是，首先，某些類型的不當行為，特別是與竊盜和攻擊有關的行為，不但是錯的，而且應該受到制裁，這是普遍的共識。第二，這些制裁幾乎都包含許多心理形式和更直接的身體形式的懲罰。剝奪自由、社會孤立和暫時隔離所引起的痛苦，基本上都相當於身體創傷造成的痛苦。我們從神經生物學了解到，人類是用同幾塊腦區來調控這三種懲罰的反應，而且這些腦區都可以用同一類藥物（鴉片）來減輕痛苦。[105] 因此，即使沒有任何暴力，監獄明顯也是一種體罰，特別是單獨監禁。第三，有些糟糕的舉動必須立刻有效禁止，以免發生更糟的事。如果有人不停拿叉子去戳電源插座，或是有人在擁擠的超市停車場邊跑邊玩，該給予什麼適當的懲罰？答案很簡單，只要合理範圍內能最快制止的方法都行，因為再不制止就難以挽回了。

停車場或電源插座的例子都很明顯，但同樣的道理也適用於社會範疇。於是我們進入關於體罰藉口的第四個重點：對不當行為（能在童年期有效終止的那種）的懲罰，會隨著兒童長大逐漸加重，尤其是四歲時仍未社會化的兒童，有極高的比例會在青少年晚期和成年早期明確受到社會懲罰。反過來說，這些不受約束的四歲小孩，往往在兩歲就有過度攻擊的特質，從統計數字來看，這樣的孩子比同儕更可能踢人、打人、咬人、拿走玩具（後來就成為偷竊）。他們大約占男孩人口的五%，女孩的比例則低很多。[106]不假思索地附和「任何事都不能當作體罰的藉口」這句魔法台詞，也會助長一個幻覺，以為青少年惡魔都是從原本天真無邪的小天使神奇變來的。輕忽孩子的任何不當行為，並不會為孩子帶來任何好處，尤其是性格較具攻擊性的孩子。

第五，堅持**任何事都不能當作體罰的藉口**這種理論，就是在假設即使沒有威脅或懲罰，也能有效對另一個人說出不這個字。然而，一個女性可以對一個有權又自戀的男性說不，是因為她有社會規範、法律和國家作為後盾。父母能對想吃第三塊蛋糕的孩子說不，是因為父母比較高大、強壯又更有能力，此外也有法律和國家支持父母的權威。無論如何，不永遠都意味著「如果你繼續做，就會發生你不喜歡的事」，否則這句話就會毫無意義，或更慘，表示「可以不理會的大人又再嘮叨無聊的廢話」，再更慘就會變成「大人都沒用又懦弱」。這是特別糟糕的一課，因為每個孩子都注定會變成大人，也因為孩子不需承受痛苦就可學會的事，大多數都要由大人示範或明確教導。孩子如果不理會大人、藐視大人，還有什麼好期盼的？又何必長大？這就是小飛俠彼得潘的故事，他認為大人都是虎克船長的變形，既殘暴又怕死（想想餓扁的鱷魚和牠肚子裡的時鐘）。若不使用暴力，不要能真的表示不，就只有在雙方都是文明人的時候。

至於**打小孩只會讓小孩學到怎麼打人這個觀念？不對，完全錯誤**。這句話講得太簡單了。首先，「打」這個字相當不足以描述父母所做的有效管教。假如用「打」就能精準描述肢體力道的完整範疇，那雨滴和原子彈就毫無差別了。假如我們不是故意盲目或故作天真，那就應該了解強度很重要，脈絡也很重要。每個小孩都知道，無緣無故被惡犬咬，絕對不同於逗自己的小狗玩、拿走牠的骨頭時不小心被輕咬一下。打得有多重、為何會被打，這都是提到「打」這個字時不能忽略的。另外，時間是脈絡的一部分，也至關重要。如果妳兩歲的兒子拿積木砸小嬰兒的頭，妳立刻用手指輕彈他的小手，他就會清楚當中的關聯，至少日後比較不會想要再去打小嬰兒，這似乎是不錯的結果。他當然不會斷定下次應該學媽媽彈手指那樣多打小嬰兒幾下。他並不笨，只是會嫉妒、衝動，而且還不是很成熟。如果不這樣做，妳還能如何保護他的小妹妹？如果妳的管教無效，這個小嬰兒就遭殃了，或許會持續好幾年都被霸凌，因為妳該死地不做任何事來制止，妳迴避了建立和平所無可避免的衝突，妳故意視而不見。等以後這個小女孩（或許甚至已經長大成人）質問妳，妳會說：「我都不知道事情是這樣。」妳只是不想知道，所以才不知道。妳拒絕了管教的責任，透過不斷展示妳的親切良善來合理化這一點。每個薑餅屋裡都有一個會吃小孩的巫婆。

所以，在選擇是要有效管教或無效管教時，我們該怎麼選？（但絕不可完全放棄管教，因為自然界和社會將嚴厲懲罰一切未糾正的童年行為過失。）以下是幾個實用的提示：暫時隔離法極為有效，尤其是孩子一能控制脾氣，大人就立刻給予鼓勵（或接納他），效果最好。讓正在發脾氣的孩子獨自坐在一旁，等到他平靜下來，就應該讓他回到正常生活。這表示孩子贏了，而不是他的怒氣獲勝。規則是「等到你可以守規矩，就立刻來加入我們」。不管對孩子、父母或社會，這都是非常划算的交易。父母將能夠看出孩子是否真的重新控制脾氣。儘管他剛才有不當的行為，你還是會再次喜歡他。如果你還在惱怒，或許是他還沒完全悔過，又或許你應該處理自己容易記恨的問題。

如果你的孩子屬於頑劣的那一類，即使獨自坐在凳子上或待在自己的房間裡，還是會跑掉或大笑，那麼，除了暫時隔離之外可能還需要再加上身體約束。你可以小心抓牢孩子的上臂，直到孩子停止扭動、集中注意力。若還是不行，可能需要讓他趴在父母的大腿上。兒童若以如此引人注目的方式來挑戰界線，打屁股則能表現出負責任的大人所必要的認真嚴肅。有些情況連這樣做也不夠，部分是因為有的孩子個性堅決、喜愛探險而且相當頑固，或是因為真的很會惹是生非。如果你沒有好好想清楚這些事，就沒有負起為人父母的責任，而是把爛攤子丟給別人，而別人只會處理得更狠狽。

❖ 總結上述原則

管教原則一：**限制規則的數量**。原則二：**最低限度的必要強制力**。原則三：**父母應該共同參與**。[107] 養兒育女既吃力又耗神，所以父母親很容易犯錯。失眠、飢餓、爭吵的餘波、宿醉、工作不如意等等，只要任一個情況發生，便足以令人變得不可理喻。若是幾件事一起來，則可能製造出一個危險人物。在這樣的情況下，必須有另一個人在現場觀察、介入與討論，這樣吵鬧挑釁的孩子和忍無可忍的暴躁父母才不會惹火對方，導致不可收拾的後果。父母應該共同參與，新手爸爸才可以照看新手媽媽，免得她因為連續三十天晚上聽到腸絞痛的寶寶從十一點哭到凌晨五點，筋疲力盡之下做出極端的事。我的意思並不是說我們應該嚴格對待單親媽媽，有很多單親媽媽以無法想像的程度勇敢奮戰著，也有一些人是別無選擇而隻身逃離殘暴的關係，但這不表示我們應該假裝所有家庭型態都同樣可行，事實並不然。

原則四與心理學特別相關：**父母應該了解自己可能會變得嚴厲、忿恨、自大、惱怒、生氣、虛偽**。很少有人一開始就打定主意要當差勁的父母，但不適任的父母經常出現，這是因為人不只有很大的行善能力，也有極大的行惡能力，而且會一直對這個事實視而不見。人性既仁慈又體貼，同時也既凶猛又自私。所以沒有任何一個成年人，沒有任何一隻活在階級制度中、掠奪成性的猿猴，可以真正忍受被一個傲慢無禮的小鬼頭支配，報復終必發生。父母若因太過慈祥又太有耐心而沒有阻止幼兒在超市當眾鬧脾氣，在十分鐘後孩子興奮跑過來展示最新的成就時，反應將會是冷漠轉過頭去。尷尬、違抗和挑戰權威累積到足夠程度之後，就算最無私的父母，也會心生怨恨，然後開始真正的懲罰。怨恨滋養報復的欲望，父母對孩子自然流露的關愛會減少，對自己的缺席會有更多辯解，孩子尋求個人發展的機會也會減少。父母開始微妙地把臉轉開，而這只是通往全面家庭大戰的開端，這些戰爭多半在檯面下進行，檯面上則是正常與愛的假象。

這條熱門路徑最好能免則免。如果父母深切意識到自己被激怒時，會變得不太能容忍、處理不當行為，可以認真計畫一套適宜的管教策略。若能由同樣有此覺悟的另一半來監控，效果會更好。千萬別讓事情惡化到出現真正的仇恨，要謹慎當心。傷人的家庭處處可見。父母親不制定任何規則，也不限制任何不當行為，隨意發火且喜怒無常。孩子生活在那樣的混亂中，若是生性膽怯，會被擊垮；若是性格頑強，則大力反抗，卻適得其反。這很糟，可能會發生致命的憾事。

最後是最通用的原則五。父母親有責任扮演真實世界的代理人，可以仁慈又關愛，但依然是代理人。這個義務凌駕於任何確保孩子幸福快樂、增進創造力、提升自尊的責任。父母的主要職責是令孩子符合社會期望，這將使孩子得到機會、自愛和安全感，甚至比培養個人自我認同更重要。無論如何，在追尋聖杯之前，必須先培養高度的社會化教養。

❖ 好孩子和盡責的父母

適度社會化的三歲兒童文雅又可愛，但不會太軟弱。她會引起其他同儕的興趣，也令大人欣賞。

別的小孩喜歡她，爭相吸引她注意。大人看到她也很高興，而不是露出虛偽的笑容。大家都樂於向所有人介紹她。比起任何懦弱的父母試圖避免日常衝突和管教，適度社會化對兒童最後形成的個體性更有幫助。

請與伴侶討論你對孩子的好惡。若沒有另一半，就跟朋友討論。不要害怕去喜歡或討厭，你能夠分辨什麼是合宜、什麼是不合宜，也能夠區分好壞。你了解善惡有別。釐清自己的立場。評估自己，看自己是否小氣、傲慢，是否心中有怨。然後採取下一步，讓孩子表現良好。你承擔起管教孩子的責任，也為管教時必然會犯的錯誤負責。當你做錯時，可以道歉，並學習如何做得更好。

畢竟，你愛你的孩子，如果孩子的行為令你討厭，想想他們會給別人怎樣的觀感。別人並不像你這麼愛你的孩子，他們會藉由某種作為或不作為來嚴厲懲罰他們。別讓這種事發生。最好讓你家的小怪獸知道什麼行為可取，什麼不可取，這樣才能讓他們在家庭以外的世界成為有修養的公民。

兒童如果能夠專注而不會分心，如果能夠玩耍而不會哼哼唧唧，如果搞笑有趣而不令人惱怒，如果值得信任，這樣的兒童無論到哪裡都會有朋友。老師喜歡，父母也喜歡。如果他對大人有禮貌，大人就會照顧他，以微笑面對他，而且樂於教導他。在動不動就變得冷漠、無情和充滿敵意的世界中，他將成長茁壯。清楚的規則造就有安全感的孩子和冷靜理性的父母，明確的管教和懲罰原則平衡了仁慈和公義，促進最大程度的社交發展和心理成熟。清楚的規則和適當的管教可以幫助孩子、家庭和社會，有助於建立、維持和擴展秩序，保護人類免於地獄的混亂與恐怖，不至於一切都不確定，令人焦慮、絕望和沮喪。稱職盡責又勇敢的父母，會給予孩子最偉大的禮物。

別讓孩子做出令你討厭他們的事。

RULE ·6·

批評世界之前，先整理好自己的房間

❖ 關於信仰問題

將這個年輕人描述成信仰虔誠的人，似乎不太合理。他二〇一二年在康乃狄克州紐敦鎮的桑迪·胡克小學開槍射殺二十個學生和六個教職員。在科羅拉多州的電影院和科倫拜高中校園大開殺戒的槍手也一樣。但這些凶手的現實問題都存在於信仰深處。科倫拜校園事件的兩名凶手之一寫道：[108]

> 人類這支種族不值得作為奮鬥的目標，只值得殺戮。把地球還給動物吧。動物永遠比我們更有資格擁有地球。一切都不再有任何意義。

抱持這些想法的人，認為存有本身既不公平，且嚴酷到腐敗的程度，而人類的存有格外可鄙。這些人自命為現實的至高審判，認為現實很失格。他們是終極的批判者。這個極度憤世嫉俗的作者又寫道：

你若回顧歷史就能發現，納粹針對猶太人問題提出了「最終解決方案」……全部屠滅。好吧，假如你還沒弄懂，我說：「屠殺人類。」沒有人應該活下來。

對這些人而言，經驗世界裡的一切既不合格又邪惡，所以，全都下地獄去吧！為什麼有些人會有這樣的想法？德國文豪歌德創作的偉大詩劇《浮士德》便在探討這個問題。故事主角是一名叫浮士德的老學究，他用不朽的靈魂與惡魔梅非斯特交易，換取自己在塵世間得到所要的一切。在歌德的劇作中，梅非斯特是存有永恆的死敵，懷抱著一個核心關鍵信念：[109]

我是那永遠否定的精靈
且有充分的道理，因一切只要出現
總免不了悲慘地毀滅。
還不如什麼都不開始！
你們口中的罪孽，
破壞，簡單說，所謂的惡，
正是我特有的屬性。

歌德認為這種仇恨的情緒極為重要，是人類報復性毀滅的核心要素，因此他在許多年後寫的《浮士德》第二部中，又讓梅非斯特以略有出入但意思相同的語句再說一次。[110]

人們經常會用梅非斯特的方式思考，雖然很少有人像這些校園和電影院大屠殺的凶手那樣，殘暴地將想法化為行動。每當我們經歷真實或想像中的不公不義，每當我們遭逢悲劇或落入他人的陰謀詭計，每當我們因自己明顯隨意築下的限制而感到恐懼、痛苦，黑暗中便會出現醜惡的誘惑，叫我們質疑並且詛咒存有。無辜之人為何遭受如此痛苦？地球到底是什麼血腥又恐怖的世界？

人生確實艱難，每個人都注定受苦，也注定走向毀滅。有時候，苦難顯然是個人過失所造成，例如故意視而不見、決策不當，或是心懷惡意，這種時候痛苦似乎是自找的，甚至似乎是應得的。你可能會說，種什麼因，得什麼果。然而，即使那是事實，但這種開導很冷酷。有時受苦的人一改變自己的行為，未來的生活就不那麼可悲。但人類能控制的有限，普世眾生都將面臨絕望、疾病、衰老和死亡。歸根究柢，人類顯然不是自身脆弱的始作俑者，那麼，究竟是誰的錯？

不論是否有宗教信仰，罹患重病（或更慘，子女患病）的人不免問自己這個問題。發現自己被捲進官僚體系這個巨大齒輪的人，被查稅或是在沒完沒了的訴訟、離婚中纏鬥的人，也會有同樣的疑惑。而且不是只有明顯受苦的人，才會因為需要將自身存有那無法忍受的狀態歸咎於某人或某事而備受煎熬。例如，當地位崇高的托爾斯泰處在名聲、影響力和創作力的高峰時，卻開始質疑人類存在的價值。[111]他這樣思考著：

> 我的立場很可怕。我知道自己無法運用理性知識找到什麼，除了否定生命。而在信仰中，我除了否定理智之外，一無所獲，但這比否定生命更棘手。根據理性知識，生命是荒誕的罪惡，這已是眾所皆知。人類沒有必要活，但卻從過去一直活到現在，正如我活過，現在也還活著，即使我早已知道生命毫無意義而且充滿罪惡。

儘管托爾斯泰拚盡全力，還是只能找出四種途徑掙脫這些想法。第一是退回對此問題毫無所知的童稚無知。第二是渾渾噩噩地追求享樂。第三則是「即使生命充滿邪惡和荒謬，仍繼續苟延殘喘，雖然早知道不會有什麼好結果」，托爾斯泰認為這是種懦弱的逃避：「這類人知道生不如死，卻無力採取理性行動，盡快了結生命以結束這場虛妄……」

只有最後的第四種掙脫方式是藉助「力量與精力。一旦理解生命的邪惡和荒謬，這些就包含了摧毀生命。」托爾斯泰殘酷地推想下去：

只有格外強大且邏輯一致的人才會這樣做。他們意識到生命對人類開的玩笑是何等愚蠢，明白死者比生者更幸福，因此一切都最好不要存在，於是採取行動結束這個愚蠢的笑話。他們使用各種手段：上吊、投河、用刀刺入心臟、臥軌。

托爾斯泰還不夠悲觀，生命對人類開的玩笑之愚蠢，不僅促使人們自殺，還造成屠殺，而且是大規模屠殺，通常會接著自盡。以這種方式抗議存在更為有效。雖然難以置信，但是在二〇一六年六月，美國在一千兩百六十天內已經發生一千起大規模殺戮（定義是：除了殺手以外，另有四人以上在單一事件中遭射殺），[112]也就是連續三年多的時間，每六天有五天會發生屠殺。每個人都說：「我們不懂為什麼會發生這種事。」我們怎麼還能繼續假裝不懂？托爾斯泰在一個多世紀以前就懂了。兩千多年前，該隱與亞伯這則古老聖經故事的作者也懂，根據聖經作者的描述，後伊甸園歷史的第一場行動就是謀殺，而且不僅是謀殺，是手足殘殺。不只殺死無辜者，更殺死有理想的好人，而且是為了激怒宇宙的創造者而有意識地殺人。當今的殺人凶手也以自己的語言告訴我們同樣的事。誰敢說這不是蘋果核裡的那隻蟲？但我們不想聽，因為真相過於尖銳。即使像這位俄國大文豪這麼深邃的心靈，也找不到出路。如果連托爾斯泰這麼顯赫的人也承認失敗，我們又何以自處？多年來，他隨身不帶手槍以免開槍自殺，也藏起繩子，免得吊死自己。

一個清醒的人要如何不憤恨這個世界？

❖ 報復或轉變

有信仰的人面對上帝明顯的不公和盲目時，可能會絕望地揮拳抗議。聖經故事記載，連基督也在被釘上十字架之前感到被拋棄。偏向不可知論或無神論的人可能會歸咎於命運，或苦苦思索運氣的殘酷。也有人會折磨自己，想找出自己的痛苦和墮落底下有何性格缺陷。這些都是同一主題的變奏，針對不同的對象，但潛在的心理固定不變：為什麼？為什麼有如此多的苦難和殘酷？

嗯，那可能真的是上帝幹的好事，或是盲目、無意義的命運惹的禍，如果你真要這麼想，而且似乎也很有理由這麼想。但這樣想會發生什麼狀況？大屠殺凶手相信，伴隨存在而來的苦難證明了審判和報復的正當性，正如科倫拜事件的兩個年輕凶手所清楚指出：[113]

> 我寧願盡快死去，也不願背叛自己的想法。在離開這個毫無價值的地方之前，我要殺死每個我認為不配做任何事的人，尤其是不配活著的人。如果你曾激怒我，你讓我看到就死定了。你或許能夠激怒別人然後安然無恙，但我沒那麼好惹，我不會忘記誰曾經對不起我。

殘忍的潘茲拉姆（Carl Panzram）是二十世紀報復心最強的殺人凶手之一。他在青少年時期犯罪，被安置在明尼蘇達州一所負責「感化」他的機構，卻在那裡遭到強姦、虐待、出賣。出獄後，他滿懷怒火，成為盜賊、縱火犯、強暴犯和連續殺人犯，故意且持續以破壞為目標。他甚至記錄自己縱火燒毀的財物價值。起初他只痛恨那些傷害他的人，後來他的恨意蔓延到全人類，甚至這樣還不夠。他的毀滅性在某種根本形式上是針對上帝本身，除此之外無法形容。潘茲拉姆用強暴、殺人和縱火表達對生命的憤怒，彷彿有人該為此負責。同樣的情形也出現在該隱和亞伯的故事裡。該隱的獻祭被拒絕，他生活在痛苦中，於是大聲呼喊上帝，挑戰上帝所創造的存有。上帝拒絕他的陳情，祂告訴該隱，他的問題是自己造成的，而該隱在盛怒下殺死上帝喜愛的亞伯（其實是該隱的偶像）。該隱當然嫉妒這個成功的兄弟，但他摧毀亞伯主要是為了激怒上帝。這正是人類將報復推到極致時最真實的版本。

潘茲拉姆的反應完全可以理解，這正是恐怖之處。他的自傳內容表明了他就是托爾斯泰筆下堅強又邏輯一致的人，是強大、堅定、無所畏懼的行動者，有勇氣實踐自己的信念。像他這樣經歷過那些遭遇，怎麼可能做到饒恕和不記恨？真正恐怖的事降臨到人們身上，難怪有人會決心報復。在這種情況下，報復似乎有道德上的必要。到底要如何區分報復和對公平正義的要求？經歷過可怕的暴行之後，饒恕豈不代表懦弱或缺乏意志力？這些問題糾纏著我。但也有人能走出可怕的過往，做出善良而非邪惡的事，雖然這樣的成就可以視為超越人類的神力。

我見過有人真的辦到了。我認識一位偉大的藝術家，他來自潘茲拉姆描述的那種「學校」，不同的是，他被丟在那裡時只是單純的五歲小孩。在這之前，他因為同時罹患麻疹、流行性腮腺炎和水痘而長期住院。他不會講學校裡使用的語言，被刻意與家人隔離，挨餓、遭受虐待和其他折磨，漸漸變成憤怒、破碎的青少年。他以毒品、酒精與其他自毀行為激烈傷害自己，也痛恨所有人，包括上帝、自己，還有毫無道理的命運。但他結束了這一切，不再喝酒，也停止懷恨（雖然偶爾還是會浮現）。他振興了自己部落的傳統藝術文化，又訓練年輕人承接他的衣缽。他製作出一具約十五公尺高的圖騰，紀念自己一生的經歷，還用一塊原木造出十二公尺長的獨木舟，是目前極為罕見的作品。他讓全家團聚在一起，舉辦一場盛大的誇富宴[i]，有數百人參加，還有長達十六小時的舞蹈，以此表達自己的悲痛並與往事和解。他決定要成為好人，然後就完成那樣的生活所需的不可能的任務。

我有一位個案，她沒有慈愛的父母。她小小年紀就失去母親，扶養她長大的祖母是個惡婦，個性尖刻且過度看重外表，百般虐待這個孫女。她忍不住把對艱苦日子的怨恨發洩在孫女身上，為了孫女的創造性、敏銳、聰明等優點而懲罰她。這位個案與父親的關係比較好，但是在她照顧父親的那段期間，父親卻因毒癮而慘死。她有一個兒子，而她完全沒有讓任何問題延續到兒子身上，她兒子長大後成為真誠、獨立、勤奮且聰明的年輕人。她繼承了文化結構中的撕裂之痛，卻沒有加以放大或擴散，而是縫合撕裂的傷口。她拒絕讓前人犯的罪一再發生。真的有人能做到這樣。

> 無論精神、身體或心智上的痛苦，皆無需懷抱虛無主義（即徹底拒絕價值、意義和欲求）。痛苦總是允許各式各樣的詮釋。

尼采寫下這段話。[114]他的意思是：人類經歷了邪惡，可能會非常想讓邪惡延續下去，傳播出去，但也可能透過體驗邪惡而學會善良。被霸凌的小男孩可能會模仿折磨他的人，但也可能從受虐的經驗中學到欺壓別人、令別人生活悲慘是不對的。受到母親折磨的人，可以從自己的恐怖經驗得知好父母有多麼重要。許多（甚至是多數）虐待兒童的成年人，小時候就曾受虐。但是，仍有大部分受虐兒長大後並不虐待自己的孩子，這是公認的事實，可以用簡單的算數證明：如果一個父母虐待三個孩子，這三個受虐兒後來各有三個孩子，以此類推，那麼第一代會有三個施虐者，第二代有九個施虐者，第三代有二十七個、第四代有八十一個……如此成倍數快速飆漲。經過二十代，會有一百億以上的人童年受虐，超出地球目前的人口數。而事實正好相反，人類控制了虐待，使得虐待不至

i potlatch，北美原住民的祭典，在冬日舉辦節慶集宴，並餽贈賓客禮物。編注

於擴散、世代相傳，這就證明在人類心中，善確實凌駕於惡。

報復的欲望無論有多麼正當的理由，都會擋住通往其他有益想法的道路。美國／英國詩人艾略特在《雞尾酒會》（*The Cocktail Party*）這部劇作中解釋了原因。劇中的一個角色過得不快樂，她向精神科醫師傾訴痛苦，並希望所有的苦難都是自己的錯。精神科醫師很震驚，問她為什麼這麼想，她說自己苦思許久，得到以下結論：若是自己的錯，或許還能做些努力；但如果是上帝的錯，如果現實本身就有瑕疵，執意帶給她苦難，那麼她就注定要被毀滅。她無法改變現實的結構，但她或許可以改變自己的生活。

索忍尼辛在可怕的二十世紀中葉被關在蘇聯勞改營，當時他有充分的理由質疑存在的結構。他擔任過士兵，在軍力潰散的俄國前線抵擋納粹入侵。後來，他被自己的俄國同胞拘捕、毆打，並關在牢房，接著又受到癌症的重創。他大可變得怨恨、苦大仇深。他的人生因史達林和希特勒這兩名史上最可怕的獨裁者而變得無比悲慘，被奪走且浪費掉大半年華。他目睹朋友和相識的人無謂又屈辱地受苦和死亡，自己也染上惡疾。索忍尼辛絕對有理由咒罵上帝，連聖經中的約伯都沒他這麼慘。

但是，這位偉大的作家，極度捍衛真理的勇士，並不容許自己的心智轉向報復和毀滅，而是睜開雙眼直視。在經歷這些磨難時，索忍尼辛遇到一些處境駭人卻依然舉止崇高的人，他深思這些人的表現，然後向自己提出最艱難的問題：自己人生的災難是否由他個人導致？如果是，又是如何造成的？他想起自己早年無條件支持共產黨，於是重新思考自己的人生。在集中營，他有充裕的時間思考。他過去是如何偏離目標？有多少次違背良心，明知有錯卻依然去做？有多少次背叛自己，撒了謊？在蘇聯古拉格這個灰暗的地獄，有什麼方法可以改正和彌補自己以往的罪過？

索忍尼辛非常仔細地審視自己的生活細節，繼續問自己第二和第三個問題：我現在能夠不再犯這些錯誤嗎？我現在能夠修補過去的失敗造成的傷害嗎？他學習觀察和聆聽，並且發現什麼樣的人令他欽佩，即無論碰上什麼事都保持正直的人。他一點一滴逐步檢視自己，讓不必要和有害的部分死去，讓自己獲得重生。接著，他寫了《古拉格群島》，描述蘇聯監獄和集中營制度的歷史。[115]這本書力道強勁且令人生畏，字裡行間傳達出素樸真理那勢不可擋的道德力量，厚達數百頁的內容充斥著令人怵目驚心的吶喊。這本書被蘇聯列為禁書（想當然耳），在一九七〇年代被偷運到西方國家後，立刻震驚世界。不論在意識形態上或社會上，索忍尼辛的文字都徹底且決定性地摧毀共產主義在知識上的聲譽。他就像是拿斧頭砍斷了樹幹，因為樹上的苦果並不能提供足夠的滋養，而他過去曾親眼看著且支持這棵樹種下。

一個人決心改變自己的人生而不是詛咒命運，便徹底撼動了整個共產暴政的病態體系。不到幾年，這個體系完全瓦解，索忍尼辛的勇氣正是重要的因素。但他並不是唯一推動這種奇蹟的人，作家哈維爾也受盡迫害，之後竟完成不可能的事——成為捷克斯洛伐克總統，後來又成為新成立的捷克共和國總統。印度國父甘地也是如此。

❖ 一切都毀了

各個民族都曾堅決反對指責現實、批評存有和怪罪上帝。仔細探討舊約中希伯來人在這方面的表現，會很有意思。希伯來人的艱難困苦依循著一貫的模式。亞當夏娃、該隱亞伯、挪亞以及巴別塔，這些都是遠古時期的故事，起源都已消失在時光的謎團中。我們所了解的歷史，是從《創世記》的洪水故事之後才真正開始，而亞伯拉罕是故事的起點，他的後代子孫成為舊約（亦稱為希伯來聖經）中的希伯來人，他們與耶和華（上帝）立約，然後展開一段在歷史上可辨識的冒險歷程。

希伯來人在偉人的帶領之下，組織成一個社會，再發展成帝國。後來因國運昌盛而變得傲慢自大，腐敗油然而生，這個日益驕縱的國家開始執迷於權勢，忘了對孤兒寡婦的責任，也偏離古時與上帝的約定。然後先知出現，赤裸裸地公然揭露獨裁的君王和背信的百姓在上帝面前的失格，並宣告將有可怕的審判來臨。但眾人若不是完全不理會先知的智慧之言，就是太晚才意識到。上帝懲罰這些任性的人類，使他們注定要在戰場上慘敗，世代為奴。希伯來人終於悔改，將厄運歸咎於不聽從上帝的話，悔不當初，於是重建國家，然後整個循環再次展開。

這就是人生，我們建立了各種生活的架構，像是家庭、政府、國家。我們萃取出這些架構所依據的原則，形成信仰體系。起初我們像樂園中的亞當和夏娃一樣，安住在這些架構與信仰之中。但成功令我們自滿，我們忘了要戰戰競競，而將一切視為理所當然，甚至視而不見。我們沒有注意到事情正在改變，腐敗正在扎根，萬物分崩離析。這是現實或上帝的過錯嗎？還是因為我們沒有付出足夠的關注，所以一切都毀了？

颶風重創紐奧良，使洪水淹沒城鎮，這真的是天災嗎？荷蘭人為了一萬年才可能發生一次的嚴重風暴而整修堤壩，假使紐奧良仿效荷蘭的做法，悲劇就不會發生。然而並非完全沒有人想到，一九六五年的《洪水控制法》便下令要改善扼阻龐恰特雷恩湖（Lake Pontchartrain）的堤壩系統，並預定於一九七八年完工。但是四十年後，只有做到六成。毀了這座城市的，是故意忽視及腐敗。

颶風是上帝的作為，但是當所有人都知道未雨綢繆的必要性時，沒有準備就是一種罪，就是沒有達到目的，而罪的工價就是死亡（《羅馬書》第六章第二十三節）。古代猶太人總在大難臨頭時怪罪自己，表現得彷彿上帝的良善（即現實的良善）是不證自明的公理，並為自己的失敗負責，幾乎到瘋狂的程度。但另一種選擇是指責現實的不足，批評存有本身，然後陷入憎恨和報復的欲望中。

如果你正在受苦，這是常態，畢竟人有其極限，生活是悲慘的。但如果你痛苦到難以承受，導致你開始墮落，就有必要思考一些問題。

❖ 整頓你的人生

請從小事開始，想想你的情況。你是否有充分運用獲得的機會？你是否正為自己的事業或職涯努力奮鬥，或是讓痛苦和怨恨阻礙你、拖垮你？你是否已經和兄弟手足言歸於好、和睦相處？你是否能有尊嚴地尊重你的配偶和孩子？你是否有任何會摧毀健康和幸福的習慣？你是否真的負起自己的責任？你是否有說出需要對朋友和家人說的話？是否有任何你可以做到而你也知道自己可以做到的事，能讓你周圍的事物變得更好？

你是否整頓了自己的人生？

如果答案是否定的，你可以試著**停止做你明知不對的事**，就從今天開始。如果你確定某件事是錯的，就別浪費時間反問自己怎麼知道那是錯的。不適當的質問可能造成困惑，阻礙行動，而不會帶來啟發。你不必知道為什麼，就能明白某件事的是非對錯，你整個存有可以告訴你一些無法解釋或清楚表達的事。每個人都極度複雜，以至於無法完全認識自己，而每個人也都擁有自己無法理解的智慧。

因此，當你隱約意識到自己該停止時，就停止吧。停止那種特定的卑劣行為，停止說那些令你軟弱又羞恥的話。只說讓你變得強壯的話，只做你可以光榮談論的事。

你可以運用自己的判斷標準，可以仰賴自己做為指導方針，不必遵照一些外在的、武斷的行為準則。然而你也不應輕忽文化帶給你的指引，人生苦短，你沒有時間自己摸清每一件事。過去的智慧得來不易，已逝的前輩可能會告訴你一些有用的事。

別譴責資本主義、激進左派，或敵人的罪惡行徑。在你整理好自己的經驗之前，別試圖重整政府。要有些謙遜，如果無法為家庭帶來和平，你又怎敢試圖治理一座城市？讓你的靈魂帶領自己，然後觀察這幾天、這幾個星期會發生什麼事情。當你這麼做時，你會開始說出自己真正的想法。你會開始告訴妻子、丈夫、子女或父母親自己真正想要什麼，需要什麼。當你知道自己有些事沒做到，你會用行動改正疏失。當你停止用謊言填塞腦袋，你的腦袋就會開始清明。當你停止用不真實的行為扭曲經驗，你的經驗就會改善。接著你會開始發現，自己還有一些新的、比較細微的錯誤，也停止那些行為吧。經過幾個月甚至幾年的勤奮努力，你的生活將變得較單純、較不複雜，你的判斷力會改善，你會解開過去的糾結，變得更堅強、更少怨恨。你將更有自信地走向未來，不再讓生活陷入不必要的困難中。那時，你的人生將只有少數無法避免的悲劇，但已不再混雜著怨恨與欺騙。

或許你會發現，現在你的靈魂比較不墮落，比原本堅強許多，已經有辦法忍受那些無可避免、最輕微、剩餘的必要悲劇。或許你甚至學會面對悲劇，讓悲劇停留、僅止於悲劇，而不會徹底惡化成地獄般的邪惡。或許你的焦慮、絕望、怨恨和怒火原本令你難受得要命，而現在已逐漸平息。或許你那尚未腐敗的靈魂會視自身存在為真正的良善，應得慶賀與讚揚，即使你正面對自己的脆弱。或許你會變成一股愈來愈強大的力量，致力於和平安詳與一切良善。

那時，或許你就會了解，只要每個人都在自己生活中這樣做，世界便不再淪落為邪惡之地。在那之後，因著持續努力，世界甚至可能不再是悲慘之地。誰知道假如每個人都決心為至善奮鬥，存在將會是什麼模樣？誰知道當人類的靈魂被真理淨化、不斷對準更高的目標，將可在這墮落的地球上建立什麼樣的永恆天堂？

批評世界之前，先整理好自己的房間。

RULE ·7·

做有意義的事，不要便宜行事

❖ 即時行樂

人生而受苦，這點很明確。沒有比這更根本、更無可辯駁的事實了。上帝將亞當夏娃逐出樂園之前，對兩人說的基本上正是這番話。

又對女人說：我必多多加增你懷胎的苦楚；你生產兒女必多受苦楚。你必戀慕你丈夫；你丈夫必管轄你。

又對亞當說：你既聽從妻子的話，吃了我所吩咐你不可吃的那樹上的果子，地必為你的緣故受咒詛；你必終身勞苦才能從地裡得吃的。

地必給你長出荊棘和蒺藜來；你也要吃田間的菜蔬。

你必汗流滿面才得糊口，直到你歸了土，因為你是從土而出的。你本是塵土，仍要歸於塵土。

（《創世記》第三章第十六至十九節，聖經欽定本）[i]

既然如此，人生在世，又該如何行事？

最簡單明瞭又直接的答案是什麼？追求享樂，跟隨自己的衝動，活在當下，便宜行事。不管要撒謊、欺騙、偷盜、隱瞞或操弄，什麼都好，小心別被捉到就是。在一個終將毫無意義的世界裡，不管做什麼，結果有差嗎？以上觀點並不新奇，人生就是場悲劇，而其中正包含受苦——長久以來，人們都是如此合理化自己的自私以及追求立即的滿足。

> 我們的生命又短促，又多愁；人的死期一到，又沒有辦法補救，也從不見有人從陰府回來。我們原是偶然而生，過後我們又好像未曾生存過；我們鼻中的氣息只是一陣煙霧，思想亦不過是心動迸出的火花；
> 火花一旦熄滅，身軀即變成灰土，魂魄即像輕風消散。
> 我們的名字，隨時被人遺忘，無人追念我們的工作；我們的生命消逝，有如一絲浮雲，又如為日光所驅散，被熱力所蒸化的煙霧。
> 實在，我們的時日，有如疾馳的陰影；我們一死去，再不得返回，因為一經蓋印，無人再能返回。
> 所以，來！讓我們享受現有的美福，趁年青及時消受這世界。我們要痛飲美酒，濃施香液，莫讓春花空空溜過。
> 在玫瑰花尚未萎謝以前，用來作我們的花冠；
> 凡是樂事，我們不要放過，到處要留下我們歡樂的痕跡，因為這是我們的名份，我們的運命。
> 我們要壓迫窮苦的義人，不必顧惜寡婦，連白髮年高的老人，也不必敬重。
> 我們的勢力，就是正義的法律，因為軟弱只呈現自己無用。[ii]（《智慧篇》第二章第一至二節，修訂標準譯本）

便宜行事帶來的歡樂雖然短暫，但仍是歡樂，而且累積起來足以對抗生存的恐懼與痛苦。正如俗話說「人不為己，天誅地滅」，所以當機會來臨，何不乾脆能拿就拿？何不決心就這樣過活？

或者，我們還有其他更強大、更具說服力的選擇？

針對這類問題，我們的祖先已經給出相當圓融的答案，只是我們還未能充分理解。原因是那些答案多半很隱晦，主要都呈現在儀式和神話之中，迄今尚未被充分闡述。我們能以行動實踐、以故事再現，但還缺乏足夠的智慧加以清楚而有系統地描述。我們還只是成群結隊的黑猩猩或豺狼。我們知道該如何待人接物，知道孰輕孰重以及背後的理由。我們是透過親身經驗學來這一切。藉由與他人互動，我們的知識逐漸成形，也建立起可預測的常規與行為模式。但我們不是真的了解這些，也不清楚這些從何衍生。這些常規與模式循著漫長的時序演變，並非由誰刻意規畫制定而成（至少在過去最幽暗的時光裡不是如此），即便我們不斷告誡彼此該怎麼做。然而，不久前的某一天，我們清醒了，這才開始注意到我們都在做些什麼。我們開始以身體表現行動。我們開始模仿，以及編撰戲劇。我們開始創造儀式，並將個人經驗表演出來。而後我們開始述說故事，把對自身劇本的觀察編寫入這些故事中。透過這種方式，原本只是內嵌在行為中的訊息，開始在我們的故事裡展現。但即便如此，我們不曾也依舊未能理解這一切背後的意義。

聖經中關於樂園與墮落的記述就是這樣的故事。這是經過幾世紀的累積，由人類的集體想像編撰而作。這樣的故事提供了關於存有本質的深刻描繪，指明何種概念化模式與行動選擇才能貼近這

i 「聖經欽定本」由英王詹姆斯一世下令翻譯，至今一直是英語世界極受推崇的聖經譯本，華語基督教教會最普遍使用的「聖經和合本」亦參考其內容翻譯而成。惟目前尚無統一的中文譯本，故本書「聖經欽定本」的中文翻譯均引用自「聖經和合本」。譯注

ii 引用自「思高聖經譯釋本」。編注

樣的本質。在伊甸園裡，在自我意識萌生之前，人類據說是無罪的。我們最原初的父母，亞當和夏娃，原是與上帝同行，但後來受到蛇的誘惑，這世上第一對夫妻吃下善惡知識樹上的果子，從此發現死亡與脆弱，並背離了上帝。於是人類被逐出樂園，展開終將一死的艱苦生命。不久之後，從該隱與亞伯的故事開始，人類首次出現犧牲的概念，並在亞伯拉罕的冒險與《出埃及記》中發展此一概念：艱苦求生的人經歷反覆思索，學會透過適當的獻祭獲得上帝的恩寵，並且避免觸怒上帝。與此同時，那些不情願或未能如願獻祭的人則可能心生殘忍的殺人動機。

❖ 延宕滿足

透過獻祭，我們的祖先開始將看法與見解化為行動，轉換成文字就是：**捨棄當前珍視的東西，以獲得未來更好的事物**。請回想一下，人必須工作是上帝因亞當的原罪而對亞當及其後代子孫的咒詛。亞當醒悟到自身存有的根本局限，也就是他的脆弱和不可避免的死亡，這等於發現了未來。未來，那是人死去的所在（但願不會來得太早），但是透過工作、透過現在的犧牲使未來獲益，便可望擊退死亡。因為這個理由（當然還有其他理由），在聖經的篇章中，犧牲的概念緊接在墮落的戲碼之後出現。犧牲與工作相差不遠，且都是人類所獨有。動物的行為有時看似在工作，但實際上不過是依循天性的展現。海狸蓋水壩，是因為牠們就是海狸，而海狸就該蓋水壩。牠們不會邊蓋水壩還邊想著「是啊，但我寧願跟女友一起躺在墨西哥的海灘上」。

用白話來說，這種犧牲或工作就是延宕滿足，不過這個詞彙太過平庸，其實不足以描述這麼深具意義的事。意識到滿足能被延宕，同時也就意識到時間，以及伴隨的因果關係（至少是意識到人類自主行動的因果力量）。許久以前，在最模糊幽暗的時代，**我們開始了解，我們似乎能跟現實這個體系討價還價**。我們明白當前的合宜舉止（管控自己的衝動、考量別人的困境），能在未來那尚未存在的時空中帶來酬賞。於是我們開始壓抑、控制與組織我們當下的衝動，避免妨礙別人或造成自己日後的麻煩。這麼做有如組織一個社會：我們發現今日的努力與明天的生活品質之間有因果關係，便促成了社會契約，也就是讓今日的工作成果得以確實儲存的組織方式（多半得仰賴他人的承諾）。我們往往是先透過行動表現出「理解」，然後才能以言語清楚說明「理解」的內涵，就像兒童先以行動表現出「媽媽」或「爸爸」是指什麼，之後才能以言語說明這些角色的意義。[116]向上帝獻祭的儀式行為，便是人類早期的精心構思，用來演示延宕效益這個概念。人類從只管貪心地狼吞虎嚥，到學會以火燻製、保留一些肉到當天的尾聲再吃，或者留給不在場的人，這中間經歷了漫長的概念之旅。人類花了很長的時間才學會為以後的自己保留任何東西或與他人分享（這兩種情形非常類似，前者就是與未來的自己分享），畢竟我們很容易，也極有可能立刻自私地吞下眼前的一切。而延宕概念的形成，其間每道逐漸精細複雜的進展，也經歷類似的漫長旅程，從短期的共享、儲存東西供未來使用，到以記錄代表儲存之物，再進展到以貨幣為表徵，最終則將金錢儲存在銀行或其他社會機構中。在我們對犧牲及工作的實踐與想法中，還必須有某些概念作為中介物，或畫出完整的範疇，但這些概念的表述卻可能從未浮現成形。

我們的祖先演繹了一齣戲劇、一部小說，將主宰命運的力量擬人化為一種可以與之討價還價、可以與之交易的靈魂，彷彿那是另一個人類。神奇的是，**這樣做有用**。這有部分是因為未來主要由其他人組成，通常恰好就是那些最鉅細靡遺地觀察、評估、衡量我們過去行為的人。這些人與上帝相差不遠，高高在上追蹤著我們的一舉一動，並記錄下來作為日後編撰巨著的參考。其中有個富創造性的象徵概念：**未來是具批判性的父親**。這是好的開始，但隨著人類意識到犧牲與工作的概念，另外兩個典型的基本問題也跟著浮現。這兩個問題都關乎工作邏輯的終極延伸：**以現在的犧牲換取未來的收穫**。

第一個問題是，該犧牲什麼？少量的犧牲雖然可以解決單一的小問題，但大規模的全面犧牲卻有可能一次解決整批複雜的巨大問題。後者比較困難，但結果或許比較理想。舉例來說，醫學院的大學生為了適應學校的必要學科訓練，可能不得不放棄他原本夜夜笙歌的放蕩生活方式。這雖然是犧牲，但成為醫師才能把食物放在家人身上（借用小布希的說法）[iii]，因此是一勞永逸的做法。所以為了改善未來的生活，犧牲是必要的，而且犧牲越大越好。

第二個問題實際上跟第一個問題有關。我們已經確立基本原則是**犧牲能改善未來**，但原則建立之後還必須充實具體內涵，也需要好好了解這個原則完整涵蓋的範圍與重要性。我們需要知道「犧牲能改善未來」這個概念推到最極端會是什麼情形，最終的後果又是什麼？基本原則的極限在哪裡？首先，我們必須問：「所有可能的犧牲之中，最大、最有效，也就是最令人滿意的犧牲是什麼？」然後接著問：「如果能做到最有效的犧牲，最好的未來會是怎樣？」

如同前述，亞當與夏娃生下該隱及亞伯，這對兄弟的聖經故事緊接在亞當與夏娃被逐出樂園之後出現。該隱與亞伯是第一對人類兄弟，兩人的父母是由上帝直接創造，而不是像一般人類那樣出生。兩人活在**人類歷史**中，而非伊甸園之中。該隱與亞伯必須工作，必須獻祭以取悅上帝，兩人也確實用祭壇或適當的儀式來獻祭。但後來事情卻變得複雜，亞伯的祭品令上帝滿意，該隱則不然。亞伯多次獲得了獎賞，該隱卻沒有。雖然文獻上強烈暗示該隱的心不誠，但明確的原因仍不得而知，可能是該隱獻祭的東西品質低劣，也可能是他打從心底不情願，又或許是上帝因為一些自己的理由而惱怒。這些原因，包括文獻裡的模糊說法，都很實際。並不是所有犧牲都具有相同品質。甚至，某些看來相當高品質的犧牲，常常未能換得更好的未來，而原因也無從探究。上帝為何不悅？有什麼地方做錯了才令祂如此？這些都是困難的問題，每個人即使沒有意識到自己在問，也都不斷問著這些問題。

提出這類問題就等於開始思考。

體悟到停止追求愉悅能夠帶來的效用，使我們面臨巨大的難題。這完全背離我們古老而根本的動物天性，也就是尋求立即的滿足（尤其在資源被剝奪的狀態下，這很常見且不可避免）。更複雜的是，只有當社會文明已穩定發展，足以確保未來一定會有酬賞的情況下，這樣的延宕才有效用。如果你儲存下來的每樣東西都可能遭破壞或甚至被偷走，那麼儲存也就毫無意義了。正因如此，野狼才會在一餐之內吞下九公斤的生肉。牠不會想著「老天！我痛恨暴食，我應該留一些肉到下禮拜再吃」。延宕滿足及社會穩定邁向未來這兩件不可能達成卻又必須同步達成的事，到底是如何發展出來？

從動物到人類是一個發展的進程——若考慮到細節，這樣的描述當然是錯的，但就我們想討論的主題來說也夠正確了。首先，長毛象或其他大型草食動物的巨大屍體提供了過量的食物（人類吃下許多長毛象，說不定是全部的長毛象）。人類獵殺大型動物之後，留下了部分屍體晚點再吃。雖然一開始是出於偶然，但最終人類開始注意到「晚點再吃」的好處，同時也發展出某些暫時的犧牲：「儘管我現在就想把食物吃掉，但如果能留一些下來，我之後就不必挨餓。」這種想法進化到下一個層次：「如果我留一些食物下來，我之後就不必挨餓，我關心的人也不必挨餓。」然後再到下一層次：「我不可能吃掉所有的長毛象，也沒辦法保存太久。也許我應該分一些給其他人，等到那些人有食物而我沒有的時候，他們可能會記得分我一些。這麼一來，我現在有長毛象，而且以後也會有。這真是好主意，那些從我手中拿到食物的人也可能會更加信任我。到時候，我們搞不好可以永遠交換下去。」於是「長毛象」變成了「未來的長毛象」，而「未來的長毛象」變成了「個人的信譽」，

iii 此處原文刻意寫成「put food on his family」，作者是在調侃小布希曾不慎失言，將「put food on the table for your family」（養家活口）說成「put food on your family」（把食物放在家人身上）。編注

這就是社會契約的誕生。

與人分享並不意味著贈送自己珍視的東西卻沒得到任何回報，這只是每個拒絕分享的兒童所害怕的定義，但不是真的。正確來說，分享就是啟動交易過程。兒童如果無法分享、無法交易，就無法交到任何朋友，因為交朋友也是一種交易。富蘭克林會建議剛搬到新社區的人要尋求鄰居協助，他引用一句古老諺語：「那些幫助過你的人，會比曾經受惠於你的人更樂於再次幫助你。」[117]富蘭克林認為，對他人提出請求（當然不能是過分的要求）是最立即有效的社會互動邀請。社區新人提出的請求，讓鄰居有機會在初次見面時表現出自己是好人，同時，因為剛搬來的新人已經欠鄰居一次，這位鄰居也能索取回報，提出其他請求，如此能增進雙方的熟悉與信任，藉此也克服了面對陌生人時出自天性的猶豫以及恐懼。

擁有一些東西比一無所有好，若是能把自己擁有的這些與他人慷慨分享更好，如果因為慷慨分享而廣為人知，那就更棒了。這麼一來，我們擁有的那些東西便有了延續性、能穩定可靠地存在。從這個抽象的角度來看，我們也能觀察到穩定可靠、誠實及慷慨這些概念的基礎如何奠定。明確闡述的道德已立好根基，凡富有生產力且真誠的分享者，便是良好公民的典範，也是好人的典範。於是，從「保留吃剩的東西是好主意」這個簡單想法，我們了解到最高的道德原則可能如何發展出來。

然後，在人類的發展中，似乎出現了接下來的事情。首先，在手寫的歷史或戲劇出現之前，在最初漫漫的幾萬年或幾十萬年期間，人類就已開始緩慢而費力地實踐延宕與交易這兩個成對的概念。接著，人類又在獻祭的儀式或傳說中呈現這兩個概念，以抽象隱喻的形式敘說著：「天上彷彿有某個強大的形象，祂能看盡一切，一直在評斷你。放棄自己珍視的東西似乎能取悅祂——而你想取悅祂，因為如果不這樣做，一切都會崩潰、陷入混亂。所以你得經常犧牲以及分享，直到精通此道，一切就會順心如意。」[iv]沒有人提過這些事，至少不是如此清楚直接地說出來。但這些都隱含在日常實踐中，而後隱晦地寫進故事裡。

行動先出現（勢必如此，因為我們曾是只有行動而不會思考的動物），**內隱且未被意識到的價值也先出現**（因為先於思考的行動是價值的體現，但並未明確表達出那些價值）。幾千幾萬年來，人們看著成功的人成功，失敗的人失敗。我們仔細思考，從中得到一個結論：**我們之中能成功的，是能延宕滿足的人，是能與未來談判的人**。於是一個重要的想法開始以前所未有的清楚形式，在前所未有的明確故事中浮現：成功者與失敗者的差別是什麼？答案是，**成功者有所犧牲**。當成功者做出犧牲，一切事物也隨之好轉。問題越來越明確，也越來越廣泛：最大的可能犧牲是什麼？是為了最大的可能利益嗎？問題的答案也越來越深奧。

如同許多神祇，西方傳統中的上帝也要求人們犧牲。我們已經探討過背後原因，但有時祂的要求不僅如此。祂不僅要人們獻祭，還要人們獻上自己的最愛。對此，亞伯拉罕與以撒的故事有最鮮明（顯然也最令人不解）的描繪。蒙受上帝寵愛的亞伯拉罕一直想要個兒子，經過多年的等待，在他年事已高且妻子長期不孕等明顯困難的條件下，上帝兌現了對他的允諾。但過了不久，奇蹟般出生的以撒還是個孩子的時候，上帝突然改變態度，既無理又看似粗暴地要求祂忠誠的僕人將兒子獻祭給祂。這個故事最後是快樂的結局：上帝派了一位天使去制止亞伯拉罕，並接受以公羊代替以撒作為祭品。這結局雖好，但沒有真正回應我們即將會有的問題：上帝為何要如此咄咄逼人？為何祂、為何人生對我們有那麼多要求？

讓我們從一個不言而喻、不證自明、簡練的真理來著手解析這個問題：**有時候事情就是無法順利進行**。這似乎與世界的可怕本質，與世上的瘟疫、饑荒、暴虐及背叛，有著密切關係。但問題在

iv 請注意，這都是真的，不論「天上」是否**真**的有那個強大的人物（笑）。作者注

於，有時候事情未能順利進展，並不是這個世界造成的，而是當下個人主觀中最重視的東西所致。為什麼？因為某種程度上，世界是透過你價值的模板而顯露出來（詳見規則十）。如果你眼中的世界不如你所期待，那麼，這正是你檢視自身價值觀的時候，正是擺脫當前預設立場的時候，正是該放手的時候。甚至，這可能是必須犧牲最愛的時候，如此才能成為可望成為的人，而不是停留在現在的樣子。

有一則古老但可能是虛構的捕猴故事，可以充分說明這些概念。抓猴子的第一步，是先找一個大型窄頸瓶，瓶口直徑要剛好只夠猴子把手伸進去。然後，把石頭塞入瓶內，使瓶子重到猴子拿不動。接著在瓶子周圍撒些猴子喜歡的食物，吸引猴子過來，並在瓶子裡放更多食物。猴子會靠過來，把手伸進狹窄的瓶口，能拿就拿。但這時假如牠不鬆開手、不肯放棄已經抓在手裡的東西，就沒辦法將抓滿食物的拳頭抽出狹窄的瓶口。而牠確實不願鬆手，於是捕猴的人只要走近瓶子，就能輕而易舉抓起牠。這說明動物不懂得犧牲部分以保全大局。

捨棄有價值的東西，能確保未來的成功富足；犧牲珍貴的東西，便是取悅上帝。那麼，什麼是最珍貴的東西、最極致的犧牲？或至少，什麼東西能有**這樣的象徵意義**？什麼東西能超越一塊特選牛肉、最好的那隻牲畜、最昂貴的財物？就是那些極度私人、難以放棄的東西。上帝與亞伯拉罕立約，要求他將割禮作為獻祭儀式的一部分，也許就有這層象徵意義——象徵性地獻出部分以保全整體。還有什麼能超越這個？還有什麼比人的一部分更接近整個人？還有什麼能構成最極致的犧牲，以獲得最大的獎賞？

這是孩子與自己的祕密對決。米開朗基羅偉大的雕塑作品《聖殤》深刻表現出母親的犧牲，她將自己的孩子獻給世界。米開朗基羅刻畫的聖母馬利亞凝視著曾被釘在十字架上如今奄奄一息的兒子。**這是她的錯**，因為基督是透過她才會來到這個世界，進入存有這齣大戲。每個女人都會自問：

讓孩子來到這個可怕的世界，是對的嗎？有些人基於某些理由，認為這是錯的。馬利亞認為是正確的，她心甘情願，完全明白將會遭遇什麼——就像所有母親一樣，只要她們願意面對。自願承擔這些是一種至高無上的勇氣。

因此，馬利亞的兒子基督將自己獻給上帝及這個世界，獻給背叛、折磨以及死亡——被釘上絕望的十字架，痛苦地呼喊著：**我的上帝，我的上帝，你為什麼離棄我？**（《馬太福音》第廿七章第四十六節）。這是個原型故事，說明一個人為了換得更好的事物而給出自己的所有，即為了提升存有而奉獻生命。說明一個人讓上帝的旨意在單一、有限的生命裡完整展現，這正是高尚正直的典範人物。不過在基督的例子裡，當他犧牲自己，他的父親上帝也同時犧牲了祂的兒子，正是由於這個原因，基督信仰中關於犧牲兒子與自我的戲碼成為了原型。這個故事已是極限，沒有比這更極致、更絕的想像。這就是「原型」的定義，是構成「宗教」的核心。

悲痛與苦難定義了這個世界，這點毋庸置疑。犧牲或多或少能暫時緩解悲痛與苦難，而且犧牲越大，效果越好，關於這點也毋庸置疑。每個人的靈魂深處都謹記著這件事，因此當人們希望緩解痛苦——希望修復存有的瑕疵，希望帶來最美好的未來，希望創造人間天堂，便會做出最大的犧牲（不管是犧牲自我、子女，或者任何鍾愛的事物），過著向善的生活。這樣的人會放棄便宜行事，追求探尋終極意義的途徑，並透過這樣的行動，為一度絕望的世界帶來救贖。

但這種事有可能發生嗎？這難道不是對個人的過度要求嗎？或許有人不認為這對基督來說是好的、有益的，但他可是名副其實的上帝之子。然而，也有其他不那麼具神話色彩、不那麼原型的例子。想想古希臘哲學家蘇格拉底，他畢生探尋真理、教育同胞，最後卻遭指控褻瀆家鄉雅典城邦，因而面臨審判。控訴蘇格拉底的人給他許多逃離或避禍的選擇，[118]但這位偉大的哲人經過深思，拒絕這麼做。他的同伴赫摩幾內斯（Hermogenes）發現他在這種時候「無所不談」，[119]卻獨漏自己的審判，於是問他為何如此漠不關心。蘇格拉底一開始的回答是，他已為自我辯護做了一生的準備。[120]但後來的說法更加玄奧又意味深長，他表示當他特意考慮「透過公平的方式或不正當的手段」[121]來讓自己獲得無罪釋放，或甚至只是考慮面對審判時可能採取的行動[122]，他都感覺被一個神聖徵兆──他內在的靈、聲音或者惡魔給打斷思考。蘇格拉底在接受審判時談到這股聲音。[123]他說自己與別人不同之處，[124]就包括他絕對願意聆聽那聲音的警告。當那聲音表示反對，他就結束談話也停止行動。根據最準確、靈驗的德爾菲神諭（Delphic Oracle），眾神正是因為這個原因，認定蘇格拉底的智慧超越其他人。[125]

因為內在那個始終可靠的聲音拒絕逃跑，甚至拒絕為自己辯護，蘇格拉底對於這場審判的意義有了截然不同的想法，開始認為那或許是祝福而非詛咒。他告訴赫摩幾內斯，他領悟到自己一直以來所聆聽的內在聲音，可能正為他指引一條人生的出路，這聲音以「最簡單也最不會造成朋友困擾」的方式，[126]使他保有「健全的身體以及慈悲的心靈」，[127]且無需「受疾病之痛」及極度老化之苦。[128]蘇格拉底接受自己的命運，這個決定讓他在死亡面前，在審判之前與審判期間，[129]在判決宣布之後，甚至是後來的行刑之時，都得以忘卻臨死的恐懼。[130]他眼見自己的人生如此豐富圓滿，使他能夠優雅放下。他有機會好好整頓、安排自身的事務。他發現自己可望避開年老後可怕的緩慢退化。他領悟了發生在他身上的一切都是神的禮物，因此不需要為自己向控訴者辯護──至少不是為了宣稱自己的清白，以及逃避自己的命運。反之，他扭轉態勢，對著法官和陪審團發表演說，那演說正可使各位讀者理解鎮議會為何決定判他死刑。然後，他泰然自若地服下毒藥。

蘇格拉底拒絕便宜行事，以及為此而必須施展的各種操弄和手段。在最危急的時候，他反而選擇繼續追求意義與真理。二千五百年之後，我們仍記得他的選擇，並從中獲得安慰。我們能從中學到什麼？如果你停止說謊並依從良知的指引，即便是面對最嚴重的威脅，你也能維持自己的品格。

如果你誠實而勇敢地堅持最高的理念，那麼比起目光短淺地專注於自身安危，你將得到更大的安全感與力量。如果你的生活正當合宜且充實，你所發現的深刻意義甚至能讓你免於死亡的恐懼。

這一切有可能為真嗎？

❖ 死亡、勞役與邪惡

擁有自我意識的存有，其悲劇造就了苦難，而且是不可避免的苦難。這樣的苦難進而促使人們尋求自私、立即的滿足，也就是便宜行事。然而，犧牲（以及工作）遠比短期的衝動享樂更能有效避開痛苦。人們將悲劇視為社會及自然界的專橫嚴苛，對照出個人的脆弱，但這樣的悲劇並不是唯一，甚至可能不是最主要的痛苦來源，我們還需要考慮邪惡的問題。這世界當然會給我們艱難的考驗，但人與人之間的殘酷無情才是更糟的事。因此，關於犧牲的問題就變得更加複雜：人們並非只需透過工作（也就是心甘情願的努力和放棄）解決生命的匱乏及有限，也需要解決邪惡的問題。

再次想想亞當夏娃的故事。我們的原型父母墮落、醒悟之後，兩人的後代子女（也就是我們）就必須面對變得非常困難的生活。首先，在後樂園世界，也就是歷史世界裡，悲慘命運正等著我們，其中最重要的就是歌德所謂的「終生勞苦不休」。[131]正如我們所見，人類不離工作。因為意識到自身的脆弱，意識到我們受制於疾病與死亡，並希望盡可能長遠地保護自己，所以我們工作。一旦我們能看見未來，就必須為未來做好準備，否則只能活在否認與恐懼之中。因此我們犧牲今日的享樂，以換取更好的明天。但在亞當夏娃偷嘗禁果而清醒並開眼之際，得到的領悟並非只有人終將一死及必須工作，這兩人開始具有善惡的知識，或遭受這種知識的詛咒。

我花了幾十年才了解其中的意涵（甚至只了解一部分）。這個故事的意思是：一旦你在意識上覺察到自身的脆弱，你會理解人類普遍的脆弱本質。你會理解害怕、生氣、憤恨和悲痛是什麼感覺。你會理解痛苦意味著什麼。而一旦你真的了解你身上的這些感受，了解這些感受是如何產生，**你就了解如何讓別人也經歷這些**。如此一來，我們這些擁有自我意識的人就能精心謀畫折磨他人的方法。當然，我們也折磨自己，但在這裡，我們談的是他人。在我們看到該隱與亞伯（亞當夏娃之子）的故事時，就明白這個新知識會帶來什麼後果。

該隱與亞伯出現之前，人類已經學會獻祭上帝，在專供獻祭之用的石壇上舉行公共儀式：獻上某個珍貴的祭物，即上等的牲畜或身體部位，並用火焚燒祭物，使之轉化為煙霧（靈魂），飄上天堂。由此演示出延宕的概念，未來因此可望變得更好。亞伯的獻祭蒙上帝悅納，他因而得以繁盛興旺。該隱的獻祭卻被拒絕，他變得嫉妒又痛苦——這也難怪。如果一個人因為不願做出任何犧牲而遭遇失敗或被拒絕，那至少是可以理解的。這個人可能憤恨、亟欲報復，但心裡清楚是自己的過錯，這樣的體認大致上還能壓抑住怒火。但比較糟糕的是，如果此人實際上已放棄了當下的享樂，如果努力奮鬥，但事情仍未如預期。如果不管付出多少心力，還是被拒絕，那麼便是同時失去了現在以及未來，不論工作或犧牲都毫無意義。這種情況下，世界會變得黑暗，靈魂起而反抗。

該隱因為被拒絕而感到憤怒，他質問並責備上帝、咒罵祂所創造的世界，後來證明這是非常糟糕的舉動。上帝毫不猶疑表示錯在該隱，更糟的是，祂說該隱有意與罪糾纏不清，[132]是自食惡果。該隱不想聽到這些，上帝並不是在致歉，而是污辱，這造成更多傷害。上帝的回應讓該隱極度悲憤，於是他密謀報復，冒險反抗造物主，真的非常大膽。該隱知道如何傷害他人，畢竟他擁有自我意識，而且在他自身經歷過苦難與羞辱之後，這方面的技能已更加純熟。於是他冷血殺害了亞伯，殺害了他的兄弟，他的理想（因為亞伯擁有該隱嚮往的一切）。該隱犯下最可怕的罪行，存心傷害自己、傷害所有人，以及上帝。他以此來破壞與報復，也表達他對存在的根本反抗立場——抗議存有本身令人難以忍受的無常。該隱的孩子（繼承該隱身體與決心的後代子孫）情況更為嚴重。該隱在關乎生存的盛怒中殺過一次人，而他的後裔拉麥往上加碼。拉麥說：「壯年人傷我，我把他殺了。少年人損我，我把他害了。若殺該隱，遭報七倍，殺拉麥，必遭報七十七倍。」（《創世記》第四章第二十三至二十四節）。土八該隱，這位「打造各樣銅鐵利器」的鼻祖（《創世記》第四章第二十二節）據傳是該隱的第七代子孫，也是戰爭兵器的首位發明者。《創世記》的故事在這之後就提到了洪水，這樣的並列絕對不是巧合。

邪惡隨著自我意識進入這個世界。上帝咒詛亞當終身勞苦已經夠糟了，夏娃擔負的生產困境以及連帶必須依賴丈夫等事，也不怎麼簡單輕鬆。這些都說明了匱乏及貧困、必然的殘暴，以及受制於疾病與死亡這些隱晦又始終令人痛苦的災難定義了生存，也折磨著我們。有時單是這些活生生的現實，就足以使勇敢的人轉而反抗人生。然而根據我的經驗，人類堅韌得足以容忍存有中隱含的災難，不至於搖搖欲墜，不至於支離破碎甚或崩壞。我在自己的個人生活、教授工作，以及臨床實務中，不斷看到這類例證。我們強壯得足以承擔地震、洪災、貧窮和癌症。然而人類的邪惡，卻為世界增添前所未有的苦難。也因為如此，自我意識的升起與隨之而來對於人終將一死的領悟，以及對善惡的認識，都出現在《創世記》最初幾篇章以及相關的諸多傳統中，被視為宇宙等級的超級大災難。

人類蓄意的惡意，能夠摧毀連災難都無法撼動的心靈。我曾與一位個案一同發現，她光是看到男友喝醉後凶惡的臉，就陷入嚴重的創傷後壓力症，多年來每天在驚恐中發抖，也長期失眠。他「變了臉色」（《創世記》第四章第五節），顯示他很清楚自己有意傷害她。她過分天真，使自己容易受創。但這不是重點，重點是我們故意對他人做的惡行，都可能造成深刻且永久的傷害，即便對方是堅強的人。那麼，究竟是什麼讓人做出如此邪惡的事？

單是生活的艱難，並不足以令這樣的惡行冒出。即使失敗本身，或伴隨失敗而來的那些可理解的失望與痛苦，也不足以做到。但是，如果因為付出的犧牲持續被拒絕而放大了生活的艱難呢（無論對於犧牲的概念有多薄弱，執行時是否缺乏誠心誠意）？這會使人扭曲成真正殘酷的人，開始刻意作惡，只帶給自己和別人痛苦與折磨（而這麼做也只為了造成痛苦與折磨）。真正的惡性循環就此形成：埋怨犧牲，但不甘願地執行了，卻被上帝或現實拒絕（隨你選擇），因被拒而憤怒不滿，又受屈辱而降格為心懷怨恨以及意圖報復，導致對犧牲有更多埋怨，或完全抗拒。最後，這種向下惡性循環的終點就是地獄本身。

正如英國哲學家霍布斯（Thomas Hobbes）令人印象深刻的評論所言，人生實際上是「污穢、野蠻而短暫的」，但人類為惡的能力卻讓情況雪上加霜。這意味著人生的核心問題（處理那些殘暴的事實）不只是該犧牲什麼以及如何犧牲才能減少苦難，而是如何讓這樣的犧牲同時也削減**邪惡——有意識地刻意以報復為目的所導致最慘重的苦難**。該隱與亞伯的故事呈現出敵對的兄弟、英雄與對手這類神話傳說的原型，即人類心靈的兩個基本要素，其中一個仰望追求著善，另一個低頭俯瞰地獄。亞伯確實是英雄，但這位英雄最終卻被該隱擊敗。亞伯能取悅上帝，這是重要且不易達成的成就，但他仍無法打敗人性的邪惡。因此，亞伯是不完整的原型。亞伯或許太過天真，儘管心存報復的兄弟可能是難以想像的奸詐狡猾，就像《創世記》第三章第一節裡的蛇一樣。但任何藉口，甚至任何理由，乃至於合情合理的理由，都不重要，歸根究柢都不重要。即使亞伯的獻祭受到上帝悅納，邪惡的問題依舊未解。人類又花了數千年的時間，才想出其他可能的解套方式。同樣的問題一再發生，最終的故事是基督面對撒但的試探，但這次表達得更為完整——英雄也獲勝了。

❖ 對抗邪惡

依據聖經故事，耶穌被釘在十字架前曾被引入曠野「受魔鬼試探」（《馬太福音》第四章第一節）。這其實是該隱的故事在抽象意義上的重述。如我們所見，該隱既不滿足也不快樂，他努力工作，或說他自認如此，但是並未因此蒙上帝悅納。同時，從各方面來看，亞伯的日子都過得一帆風順。他的農作豐收，也受到女人喜愛。更過分的是，他還是純正的好人，這每個人都知道。他的好運是應得的。他集所有讓人嫉妒與憎恨的條件於一身。相較之下，該隱的遭遇就沒那麼順利了。他像禿鷹孵蛋般憂悶沈思著他的不幸，在自身的悲慘境遇中掙扎努力，萌生魔鬼般糟糕的念頭，也因此進入他內心的荒蕪曠野。該隱對自己的不幸和上帝的背叛難以釋懷，他餵養自己的憤恨，沈迷在越發詳細具體的復仇幻想裡，傲慢也隨之增長，程度堪比路西法。該隱心想：「我受到凌辱和壓迫。這是愚蠢又該死的世界，都給我下地獄吧。」他抱著這些想法，在曠野裡遇到撒但。不管出於何種意圖與目的，他都沒有通過撒但的試探，而被撒但俘虜。該隱無所不用其極地讓事情盡可能變糟，他的動機如下（引用自米爾頓不朽的文字）：

> 如此深沈的惡意，
> 混淆了人類族群的血脈，
> 也使人間與地獄混雜交纏——
> 一切作為都只為了激怒偉大的造物主……[133]

在良善之處被拒絕的該隱轉往邪惡的一方尋求。他的作為是出於自願，並帶著自覺以及後來萌生的惡意。

基督則選擇不同的道路。他在荒漠中的停留是靈魂的黑夜，是人類深刻的普同經驗，是當一切崩潰瓦解、親友遠離，絕望籠罩、黑暗的虛無主義召喚時，我們每個人都要去的地方，都要踏上的旅程。為證明這個故事的精確，可以試著想像在荒野中獨自一人度過四十個飢餓的日與夜，你便會抵達那個地方。客觀世界與主觀世界正是透過這種方式同步崩解。四十天深具象徵意義，呼應了以色列人逃離埃及與法老的暴政後，在沙漠中遊蕩的四十年。在以黑暗為基調、混亂且可怕的幽冥世界裡，四十天是很長的時間，長到足以旅行至正中心，也就是地獄本身。任何願意嚴肅看待自我與人類邪惡的人，都能踏上這段旅程，探訪那裡的風景。若稍微熟悉一些歷史，可能會有幫助。各位可以在二十世紀的恐怖極權稍做停留，看看當時的集中營、強迫勞動以及殘暴病態的意識形態，這會是好的出發點——去看看，同時也思考一個事實，集中營那些最糟糕的守衛也都有人性，實在太過人性。這讓荒漠故事再次成真，並更新為現代心靈的版本。

阿多諾（Theodor Adorno）這位研究權威主義的學者曾說：「在奧斯威辛之後，世界不該再有詩。」他錯了。但詩歌應該用來描繪奧斯威辛。上個千禧年的最後百年間，在嚴峻的歷史餘波中，人類恐怖的毀滅性已構成問題，且顯然比未獲救贖的苦難還要嚴重。這些問題盤根錯節，無法單獨找到解方。也因此，基督將世人的罪過攬到自己肩上的想法打開了一扇大門，使他深刻理解在荒漠中與惡魔的遭逢。古羅馬的劇作家泰倫斯（Terence）曾說 *Homo sum, humani nihil a me alienum puto*，意思是：人所具有的我都具有。

向來令人膽戰心驚的偉大心理分析學家榮格補充道：「沒有一棵樹的枝椏能觸及天堂，除非它扎根至地獄。」[134]任何有此際遇的人，無不停下來思索這段話。這位偉大精神醫學家深刻思考後認為，若沒有相當的向下探索，就不可能向上發展。所以頓悟是如此罕見。然而有誰願意這麼做？你真想認識那個在最邪惡的思想底層主導一切的人嗎？科倫拜高中屠殺案的凶手克萊伯德（Dylan Klebold）在殘殺同學的前一天寫下的難解文句，究竟在表達什麼？「**我待在人類的形體內，卻知道自己即將死亡，這真是有趣。一切相形之下都顯得無關緊要。**」[135]誰敢解釋這樣的文件？或更糟糕地出面澄清？

基督在曠野中遇到撒但（參見《路加福音》第四章第一至十三節以及《馬太福音》第四章第一至十一節），這個故事除了傳遞出各種有形或抽象的訊息，也具有清楚的心理學意義（隱喻式的意義），意味著基督**決定一肩擔起人類的全然墮落**。意味著基督始終願意面對、深入思考，並冒險接受人性中最惡毒的試探。意味著基督總是願意同時以神的形象和世間肉身這兩種型態，有意識又毫不保留地對抗邪惡。雖然抽象，但這並非只是空想，也不容輕忽。這絕不只是知性層面的問題。

許多士兵會罹患創傷後壓力症，並不是因為他們目睹了什麼，而是因為他們做了某些事。[136]這麼說好了，戰場上有很多魔鬼，參與戰事會打開地獄的大門，不時會有某些東西爬出來，攫住那個從愛荷華來的天真農家男孩，於是他變得凶惡殘暴。他做了一些可怕的事，在美萊村姦殺婦女，屠戮嬰孩。他眼睜睜看著自己這麼做，內心的某些黑暗面卻樂在其中——這也是最讓他無法忘懷的部分。之後，他將不知道該如何接受真實的自己以及真實的世界。這一點也不奇怪。

古埃及一個偉大且重要的神話故事中，荷魯斯（在歷史上和概念上通常被視為基督的前身）[137]的叔父賽特[v]奪取了父親歐西里斯的王位，荷魯斯起而對抗邪惡的叔父時也有相同經歷。荷魯斯這位擁有全視之眼的埃及獵鷹神、至高無上的埃及之眼，本身即象徵永恆的注意力，他敢於對抗賽特的真實本性，與他正面對決。然而，在與這位可怕的叔父相爭的過程中，荷魯斯的意識受損。儘管他擁有神的地位及無可比擬的視力，還是失去了一隻眼睛。如果某個平凡人企圖做一樣的事，又會失去什麼呢？但也許荷魯斯會因而獲得向內觀照的能力，並理解某些事，那足以彌補他失去的感知外在世界的能力。

撒但體現了獻祭被拒。他是狂妄自大的、是會化身的，既怨恨又詭詐，並且殘忍地刻意作惡。

v 與此觀察一致的是，在語源學上，賽特（Set）這個字是撒但（Satan）這個字的前身。參見Murdock, D.M. (2009). *Christ in Egypt: the Horus-Jesus connection.* Seattle, WA: Steller House, p. 75。作者注

撒但單純憎恨著人、上帝及存有。他不謙恭，即便是在明知應該謙恭的時候。甚至，他相當清楚自己在做什麼，卻執迷於破壞的欲望，並蓄意地、深思熟慮地、徹底地執行。因此，對抗與試探基督（善的原型）的人，必定就是撒但（惡的原型）。在最艱難的處境下，向人類救世主提出所有人類都熱切渴望之物的人，必定就是他。

撒但最初引誘飢餓的基督將荒漠中的岩石變成麵包來止飢，而後又建議基督從懸崖上跳下去，以呼喚上帝與天使保護他免於跌落。基督對第一個試探回應道：「人活著不是單靠食物，乃是靠上帝口裡所出的一切話。」這個答案的意涵是什麼？這意味著即便在極度困苦的情境下，仍有比食物更重要的東西。換句話說，對於背叛自己靈魂的人來說，麵包的作用並不大，即便是在他飢餓的時候。[vi]誠如撒但所言，基督明明可以運用他近乎無限的權力立刻得到食物止飢。甚至，更廣義來說，他可以獲得世上任何財富（這在理論上就能更永久解決食物問題）。但代價是什麼？實際上又能得到什麼？在道德荒蕪之地暴食？這是最貧乏也最悲慘的盛宴。因此，基督有更高的目標，旨在描繪出一種能永遠根除飢餓問題的存有樣貌。我們是否都能以咀嚼上帝的話語來代替便宜行事？這需要每個人都以一種能終結飢餓之苦的方式去生活、創造、犧牲、談話以及分享。而這就是在一無所有的荒漠之中，真正能徹底解決飢餓問題的方法。

關於這點的其他指示，也以戲劇的、演示的方式散見於福音書中。基督被描繪成能供給無盡食物的人，他奇蹟般讓麵包與魚變成很多倍，把清水變成美酒。這是什麼意思？這是召喚人們追求更高意義，以此為最切實、最高等的生活方式。這是以戲劇／文學形式描繪的召喚：遵從原型救世主的生活方式，你與周遭的人將不再飢餓。世界的慈善自當展露在生活得宜的人們面前，這比食物更重要，比能夠買到食物的金錢還要重要。因此完美個體的象徵——基督，克服了第一個試探，接著還有兩個。

撒但給基督第二個試探，對他說：「跳下懸崖。如果上帝真的存在，必會來救你。如果你真的是上帝的兒子，祂當然會救你。」上帝為什麼沒有出現，為什麼沒有來拯救自己唯一親生的孩子，讓他脫離飢餓、孤獨以及巨大的邪惡？但這樣無法建立生活的典範，甚至不值得記載在文獻上。這種**天降神兵**（某個神力奇蹟般出現，拯救主角脫離困境）是受雇寫手在劇本裡最廉價的把戲，這種安排使得獨立、勇敢、命運、責任及自由意志都顯得可笑。況且，上帝絕不是盲目者的安全網，任何人都不能命令祂表演魔術戲法，或者強迫祂給出啟示，就算是祂自己的兒子也不能。

「不可試探主——你的上帝」（《馬太福音》第四章第七節），這個答案雖然簡短，卻使基督安然度過第二個試探。基督並未隨意指示或膽敢要求上帝為他出手。他不願忽略自己對人生的責任，不願要求上帝證明祂自身的存在。他不願逼迫上帝解救他，不願只在個人層次解決生命脆弱性的問題，因為那無法解決其他人在任何時候所面臨的相同問題。這呼應了基督在捨棄誘惑時，也拒絕瘋狂失控所帶來的安慰。在基督旅居荒漠的艱難處境中，真正的誘惑可能是輕易又錯亂地將自己視為具有神力的彌賽亞。但是，即便身為上帝的兒子，基督仍拒絕仰賴這種優越的自我陶醉或上帝的威能而獲得救贖，甚至也拒絕以此方式存活，短暫存活。

最後是第三個試探，也是最難以抗拒的一個。擺在基督眼前的是任憑他主宰的整個世界，這是世間權力最誘人的呼喚：控制與指揮任何人、任何事的機會。基督有望來到權力金字塔的頂端，這是每個赤裸猿人最動物性的渴望：獲得所有人的服從、最驚人的財富、建設與擴充的權力，還有窮奢極欲的可能性。這一切就近在眼前，如此明顯。但並不代表一切。在擴張地位的同時，也滋長了

vi 或許有人會因為有形的物質現實與真實的苦難都與匱乏有關，而認為這樣的說法不太實際。對此，我再次推薦索忍尼辛的《古拉格群島》，此書有一系列極為深刻的討論，探討在極度充滿欲望與苦難的情境之下，何謂適當的道德行為，以及這些行為未曾減損反而更形擴大的重要性。作者注

內心的黑暗。對血腥、強暴及破壞的貪欲，絕大部分都屬於權力的誘惑。戀慕權力不能使人免於苦難，也無法克服欲望、疾病與死亡的牽制。權力也意味著有能力復仇、令他人屈從以及擊潰敵手。倘若該隱握有足夠的權力，他不會只殺死亞伯，首先，他會無所不用其極地凌虐他，然後才殺了他，接著追殺其他人。

在統治階層最高的頂端上方，還有某些東西。人類不該為了眼前的成功，而犧牲掉取得那些東西的機會。那也是一個真實的地方，儘管在我們賴以定位的標準地理式地方感中，那地方無形無位。我曾幻想一幅巨大的景象在我眼前延展數公里，延伸至遠方的地平線。我在高高的天上俯瞰下方，觸目所及是一座座雄偉的多層玻璃金字塔，或大或小，或重疊或獨立，每個都類似現代的摩天大樓，擠滿努力爬向金字塔頂端的人。但頂端之上仍有一個塔外世界，涵蓋著一切。那是某種高高在上的視野，在那裡，人們能夠，也或許會選擇自由翱翔於鬥爭之上，選擇不去支配任何特定群體或利益，反而在某種程度上同時超越一切，也就是純粹而不受拘束的專注：超然但警醒，悉心留意並等候天時地利以伺機採取行動。如同《道德經》所提到的：

為者敗之，執者失之。
是以聖人無為故無敗；
無執故無失。[138]

第三個試探故事是在強力召喚高尚的存有。為了獲得最大的獎賞——在人間建造上帝的王國並再現樂園，人類就必須以下列方式展開生活：不論面對多麼強烈、多麼令人動心、多麼實際的引誘，都要拒絕立即的滿足、拒絕與生俱來的墮落渴望，同時也必須拒絕邪惡的誘惑。邪惡會放大生活的困境，大幅提高因存有的根本悲劇而傾向便宜行事的動機。普通的犧牲或多或少能遏止不幸，但若要戰勝邪惡，就必須有特殊的犧牲。幾個世紀以來，對此種特殊犧牲的敘說占據了基督宗教（也不只有基督宗教）的想像。但為何沒有達到預期的結果？為何我們始終沒能相信，再沒有比仰望天空、以良善為目標，並為此不惜犧牲一切更好的辦法？我們是否只是無法理解？或是否只是有意或無意地走上岔路？

❖ 基督宗教及其問題

榮格假設，歐洲人在下意識體認到基督信仰所全心強調的靈性救贖並無法充分解決當下的苦難問題，之後便著手發展科學認知技術，以探究物質世界。在文藝復興前三、四百年間，這番體認變得極度強烈，因而使一種奇特、深奧又帶點補償意味的幻想，在整個西方世界的心靈深處萌生。這種幻想一開始是關於鍊金術的奇想，直到幾個世紀之後，才發展成能完整闡述的科學形態。[139]鍊金術士是最早認真探討物質形變的人，致力於發現健康、財富及長壽的祕訣。這群以牛頓為首[140]的偉大夢想家，先是憑著直覺，然後開始想像若能探知這個受教會輕賤的物質世界所暗藏的祕密，人類便有望從世間的苦難與局限中解脫。正是此番由懷疑所驅動的想像，提供了群體與個人追求科學發展所必要的龐大動力，因為科學發展極需個人專心致志地思考與延宕滿足。

這並非指基督宗教是失敗的，即使是教義未完全實現的情形下，也不會得到這個結論。恰好相反，基督宗教實現了不可能達到的成就。基督教義提升了個人的靈魂，將奴隸與主人、平民與貴族都放在同一個立足點上看待，所有人在上帝與法律之前一律平等。基督宗教堅持，即便君王也只是群體的一員。如此背離所有明顯證據的主張，要找出立足點，就勢必要徹底壓抑「世俗的權力與聲望象徵上帝的垂愛」的觀念。這一點達成了，有部分是得力於基督信仰中一個奇特的堅持：人無法透過成就或財富（即「工作」）獲得救贖。[141]這樣的教義不論有何局限，都阻止了國王、貴族與富商在道德上任意擺布百姓。於是，在幾乎不可能的情況下，每個靈魂建立起內在隱含的超然價值。這種形而上的概念，成為西方法律與社會的基本前提。這是前所未有的事，在現今世界的多數地方也尚未發生。在倫理／宗教啟示的影響下，人們開始認為擁有或絕對支配另一個人是錯的，這樣的觀念繼而使過去以奴隸制度為主的階級社會自行重組，這簡直就是奇蹟（而且我們應該堅持讓這樣的事情不至於消失）。

同時我們也最好別忘記，奴隸制的直接好處顯而易見，強者應支配弱者的主張也很強大、方便又極為實際（至少對強者來說是如此）。這意味著，要先發起變革，批判蓄奴社會所看重的一切價值，才有可能質疑蓄奴的做法，更別提廢除蓄奴制（這包含手握權勢能使蓄奴者顯得尊貴的觀念，也包含蓄奴者掌權是合法的甚至合乎道德的這種更根深蒂固的觀念）。基督宗教明確提出一個驚人主張：即便地位最低下的人也擁有權利，真正的權利，而君王及國家都有道德責任在最根本的層次上承認這些權利。基督宗教還明確提出一個更深奧的觀念：將人當成物品來占有，會使奴隸主（過去被視為高尚的貴族）淪落到跟奴隸一樣，甚至更卑賤的地位。我們無法理解這個概念在當時有多難接受，也忘了人類歷史的大半時間中，相反的概念才是不證自明的真理。我們以為奴役與支配的渴望才需要好好解釋。我們再次誤解了。

這並不是說基督宗教沒有自己的問題，但我們更應該留意的是，基督宗教的問題是在其他截然不同且更為嚴重的問題都解決之後才浮現。基督信仰建立的社會，遠比它曾一度取代的多神信仰（甚至是古羅馬）所創造的社會還要文明得多。基督信仰的社會即使仍有許多野蠻的習俗，也至少體認到，為了大眾的取樂而把奴隸餵給飢餓的獅子吃是不對的。基督教義反對殺嬰、賣淫，以及強權即公理這樣的原則。基督教義也堅持男性和女性一樣重要（雖然我們還在努力讓這樣的堅持也能落實在政治上），要求即便是社會公敵也應當被視為人。最後，基督教義主張政教分離，因此那些太有人性的帝王，無法再以眾神之名要求人民敬拜他。這一切都是在要求不可能的事，但做到了。

然而，隨著基督信仰的變革，那些原本不可能解決但已獲解決的問題，也逐漸淡出人們視野。問題一旦解決，就是這樣。解決方案順利執行之後，**甚至連「問題曾經存在」的事實，也會消失在眼前。**但也因為如此，那些依舊存在且難以用基督教義快速解決的問題，才得以占據西方意識的核心，進而推動科學之類的發展，以解決有形的、物質的苦難——那些仍存在於成功基督化的社會中、太過痛苦的苦難。只有當內燃機解決了更嚴重的問題，使這些問題消失在人類眼前之後，汽車污染的事實才可能變成公眾矚目的問題。受困於貧窮的人不會在意二氧化碳，這並不是因為二氧化碳的濃度並不重要，而是當你必須死命工作、忍受飢餓，才能在布滿石頭與荊棘蒺藜的堅硬土地上勉強維持生計時，那並不重要。一直到牽引機問世、幾億人不必再挨餓之前，那都不重要。總之，十九世紀晚期尼采登場的時候，那些基督信仰尚未解決的問題，已變得無比重要。

尼采說自己是拿著鐵鎚進行哲學思考的人，[142]這樣說一點也不誇張。尼采對基督宗教那摧毀性的評論（此時基督宗教已開始勢微，原因是教義跟自己一手催生的科學起了衝突），包含兩條主要攻擊路線。首先，尼采宣稱，正是基督宗教以最高規格發展出來的「真理感」（sense of truth），使其信仰的基本前提最終遭受質疑，進而削弱其立場。這有部分是因為人們尚未完全理解道德或敘說真實跟客觀真實之間的差異（因此推定兩者不必然有差別），但這並不能掩蓋差距的存在。舉例來說，基本教義派堅持《創世記》關於上帝創造天地萬物的記載屬於客觀真實，而反對基督宗教的現代無神論者卻反對這一點，然而後者的論點所倚賴的卻是幾世紀以來基督宗教文化高度發展出來的真理感。數十年後，榮格延續尼采的論點，指出啟蒙運動期間歐洲彷彿從基督宗教的夢境中覺醒，意識到一直以來認為理所當然的東西，其實可以被質疑，而且也應該質疑。尼采說：「上帝死了，上帝永遠死了，是我們把他殺死的。我們這些凶手中的凶手，要怎麼安撫自己呢？那個迄今世界上最神聖、最強大的上帝，在我們的刀下流血至死。誰能為我們擦去身上的血跡？」[143]

按照尼采的說法，由於西方人開始思考何謂真理，使得西方信仰的核心教義不再具有說服力。但他的第二個攻擊才是最具破壞力的，也就是攻擊教會在發展的過程中，免除了基督宗教的真實道德責任。這位揮舞著鐵鎚的哲學家，猛烈抨擊一組早期建立且極具影響力的基督宗教思想：**基督信仰意味著接受一個論點，即唯有基督的犧牲能夠贖回人性**。這樣的想法絕對不表示只要相信基督是為了拯救世人而死在十字架上，就能擺脫任何一切的個人道德義務，但確實強烈暗示著救贖的主要責任已由救世主承擔，而墮落到底的人類已沒有多少重大的事要做。

尼采認為，保羅及後來追隨路德的新教徒已為基督的信徒免除道德責任。這些人淡化了效法基督的觀念，而這種「效法」是信徒的神聖義務，在他／她們人生的特殊處境下，不是僅僅擁護（或只在嘴裡默唸）一套抽象信念的宣言就好，而是必須真正展現救世主的精神——就像榮格那樣，去理解或體現那個原型，讓那永恆的型態具有血肉。尼采寫道：「信仰基督者從未實踐耶穌給予的指示；他們厚顏無恥又喋喋不休談論著『因信稱義』，以及這個觀念至高無上且獨一無二的重要性，只不過是因為教會缺乏勇氣與意願公開承認耶穌對他們的要求。」[144]尼采真是無人能及的評論家。

基督宗教核心的教條式信念包括：基督在十字架上受難，為世界帶來救贖，救贖是為了來世之用，人無法靠著自己努力而獲得救贖。這些信念導致三個相互增強的結果，首先，**貶低現世生活的重要性，因為只有來世才重要**，而這也意味著輕忽與規避此時此刻受苦的責任是可被接受的。其次，**被動接受現狀，因為無論如何都無法透過此生的努力來獲得救贖**，而馬克思也嘲笑這一點，他主張宗教是大眾的鴉片。最後第三點，除了相信自己能透過基督獲得救贖之外，**信徒有權拒絕任何真實道德責任，因為上帝之子已經完成所有重要的工作**，對尼采有重要影響的杜斯妥也夫斯基，也正因此而批評制度化的基督宗教（但他是以較含糊又較圓融的方式批評）。杜斯妥也夫斯基在巨著《卡拉馬助夫兄弟們》一書中，讓無神論超人伊凡說了一個「宗教大法官」的故事。[145]這個故事的簡述如下。

伊凡對弟弟阿遼沙（伊凡對阿遼沙的見習修士工作嗤之以鼻）談到基督在西班牙宗教裁判制度的時代重返人間的故事。一如預期，救世主的歸返引起相當大的騷動。基督治療疾病、使死者復活，怪異的舉止隨即引起大法官的注意，馬上就被捕下獄。後來，大法官到牢房裡探視基督，告訴他人世間不再需要他，他的歸返對教會造成極大的威脅。大法官對基督說，他要人類生活在信仰與真理之中，這樣的責任過於重大，世人的血肉之軀無法承受。大法官宣稱教會秉著仁慈悲憫，淡化基督的信息，從信徒的肩上卸下成為完美存有的壓力，讓信徒以簡單又溫和的方式，擺脫信仰與來世。大法官又說，這樣的努力持續了好幾個世紀，而在這一切努力之後，教會最不需要的，就是有一個人跑回來堅持要人們重新擔起最初的責任。基督靜默聆聽，而後在大法官打算轉身離開時擁抱了他，並親吻他的嘴唇。大法官全身一顫，臉色蒼白，隨即走了出去，讓牢房大門就這麼敞開著。

這個故事的深奧內涵以及創造這個故事所需的偉大精神，再怎麼形容也不為過。杜斯妥也夫斯基這位有史以來最偉大的文學天才，在他所有偉大作品中直視最嚴肅的存在問題，如此奮勇向前，並且不顧後果。雖然他確實信奉基督，但仍堅決不將抱持理性主義與無神論的反對者紮成稻草人。相反的，以《卡拉馬助夫兄弟們》為例，杜斯妥也夫斯基筆下的無神論者伊凡在反駁基督宗教的假定時，展現了無與倫比的清晰思路與熱情。性情與選擇都與教會一致的阿遼沙，也無法駁倒他哥哥的任何一個論點（雖然阿遼沙的信仰依舊不可動搖）。杜斯妥也夫斯基明白也承認基督宗教敵不過理性，甚至也敵不過才智，但最重要的是，**他並未隱瞞這個事實**，他從未試圖以否認、欺騙或甚至嘲諷，來削弱反對的立場，而那些立場與他心中最真實也最珍貴的事物背道而馳。他重行動而輕空談，並成功處理了這個問題。在小說的結尾，杜斯妥也夫斯基讓阿遼沙體現的偉大道德良善（見習修士勇敢地效法基督），贏過伊凡那令人驚嘆但終究落於虛無的批判性思索。

宗教大法官所描述的基督教會，正是尼采嚴厲批評的那種：幼稚、偽善、父權，而且還是政權的奴隸。那樣的教會集所有腐敗於一身，現代的基督宗教評論者也不贊同。尼采因為夠聰明，為此感到憤怒，但他也許沒有足夠的判斷力去緩和這股憤怒。照我看來，這就是杜斯妥也夫斯基真正超越尼采的地方——杜斯妥也夫斯基的偉大文學，超越了尼采的純粹哲學。這位俄羅斯作家筆下的大法官在各種意義上都是真實存在的人物，既是機會主義者，憤世嫉俗，試圖操控他人，也是殘忍的審訊者，樂意迫害異端，甚至折磨或殘殺異端。這位大法官把他明知有問題的教條傳授給信徒，但杜斯妥也夫斯基安排基督這個人類的完美原型還是親吻了他。同樣重要的是，宗教大法官在被親吻之後，讓牢房的門半開著，使得基督得以逃過即將到來的死刑。杜斯妥也夫斯基看見那個龐大、腐敗的基督宗教體系仍舊挪出空間給創立者的精神。這是一個明智且深邃的靈魂在對西方世界歷久不衰的智慧致謝，即便那智慧是有瑕疵的。

這並非說尼采不願公允看待這個信仰（尤其是天主教）。尼采認為長久以來，教條式基督信仰以「不自由」這個特徵為傳統（堅持所有事物都必須在一個單一、融貫的形上學理論範疇內解釋），而這不僅是產生紀律的必要前提，也讓自由的現代心靈得以出現。他在《善惡的彼岸》一書中提到：

> 精神長久的不自由……還有那種持久的精神性意願（把一切發生的事按照基督教圖式來解說，在每一個偶然事件中都重新揭示出基督教上帝並為之辯白的意願），——所有這些暴力、專斷、強硬、恐怖和反理性的東西，都已表明是手段，使歐洲的精神得以養成它的強健，它無所顧慮的好奇和精細的靈活：誠然，此間必定無可彌補地多有在力量與精神上被壓垮、扼

殺和腐蝕者。[146] vii

尼采與杜斯妥也夫斯基都認為，自由（即便是行動的能力）必須有其限制。因此，他們都認同教會教義有至關重要的必要性。個體必須先在一個具限制性且融貫一致的紀律結構下，接受約束與塑造（即便那做法近似於破壞），然後才有行動的自由與資格。杜斯妥也夫斯基的偉大慷慨，使他即便眼見教會如此腐敗，仍願肯定教會具有某種形式的慈悲，以及某種程度的實用性。他承認基督的精神，世界生成的道，在基督信仰的教義結構中曾經有過且依然能夠找到安息之處，甚至是它的權威性。

如果一個父親適當地管教自己的兒子，就必定會干涉兒子的自由，尤其是在那些情形發生的當下。這樣的父親限制兒子存有的自主表達，強迫兒子成為這世上社會化的一員，把所有幼稚的可能性都限縮在一條狹窄的通道。這樣限制兒子的父親，可能會被認為是一種破壞的力量，把童年不可思議的多采多姿替換成狹隘的單調現實。但如果這個父親不這麼做，他就只是放任兒子繼續當永遠的男孩彼得潘，迷途男孩的領袖，統治著不存在的夢幻島。這不是一個在道德上可接受的選項。

教會本身極力發展的真理精神破壞了教會教義，且在上帝死亡時達到高峰。但是教會的教義結構是必要的紀律結構。為了發展自由心靈，必須有長時間的不自由（即服膺單一詮釋架構），而基督教義正提供了這樣的不自由。但教條是死的，至少對於現代西方思想而言是如此，教條已隨上帝死去。然而至關重要的是，從教條的殘骸中長出來的，是更加死寂的東西，即使在過去也從未活過的東西：**虛無主義，以及跟虛無主義同樣危險的，對於新的、整體化的、烏托邦式構想的偏好。**

vii 譯文引用自趙千帆的譯本，《善惡的彼岸：一個未來哲學的序曲》，大家出版，二〇一五年十二月。編注一如杜斯妥也夫斯基與尼采所預測，上帝死後，共產主義及法西斯主義帶來的巨大集體恐懼傾巢而出。尼采斷定在上帝死後，個體會創造自己的價值觀，但這一點正是尼采的思維中最弱的一環。榮格在深入探究尼采提出的問題之後，有一個偉大的發現：就心理層面而言，**我們無法創造自己的價值觀，因為我們無法就這樣把自己相信的事情強加於自己的靈魂**。

我們就像抵抗別人的極權主義一樣抵抗自己的極權主義。我無法單憑向自己下令，就能乖乖去做某些事，你也無法。「我不會再拖延」，雖然這麼說，但我做不到。「我會均衡飲食」，雖然這麼說，但我做不到。「我不會再亂發酒瘋」，雖然這麼說，但我做不到。我無法只是透過理解力，就改變自己，尤其如果那個理解力是受某種意識形態控制。我有我的天性，你也是，我們全都是。我們必須找到並接受自己的天性，如此才能與自己交好。最真實的我們是什麼樣子？認識最真實的自己之後，我們又最可望成為什麼樣子？要回答這些問題，我們必須先繼續深入探究。

❖ 懷疑，超越虛無主義

尼采之前三百年，法國偉大的哲學家笛卡兒展開一個思考任務，他認真看待自身的懷疑，仔細剖析事情，探求其中的根本本質——他想知道自己是否可以建立或找到一個不被其懷疑論撼動的命題。笛卡兒試著找出建立適當存有所需的基石，而後他認為，他在能思考的「我」(有覺知的「我」)身上找到了這個基礎，正如他那句著名的格言「**我思故我在**」所表達的意涵。這個「我」的概念其實在更久之前就已經出現。幾千年前，那個有覺知的「我」就是具有全視能力的荷魯斯，埃及偉大的太陽神以及神之子，他關切並正面迎擊國家不可避免的腐敗，進而重振國家。在這之前則有美索不達米亞的創造之神馬杜克，他的眼睛圍繞在頭的四周，吐出的話具有創造世界的魔力。在基督宗教時代，所謂的「我」轉化為道（Logos），也就是在太初之時對存有傳達指示的那個字。或許可以說，笛卡兒只是將道的概念世俗化，更明確地將之轉換為「能覺知與思考的」。簡單來說，就是現代的自我。但那個自我，究竟是什麼呢？

只要有心，我們多少可以了解自我的黑暗面，但自我的善始終較難定義。自我是扮演邪惡的偉大演員，就像在存有舞台上來回踱步的納粹或史達林之輩，他們建造了奧斯威辛、布亨瓦德與達豪集中營，以及各式各樣的蘇聯勞改營。這些都必須嚴肅以待。但自我的另一面呢？與此邪惡相對應的必要的善是什麼，那個因邪惡的存在而更具體、更易理解的善？在此，我們能明確而堅定地說，即便是理性的理解力（那些輕視傳統智慧的人所鍾愛的能力），也在最低限度上接近且必然類似垂死及永久復生的上帝原型、人類永恆的救世主，也就是道本身。絕不信奉神祕主義的科學哲學家波普爾（Karl Popper），認為思考本身是一種演化過程的邏輯延伸。無法思考的物種僅能以身體展現其存有，只能在每個當下具體表現出天性。如果此物種因天性而展現的行動不符合環境的要求，就會死亡。但對人類來說可不是這麼一回事。存有的各種可能型態，我們都有辦法化為抽象的表現。我們能在想像的劇場中創造想法；我們能經由對比其他的想法、別人的想法，甚至這整個世界，來檢驗我們腦中的想法。如果這個想法沒有通過檢驗，我們也可以隨時捨棄。根據波普爾的論述，我們可以讓想法代替自己死亡，[147]於是其中最重要的部分，也就是創造想法的我們，就能繼續前進，不因犯錯而受阻。**我們內在有個部分能不斷跨過那些死亡，而思考的必要條件，就是信任那個部分。**

想法並不等同於事實。事實本身是死的，沒有意識，沒有權力意志，沒有動機，也沒有行動。這世上有無數個死去的事實，網路就是這些已逝事實的墳場。但一個引人注意的想法是有生命的，它渴望表達自己，渴望存活於這個世上。基於此，以佛洛伊德和榮格為主的深度心理學家，堅持人類心靈是思想的戰場。**每個想法都有其目標和需求，以及自身的價值結構。**想法認為目標比當下所擁有的一切還要好。想法將世界化約成兩類：促進自身的實現及妨礙自身的實現，而其他事物都無關緊要。想法能讓輪廓在背景上變得鮮明。**想法不同於事實，它是一種人格**，當想法從一個人的內心現形，便會展現一股強烈傾向，要此人成為它的化身，驅使此人將它化為行動。有時候這樣的衝動（或可說執著）會強烈到讓人寧死也不願放棄那些想法，但一般來說，這是糟糕的選擇，因為通常只有想法需要死去，而擁有想法的人可以不再當想法的化身，而是換個方式，繼續往前。

若沿用前人的戲劇化概念來描述，就是與上帝的關係破裂之時（例如，出現過多且難以忍受的痛苦，顯示必須有所改變），即為最基本的信念必須死去或犧牲的時候。這意思是，現在若能做出適當的犧牲，未來就會變得更好。沒有其他動物能明瞭這點，人類耗盡無數萬年才想出來，並歷經很長一段時間的觀察、盲目崇拜以及數千年的研究，才將這樣的概念萃取成故事。接下來，人類又花了大量時間衡量與吸收這個故事，所以我們現在才能輕鬆地說：「如果你有紀律，能讓未來凌駕現在，你就能以對自己有利的方式改變現實結構。」

但怎麼做才是最好？

一九八四年，我開始步上笛卡兒走過的路。當時我並不明白自己是跟著他的腳步，也無意跟這位史上公認最偉大的哲學家攀關係。但我確實飽受懷疑的折磨。年輕時建立的那些淺薄的基督宗教思想，在我了解達爾文理論的基本概念時，就已無法再滿足我。在那之後，我分不清基督信仰的基本要素跟一廂情願的想法有何不同。立即吸引我注意的社會主義，不久之後同樣也被證明不堪一擊。隨著時間過去，偉大的喬治·歐威爾讓我明白，這類思想多半建立在憎恨富人及成功者之上，而非真正關懷窮人。此外，社會主義者在本質上比資本主義者更加資本主義。社會主義者同樣堅定地信仰金錢，只是認為若由另一群人擁有財富，困擾人類的問題就會消失。這當然不是事實，金錢無法解決許多問題，甚至會惡化某些問題。富人同樣會離婚、與子女疏離、受存在的憂懼所苦，也同樣會罹患癌症或失智症，會孤獨淒涼地死去。金錢會使解癮中的成癮者在毒癮或酒癮激烈發作時一口氣花完所有的錢，也會使無事可做的人更覺人生乏味。

那段時間，冷戰也苦苦折磨著我。冷戰纏住我，讓我做噩夢。它將我趕到荒漠上，深入人類靈魂的無盡黑夜。我無法理解世界兩大強權為何都想置對方於死地。難道這兩邊都同樣專橫腐敗？或者單純只是立場不同？所有的價值體系是否都只是權力的包裝？

每個人都瘋了嗎？

二十世紀究竟發生了什麼事？為何數千萬人必須死去，必須為了新的教條及意識形態而犧牲？社會主義與法西斯主義想要理性地取代貴族階級及腐敗的宗教信仰，但為何我們會在其中發現更糟糕的事？就我所知，還沒有人能回答這些問題。於是我像笛卡兒一樣苦於懷疑，我試著尋找一個——任何一個不容置疑的東西，我渴望一個能讓我在其上安身立命的穩固基石。是懷疑引領我往這個方向走去。

我在書中讀到奧斯威辛集中營有一種特別陰狠的規定：警衛會逼囚犯揹著每袋四、五十公斤重的濕鹽，從廣場的一邊走到另一邊，然後再揹回來。營區入口處有句標語：*Arbeit macht frei*，意思是「勞動帶來自由」，那所謂的自由就是死亡。揹鹽袋是毫無意義的折磨，是整個邪惡藝術的一部分。這讓我確信某些作為是錯的。

索忍尼辛明確而深刻地寫出二十世紀的恐懼：數千萬人被奪走工作、家庭、認同以及人生。他在《古拉格群島》第二冊第二部分討論到紐倫堡大審，他認為這是二十世紀最重要的事件。這場審判的結論是什麼？世上存在某些本質上相當可怕的行為，與人類的良善天性背道而馳。這基本上是跨越文化、跨越時間與地點的事實。這些都是惡行，沒有任何必須執行的理由。抹去一個人的人性、把他／她貶低成有如寄生蟲般的存在、不論無辜或有罪一律凌虐殺戮、創造痛苦的藝術型態——這都是錯的。

有什麼是我無需懷疑的？就是苦難的真實性。它不容辯駁，虛無主義者無法以懷疑論侵蝕它的根基，極權主義者無法抹滅它的存在，憤世嫉俗者也無法擺脫其中的現實。苦難是真實的，為了自身利益而狡詐地讓別人受苦是不對的。這成為我信念的基石。我在人類的思想與行為所能到達的最深處四處探尋，想要了解自己是否有能力變成納粹獄卒、古拉格群島的看管者，或是地牢中的虐童者。在這個過程中，我領悟「一肩扛下世界的罪」是什麼意思。每個人都有巨大的作惡能力，儘管無法在先驗上理解什麼是善，但每個人必定都能理解什麼不是善。如果存在著不是善的東西，那麼也就必定存在著是善的東西。如果最糟糕的罪行是單純為了製造痛苦而折磨他人，那麼善就是任何背道而馳、任何能夠阻止這樣的事情發生的東西。

❖ 意義是更高層次的良善

我正是從這裡訂出自己的基本道德結論：目標設在上方，留意，修復自己能修復的問題，不要因自身的知識而變得傲慢，努力讓自己謙卑，因為極權主義式的驕傲會表現為不寬容、壓迫、折磨以及死亡。還要覺察自己的不足——膽怯、惡意、憤恨與敵意。在指控他人之前，在試圖修補世界結構之前，想想自己靈魂中也有凶殘的一面。或許有問題的不是這個世界，而是你。你沒闖出名堂，你沒達到目標，你虧缺了神的榮耀，你犯了罪，這在在都是你對世界的邪惡與不足所做的貢獻。而最重要的是，不要撒謊，永遠不要對任何事情撒謊。謊言會帶你走向地獄。幾百萬人的死亡，就是肇因於納粹及共產主義者那些或大或小的謊言。

接下來，試著把減輕不必要的痛苦與折磨當作是一種善。在待人處世中，以盡我所能減輕不必要的痛苦與折磨為原則。如此便是在自身道德階層的頂端置放了一整套前提與行動，目標是改善存有。為什麼？因為我們知道另一種選擇是什麼。那選擇就是二十世紀的模樣，那與地獄如此靠近，其中的差異幾乎不值得討論。地獄的相反是天堂，而將減輕不必要的痛苦與折磨擺在價值階層的最高位置，便是努力在人間建立上帝的國。這是一種狀態，同時也是一種心境。

榮格預見人類必然會建立起這樣的道德階層，儘管那可能始終結構鬆散且互相矛盾。榮格認為，無論出於何種意圖與目的，被置放在個人道德階層頂端的，實際上就是這個人的終極價值觀，這個人的神，是這個人表現出的行為，這個人最深切相信的東西。所展現出來的，並非某個事實，甚至也不是一套事實，而是一種人格。或更精確地說，是在兩個對立的人格之間所做的選擇，就像福爾摩斯或莫里亞提，蝙蝠俠或小丑，超人或雷克斯．路瑟，X教授或萬磁王，以及索爾或洛基。這是在亞伯或該隱，也是在基督或撒但之間做選擇。如果是為了使存有變得高貴並促成人間樂園而努力，那麼此人的選擇就是基督。如果是為了破壞存有並衍生更多不必要的痛苦與災難而努力，選擇就是撒但。這是無法迴避的現實的原型。

便宜行事是跟隨盲目的衝動，是短暫的所得，是狹隘且自私，是透過謊言而得償所願，沒有考慮任何因素，不成熟也不負責任。成熟的替代方案則是追求意義。意義，是在衝動受到調節、組織與統合之後浮現，是來自世界的可能性與此世界內在運作的價值結構之間的交互作用。如果價值結構的目的是改善存有，所揭示的意義便能延續生命，使我們得以對抗人生的混亂與苦難，使每件事都能彰顯其重要性，使一切變得更好。

如果你行止得宜，你的行為會讓現在、明天，一直到未來的你，都達到心理層次的整合，同時令你自己、你的家人，以及你周遭更寬廣的世界一同受惠。所有事物沿著同一條軸線堆疊，匯聚在一起，創造出最大的意義。這樣的堆疊構成了一個時空，我們能以自身的能力去發現這個時空的存在，去經歷那時空，而不只是用當下的感官去揭發它的存在——我們的感官在收集、展現訊息上，能力有限。意義勝過便宜行事。意義能滿足所有的內在衝動，從現在到永遠。就是因為這樣，我們才能夠發現意義。

一旦你決心認為自己不該怨恨存有，儘管仍有種種不公與痛苦，你會開始注意到你能做的，即便只是稍微緩解不必要的痛苦與折磨。你會自問「我今天該做些什麼？」那意思是「我要怎麼運用我的時間來讓事情變得更好，而不是變得更糟？」那些任務自會向你招手，就像你可以處理的一疊文書工作，你可以整理得更舒適的房間，或者是你能更感激地為家人做更美味的一餐。

如果你盡到這些道德責任，你會發現只要將「讓世界變得更好」置於價值階層的頂端，便能感受到日益深刻的意義。這不是什麼幸福快樂的事。這更像你為自身破碎損壞的存有所做的贖罪。這是你為生命中瘋狂可怕的事蹟所付的債款。這是你銘記大屠殺、改善歷史病症的方式。這是你扛起身為地獄潛在居民的責任。這是你甘願成為樂園的天使。

便宜行事，也就是把所有骷髏頭都藏在衣櫃裡，是把噴濺出來的血用地毯遮蓋，是逃避責任。這是懦弱的、膚淺的，也是錯誤的。便宜行事的錯，在於不斷重複之後會養出惡魔的性格。便宜行事的錯，在於它會把你腦中的詛咒轉移到其他人身上，或未來的你身上，使你的未來，以及所有人的未來，都每況愈下，無從改善。

便宜行事的背後沒有信念、沒有勇氣，也沒有犧牲。它缺乏關乎行動、預設前提或世界成分的仔細觀察。在人生中，擁有意義勝過於擁有你想要的東西，因為你可能既不清楚自己想要什麼，也不知道自己真正需要什麼。當意義自願出現時，你才能偶然遇見它。你可以做好事先準備，意義一出現就跟在後面，但你就是無法直接憑意志創造它。意義會讓你知道你在對的時間位於對的地方，在秩序與混亂之間取得了適當的平衡，在那個時空下，一切事物都是最完美的安排。

貪圖一時方便只能有短暫的果，那是立即、衝動且有限的。反之，追求意義則能將那些原本只是權宜之計的舉動整合為存有的交響樂。意義是貝多芬的《歡樂頌》所傳遞出的內容，比透過文字表達更有力，從一開始的空蕩，循著美好的節奏模式逐步堆疊，最後帶來歡騰的氣氛，每樣樂器各司其職，其上層層疊疊著訓練有素的合唱聲，從絕望到歡欣鼓舞，迴盪出涵蓋所有人類情感的廣闊樂章。

當存有的各個層次彼此協調為一種完美運作的和諧狀態，意義便於焉而生，這樣一來，從原子的微觀世界到細胞、器官、個人，再到社會、自然，乃至宇宙，每個層次的行動都能優雅完美地促進其他行動，使得過去、現在及未來能同時獲得救贖與和解。意義就像新長出的玫瑰蓓蕾，美麗而深刻地，自虛無中朝著太陽與上帝的榮光綻放。意義是從幽暗的湖泊深處探出的蓮花，奮力穿過澄澈湖水，冒出水面向外盛開，而金佛端坐其中，祂本身如此圓滿和諧，因此祂的每個字句與姿態都體現了神聖意志的啟示。

意義是當一切聚集在一起欣喜共舞，只為一個共同目的：歌頌現實。因此不論現實突然變得多好，我們永遠都能以更好、更深刻的方式邁向未來。意義發生在當舞步變得如此熱烈的時候，在那一刻，過去所有的恐懼，所有生命與人類的奮力掙扎與投入，都成為漸趨成功的嘗試中必要與有價值的一部分，以建立真正偉大與良善的事物。

意義是兩方力量的平衡，一邊是象徵轉化與可能性的混亂，另一邊則是新秩序的規訓。意義的目的是從如影隨形的混亂中產生更完美的新秩序，並能夠獲致更為平衡且更有生產力的混亂與秩序。意義是道路，是通往豐盛生命的途徑。意義是當你以愛與誠實的心境遵循著它，不再對它以外的事情有更多企求時，能夠讓你安身立命的所在。

做有意義的事，而不是便宜行事。

RULE ·8·

說實話，或至少不要說謊

❖ 無主地帶裡的實話

我在蒙特婁的麥基爾大學受訓成為臨床心理師。訓練期間，我有時會和同學約在道格拉斯醫院附近碰面，我們在那裡第一次直接接觸到心理疾病患者。道格拉斯醫院占地數千平方公尺，有幾十棟建築物，許多建築物以地下通道相連，員工與病人因此得以避開蒙特婁的漫漫長冬。這家醫院曾經收容數百名慢性住院的病人，但那已是六〇年代末以前的事了，當時由於抗精神病藥物的出現與大規模去機構化運動，幾乎所有的精神療養院都關閉了，而那些就此「獲得自由」的病人，多半流落街頭，生活更加艱難。八〇年代初期，我首度造訪這家醫院，除了最嚴重的病人之外，幾乎所有的住院病患都已經出院。那些留下來的病人無不狀況奇特，且受損嚴重。他們聚集在醫院通道的各個自動販賣機旁，模樣看起來就像阿勃絲[i]鏡頭下或波希[ii]畫筆下的人物。

有一天，我和同學站成一排，等候道格拉斯醫院臨床訓練中心的負責人，一位古板的德國心理

i Diane Arbus，美國攝影大師，拍攝對象多為社會邊緣人（妓女、變性人、窮人、障礙者、流浪漢等）。譯注

ii Hieronymus Bosch，荷蘭畫家。畫作多描繪罪惡與人類道德的沈淪，以惡魔、半人半獸，或機械的形象來表現人的邪惡。譯注

學家，給我們進一步指導。一個看來脆弱、敏感的慢性住院病人走了過來，站在一個單純且保守的年輕同學身旁。病人友善又帶點稚氣地問她：「你們幹嘛全站在這裡？在做什麼？我可以一起嗎？」我同學轉過身來遲疑地問我：「要怎麼回答她？」面對這麼一個孤立又飽受精神創傷的人提出的請求，她和我一樣措手不及。我們都不希望說出可能被誤解為拒絕或斥責的話。

我們暫時來到一個無主地帶，這裡缺乏基本的社會規則與指引。我們這些新來的臨床學生，還沒準備好在精神醫院面對思覺失調症患者如此天真、友善地提出這麼一個關乎社會歸屬感的問題。我們和病人也沒辦法像自然對話那樣，在留意脈絡線索的同時，一來一往地交流。在這個遠遠超出正常社會互動範疇的情境裡，到底有什麼規則？到底可以怎麼做？

當下我只想到兩種做法：編個故事顧全大家的顏面，或誠實回答。第一種做法的回應可能像是「我們的小組最多只能有八個人」，或是「我們正要離開醫院」。這些回應都不會傷害任何人，至少表面上不會，而且也不會突顯我們與病人的身分差異。可是這兩個回應都不完全是事實，所以我都沒有採用。

我盡可能簡單直白地跟那個病人說，我們是新來的學生，正受訓成為心理師，因此她無法加入我們。這個回答突顯了雙方處境的差異，使我們之間的差距更大、更明顯。比起精心設計的善意謊言，這個回答刺耳許多，但我那時已約略知道，儘管心存善意，虛假的話語仍會導致意外的結果。她聽了之後似乎有點沮喪、受傷，但只維持一下子，後來她就能理解，也釋懷了。那不過就是事實。

在接受臨床訓練的前幾年，我有過一些奇特的經驗。[148]我發現有某些非常強烈的衝動控制了我（但我沒有真的去做），這讓我確信我對自己是誰、在做什麼其實所知有限。於是我開始密切注意自己的所作所為，還有說出口的話。這經驗老實說相當難堪。我將自己分割成兩個部分：一部分的我說著話，另一部分的我較抽離地關注及評判自己。我很快就意識到，我說的幾乎都不是事實。我說話時帶著某些動機，希望贏得辯論、獲取地位、讓別人印象深刻，以及得到我想要的東西。我透過語言扭曲世界，傳達出我覺得必要的事情，但我是騙子。明白這點之後，我開始練習只說那些不違背內在聲音的事，我開始練習說實話——或至少不要說謊。我隨即發現，這個技巧在不知道該怎麼做的時候非常有用。當你不知道該怎麼辦時，應該怎麼做？說實話，這就是我在道格拉斯醫院第一天所做的事。

後來，我接了一個罹患妄想症的危險個案。與有妄想症狀的個案工作非常棘手，這樣的病人相信自己被神祕、圖謀不軌的力量鎖定，對方躲在幕後惡意操控現實。妄想症患者會過度警覺，也會過度關注某些事情，把某些非語言的線索解讀成一般人際互動中不會出現的意圖。這類病人雖然會錯誤解讀訊息（這就是妄想），但仍有相當不可思議的能耐，能洞悉外界混雜不純的評價、動機及謊言。如果你希望一個有妄想症狀的人對你敞開心房，你就必須仔細聆聽，並且說實話。

我仔細傾聽我的個案，坦誠以對。有時他描述的幻想實在令人毛骨悚然，像是為了復仇而剝去別人的皮。我會觀察自己的反應，留意當他說話時，有什麼想法和影像出現在自己的想像劇場裡，並且將我的觀察告訴他。我並沒有試圖控制或引導他的（或我的）想法或行動，只是盡可能開誠布公地讓他了解，他的行為會以什麼方式直接影響至少一個人，那就是我。我的密切關注與直率反應，完全不代表我很鎮定，更別說贊同他的想法。當他嚇到我的時候（經常發生），我也會告訴他，讓他知道他的言語及行為出現了誤差，可能會陷入嚴重的麻煩。

即使我並不附和他，但我的傾聽及真誠回應還是讓他願意跟我說話。他信賴我，儘管我反對他的想法（或更確切地說，正因為我反對他的想法，他才信任我）。他雖然有妄想，但並不愚蠢。他知道社會很難接受他的行為，也知道任何正常人都會害怕他的瘋狂幻想。他信賴我，願意跟我說話，因為我也是這樣對待他。如果沒有這層信任，我不會有機會了解他。

他的麻煩通常始於官僚體系（例如銀行）。他去某個機構想辦些簡單的手續，像是開戶、繳費或修正某個錯誤。正如一般人的遭遇，有時他也會在這類場所遇到一些無心幫忙的員工，那個人可能拒絕他提供的身分證明，要求一些不必要又難以取得的資料。我覺得官僚機構互踢皮球有時在所難免，但實在沒必要心胸狹窄地濫用職權，讓事情變得更複雜。我的個案相當理解這些，但他在意的是面子，對他來說那比安全、自由或歸屬感都重要。按照這個邏輯（因為妄想症患者的邏輯是無懈可擊的），他絕不允許任何人鄙視、污辱或貶低他，一點也不行。他不會一笑置之。因為固執、缺乏彈性，我的個案原本就受到多項禁止令的限制。但禁止令這種東西，要用在那些永遠不需要禁止令的人身上，才能起最大作用。

在上述情形下，他的回應是「我會成為你最可怕的夢魘」。我遇到不必要的官僚阻礙時，也會強烈希望自己能說出這種話，但通常最好還是把這樣的念頭放下。然而，我的個案這麼說的時候，是認真的，有時他真的會變成某些人的夢魘。他是電影《險路勿近》裡的反派。他是你會在錯誤的時間、錯誤的地點遇到的人。如果你招惹到他，就算不是故意的，他也會跟蹤你，時時提醒你做過什麼，把你嚇得魂不附體。沒有人能夠對他說謊，我總是對他實話實說，這能讓他平靜下來。

❖ 我的房東

當時我有個房東丹尼斯，他曾是當地機車幫派的老大。我和太太譚美（Tammy）就住在他父母的小公寓，跟他只有一牆之隔。他女朋友的身上有著邊緣性人格障礙症患者常見的自傷痕跡。我們還住在那裡的時候，她自殺了。

丹尼斯是高大、強壯的法裔加拿大人，蓄著灰色鬍子，是很有天賦的業餘電工。他也有些美術天分，以製作客製化霓虹燈裝飾的木框海報來維生。出獄之後，他雖然努力維持清醒，但幾乎每個月還是會消失幾天去飲酒作樂。他的酒精耐受力很驚人，能在兩天內狂飲五、六十瓶啤酒而不會倒下。這聽起來很不可思議，卻是事實。我當時正在研究家族性酒癮問題，不少研究個案都告訴我，他們的父親每天都會習慣性喝掉約一公升的伏特加。從週一到週五，這些一家之主每天下午都買一瓶酒，週六則買兩瓶，這樣才能熬過週日酒鋪公休。

丹尼斯養了一隻小狗。在他的馬拉松飲酒過程中，譚美跟我有時會在凌晨四點聽到他和小狗在後院一起對著月亮狂號。丹尼斯一開始酗酒，就會不時花光手邊存的每一分錢，然後半夜出現在我們公寓門口，敲我們家的門。他會在門外突然搖晃，然後站直，奇蹟般恢復清醒。

丹尼斯會站在那裡，手裡拿著烤麵包機、微波爐或者海報，想把這些東西賣給我，好有錢繼續喝酒。我會假裝好心向他買過幾樣東西，但最後譚美說服我不能再這麼做，因為這樣令她感到不安，對丹尼斯也不好，而她一向喜歡丹尼斯。她的請求很合理，也確實有這個必要，但還是讓我陷入一種複雜的處境。

當凌晨兩點一個爛醉如泥又有暴力傾向的前機車幫派老大出現在你家門口，用七拼八湊的英文想把他的微波爐賣給你，你要對他說什麼？這個問題比先前提到的住院病人或有妄想症的剝皮狂都還要困難。但答案還是一樣：說實話。不過，你最好非常清楚什麼是實話。

我和太太談過後不久，丹尼斯又來敲門。他以一種專惹麻煩的粗暴酒鬼會有的態度，瞇起眼睛狐疑地盯著我。那眼神說著：「證明你的清白。」他的身體輕微搖晃，禮貌地問我有沒有興趣買他的烤麵包機。我克服自己靈魂深處的靈長類主導欲及道德優越感，盡可能小心翼翼地直接告訴他，我不會買。我沒有耍任何花招，那一刻我不是什麼受過教育、以英語為母語、幸運又進取的年輕人，他也不是血液酒精濃度高達〇・二四、有前科的魁北克機車騎士。不是，我們是兩個善意的人，試圖幫助彼此擺脫共同的困境、做正確的事情。我告訴他，他說過他在戒酒，如果我再給他錢，對他沒有好處。我也告訴他，當他喝得醉醺醺，這麼晚還跑過來向我兜售物品，會讓他向來尊敬的譚美感到焦慮。

大約有十五秒，他不發一語，嚴肅地瞪著我。十五秒也夠久了。我知道，他在尋找我臉上是否有任何一絲細微表情透露出諷刺、欺騙、輕蔑或者沾沾自喜。但我已經認真思考過，說出來的都是真心話。我慎選用詞，穿越危機重重的泥沼，摸索出一條半隱半現的石頭小徑。丹尼斯轉身離開，不僅如此，他記得我們的對話，儘管他當時處在專業級的酒醉狀態，但之後就沒再跟我兜售任何東西。我跟他有很大的文化差異，然而我們的關係本來就不錯，經過這件事之後，關係甚至更加穩固。

選擇簡單的解決之道，或者說實話——這並不只是兩種選項，而是兩條不同的人生道路，是截然不同的生存方式。

❖ 操弄世界

你能以言語操弄世界，讓你得到你想要的東西，這是所謂的「政治行為」，是欺騙，是不擇手段的行銷人員、推銷員、廣告商、把妹達人、徒有口號的空想家及精神病質人格者的專長。是一個人試圖影響及操弄他人時的說詞。是大學生在寫論文時只想著迎合教授，而沒有闡述及釐清自己的想法。是一個人為了得到想要的東西，決定偽裝自己去取悅與奉承。這是陰謀詭計、空洞的標語、宣傳鼓動的作為。

這種生活方式，會使人執迷於某些不良欲望，接著便精心設計一套說詞和行動，以看似可靠又合理的方式去得逞。典型盤算過的目的像是「強迫他人接受我的意識形態」「證明我（曾）是對的」「看起來很有能力」「逐漸爬升到統治階層」「逃避責任」（或它的雙胞胎「搶功」）「獲得升遷」「吸引大量的注意力」「確保所有人都喜歡自己」「消費受難者的身分」「為我的憤世嫉俗辯護」「合理化我的反社會觀點」「減低當下的衝突」「保持我的天真」「利用我的脆弱」「維持聖人形象」，或最邪惡的，「確保問題永遠出在我那個不被愛的孩子」。這些例子都被佛洛伊德的同事，知名度略低的奧地利心理學家阿德勒稱為「人生的謊言」。[149]

活在人生謊言裡的人，試圖透過知覺、思考與行為來操弄現實，因此只能接受少數想要的、預先定義好的結果。這樣的生活方式，是有意或無意地建立在兩個前提上：第一，現在的知識毫無疑問足以定義在未來什麼才是好的。第二，如果任由現實自然發展，結果將會難以忍受。第一個前提在哲學上是不合理的，因為目前設定的目標可能不值得追求，正如同現在所做的事情也可能是錯的。第二個前提更糟，唯有當現實本質上是難以忍受，且真的能夠被成功操弄與扭曲，這個前提才會成立。要有這樣的言論與想法，需要相當的傲慢與把握，就像英國詩人米爾頓對撒但（上帝最墮落的天使長）那種天才般的認同。理性的危險在於容易驕傲：**該知道的，我全知道了**。驕傲會愛上自己的作品，努力讓它們成為絕對。

我曾看過有人把自己的人生打成死結，只為試圖實現他自行定義的烏托邦。一個思想左傾的學生，跟著時下流行的反權威立場，二十年來努力不懈地推翻自己想像中的敵人。一個十八歲女孩隨意決定要在五十二歲退休。她用工作三十年來達成這個目標，卻沒發現她做這個決定時，並不比一個孩子大上多少。她當時只是個青少年，哪裡知道五十二歲的自己是什麼模樣。即便多年後的現在，她對於自己的後工作[iii]樂園也僅有最含糊不清的想法。她不願去正視，如果一開始的目標就錯了，那麼人生的意義又是什麼？她害怕打開潘朵拉的盒子，裡面藏著這世界所有的問題，然而希望也在裡面。相反地，她扭曲自己的人生，硬擠進一個單純的青少年空想裡。

iii「post-work」，學者認為未來人工智慧將完全取代人類的工作，進入後工作社會時代。因應此未來趨勢的一項可能措施，即為無條件基本收入（universal basic income）。編注天真的目標設定會隨著時間質變為險惡的人生謊言。一位年約四十的個案跟我說起他年少立下的願景：「我看到自己已經退休，坐在熱帶海灘上，在陽光下啜飲著瑪格麗特。」這不是計畫，這是旅遊海報。八杯瑪格麗特下肚之後，等著你的只有宿醉。經過三週每天都是瑪格麗特的日子，如果你還有任何意識，你會感到無聊透頂且自我厭惡。一年之後，或許不用那麼久，你會變得很悲慘，這不是一種能一直維持下去的晚年生活。意識形態擁護者的身上特別常見這種過度簡化與扭曲，這樣的人奉行單一公理：政府很糟糕，移民很糟糕，資本主義很糟糕，父權社會也很糟糕。接著，這群人便用這個公理來過濾和篩選經驗，更褊狹地堅持所有事情都一定能以這個公理來解釋。他們一廂情願地相信，只要那糟糕的理論支配一切，世界就能回到正軌。

人生謊言還有另一個根本問題，特別是當謊言建立在逃避之上時。蓄犯之罪，是指一個人明知故犯；疏忽之罪，則是明明可以阻止卻放任壞事發生。傳統上認為前者比後者嚴重，也就是故意犯罪比逃避嚴重，但我對此有所保留。

假設有個人堅持生活中每件事情都是對的。她避免衝突、保持微笑，回應所有要求。她找到適合的職位，躲了進去，從不質疑權威，不表達意見，受到不當對待時也不抱怨。她努力隱藏自己，就像小魚躲在成群移動的魚群中央。但一種隱密的不安啃噬著她的心，她還是感到痛苦，因為人就是生而受苦。她孤孤單單、鬱鬱不得志。她的順從與自我抹滅也令她生命中的意義消失殆盡。她除了當奴隸，一個被別人剝削的工具，什麼也不是。她沒有去爭取自己想要或需要的，因為這表示她要說出內心話。於是，她的生活中沒有任何有價值的事物能拿來抵銷人生的磨難，而這令她心煩意亂。

當公司經營不善、組織縮編，第一個被踢出去的，就是平時吵鬧不休的麻煩製造者，但接著被犧牲的就是隱形人。隱藏自己的人，不會是組織的靈魂人物。靈魂人物要有獨到的貢獻。隱藏自己，也無法使這些順從組織、照章行事的人免於疾病、精神失常、死亡以及納稅的義務。此外，躲避他人也意味著壓抑、隱藏尚未實現的自我所蘊含的可能性，而這正是問題所在。

如果你不願向別人揭露自己，你便無法向自己揭露自己。這不僅表示你壓抑了真實自我，也意味著屬於你的那麼多可能性，將永遠不會在必要時展露。這在概念上及生物學上都是事實。從概念上來看，一旦你大膽探索，主動面對未知，你會獲取資訊，並從中建立嶄新的自我。然而近年來，研究者也在中樞神經系統發現新的基因，這些基因會在有機體處於（或主動造訪）新環境時自行開啟。這些基因會編碼以製造新的蛋白質，作為製造腦內新結構的基礎材料。這表示從最生理的層面來看，你的許多部分仍處在新生階段，而且會持續發展。如果靜止不動，是無法喚醒這些部分的。你必須說些什麼、前往某些地方，然後做一些事情來開啟這些部分。但如果不這麼做……你仍舊是不完整的，而對於任何不完整的人來說，生活都很艱難。

如果在該拒絕的時候，你確實拒絕了你的老闆、另一半，或你的母親，那麼你就是讓自己轉變成**能夠**在必要時拒絕的人。但如果在該拒絕的時候，你卻沒有拒絕，你就是讓自己變成只能接受的人，即便是在很明顯應該拒絕的時候。倘若你曾經納悶那些看起來如此尋常、正派的古拉格勞改營守衛，竟然會做出這麼可怕的事，現在你心中已有了答案。當時絕對是必須**拒絕**的時候，但已經沒有人能夠說不了。

如果你背叛自己，如果你說不實的話，如果你依謊言行事，你便是弱化自己的品格。如果你的品格懦弱，逆境襲來時必定會摧毀你。你會試著閃躲，但已經無處可藏，於是你將發現自己做出可怕的事。

只有最憤世嫉俗、最絕望的哲學觀，才會堅持扭曲現實能讓現實變得更好。這樣的哲學觀斷定「存有」(Being)跟「生成」(becoming)並無不同，且認為這兩者都有缺陷。它指謫事實本身並不足夠，誠實的人總是受到蒙蔽。它引發世界各地的腐敗墮落，且進一步予以合理化。

這種哲學觀本身並不是一種願景，也不是為實現願景而制定的計畫，而是一種錯誤的想法。我們對未來懷抱的願景必須指向理想的未來，這種願景能將當前採取的行動連向重要、長遠且根本的價值，提升當前行動的意義與重要性，也提供了一個架構，降低不確定性與焦慮感受。

它不是願景，而是故意盲目。它是最糟糕的那種謊言。它狡猾地利用簡便的藉口。故意視而不見，就是拒絕去了解可以了解的事物。拒絕承認敲門聲代表門口有人。拒絕承認房間裡有三百公斤重的大猩猩、地毯下有一隻大象、衣櫃裡有骷髏頭。拒絕承認在執行計畫時犯的錯。每個遊戲都有規則，其中某些最重要的規則是不明說的，而一旦決定參與遊戲，就表示你接受這些潛規則。潛規則第一條：遊戲是重要的。假如不重要，你也不會參與。玩遊戲這個行為本身，就定義了遊戲的重要性。第二條：任何能在遊戲中幫助獲勝的動作，都是有效的。如果你做了某個動作，但沒有幫助你獲勝，那麼就定義上來說，這是糟糕的舉動，你必須試試其他選擇。記不記得這個老笑話：瘋狂就是一遍又一遍做同樣的事，還期待能有不同的結果。

如果你運氣好，但是失敗了，於是你嘗試其他新方法，你就會有進展。如果還行不通，就再試其他方法。幸運的話，只要一點微調就夠了，所以要謹慎地從微小改變開始，觀察這樣的改變是否對情況有益。但有些時候，整個價值體系都是錯的，需要全部砍掉重練，整場遊戲都要改變。這會是一場革命，充滿混亂與恐懼的革命，參與其中並不輕鬆，但有時是必要的。修正錯誤必須有所犧牲，愈嚴重的錯誤需要愈重大的犧牲。接受這個事實就意味著準備犧牲——如果你長久以來都拒絕這個事實，那麼你已債台高築，積欠了大量的犧牲。森林大火能將枯木燃燒殆盡，並釋放其中元素回歸土壤。但有時大火會被人撲滅，可是這樣便無法阻止枯木累積，遲早會有另一場大火，來勢洶洶地摧毀一切，即使是孕育森林的土壤也不放過。

驕傲理性的心智安於自己確信的事，迷戀自己的聰明才智，動輒忽略錯誤，掩蓋醜惡的真相。

自齊克果開始，文學與存在主義哲學家認為這是一種「非本真」（inauthentic）的存有狀態。即使已經從自身經驗證明是錯的，一個非本真狀態下的人仍然會持續以這種錯誤的方式感知與行動，也會言不由衷。

本真的聲音是：「我得償所願了嗎？沒有。是我的目標或方法錯了，我還需要再學習。」

非本真的聲音是：「我得償所願了嗎？沒有。是世界不公。人們嫉妒我，他們太蠢而沒辦法理解。一定是別人的錯，或者有什麼事情搞錯了。」這樣的聲音就好像在說：「他們應該要被喝止」「他們應該嘗嘗痛苦的滋味」或「他們應該被徹底毀滅」。只要你聽到有人說出這類難以理解的殘暴言語，其背後顯然就是這些想法。

這些情況都不能怪罪給潛意識或壓抑作用。當一個人說謊時，他自己心裡是清楚的。他可能會自我蒙蔽，不去看自身行為的後果。可能因為沒能分析及講述自己的過去，以致無法理解。甚至可能忘了曾經說謊，所以對說謊渾然不覺。但在當下，在犯下每個錯誤、規避每個責任的時候，他是清楚的。那一刻，他知道自己做了什麼。而非本真者的罪孽會使這個狀態更形複雜、敗壞。

某些權欲薰心的人會在職場訂定新規則，這些規則毫無必要，甚至適得其反，只會令人惱火，消磨工作的樂趣與意義。但你卻跟自己說沒關係，沒什麼好抱怨的，然後類似的事情一再發生。從第一次沒做出適當反應開始，你反覆訓練自己容忍這種事。你變得沒那麼勇敢，那個不曾遭到反對的敵手壯大了一些，整個組織機構則更墮落腐敗一點。官僚體制的停滯不前與壓迫氛圍正在成形，這也是你造成的，因為你假裝一切都沒事。為何不抱怨？為何不表達立場？如果你這樣做，其他同樣不敢說出口的人，也許都會站出來挺你。如果沒有，那麼也許是該來場革命的時候了。或許你應該去另外找份工作，能讓你的靈魂免於墮落的工作。

人就是賺得全世界，賠上自己的生命，有什麼益處呢？（《馬可福音》第八章第三十六節）

索忍尼辛的傑作《古拉格群島》有個重要貢獻，他分析蘇聯這個仰賴監獄勞改營（數百萬人受難與死亡的地方）的國家有何病狀，以及這個病症如何導致蘇聯人民普遍扭曲自己的日常經驗、否認自己的國家引發的苦難，從而支持這個理性且執著於意識形態的共產主義體系所下的指令。他認為就是這種卑劣的信仰、這樣的否認，助長倒行逆施的大屠殺劊子手史達林犯下罪行。索忍尼辛寫下事實，那些他從勞改營的痛苦親身經歷學到的事實，揭發了蘇聯政府的謊言。索忍尼辛的《古拉格群島》問世之後，再也沒有任何受過教育的人敢捍衛那樣的意識形態，再也沒有人能說：「史達林的所作所為不是真正的共產主義。」

精神科醫師與納粹集中營倖存者，同時也是經典之作《活出意義來》的作者弗蘭克（Viktor Frankl）得出一個類似的社會心理結論：**虛假、非本真的個人存在是社會極權主義的前兆**。佛洛伊德也有類似的信念，他認為「壓抑」對於心理疾病的發展有重要影響（壓抑事實以及說謊只是程度的差別，而非類別的差異）。阿德勒相信是謊言滋長了病症。榮格認為他的病患深受道德問題所苦，而這樣的問題是肇因於虛偽不實。這些思想家的核心關注都是個人與文化的病理，得到的結論一致是：謊言會扭曲存有的結構。虛假的事物不僅腐化個人靈魂，也腐化國家整體，兩者的墮落程度會相互滋長。

我不斷觀察到因為背叛及欺騙，原本的生存痛苦竟轉變為徹頭徹尾的人間地獄。就像成年子女不合宜、瑣碎的爭吵，使得末期病患原本就難以應付的危機，轉變為無法形容的悲慘處境。這些子女執著於尚未排解的夙怨，像餓鬼般圍繞在病榻旁，硬生生把哀傷的事變成難以忍受的瞎扯，充滿懦弱及怨恨。

一個母親一心想保護兒子遠離所有失望與痛苦，於是利用孩子無法獨立成長的弱點，讓兒子永遠離不開自己，自己也因此永遠不會孤單。這是一場邪惡的共謀，在病徵一一浮現時，透過無數次心照不宣的默許，慢慢成形。母親扮演殉道者，以全心支持兒子為天命。她像吸血鬼，從支持她的朋友身上吸取同情心作為養分。兒子則在他的地下室沈思，想像自己受到壓迫，愉快地幻想著他把這個因為自己的怯懦、笨拙和無能而拒絕他的世界攪得一團混亂。有時他還真的造成一些混亂。每個人都在問「為什麼？」這些人其實知道原因，只是拒絕承認。

生活再美好，也一定有可能因為疾病、衰弱及無法掌控的災難，而變得反常、扭曲、困難。憂鬱症、躁鬱症與思覺失調症就像癌症一樣，都涉及個人無法直接掌控的生理因素。生命本身固有的苦難，足以使我們每一個人都疲憊得喘不過氣，把我們推到極限，在最脆弱的地方將我們擊碎。就算是活得最精采的人，也無法完全抵禦生命的脆弱。但不論如何，若要在地震震毀的斷垣殘壁上重建生活，互相信任與奉獻的穩固家庭還是比爭執不休的家庭更有可能做到。任何天生的不足或既存的挑戰，不論多麼微小，都可能因為個人、家庭或文化慣於隱瞞事實，而擴大成嚴重的危機。

靈魂最真誠的人在努力打造人間樂園的過程中，可能會不斷面臨失敗，但能設法將生存的痛苦減低至可承受的程度。我們的有限性以及人類經驗的脆弱性，導致了存有的悲劇，這甚至可說是我們為存有本身所付出的代價——即便是多麼微小的存在，也必然有其限制。

我見過一位丈夫，他的太太退化至末期失智，而他坦誠又勇敢地適應這件事。他逐步做了必要調整，在需要時也接受協助。他不願否認太太那令人心酸的退化，從容地適應了這件事。我看到這位失智太太的家人——兄弟、姊妹、孫子女以及父親，在她臨終時全心全意互相支持，也在彼此身上找到新的連結，真誠地填補了部分的喪親之痛。我看著我十幾歲的女兒，經歷髖關節及腳踝嚴重受損，承受了兩年的強烈疼痛，卻仍保有完好的心性。她的弟弟毫無怨尤多次犧牲維持友誼與參與社交活動的機會，在她受苦時自動陪在她與我們身邊。擁有愛、鼓勵以及完整的品格，人類就會有超乎想像的韌性。然而，悲劇與欺騙所導致的絕對毀滅，卻確實難以承受。

理性的心智有數不盡的驚人能力：欺騙、操弄、密謀、戲弄、偽造、輕視、誤導、背叛、推諉、否認、忽略、合理化、偏執、誇大以及掩蓋真相。在還未出現科學思維的世紀中，世人著重的是釐清道德努力（moral endeavor）的本質，因此理性心智被認定是邪惡的，但原因不是出在理性本身。理性作為一種歷程，能明辨事理、帶動進展。原因出在理性難以抵擋最糟糕的誘惑——將其所知提升到絕對的地位。

為了釐清這代表什麼，讓我們再次回到偉大詩人米爾頓。在幾千年的歷史中，西方世界對於邪惡的本質有股夢境般的幻想，並以這個幻想包覆住西方主要宗教的核心。這個幻想有個擁護者，那是一個反抗的人格，毫無保留將自己獻給存有的墮落。米爾頓自發地組織、編劇、描繪這個集體夢境的本質，讓這股本質具有生命，並披上撒但的形象。那就是路西法，「光之使者」。米爾頓寫下路西法最原始的誘惑與下場：[150]

他自信能與至高者匹敵，
倘若反抗；懷抱著野心
對抗上帝的寶座與帝制，
在天堂發起不敬的戰役，
驕傲地戰鬥卻徒勞無用。
全能的至尊者將其熾烈
從縹渺的天空猛然拋下，
帶著猙獰的毀滅與火燄
墮至萬劫不復的深淵，

囚居在堅硬鎖鍊與懲罰惡火裡……

在米爾頓眼中（或說理性的心靈中），路西法是上帝從空無之中所創造出最美好的天使。這點可以從心理學的角度解讀：理性具有生命，活在我們所有人心中，但又比我們任何人都古老。理性比較適合理解為一種人格，而不是某種能力。理性有自己的目標、誘惑和弱點，比任何心靈都飛得更高、看得更遠。但理性會陷入對自身的迷戀裡。更糟的是，理性也會愛上自己的作品，並推崇它們，將之奉為絕對。因此，路西法是擁抱極權主義的心靈。他因為這股推崇，因為違抗至高無上且不可測度的上帝，於是從天堂被扔到地獄，最後不可避免地造就了地獄。

再強調一次，理性最大的誘惑，就是吹捧自身的本事及作品，並宣稱在自己的理論面前，沒有必要存在任何更卓越或超出其範疇的東西。這表示所有重要的事實都已經被發現了，沒有什麼是我們還不知道的。更要緊的是，這也否定了勇敢的人直接對抗存有的必要性。什麼能夠拯救你？極權主義者基本上會說：「你必須仰賴你對已知事物的信心。」但這並不是什麼拯救的方法，**能拯救你的，是願意從未知的事物中學習**。這樣的信念是相信人類有轉化的可能性，相信自我現在的犧牲能成就未來的自我。極權主義則否認個體有必要為了存有而承擔終極的責任。

這樣的否認，正是違抗「至高者」的真意。是**極權主義**所謂的所有必須被發現的事物，都已經被發現；所有事物都將精準地按照計畫展開；只要接受這個完美的系統，所有問題都會永遠消失。米爾頓的偉大詩作是個預言，當理性從基督宗教的灰燼中冉冉升起，全體系統的巨大威脅也就伴隨而來。共產主義特別是這樣，它吸引的並不是假定的受益者，也就是受壓迫的勞工，而是知識分子——因聰明才智而傲慢自大，堅信自己總是正確無誤的那些人。但共產主義承諾的烏托邦從來都沒有實現，取而代之的，只有人們水深火熱生活在史達林的俄羅斯、毛澤東的中國和波布的柬埔寨，以及這些國家的人民被迫背叛自身經驗，與同胞為敵，然後數以千萬計地死去。

有個關於蘇聯的老笑話：一個美國人死後到了地獄，撒但親自帶他到處參觀。他們經過一個大鍋子，美國人朝鍋裡看，裡面充滿受苦的靈魂，在持續加熱的瀝青中煮著。當這些人掙扎著要離開鍋子時，坐在鍋緣的低階魔鬼就會用叉戟把他們推回去。美國人嚇壞了，撒但說：「我們把有罪的英國人放在這裡。」他們繼續參觀，不久來到第二個鍋子，比前一個略大，也略微滾燙一些。美國人朝著鍋裡看，同樣滿是受苦的靈魂，全都戴著貝雷帽，魔鬼同樣正把試圖逃跑的人一個個叉回鍋子裡，撒但說：「我們把有罪的法國人放在這裡。」遠處還有第三個鍋子，這個鍋子更大，發出熾熱的白光。美國人幾乎沒辦法靠近，雖然如此，在撒但的堅持下他還是靠過去瞧了一眼。滾燙的液體表面幾乎讓人看不清楚底下有什麼，但絕對也塞滿了靈魂。同樣不時有人爬離這鍋瀝青，死命抓向鍋緣。奇怪的是，這個大鍋子的邊緣沒有坐著任何魔鬼，但這些攀爬的人無論如何還是會掉下去消失不見。美國人問：「為什麼這裡沒有魔鬼阻止他們逃跑？」撒但回答：「這是我們放置俄羅斯人的地方。如果有誰試圖逃脫，其他人就會把他拉回去。」

米爾頓相信，面對錯誤卻頑固地拒絕改變，不僅意味著被逐出天堂，墮入一層又一層的地獄，也意味著拒絕救贖。撒但心知肚明，即便他有意尋求和解，上帝也樂意准允，他還是會再度反叛，因為他不會改變。也許正是這份驕傲的固執，構成了他對聖靈詭祕又不可饒恕的褻瀆：

> ……再會了，喜悅永存的快樂境地，
> 恐懼萬歲，地獄般的世界萬歲，
> 還有你，深不見底的地獄，迎接你新的主人吧！
> 那人帶來的，是不被時間或地點改變的心境。[151]

這不是關於來世的幻想，不是用來詛咒政敵的酷刑陰間。這裡講述的是一個抽象概念，而抽象概念往往比它們表徵的事物更加真實。地獄的存在是個隱喻，這個概念不僅由來已久，也非常普遍。地獄是永恆的，一直都存在，現在也存在著。它是混亂的幽冥世界裡最貧瘠、絕望且惡毒的人間支部，永遠住著沮喪且憤恨的人們。

人心自為其境，而在此境中
可將天堂化為地獄，
地獄化為天堂。[152]

……

在這裡我們能穩坐江山
我們寧願在地獄建立霸業：
與其在天堂為奴，不如在地獄稱王。[153]

那些撒謊、作假的人，現在就住在地獄。走在任何繁忙的城市街道，睜大眼睛仔細留意，你就會看到此刻正身處地獄的人。那是你直覺想避開的人，是你一旦直接盯著看，就會立刻被你激怒的人，雖然有時他們會羞愧地轉過身去。我曾遇過一個狀況看起來很糟的街頭酗酒者，一看到我的小女兒就別過頭，對他來說最要緊的，是逃避在她眼中看到自己真實的墮落模樣。

是欺騙，讓人類的悲慘程度超過自己所能負荷。是欺騙，讓人類的靈魂充滿怨恨報復。是欺騙，造成人類的可怕苦難：納粹的死亡集中營、史達林的刑求室與種族屠殺，以及那極端的怪物毛澤東。是欺騙，在二十世紀奪去幾億人的性命。是欺騙，讓文明幾乎走向毀滅。是欺騙，至今仍以最深切的方式威脅著我們。

❖ 改說實話

相反的，如果我們決定不再說謊，會發生什麼事？更確切的說，這樣做有什麼意義？畢竟我們所知有限，很多時候，即便我們無法明確判斷什麼是最好的辦法、最理想的目標，還是必須在當下做出選擇。一個目標、一份野心，提供了行動必要的架構。目標給定一個終點，一個和現在比較的參照位置，一個能夠評價所有事物的架構。目標也定義了進步，並讓我們為進步而振奮。目標還能減少焦慮，因為如果欠缺目標，一切都會變得沒有特定意義或毫無意義，而不管哪一種都無法為心靈帶來平靜。因此，為了無論如何都能活下去，我們就必須思考、計畫、限制與設想。那麼，我們該如何展望未來、設立方向，而不至於淪為極權主義式自信的犧牲品呢？

仰賴若干傳統有助於我們建立目標。除非有很好的反對理由，否則採取別人過去的做法是有道理的。受教育、工作、追尋真愛和建立家庭，都是有道理的，文化就是這樣存續下去。但就算仰賴傳統，你也必須睜大眼睛、瞄準目標。你有一個方向，但可能是錯的。你有一個計畫，但可能有問題。你可能因為自己的疏忽，或甚至更糟糕，因為你不為人知的墮落而誤入歧途。因此，你必須結識你所不知道的，而不是你已經知道的。你必須保持清醒，注意自己的行為。在關心你兄弟眼中的刺之前，你必須先除去自己眼中的樑木。如此會強化你的心靈，使心靈能夠忍受生存的重擔，而你也會重拾活力。

幾千年前，古埃及人便已領悟這個道理，雖然他們仍是以戲劇來展現這樣的知識。[154]古埃及人崇拜歐西里斯，神話故事中的建國者，傳統之神，但歐西里斯卻輕易就被他那邪惡陰險的弟弟賽特推翻、驅逐至地獄。埃及人在這個故事中呈現一個事實：社會組織隨著時間而僵化，漸漸對一切視而不見。歐西里斯看不清他弟弟的真面目，即便他明明能看清。賽特一等到適當的時機就發動攻擊，把歐西里斯砍成碎片，將他神聖的遺骸散布在全國各處。賽特把歐西里斯的靈魂遣送到陰間，使歐西里斯很難拼回自己的身體。

所幸這位偉大的國王不必獨自對付賽特。埃及人也敬仰歐西里斯之子荷魯斯，他的形象是所有生物中視力最敏銳的獵鷹，以及至今仍著名的符號「埃及之眼」（規則七也曾約略提及）。歐西里斯傳統、年老、在應看見時視而不見。相反的，他的兒子荷魯斯能夠也願意看見。荷魯斯是注意力之神，而注意力與理性不同。荷魯斯因為主動注意，所以能夠覺察並且戰勝邪惡的叔叔賽特，儘管也付出了相當大的代價。荷魯斯與賽特的對峙是場慘烈的戰鬥。賽特在落敗並遭流放之前，挖去他侄子的一隻眼睛。但最終獲勝的荷魯斯仍然奪回他的眼睛，然後做了一件出乎意料的事：**他自願前往陰間，將這隻失而復得的眼睛獻給父親。**

這些事情的意義是什麼？第一，與邪惡及狠毒的力量交鋒，驚心動魄的程度甚至足以毀壞神的視力。第二，**留心的兒子能夠讓父親重獲視力**。文化總是如臨深淵，即便是建立在過去偉人的精神上，但現在畢竟與過去不同。過往的智慧會隨著現在與昔日情境的真實差距拉大，而逐漸衰退或變得過時。這只是時間推移的結果，以及隨之而來的必然改變，但也顯示文化及其智慧一旦開始視而不見，一旦受惡魔梅菲斯特的陰謀所惑，就很容易腐敗。因此，前人遺留下來的制度習俗，也會因為我們如今的行當不當，即我們的錯失目標，而加速原先已不可避免的功能衰退。

我們有責任鼓起勇氣看清眼前事物，並從中學習，即便那令人驚恐——即便凝視這些事物所帶來的恐懼會傷害我們的感知，使我們半盲。當「看清事物」會挑戰我們已知及仰賴的事物，使我們變得煩亂、不安，這個動作尤其重要。唯有如此，我們才能了解情況，並跟上更新現狀。正因如此，尼采說一個人的價值取決於他能承受多少真相。你絕不只你已經知道的這些，只要你願意去認識，那些你有機會知道的，全都將變成你的一部分。因此，永遠不要因為你現在的樣子，而犧牲你可能成為的樣子。永遠不要為了抓住既有的安全感，放棄你內心更好的選擇——尤其是當你已經瞥見，無可置疑地瞥見了某種超越現在的可能時，你更不能放棄。

基督宗教傳統中，基督被視為道（Logos）。道是上帝的話語，這些話語在太初之時將混沌轉化為秩序。基督以人類的形體，自願為了真理、為了善、為了上帝犧牲自己，結果在他死去後重生。那些在混亂中產生秩序的話語，將一切，甚至自己，奉獻給上帝。那唯一的話語，其智慧超越我們所能理解，歸結出整個基督宗教。每一次小小的學習，都會有一點東西死去。每一筆新的資訊，都挑戰著過去的認知，迫使它消融於混亂之中，而後重生為更好的概念。有時這樣的死亡幾乎將人摧毀，可能使我們再也無法復原，但若我們做到了，我們會改頭換面。我的一位好朋友發現結褵數十年的太太外遇，他從沒想到會發生這樣的事，這使他陷入深沈的憂鬱，墜入幽暗世界。某一次他告訴我：「過去我總認為憂鬱的人應該努力振作起來、擺脫憂鬱，我根本不知道自己在說什麼。」最後，他從低潮中復原，從許多方面來說，他都成為全新的人，或許還是個更有智慧、更好的人。他減去十八公斤、參加馬拉松比賽、到非洲旅行，還攀登吉力馬札羅山。他選擇重生，而不是墮入地獄。

立定你的志向，即便你不確定那該是什麼。比較理想的志向跟發展品格及能力有關，而跟權力地位無關。地位可能失去，但品格會一直跟著你，且能讓你戰勝逆境。若你明白這一點，請把繩索套在巨大的岩石上，選最大的那塊石頭，然後絞動繩索，把自己拉向巨石。當你朝著那塊巨石前進時，也要注意觀察，盡可能仔細清楚地向自己與他人闡明你的經驗，如此你將學會以更正確的方式更有效率地朝目標前行。此外，在這過程中不要說謊，尤其不要對自己說謊。

如果你留意自己的言行，你便能學會感受做錯事或者說錯話時，內在那種分裂與脆弱的狀態，這是種具體的感官經驗，而非想法。當我的言行不夠謹慎，我會體驗到一種下墜與分裂的內在感受，而不是堅定與力量。這種感覺似乎都集中在我的腹腔神經叢，那裡是一個巨大的神經組織結點。實際上，透過注意這種下墜與分裂的感受，然後推論出謊言的存在，我學會發現自己正在說謊。揪出謊言通常要花費我不少時間，有時我運用言語來讓我的形象更好，有時我試圖掩飾自己對於眼前議題實際上一無所知，有時我借用別人的言論，迴避自身的思考責任。

當你試圖追求某些事物，若你能讓自己專注其中，你就會朝著目標邁進。然而更重要的是，你會知道是否需要轉變目標。極權主義者從來不會問：「如果我目前的志向是錯的，怎麼辦？」相反的，他把自己的志向視為絕對，於是他的志向成為他的上帝，主宰所有的意圖與目的，構成他最高的價值，調節他的情緒與動機，並決定他的思考。如果所有的人都為自己的志向努力，這麼一來，就沒有所謂的無神論者，只有知道或不知道自己服事的是什麼神的人。

如果你扭曲一切，盲目且刻意地想要達成目標——而且是唯一目標，你便永遠無法知道是否有其他更適合你和這個世界的目標，這就是你不說實話所要付出的代價。相反的，如果你誠實以對，你的價值觀會隨著你往前邁進而變得不同。如果你允許自己去接受現實傳遞出的各種訊息，當你為了前進而奮鬥時，你對哪些事物比較重要的看法也會隨之改變。你會重新調整自己的方向，有時緩慢漸進，有時突然徹底轉變。

想像一下：你照著父母的期望進入工學院，但那不是你想要的。面對違背自身願望的目標，你發現自己缺乏動力，也沒有辦法努力投入，你拚命集中精神，鞭策自己，但沒有用，你的靈魂會拒絕你意志的暴政，（不然還有其他說法嗎？）你為何順從？可能是不想讓父母失望（雖然假如你失敗了，也會讓父母失望），可能缺乏勇氣面對解放自己必然帶來的衝突，可能不想放棄「父母無所不知」這個幼稚信念，希望能繼續真摯地相信這世上有人比你更了解自己，也了解這世界的一切。你想要以這樣的做法保護自己，避開人生在世那赤裸裸的存在孤寂，以及伴隨的責任。這都非常普遍而且可以理解，但你之所以受苦，是因為你真的不應該當工程師。

有一天你會受夠一切。你不幹了，讓父母失望，但你學會接受這樣的事，你只向自己徵詢意見，即便這表示你必須自己做決定。你拿了哲學學位，接受自己犯的錯帶來的煩擾，為自己的人生做主。你因為拒絕父親的期望，長出自己的視野。而後當你的雙親年老，需要仰賴你時，你已經成為足以照顧他們的大人。但追求這種雙贏，代價是面對真實的你所引發的衝突。正如《馬太福音》第十章第三十四節引用基督的話來強調說實話的作用：「你們不要想我來是叫地上太平；我來並不是叫地上太平，乃是叫地上動刀兵。」

如果你一直遵循真實而活，你勢必得接受並處理存有模式所引發的衝突，這樣一來，不論是在（不可低估其重要性的）小地方或者大事上，你都會不斷成熟，變得更加負責。當你發現並糾正不可避免的錯誤時，你會逐漸趨近你更新、更明智的目標，也會更合理地訂定目標。當你融合了你經驗中的智慧，你對哪些事物比較重要的看法會越來越真切。你會停止胡亂擺盪，更筆直地走向良善，而那個善是如果一開始無視各種證據，堅持自己絕對正確，就永遠不可能理解的。

如果生命是美好的，那麼與生命之間最純澈、最適當的關係，也會是美好的。反之，倘若生命並不美好，你就會迷失方向，沒有任何事物能夠拯救你——不服氣、黑暗的想法以及愚昧的盲目，這些構成謊言的元素絕對無法拯救你。生命美好嗎？你必須自己冒著極大的風險去找出答案，去活在真實或謊言裡，面對後果，並得出結論。

這是「信仰的行為」，丹麥哲學家齊克果就堅持這種實踐的必要性。你無法提前知道結果，即便有出色的榜樣也不足為憑，因為人與人之間存在著差異。一個好榜樣之所以會成功，多半是拜運氣之賜。因此，你必須冒險投入你獨特個別的人生，去找出答案。這樣的冒險，正是先人所描述的，將個人的意志奉獻給上帝的意志。這並不是屈從（至少不是現今所理解的屈從），這是勇敢的行動。

這是種信念，相信風會帶著你的帆船前往更新更好的港口，相信存有能透過不斷生成的過程修正。這正是探索本身所展現的精神。

也許以下列方式來理解這個概念會比較好：每個人都需要一個具體明確的目標（一個志向、一種決心）來減少混亂，為他／她的生命找到清楚明白的意義。所有這類具體目標可以也應該從屬於某個後設目標，即實現與設定目標的方式。後設目標可以是「活在真實中」，這表示「努力朝著某些清楚明確的暫時目標前進，即時且明白地設定成功與失敗的判定標準，至少要是自己的標準，若別人能了解你在做的事，與你一起評估成敗，那會更好。此外，在這樣做的時候，允許世界與你的靈魂按照自身的意願展開，同時你也要傳達並表現出真實」。這既是務實的志向，也是最勇敢的信念。

佛說，人生是苦的。基督信仰中，耶穌受難的十字架以意象描繪相同的看法。猶太信仰處處有這樣的感慨。有限是人生的同義詞，這是存在最主要且不爭的事實。存有的脆弱性，使我們容易落入重重的苦，因社會的評價與輕蔑而苦，也為肉體的終將衰敗而苦。但即便有這麼多苦，即便這些苦有多麼可怕，都不足以腐化這個世界，將世界變成地獄，就像納粹分子、毛派與史達林主義者做的那樣。希特勒清楚說過，要使那樣的事情發生，你需要謊言：[155]

巨大的謊言永遠有某種使人信服的力量，因為一個國家的廣大民眾在情感深處，總是比自己所意識到更不由自主地易受腐蝕。比起微小的謊話，他們簡單天真的心靈更容易成為巨大謊言的受害者，因為他們經常在小事上撒謊，但恥於撒大型的謊言，因此絕對想不到有人會捏造出漫天大謊，也不相信有人能如此厚顏無恥地扭曲真相。就算腦海中清楚知道這個事實，他們還是會懷疑和動搖，不斷去想背後也許有其他合理的解釋。

為了成就一個巨大謊言，首先你必須撒點小謊。打個比方，這些小謊就像是謊言之父惡魔撒但為了引誘受害者所放的餌。人類的想像力使我們能夠夢想與創造另一個世界，這是我們創造力的重要來源。但就像硬幣的反面，這個能力也會有負面效果：我們能夠自欺欺人，相信並表現得彷彿事情不是我們知道的那樣。

我們又為何不說謊？為何不扭曲事物來獲取蠅頭小利，或平息事端、維繫和平，以及避免傷害感情？現實有其險惡之處，而我們真的有必要在意識清醒的每一刻以及人生每個轉折處，都去面對現實那張帶著蛇頭的臉嗎？或至少，連注視都太過痛苦的時候，為何不能就這樣別過頭去？

理由很簡單，**事物會崩潰瓦解**，昨天可行的事，今天未必仍行得通。我們從先祖那繼承了國家與文化的宏大體系，但前人已死，無法再處理當代的變動。然而，**活著的人**可以，我們能睜開眼睛，在必要時調整我們擁有的體制，使體制運作順暢。或者，我們可以假裝一切都沒問題，不做必要的修正，然後在事情未如預期進展時詛咒命運。

事物會崩潰瓦解，這是人類的偉大發現。因為盲目、不作為與欺騙，我們加速了偉大事物的自然衰退。若不稍加留意，文化便會逐漸衰退死去，邪惡會蔓延開來。

當你表現得虛偽（多數謊言是用行動做出來的，而不是用嘴說出來的），你看到的謊言很少是它實際的樣貌。謊言與一切事物相連，對這世界的影響，就像在最大瓶的水晶香檳裡滴入一滴濁水。謊言最好被視為有生命且不斷增長的東西。

當謊言達到一定規模，整個世界就會毀壞。如果你觀察得夠仔細，最大的謊言都是由較小的謊言組成，而小謊言裡面又有更小的謊言——最小的謊言就是巨大謊言的起點。謊言不只是不實的陳述，更是一種行動，能以最嚴重的陰謀來操控人類種族。最小的謊言看起來既無害，也不是非常卑劣。它只是因些許傲慢而出現，想要規避的責任似乎也微不足道——這些都有效掩蓋了它的真實本質、它真正的危險之處，以及它等同於人類所犯下並樂在其中的巨大邪惡。謊言腐化世界，更糟的是，這正是它們的目的。

一開始是一個小謊，接著許多小謊構成支撐，然後扭曲想法來避免這些謊言帶來的羞愧感，接著又以更多的謊言來掩飾扭曲想法的後果。而後，最糟的是，這些已經變得必要的謊言，因為反覆練習而轉變成自動化、專一化、結構化、在神經生理層次體現的「無意識」信念與行動。接下來，以謊言為基礎的行動帶來令人難受的經驗，但無法產生想要的結果。你不相信高牆的存在，但當你一頭撞上去時，你還是會受傷，然後你就會咒罵現實為何造了這堵牆。

接下來，是成功的謊言必然伴隨的高傲與優越感（假設為成功的謊，而那是最危險的事之一：看來大家都被愚弄了，所以大家都是笨蛋，只有我不是。每個人都蠢到受我擺布，所以我可以得逞逃脫）。最後得出的論點是，「存有本身容易被我操弄，因此不值得尊重」。

此時事物正在瓦解，就像歐西里斯被砍成碎片。這是個人或國家結構在邪惡勢力的影響下支離破碎，是幽冥世界的混亂浮現，如洪水般吞沒熟悉的地面。但這還不是地獄。

地獄仍在後頭。當謊言破壞個人或國家與現實之間的關係，那才是地獄的到來。萬物分崩離析，生命衰退，一切都令人挫折沮喪。希望不停叛離。欺瞞者就像該隱一樣拚命地在獻祭中致敬，但始終無法取悅上帝。然後這齣戲進入最後一幕。

人在反覆受到失敗的折磨之後，變得憤恨。失敗再加上沮喪，產生一種幻想：**世界鐵了心要我受苦、要我一事無成、要我毀滅**。我需要、我應該、我必須——復仇。這就是通往地獄的大門，這就是可怕又陌生的幽冥世界變得悲慘的時候。

依據西方的重要傳統，在太初之時，上帝透過話語將混沌轉化為存有。這個傳統中有一個自明之理，即男人和女人都是依據上帝的形象做出來的。因此，我們也透過話語將混沌轉化為存有，我們將未來的各種可能，轉化為過去與現在的事實。

說實話就是將最適合安身的現實帶進存有。實話建構的高樓能屹立千年，實話讓窮人得以吃飽穿暖，使國家富裕安全。實話將一個人可怕的複雜性，簡化為他言語的單純，使這個人能夠成為夥伴，而不是敵人。實話讓過去真正成為往事，並充分發揮未來的可能性。實話是最首要、最無窮無盡的自然資源，是黑暗中的光亮。

看見真相，說出事實。

實話不會偽裝成別人的意見。它既不是一串口號，也不是意識形態，反之，它屬於個人。只有你能述說自己的事實，因為那是來自你生活的獨特情境。體察你的個人事實，並以清楚明白的方式，仔細傳達給你自己以及其他人。這將確保你目前的安全，使你的生命更加豐富，同時你也會安居在當前的信念架構之中。這也將確保未來的善意，讓未來與過去的必然性分道揚鑣。

實話從存有最深刻的源頭再度湧現。它會在你面臨人生不可避免的悲劇時，使你的靈魂免於枯萎與奄奄一息。它會避免你對那悲劇產生可怕的報復心，那是存有最可怕的罪之一。唯有從容承受悲劇，事實才能存在。

如果你的人生沒有成為它可望成為的樣子，試著說實話。如果你死命抓著某個意識形態不放，或沈迷於虛無主義中，試著說實話。如果你感到軟弱、被拒絕、絕望、困惑，試著說實話。在樂園中，每個人都說實話，樂園之所以是樂園，就是因為人人都說實話。

說實話，或至少不要說謊。

RULE ·9· 假設你聆聽的對象，可能知道一些你不知道的事

❖ 不是建議

心理治療不是給建議。建議是當你跟一個人談到某些可怕和複雜的事情，而對方希望你住口或走開時，所給你的回應。建議是當你跟一個人對話，而對方想要表現自己優越的聰明才智時，所給你的回應。畢竟，你若不是那麼笨，也不會有那些蠢問題。

心理治療是真誠的對話。真誠的對話是探索、闡述以及擬定策略。當你專注於一場真誠的對話時，你會聆聽，同時也訴說——但多半是聆聽。聆聽是全神貫注。當你聆聽時，你會很驚奇人們竟然會告訴你這些事。有時對方甚至會告訴你自己出了什麼狀況，以及打算怎麼修復，而那些方法有時也能幫助你處理你的狀況。在一次意外的經驗裡（而這只是眾多類似經驗之一），我正仔細聽某個人說話，她在幾分鐘之內告訴我：（1）她是女巫，而且（2）她們女巫集會時花了許多時間一起觀想世界和平。她長期擔任低階公務員，我從沒想過她竟然是女巫，也不知道女巫聚會時會花自己的時間觀想世界和平。我對這些一無所知，但並不覺得無聊，那實在很有意思。

在臨床工作中，我聽人們說話，也和對方談論。我對某些人說得比較多，對另一些人則是傾聽比較多。我傾聽的人裡面，很多都沒有對象可訴說，其中有些是孑然一身活在這世上，而且這樣的

人遠比你想像還多，但你不會遇到他們，因為他們總是獨自一人。另外有些人，四周總是圍繞著霸道、自戀的人，或是酒鬼、心理受創者以及專業的受害者。也有些人並不擅長表達自己，會突然離題，重複描述一樣的事，或說些模糊不清、自相矛盾的話，這些人很難有機會被好好聆聽。還有些人是遇到很糟糕的事，像是父母失智或子女生病，以至於沒有太多時間關心自己的事情。

有一次，跟我談了幾個月的個案[i]在預約時段來到我的辦公室。簡短的開場之後，她宣布：「我想我被強暴了。」要判斷如何回應這句話並不容易。就像大多數的性侵害案件一樣，這類事情的真相經常充滿各種謎團。酒精經常涉入其中，帶來某種曖昧性，這是人們喝酒的部分原因。酒精也可以讓人們暫時放下自我意識的重擔，酒醉的人雖然知道未來，卻一點也不在意，這感覺很刺激、很興奮，他們有時會喝到彷彿沒有明天——但實際上是有的，而且大部分時候都有，所以他們也會因此惹上麻煩。酒醉者會昏過去，或是跟著粗心的人涉足危險場所，盡情玩樂，但也可能被強暴。所以當我聽到個案那樣說時，立刻想到可能發生了這些事。她口中的「我認為」，還可以怎麼理解？但這還不是故事的結尾，她又補充一個細節：「五次。」第一句話已經夠嚇人了，第二句話又更難以理解。五次？這可能是什麼意思？

我的個案說她會去酒吧喝一點酒，有人會過來搭訕她，最後她會跟這個人去對方或她自己的住處，夜晚的高潮通常無可避免會牽涉到性。隔天她醒來，不確定發生了什麼事——不確定自己的動機，不確定對方的動機，也不確定這世界是怎麼回事。我們稱她S小姐好了，她平常總是茫茫然彷彿不存在，像個幽靈，但卻打扮得像是專業人士，知道如何在第一次現身時展現自己。因此，她順利進入一個提供大型交通基礎建設專業意見的政府顧問委員會（儘管她並不了解政府組織、顧問或者建設）。她也在地方公共電台主持一個專為小型企業製作的廣播節目，即使她從未真正工作過，對於創業也一竅不通。她成年後一直在領社會福利津貼。

S小姐的父母從來沒有關心過她。她有四個兄弟，但對她並不好。她現在沒有朋友，過去也沒有。她沒有另一半，沒有人可以說話，也不知道如何靠自己思考（這倒不罕見）。她沒有自我，僅是一堆未整合的經驗拼成的會移動的不和諧音調。我試過幫她找工作，問她有沒有履歷，她說有，我請她帶來給我，她也真的在下次會談時帶來了。但那份履歷有五十頁，用彩色分隔索引標籤隔成好幾個部分，放在一個檔案夾裡，內容包含「我的夢」及「我讀過的書」之類的主題。「我的夢」是她記錄許多夜裡做過的夢，另外她也簡短摘錄及評論她讀過的資料。這就是她打算拿給未來雇主看的東西（也許她已經給過，誰真的知道？）。那是一份包含五十個索引頁的檔案夾，以條列的夢境與小說構成跟誰都無關的履歷，一般人不可能經由這樣的履歷去了解她。S小姐對自己一無所知，她也不了解其他人，不了解這個世界。她是一部失焦的電影，絕望地等待一個關於自己的故事，讓一切具有意義。

把糖加到冷水裡，攪拌一下，糖會溶化。再把水稍微加熱，就有更多糖會溶解。若持續加熱到水沸騰，便能溶進非常多的糖。然後，如果讓這杯糖水慢慢冷卻，不要碰，不要搖晃，你就能騙過這杯水（我也不確定還能用什麼字眼來描述），讓它的含糖量遠超過持續保持冷卻狀態時所能溶解的分量。這稱為過飽和溶液。如果你在這過飽和溶液裡丟進一顆糖的晶體，這些糖就會瞬間產生大量結晶，彷彿它們極度渴求秩序。這就是我的個案，當前許多形式的心理治療之所以有用，便是因為能幫助她這樣的人。人們相當困惑，不理解為何接受任何理性、有條理的解釋系統，都能使精神狀態恢復秩序，並且改善生活。事實上，這是以（任何）一種有條不紊的方式，讓四處散落的生命碎片得以連結聚合。因此，如果你的自我從某處細縫碎開（或從未整合過），那麼佛洛伊德學派、

i 我同樣隱藏了許多個案細節，在保留這些事件的主要意涵之餘，也能同時維護相關人員的隱私。作者注

榮格學派、阿德勒學派、羅傑斯學派，或者行為取向，都能幫助你重構人生，而後至少能讓你獲得意義，至少讓你的生命變得有條理。就算你還不能把一切處理得盡善盡美，至少能做好某件事。雖然沒辦法用斧頭修車，但至少可以拿它來砍樹，這依舊很有意義。

差不多就在我與那位個案會談的期間，媒體的火熱話題正好都圍繞著復原的記憶，尤其是關於性侵害的記憶。爭議快速蔓延開來：這些關於過去創傷經驗的描述是真實的嗎？或者是事後建構出來的，是急切想為自己的困境找到原因的臨床個案，在輕忽的治療師有意、無意施加的壓力之下，死命抓住的幻想？或許，有時候那些記憶是真實的，有時是被建構出來的。然而，我更清楚、確切知道的是，一旦我的個案流露出對性經歷的半信半疑，便相當容易在她的心靈地景植入虛假的記憶。過去的經驗看似固定不變，其實不然，在重要的心理意識上並非如此。畢竟，過去經驗是非常龐大的內容，而我們組織過去的方式可能會有嚴重的扭曲。

舉例來說，想像一部充滿悲慘劇情的電影，但是最後一切都順利發展，困難全部迎刃而解，結局快樂圓滿，足以改變前面所有事件的意義，彷彿能有這樣的結果，一切都值得了。然後，再想像另一部電影，劇情包含許多有趣、令人興奮的事件，但實在太多了。九十分鐘過去，你不免擔心地想：「這是一部很棒的電影，可是故事支線太多，希望導演有辦法把這些都串連在一起。」但最後並非如此，故事結束得很突然，沒有交代清楚，或是落入俗套的爛尾。你失望惱怒地離開，沒發現自己剛剛在戲院裡幾乎所有時間都全神貫注、享受著這部電影。現在的經驗能改變過去的記憶，而未來的經驗也能改變現在的記憶。

當你回憶過去，你是想起其中一部分，同時也忘掉其他部分。你清楚記得某些發生過的事，但不記得其他可能同樣重要的事。就像在這個當下，你覺察到周遭環境的某些面向，但沒有意識到其他部分。你分類自己的經驗，將某些元素歸為同一類，與其他元素區分。這樣的舉動帶著神祕難解的武斷，因此你不會完成一份全面、客觀的紀錄。你就是辦不到，因為你無法了解得如此透徹，無法感知得如此完整。你也不可能客觀，你是活生生的人，有自己的主觀，以及既定的關注對象——至少通常是你自己。所以故事裡究竟應該包含什麼內容？事件之間的界線又是什麼？

雖然兒童性虐待事件普遍到令人心痛，[156]卻也不像缺乏訓練的心理治療師所想的那般頻繁，這些孩子也不見得都會變成嚴重受損的成人。[157]每個人的韌性不同，能徹底擊潰一個人的事件，另一個人卻可以置之不理。但拽著一點佛洛伊德二手知識的治療師，通常理所當然假設那些痛苦的成人個案必然在童年遭受性侵，否則為何如此悲痛？所以這些治療師挖掘、推論性侵的事實，暗示有這樣的可能性，並過度反應、抱持偏見且態度偏頗。這樣的治療師放大某些事件的重要性，忽略其他同樣重要的事，裁剪事實以符合自己的理論，[158]說服個案相信自己遭受性虐待——如果個案能想起來的話。然後個案便開始回憶，並展開指控，而有時個案記起的事情根本從未發生，被指控的人也是無辜的。好處是什麼？至少治療師的理論屹立不搖，那對治療師來說是好事，卻會造成附帶傷害。可惜的是，不少人為了維護自己的理論，寧願製造許多傷害。

在S小姐跟我談起她的性經歷時，我便已經知道這些。她提及她在單身酒吧的遭遇，以及後續反覆發生的事情，我立刻有一連串想法：「妳這麼茫然，這麼缺乏生存感。妳是混亂與地下世界的子民，妳會在同一時間去十個不同地點。任何人都可以拉著妳的手，帶妳去他們要去的地方。」畢竟，一個人如果不是自己戲劇裡的主角，就只會是別人劇本裡的配角，而且很有可能領到那種陰鬱、孤單又悲慘的角色。S小姐說完她的故事之後，我們坐在那裡，我心裡想著：「妳有正常的性慾，又那麼孤單。妳的慾望無法滿足。妳害怕男人，對這世界一無所知，也不了解自己。妳四處遊蕩，像一場等待發生的意外，而意外真的發生了，這就是妳的人生。」

我又想：「一部分的妳希望被人擁有，一部分的妳又希望自己是個孩子。妳被兄弟虐待，被父親忽略，所以一部分的妳想要報復男人，一部分的妳感到罪惡，另一部分覺得羞愧，其他部分則激動又興奮。妳到底是誰？做了什麼？發生了什麼事？」什麼才是客觀的真實？我們沒有辦法得知，也永遠不會得知，因為世上沒有客觀的觀察者，也永遠不會有這樣的人。沒有所謂完整且準確的故事，這樣的事情不會存在，也不可能存在。從過去到現在，我們只有不完整的說法以及破碎的觀點，但其中還是有某些部分比其他部分好。記憶不是對過去事件的客觀描述，**記憶是工具**，是過去對未來的引導。如果你記得過去發生過的壞事，而且能找出原因，就能試著避免重蹈覆轍，這就是記憶的目的。記憶不是用來「記住過往」，而是為了避免同樣該死的事一再發生。

我繼續想著：「我可以讓S小姐的人生簡單一點。我可以告訴她，她完全有理由懷疑自己受到強暴，她的懷疑只是再次證明她自始至終都在受害。我可以堅持她的性伴侶有法律責任確認她沒有醉到無法表示同意。我也可以告訴她，除非她明確用口語同意每一個性動作，否則她確實遭受暴力與非法行為的侵害。我可以告訴她，她是無辜的受害者。」我本來可以把這些全告訴她，這些都有可能是事實，她也會認定這些是事實，而且一輩子都不會忘記。她可能會成為嶄新的人，有著全新的生命史，與全新的命運。

但同時我也想著：「我可以告訴S小姐，她是行走的災難。告訴她，像個交際花意識不清地晃到酒吧，會讓自己和別人陷入危險，她得醒醒，如果到單身酒吧去喝得爛醉如泥，然後被人帶回家發生粗暴的性行為（就算是溫柔的性行為也一樣），她到底還能期待什麼？」換句話說，我也可以用比較哲學的方式告訴她，她就是尼采筆下「蒼白的犯罪者」，一方面敢於違抗神聖的律法，另一方面又畏懼付出相應的代價。這個版本也可能是事實，而她也可能接受，並且這樣記住。

如果我是左派、社會正義意識形態的擁護者，那麼我可能會告訴她第一個版本。如果我是保守主義意識形態的擁護者，我會告訴她第二個版本。不管哪個版本，她聽完之後的反應都可能使我們雙方相信，我說的就是事實——完完全全，無可辯駁的事實。而那就變成建議了。

❖ 為自己找出答案

我決定聆聽就好。我學會不偷走個案的問題，我不想在別人的故事裡扮演扭轉危局的英雄或天外飛來的救星。我不想要別人的人生，所以我請她說說自己的想法，而我只是聆聽。她談了很多，結束時，她還是不確定自己是否被強暴，我也不確定。人生真是非常複雜。

有時候，你必須改變你一貫理解事物的方式，才能真正理解某件事。「我被強暴了嗎？」可能是一個非常複雜的問題，本身呈現的形式，便已指出其中隱含無限複雜的層次——更別說「五次」了。「我被強暴了嗎？」這個問題裡面藏了無數個問題：什麼是強暴？什麼是合意？如何在性方面適當保持警覺？女生該怎樣保護自己？誰該被追究責任？「我被強暴了嗎？」這個問題是一隻九頭蛇，砍掉牠的頭，會再長出七個，這就是人生。S小姐可能要講上二十年，才能明白自己是否被強暴，也需要有個人聽她說這些。我開始了這個過程，但受限於客觀條件，無法陪她走到最後。她離開我的治療時，只比一開始好一點，不那麼迷茫一點。但至少她離開時，沒有變成我那該死的意識形態的化身。

我聆聽的對象都有敘說的需求，因為人們是透過敘說來思考。人類需要思考，否則就會跟蹌盲目地走進坑裡。我們思考時是在模擬世界，並規劃如何在其間行動。如果模擬得夠好，我們就能知道自己不該做哪些蠢事，便能夠避開，而不必承受那些事情的苦果。這就是思考的目的，但我們無法獨自完成。我們模擬世界，在其中計畫行動——只有人類才有辦法這樣做，這就是我們聰明的地方。我們製造自己的小小虛擬化身，將這些化身放在虛構的世界裡，然後看看接下來會發生什麼事。如果這些虛擬化身能夠成長茁壯，那我們就在真實世界裡依照同樣的方式行動，這樣我們也能夠成長茁壯（但願如此）。假使虛擬化身失敗了，而我們又有點理智，就不會跟隨虛擬化身的腳步。我們讓那些虛擬化身在虛構的世界裡死去，如此我們在當下就不必真的面對死亡。

想像有兩個孩子在對話，年幼的那個說：「爬上屋頂不是很好玩嗎？」他剛才把自己的虛擬化身放在一個虛構的世界裡。他姊姊不贊成，打斷他說：「那很蠢！如果從屋頂上掉下來怎麼辦？爸爸知道了怎麼辦？」年幼的孩子便能修改他腦中原始的模擬畫面，得到比較恰當的結論，讓整個虛構世界胎死腹中。或者他不打算放棄，也許這值得冒險，但至少這回會同時考量風險因素，虛構的世界因而更完整了一點，虛擬化身也更聰明了一些。

人們自認在思考，但其實沒有，那多半是被誤認為思考的自我批評。真正的思考很少見，就像真正的傾聽一樣少見。思考是聆聽自己，這非常不容易，表示思考的時候，你必須在當下把自己切分成至少兩個人，然後讓這兩個人意見相左。思考是兩個或更多不同世界觀之間的內在對話，第一個觀點是虛擬世界裡的一個虛擬化身，有自己對過去、現在與未來的主張，以及對於該如何行動的想法。第二、三、四個觀點也是。思考是一個過程，讓這些內在的虛擬化身得以想像並向彼此闡述自己。在思考時，你也不能只是攻擊稻草人[ii]，因為那就不是思考了，而是在做事後的合理化：你讓自己屬意的化身與較弱的對手對抗，好讓你不必改變自己的意向。你大力鼓吹、宣揚自己的想法，說著曖昧混淆的騙詞，用你的結論來證明你的論據，你這是在逃避真相。

真正的思考相當複雜且耗費心力。你必須是能清楚表達的演說者，同時也是細心審慎的聆聽者。思考涉及衝突，所以你也必須容忍衝突。衝突包含談判與妥協，所以你也必須懂得取捨，並修正前提與調整想法，甚至改變你對世界的看法。有時候這會打敗或淘汰一或多個內在虛擬化身，但這些化身不喜歡落敗或淘汰。他們好不容易才形成，非常珍貴。他們有生命，想要活下去。他們會為此奮鬥。你最好聆聽他們的聲音。如果你不這麼做，他們會潛入隱蔽的深處，變成惡魔來折磨你。

因此，思考不但帶來情緒的痛苦，也造成身體的損耗，程度超越任何事情——除了不思考。但你必須非常善於表達、必須鍛鍊自己，才能讓這一切在你的腦袋裡發生。如果不擅長思考，不擅長同時當兩個人，該怎麼做？很簡單，你就說話，但你需要有人聽你說話，一個傾聽者會是你的隊友，也是你的對手。

傾聽者在檢驗你說的話（以及你的思考）時無需發言。傾聽者代表共同的人性，是站在大眾的立場。大眾並非總是正確，但這是約定俗成的正確，是所謂典型的正確。如果你說的話會驚嚇到每個人，那你應該重新考慮你說的內容。雖然我這麼說，但我相當明白有時引發爭議的意見反而是正確的，甚至有時如果不聽這些意見，大家就會一起毀滅。別的不說，正因為這個理由，我們就有道德義務挺身說出自身經驗的真相。但是，比較新奇或極端的東西，通常還是容易出錯。你需要很好的，甚至非常棒的理由，才能夠忽略或駁斥一般的、大眾的意見。那就是你的文化。你的文化是一棵巨大的橡樹，你停歇在其中一根樹枝上，若樹枝斷了，你因而跌落地面，你會跌得很深，或許遠比你想像的還要深。如果你正在讀這本書，那麼你很可能很會投胎，因為你既有能力閱讀，也有時間閱讀。你高高站在雲端，而要經歷無數個世代，你才能站在此刻的位置。你可能要有點感激。如果你堅持世界要按照你的方式轉動，你最好有很好的理由。如果你堅持己見不願改變，你最好有自己的理由。你最好已經徹底想過，否則可能免不了重重跌落地面。除非你有非常好的理由，否則你應該遵循眾人的做法。如果你踩在清晰的足跡上，至少你知道這條路有前人走過。偏離足跡經常也就偏離了道路，而在道路之外的荒野裡等著的，是攔路搶匪與怪獸。

人的智慧是這麼說的。

ii 即稻草人論證（straw man），一種論證方式，指先蓄意曲解對方的論點（紮稻草人），再攻擊曲解後的論點，然後宣稱自己已經推翻對方的論點。編注

❖傾聽者

讓敘說者聆聽自己，透過這種方式，傾聽者不用說一句話，就能夠映照出眾人的樣貌。這就是佛洛伊德建議的方式，他讓病人倚著沙發，望向天花板，任由思緒隨意飄蕩，說出心中浮現的任何想法，這就是他的**自由聯想**技巧。佛洛伊德取向的精神分析師透過這個技巧避免將個人偏見與想法移植到病人的內在世界。因此，佛洛伊德不直接跟病人面對面，他不希望病人自發的冥想被他的表情干擾，不論那表情是多麼細微。他相當謹慎地注意自己的意見（或自己的未解問題，這更糟）是否不受控制地出現在他的回應與反應中，不論有意識或無意識，因為他擔心這樣對病人的成長有負面影響。也因此，佛洛伊德堅持精神分析師必須先接受分析，他希望治療師在採取他的方法之前，能夠發現並消除自身最嚴重的盲點與偏見，以免敗壞實務工作。佛洛伊德說得對，畢竟他可是天才，從世人至今依然討厭他就能看出這一點。但是，佛洛伊德建議的這種客觀而有些距離的取向，還是有問題：許多尋求治療的病人，不但渴望也需要一種更親近、更個人的關係（雖然這也有危險）。這部分說明了我為何像多數臨床心理師一樣沒有選擇佛洛伊德學派，而是以對話方式進行實務工作。

讓個案看到我的反應是值得的，但為了避免個案因而受到可能的不當影響，我努力設定好目標，使我的反應背後都有適切的動機。我盡己所能為個案做到最好（不論那是什麼），同時，我也盡全力做到最好（因為這是我能給個案最好的事物之一）。我試著淨空我的內心，把自身的憂慮拋到一旁，如此我才能專注於對個案最有益的事，同時警覺是否有任何跡象顯示我對「最有益的事」可能有誤解。「最有益的事」需要一同協商才能確認，而不是單憑我的假設而定。會談過程需要非常仔細拿捏、慎重處理，才能減低親密與人際互動的風險。個案訴說，我傾聽，有時我也會給些回應，這些回應通常都很細微，甚至不是口語上的回應。個案與我面對面，我們的眼神相交，能看到對方的表情，因此個案可以觀察到自己的話對我的影響，我也可以觀察到我對個案的影響，個案還可以回應我的反應。

我的一個個案可能會說：「我討厭我太太。」話一旦說出口，就在那了。話會懸在空氣裡，從幽冥世界衍生，在混亂之中成形，最後現身，那麼具體、那麼明顯，再也無法輕易忽略。話變得如此真實，甚至說話的人自己都受到驚嚇。個案從我的眼中看見同樣的事，他注意到了，並持續走在理智的道路上，他說：「等等，讓我重來，這樣說太苛刻了。我是有時候討厭我太太，當她不告訴我到底想要什麼的時候，我討厭她。我媽也這樣，把我爸搞瘋了。老實說，把我們全都搞瘋了，甚至連我媽自己也瘋了！她是好人，但就是怨念太深。好吧，至少我太太沒有像我媽那麼糟，差遠了。等等！我想我太太其實還算是能把想法告訴我，只是當她不說的時候，我真的很厭煩，因為我媽以前就是這樣把我們折磨得半死，這真的影響了我，即使現在只是一點點這樣的小事，我都反應過度。嘿！我的反應就跟我爸過去被我媽惹惱時一樣！那不是真正的我，這也不關我太太的事！我得讓她知道。」我從這一切觀察到，以前我的個案沒辦法適當區分他的妻子與母親，也在無意間被自己的父親附身，而他發現這一切，如今也比較能夠區分，不再那麼像未經雕琢的原石，也不再那麼深地躲在迷霧裡。他為他所屬的文化結構修補了一道小小傷痕。他告訴我：「彼得森醫師，那真是很棒的會談。」我點點頭。人只要閉上嘴巴，就會變得相當聰明。

聆聽時，即便我什麼都沒說，我也同時扮演了敘說者的隊友與反對者。我無法克制不這麼做，我的表情播送我的反應，即便那通常都相當隱晦。佛洛伊德說得對，我一直在溝通，即便在沈默之中也沒有停止。但在臨床會談中我也說話，那要如何判斷說話的時機？首先，就像我說過的，讓自己處在適當的心境。我設定適當的目標，希望事情能有所改善，而循著這個目標，我的心便能夠找到方向，會試著對這個治療性對話給出反應，讓會談朝目標推進。我觀看自己內心發生的事，並將我的反應展現出來，這是首要原則。例如有時候，個案說了某些事，使我腦中產生某個想法，或者有某個想像掠過我的腦海，那經常是個案剛才或前一次會談跟我說過的事情。接著，我不偏不倚地把我的想法或想像告訴個案：「你說過這個，後來我有注意到這一點。」然後我們會討論這件事，試著去釐清我回應的內容是否重要。或許有些時候，那與我個人有關，這是佛洛伊德的看法。但有些時候，這就只是一個立場抽離又積極關注的人對另一個人表述的內容做出的反應，這樣的反應是有意義的，有時甚至具有矯正性。不過有些時候，我才是那個被矯正的人。

你需要與人和睦相處，治療師就是其中之一。好的治療師會對你說出他／她的真實想法（這不等於對你說出他／她認為什麼才是真實的），於是你至少能得到一個人最真誠的意見，這其實不容易獲得，也並非無關緊要。這是心理治療歷程的關鍵：兩人坦誠相對，並且也相互傾聽。

❖ 如何聆聽？

羅傑斯是二十世紀偉大的心理治療師之一，對於聆聽頗有研究。他寫道：「我們大多數人都無法聆聽，我們急著評價，因為聆聽太過危險。要做到聆聽，首先需要勇氣，而我們通常缺乏勇氣。」[159]羅傑斯也很清楚聆聽能徹底改變一個人，對此他評論道：「你們有些人或許覺得自己擅長聽別人說話，卻從未看過這樣的改變。你以為的聆聽，實際上很可能並不是我描述的那種。」他建議讀者在下次與人爭執的時候做個小實驗：「先暫停討論，雙方協議下列原則：『每個人都要先準確重述對方的想法及感受，直到對方滿意，然後才能說自己要說的話。』」我發現不管是在我的個人生活或者臨床工作中，這個技巧都非常有用。我經常總結別人對我說的話，然後問對方，我的理解是否正確。有時對方會接受我的總結，有時則會稍微修正。我偶爾也會完全搞錯。然而不管是哪一種情形，能知道都是好的。

這樣的總結過程有諸多重要優點。第一個優點是，我能藉此真正了解對方在說什麼。關於這點，羅傑斯指出：「聽起來很簡單，對吧？但如果真正去試，你就會發現這是你做過最困難的事情之一。如果你真的以這種方式去了解一個人，如果你願意進入對方的個人世界，看看他的生活是怎麼一回事，你就冒著自己將被改變的風險。你可能會以他的方式去看這個世界，也可能發現自己的態度或個性受到影響。這種被改變的風險，是我們大多數人一想到就膽顫心驚的。」幾乎無人能寫出比這更有益的話。

第二個優點是，總結有助於加強記憶、運用記憶。試想一個情境：我有一位個案敘述了在人生困難時期所遭遇的一個故事，漫長、曲折又悲喜交織，我們反覆總結，把故事變短一些，然後這故事就以呈現在我們討論中的形式，在個案的記憶裡（也在我的記憶裡）完成總結。原本的故事現在變成另一個記憶，很幸運的，從許多方面來看都是更好的記憶。它不那麼沈重了，是經過提煉、簡化之後的要旨。我們從故事中汲取教訓，描繪事件的因果，制定對策，以減少未來再次發生同樣的悲劇與痛苦的可能性。「實際上發生**這樣的事**，是由**這個原因**造成，今後我應該**這麼做**，以避免同樣的事情一再發生。」這就是個成功的記憶，這才是記憶的目的。再強調一次，記得過去不是為了保有「精確的紀錄」，而是為未來作準備。

採用羅傑斯的總結方法還有第三個優點：讓人們無法輕易形成草率的稻草人論證。如果有人不贊成你的意見，你很容易會過度簡化、嘲諷或扭曲對方的立場，這種會造成負面效果的競賽，是設計來傷害反對者，同時也不正當地抬高自己的地位。相反的，如果你鼓起勇氣為反對者的立場做總結，且希望對方同意你的總結，你在陳述他的論點時，甚至有可能陳述得比反對者還要清楚簡潔。如果你一開始就能就事論事，從反對者的角度看待他的論點，那麼你就能（1）發現那論點中的價值，在這過程裡有所學習；或者，你能（2）藉此精煉自己的主張以反駁對方（如果你仍然認為反對者是錯的），並進一步強化你的論點以因應挑戰，這會使你變得更強大，再也不需要扭曲反對者的立場（也可望至少部分彌合你們兩人的分歧），你也將更能承受別人對於自己的種種懷疑。

有時我們需要花很多時間，才能明白別人話裡真正的意思，因為對方通常是第一次表達自己的想法，很難避免在死胡同裡打轉、說出自相矛盾甚至荒謬的內容。這有部分是因為說話（與思考）通常更關乎遺忘，而非記憶。當我們在討論一件事情，尤其像死亡或重大疾病這類令人情緒激動的事，就是緩慢地選擇該捨棄什麼。但為了展開這個過程，許多非必要的事情必須先化為語言。情緒激動的敘說者，必須鉅細靡遺地陳述整個經驗。唯有如此，敘事的核心、原因以及結果才能夠聚焦或逐漸成形。也唯有如此，才得以萃取出故事所隱含的寓意。

請想像一個人拿著一疊百元鈔票，其中有一些是偽鈔，這個人可能必須把所有鈔票都攤開來平放在桌上，每一張都看得清清楚楚，對比出差異之後才能區分真假。在真的聆聽那些試圖解決問題或溝通重要事情的人時，你要採取的，正是這種有條不紊的方法。如果在辨別哪些鈔票是偽鈔時，你太過輕率地草草了事（就像你趕時間或不想費心處理時的反應），那麼就永遠無法學會區分真偽。

如果你試著聆聽，不太早下判斷，人們通常會把自己腦袋中的每件事都告訴你，而且很少會有欺瞞。人們會告訴你最驚人、荒謬或有趣的事，你們的對話很少會無聊（你也可以由此判斷自己是否真的做到聆聽，如果感到無聊，那可能是你沒有好好聽）。

❖ 靈長類的權力階層謀略與幽默機智

人們談話並非完全為了思考，聆聽也不必然是為了促成轉化，這兩者都有其他的動機，其中有些可能會帶來較沒價值、有負面影響，甚至危險的結果。例如有一種對話，參與者只是為了建立或鞏固自己在權力階層中的地位。一開始某個人說了一些最近或先前發生的趣事，其中可能包含一些好的、壞的或讓人驚訝的內容，讓大家感覺值得一聽，這時另一人因為擔心自己不夠有趣，無法在互動中占有足夠重要的地位，於是馬上思索有哪些更好、更壞或更讓人驚訝的事可講。這情況並不是兩人為了彼此（及其他人）共同的歡樂而真心回應對方、在同一主題上一唱一和，就單純只是要花招爭取地位。這類對話很容易認出來——聽眾或說話的人都會感受到一陣尷尬，所有人都聽出話中所帶的虛偽和誇大。

另有一種類似的對話：大家在別人發言時同樣完全沒有在聽，滿腦子只想著接下來自己要說什麼，但通常會因為等待發言時太過焦慮、無法專心聆聽，而使說出來的內容偏離主題，讓整部對話列車突然停擺、陷入癱瘓，車上的人在這段期間通常一片靜默、面面相覷，直到有人轉移話題，或有人想出一些妙語來解決尷尬的局面。

還有一種對話，參與的一方企圖讓自己的觀點勝出，這是權力階層式對話的另一種變形，通常較具意識形態。發言者會努力（1）使用選擇性證據來（2）詆毀或揶揄任何持立場對立的觀點，最後（3）讓聽眾（其中有許多人原本就與發言者抱持同樣的意識形態）對論述的有效性留下深刻印象。發言者的目標是為自己集權式、過於簡化又全面的世界觀爭取支持，因此這類對話的目的在於合理化「不思考才是正途」這件事。以此種方式參與對話的人相信，贏得辯論將證明自己是對的，且必然會證實自己最認同的權力階層具有正當的假定結構——也不意外地，這個人已經在此階層結構中獲得最大成功，或者至少與此結構脾性相投。幾乎所有涉及政治或經濟議題的討論，都以這種形式展開對話，每個參與者都試圖證明自己那不變的、先驗的立場是正確的，而不是想從中學習或採納不同的架構（即便是基於新奇性）。正因為如此，保守派與自由派的人都相信自己的立場不證自明，當這些人越是極端就越是如此。考慮到以人類天性為基礎的某些假定，也就可以預見結論會是什麼。前提是你要忽略一個事實：假定本身就是會變的。

上述這些對話非常不同於聆聽的對話。在真正聆聽的對話中，每次都只有一個人發言，其餘的人只是聽，讓敘說者有機會認真探究一些事件，那經常是不愉快或甚至悲慘的經驗，其他人則回以同情。聆聽的對話之所以重要，在於敘說者邊講述故事邊整理內心的憂煩，這相當重要，值得再說一次：人們透過對話來組織自己的大腦。如果這些人沒有對象可以訴說自己的故事，便會走向瘋狂，就像囤積癖，無法維持自己內在的秩序與整齊。一個人在整合內在心靈時，必然需要群體意見的刺激。換句話說：整頓一個心靈，需要眾人的力量。

許多我們視為健康的心理運作，其實正是我們能夠考量他人反應，從而維持複雜自我功能的結果。**我們將自己心智健全的養成工作外包出去**，所以家長的基本責任是將孩子養育成社會可接受的樣子。如果一個人的行為可被他人接受，那麼這人只需把自己放在社會環境中，別人就會透過各種反應讓他知道自己的言行是否合宜。這些反應可能是對他說的話感興趣或覺得乏味，在他說笑話的時候笑或不笑，戲弄或嘲笑他，甚至挑眉表示驚訝、不以為然。每個人總是互相傳遞自己對理想的渴望。我們準確地互相懲罰或獎勵，以使我們的行為符合那份渴望——除了在找麻煩的時候。

在真誠對話中給予的同情反應，能展現出對敘說者的重視，以及對方的故事是重要、嚴肅、值得思考且可被理解的。當這些對話聚焦在特定問題時，男女雙方經常會誤解彼此。男性經常被指責在討論過程中太急著「解決問題」，這讓喜歡有效率地解決問題的男人很挫敗，而事實上他們也經常被女性如此要求。然而，如果男性讀者能夠明白並謹記，在解決問題之前，必須先精確、明確闡述問題，那麼他們或許比較能理解何以急著解決問題總是不管用。女性在討論某件事的時候，往往熱中於交代問題。她們需要被聆聽（甚至被詢問），這有助於確保她們在交代問題時釐清一切，如此一來，若真的存在問題，不論那是什麼，都能被有效解決（同時需要先留意的是，過早解決問題，可能只是個人不願把心力花在交代問題的對話上）。

另一種對話的變形是演講。雖然有點令人意外，但演講的確是一種對話，講者演說，而觀眾透過非語言訊息與講者溝通。人類互動有相當驚人的比例（例如許多情感訊息的傳遞）是以非語言的形式，透過肢體語言以及臉部表情來進行（如同我們在佛洛伊德的討論中所提到的）。好的講者不僅傳達事實（這可能是演說中最不重要的部分），更要敘述關於這些事實的故事。講者以觀眾表現出來的興趣為衡量標準，精準地以觀眾能理解的程度拋出故事，打中他們的心。講者對觀眾講述的故事不僅反映事實，也說明了這些事實**為何重要**——為何需要了解自己原本不知道的事。而證明某些事實的重要性，就是在告訴觀眾，這些知識將如何改變他們的行為，或影響他們詮釋世界的方式，使他們現在能夠避開阻礙，更迅速地邁向更好的目標。

因此，好的講者是**與觀眾對話**，而不是**自顧自滔滔不絕**，或甚至**對著觀眾說教**。為了拿捏好分際，講者需要仔細注意觀眾的每個動作、姿勢及聲音。但麻煩的是，**如果只是照字面上所說的那樣直直盯著觀眾看，也無法達到目的**。好的講者會直接對著台下某個特定的人[iii]說話，並觀察對方的反應，而不是做一些制式的表演，像是「為觀眾呈現一段演說」——這句話的每個部分都是錯的，你不是在呈現什麼，你是在談話。沒有所謂的「一段演說」，除非那是錄好的，但事情不應該這樣。也沒有所謂的「觀眾」，台下每個人都是**有獨特思想與行為的個體**，需要被帶入對話之中。經驗老到又厲害的大眾演說家會對著一個特定的人說話，觀察這個人是否點頭、搖頭、皺眉或顯得疑惑，並且適當而直接地回應這些肢體語言及表情。經過幾個段落、傳遞一些概念之後，他會轉移注意力

iii 一對一談話的策略，不僅在傳遞任何訊息時很重要，也有助於緩解對公開演說的畏懼。沒有人想要被數百對不友善又挑剔的眼光盯著，但是，幾乎每個人都能夠對著一個專心的人說話。因此，在你必須發表演講（又一個可怕用詞）的時候，就這麼做吧，對著個別的聽眾說話。也不要躲起來，不要站在講台後面，不要目光低垂，不要低聲說話或喃喃自語，不要為你的不夠聰明或準備不足道歉。不要躲在別人的想法後面，也不要躲在陳腔濫調後面。作者注

到另一位觀眾身上，再做一次同樣的事。透過這樣的方式，演說家便能推測並回應整個群體的態度（如果有所謂的整個群體的態度）。

另外還有一種對話，主要用來展現一個人的幽默詼諧。這裡頭也包含權力的元素，但目標是成為最逗趣的演說者（同時也讓參與的每個人都樂在其中）。依據我一位風趣友人的觀察，這類對話的目的是說出「任何真實或有趣的事情」，而因為事實與幽默常互相扣連，所以這種組合常會帶來不錯的效果。我想，機智的藍領工人可能就是以這種方式聊天。在我成長的亞伯達省北部，我親身經歷過人與人之間許多機智巧妙的較勁：挖苦、諷刺、羞辱，或是經常玩過頭的搞笑互動。我後來在加州遇到的幾位海豹部隊成員也讓我見識到這些，他們是我一個作家朋友的友人，這位作家寫出相當受歡迎的流行小說。這些人都對發表搞笑的談話樂此不疲，不論有多低級。

不久前我在洛杉磯參加這位作家朋友的四十歲慶生會，他也邀請一位前面提到的海豹部隊成員。但就在慶生會前幾個月，作家朋友的太太生了重病，需要接受腦部手術，於是他在電話中將這個狀況告訴那位海豹部隊朋友，說明慶生會可能要取消。他的朋友回說：「我覺得你們有麻煩了——我才剛買了不能退的機票，要去參加你們的派對！」我不確定這世上有多少比例的人會覺得這樣的回應很有趣，但最近我跟一群新認識的朋友講起這個故事，這群人大多感到震驚和傻眼，而不是被逗得哈哈大笑。我試著幫這個笑話辯護，說這個海豹部隊朋友敢開這個玩笑，正指出他敬重這對夫妻承受與超越悲劇的能力，但我做得不怎麼成功。儘管如此，我相信他絕對是真心尊重作家夫妻，我也認為他非常幽默詼諧。他的笑話十分大膽，胡鬧到不顧後果的程度，但那也是真正的笑點。我的作家朋友與他太太聽出玩笑中的肯定，明白這個朋友知道兩人夠堅強，承受得了這種（姑且稱之為）互別苗頭的幽默。這是一種品格測試，而這對夫妻非常優異地通過考驗。

我從一所大學轉換到另一所大學後，接觸的教育及社會層級逐漸升高，同時也發現這樣的對話越來越少出現。也許這不關階級的事，但我懷疑其實有關。也許只是因為我年紀大了，或者該說過了青少年時期，在人生後半段結交的朋友，總少了青春年少死黨之間那種瘋狂互嗆的親密，以及搞怪的玩鬧。當我為了自己五十歲的生日聚會北返家鄉的時候，我的老朋友們讓我笑到不行，我要數次躲到另一個房間才能停下來喘口氣。那些是最有趣的對話，我實在非常懷念。你必須跟上，否則就有可能慘遭羞辱，但世上最過癮的事。莫過於勝過最後一位喜劇演員的故事、笑話、污辱或咒罵。這類型的對話只有一個原則：不能無聊（然而有一種形式也很糟糕：你本來只是**假裝**貶低某人，但是卻**真的**貶低了他）。

❖ 溝通路上

最後這一類對話近似聆聽，是一種相互探索，需要敘說者與聆聽者真正的對等，讓參與其中的每個人表達及組織自己的想法。一個相互探索的對話會有一個主題：對每個參與者展現真誠的興趣，而這通常有點複雜。每個參與對話的人都嘗試解決某個問題，而非堅持自己的立場是不證自明的。所有人都謹守一個前提：他們是來學習的。這種對話構成了現今的哲學體系，是最高形式的思考，也是為正當生活所做的最佳準備。

參與這類對話的人，必須討論自己真正運用來組織感官經驗、引導言語和行動的理念，他們必須親身涉入自己的哲學。也就是說，他們必須活在其中，而不僅是相信或理解這個哲學觀。他們也必須至少暫時地反其道而行，不再像一般人那樣傾向在混亂中尋求秩序（這裡指的不是那種盲目反抗社會的典型混亂）。除了聆聽的對話之外，其他對話都企圖維持某些既存的秩序，但相互探索的對話則不同。相較於已知事物，這種對話更需要人們將未知事物視為益友。

畢竟，你已經知道你所知道的了，而且除非你擁有完美的人生，否則那些已知事物其實並不足夠，你仍處在種種威脅之下：疾病、自欺、不幸、惡意、背叛、墮落、痛苦以及有限。歸根究柢，你因為過於無知而無法保護自己，所以還是會受制於這些事情。如果你知道的事情夠多，你可能會更健康也更誠實，受的苦可能會少一點，也有機會辨認、對抗甚至戰勝惡意與邪惡。你也許不會背叛朋友，在事業、政治或情感關係上，你也不會虛偽不實、欺騙他人。然而，你目前擁有的知識既沒有讓你變得完美，也無法確保你的安全，所以就定義而言，它是不足夠的——徹底的、致命的不足。

你必須先接受自己有所不足，而不是一心想著說服、壓迫、支配或甚至取悅他人，然後才可能進行哲學性的對談。從心理層面來說，你才可能承受得了這樣對話，因為在這種對話中，言語是不停地在混亂與秩序間居中斡旋。而為了進行這樣的對話，你必須尊重對談夥伴的個人經驗，必須假設對方已小心謹慎地獲得真正的結論（同時，也相信對方已做了某些努力，得以驗證這個假設）。你必須相信，如果對方與你分享自己的結論，或許你至少就能避開一些親身學習同樣事物所需經歷的痛苦（從別人的經驗中學習會比較快速，也比較不危險）。除了謀畫致勝策略，你還需要靜下心來思考。如果你做不到，或者不願意這麼做，那你就只是自動化地重複你已經相信的事，只是尋求驗證並堅持那些事情的正確性。但如果你試著在對話中靜心思考，你就能聆聽對方，並說出那些從內心深處自然湧現的新穎、獨到的話。

如同聆聽著他人，在這樣的對話中，你也彷彿在聆聽自己。你描述著自己如何回應敘說者告知的新訊息，你報告出這些訊息對你造成的影響——它在你身上創造哪些新的事物，如何改變你的假設，如何讓你思考新的問題。你直接把這些事情告訴敘說者，然後造成一樣的影響，由此你們雙方都往前邁向更新、更廣也更好的地方。當你們讓自己的老舊假設死去，當你們蛻皮而後重獲新生，你們雙方都已然改變。

這樣的對話，是期待雙方的事實都能真正被聆聽、真正訴說，對話就是因此才如此迷人、充滿活力、引人入勝且富有意義。那份意義感，是從你的存有中深邃而古老的部分所傳遞出來的訊號。是你正置身你應該在的位置，一腳踏在秩序裡，另一腳則試探性地踩進混亂與未知。是你跟隨著偉大的人生之路，浸淫在「道」裡。在那裡，你的穩固讓你安全無虞，而你的彈性足以使你產生轉化。在那裡，你允許新的訊息向你**報告**——滲入你的穩定性，修復及改善它的結構，並拓展它的領域。在那裡，你存有的組成元素能夠找到更優雅的形式。這樣的對話就跟聆聽偉大音樂一樣，兩者會以相去不遠的方式，把你帶到同一個地方。這樣的對話讓你置身在靈魂相連的疆域，那是個真實的地方，讓你覺得：「這真的很值得，我們真的應該好好認識彼此。」面具剝落，探求者現身。

因此，聆聽你自己，也聆聽那些和你說話的人。你的智慧將不僅包含你已有的知識，也包含你對知識不間斷的追尋。這是最高層次的智慧，古希臘德爾菲神廟的女祭司也就是因此而給始終追尋真理的蘇格拉底最高評價，她形容蘇格拉底是最有智慧的人類，因為他知道自己一無所知。

假設你聆聽的對象，可能知道一些你不知道的事。

RULE ·10·

說話要精準

❖ 我的筆記型電腦為何會過時？

當你盯著電腦——更精準地說，是盯著你的筆記型電腦，你看到了什麼？你看到一個扁平、輕薄的灰黑色盒子。從較不直觀的角度，你看到的是一個能在上面打字與查看內容的東西。不管是否納入第二種觀點，你所看到的東西幾乎不能算是電腦。那個灰黑色的盒子，剛好就是現在、此時此地電腦的樣子，就算比較昂貴的款式也是這個外形。但即便如此，它很快就會變成不像電腦的東西，甚至也很難送給別人。

未來的五年內，我們全都會拋棄現在的筆記型電腦，就算它們的功能仍相當完好——螢幕、鍵盤、滑鼠以及網路連線的運作都沒有問題。二十一世紀早期的筆記型電腦在過了五十年後，會變得像十九世紀晚期的黃銅科學儀器一樣古怪。黃銅器具在如今看來，更像是鍊金術的各種神祕裝備，設計用來測量我們甚至已經不承認存在的現象。為什麼運算能力比整個阿波羅太空計畫更強大的高科技儀器，會在這麼短的時間內失去價值？它們是怎麼從如此令人興奮、實用且能夠改善生活狀態的機械，迅速變成一堆亂七八糟的破銅爛鐵？答案是，由於人類知覺的天性，以及這些知覺與世界潛在複雜性之間難以覺察的互動。

你的筆記型電腦，是一支規模浩大的管弦樂團正在演奏的交響樂裡的一個音符，是碩大整體中一個極微小的部分。筆記型電腦絕大部分的效能並非來自硬殼。它的功能之所以能夠維持，是因為大量技術的同步和諧運行，例如供給電源的電力網絡，而電力網絡的運作在無形中需仰賴無數複雜的物理、生物、經濟及人際系統的穩定，而製造相關零件的工廠也不間斷地運轉。基於這些要素（而非其他尚未創造出來的部分），作業系統便能發揮功用，而那些把創作內容放上網的創作者所期待的影像硬體技術也能順利運作。此時你的筆記型電腦，正在跟一個由其他裝置和網路伺服器所構成的特定、具體的生態系統溝通。

最後，這一切要能成事，還缺一個更無形的要素：相互信任的社會契約，也就是互連且基本上誠實可信的政治與經濟體系，如此才能有穩定的電力供給系統。這種部分與整體之間的相依相生，在運作良好的系統裡不會被注意到，但在運作失常的系統會變得相當顯眼。個人電腦所需的高階周邊系統，在政權腐敗的第三世界國家幾乎付之闕如，以至於所有應該要可以確切顯示出這種電力網絡的實體，像是電線、電源開關、插座及其他配備，都不存在或很匱乏。實際上，只有少量電力可供給民眾住家或工廠。這種情形之下，根本很難，甚至完全不可能將那些理論上只要有電便可運轉的電子產品與相關設備視為獨立的運作單位，雖然這有部分是因為技術上的不足，使得系統就是無法運轉，但也有很大部分是在於系統性腐敗的社會通常缺乏信任基礎。

換個方式說，你的電腦對你而言，就如同森林裡樹梢上的一片葉子，或更精準一點，是你用手指短暫摩挲那片葉子的經驗。你可以從枝椏上摘下一片葉子，暫時把它當一個完整的、自足的東西，但這樣的認定是誤導多過於釐清，因為在幾週之後，這片葉子就會粉碎瓦解。若非有樹，葉子根本不會出現；失去了樹，葉子也不會繼續存在。我們的筆記型電腦與這個世界也有這樣的關係，構成筆記型電腦的東西，有許多是位於筆記型電腦外部，這使得我們腿上那個有螢幕的設備，僅能保有短短幾年的這種電腦外觀。

幾乎所有我們所見、所擁有的事物都是如此，雖然並非那麼一目瞭然。

❖ 工具、障礙及延伸至整個世界

我們認為只要盯著世界看，就能看清物體或事物的樣貌，但實際上並非如此。我們演化而來的知覺系統，並非將我們棲居的這個互連且複雜的多層次世界轉化為**事物**本身，而是轉化為**有用的事物**（或其死對頭：阻礙我們的事物）。這是對世界必要而務實的簡化，透過我們的意圖那狹小的規格，去化約事物近乎無限的複雜性——所謂的「精確」就是用這種方式使世界切實地顯現。這跟感知**物體**完全不同。

我們並不是看著無價值的東西，逕自賦予它們意義。我們是直接感知東西的意義[160]。我們看到地板，便會走上去。看到門，便知道要低下頭穿過。看到椅子，便自動坐上去。所以儘管懶骨頭與樹樁在客觀上不太相同，卻都被歸類為椅子。我們看到石塊，是因為我們能丟擲石塊。我們看到雲，是因為雲能從上方降下雨來。我們看到蘋果，是因為蘋果能吃。我們看到別人的車子，是因為車子擋到我們的路，令我們惱怒。我們看見的是工具或障礙，而不是物體或事物。甚至，基於我們的需要、能力與知覺限制，我們是依據「便利」程度來分析一件事物是最有用的工具，或是危險的阻礙。世界以一種可被利用以及可在其中穿梭的模樣，展現在我們眼前，而非只是呈現表象。

我們跟人交談時會看到對方的臉，因為我們需要與這些人溝通及合作，但我們卻不會看到對方的微觀結構，像是細胞，或構成這些細胞的胞器、分子、原子等等。我們也沒能看到對方周圍的整體環境，例如組成他的社交圈的家人和朋友、他身處的經濟制度，或者包含這一切的生態體系。最後且同樣重要的是，我們無法看到這些人橫跨不同時間的樣貌，我們僅從狹隘、立即、壓倒性的當下來認識對方，卻沒有看到被過去與未來圍繞的他們，而那些可能比他們當下顯而易見的部分更為重要。但我們必須以這樣的方式認識他們，否則將不堪重負。

當我們看著世界，我們的感知是有限度的，只要足以讓我們的計畫與行動奏效，也足以應付生活即可。我們便是處於那個「足夠」的狀態，這是對世界的一種激烈、功能性且無意識的簡化，而且我們幾乎無法避免將之誤認為世界的真實樣貌。但我們看到的物體，並非只是單純以我們簡單、直接感知到的樣子出現在這個世界[i]，它們存在於複雜、多面向的相互關係之中，並不是有明確分野與界線的獨立物件。我們感知的，不是這些物件本身，而是它們的功能效用，並藉此將它們簡化到我們能夠理解的程度。**這就是為什麼我們需要精準的目標**，少了精準的目標，我們便會被世界的複雜性淹沒。

即便我們覺知自己、覺知我們身為獨立的個體時也是如此。我們假設皮膚表面是我們的邊界，因為這就是我們感知到的。但我們也能用一點思考來了解這個邊界在本質上只是暫時性的。可以說，我們置身的環境一改變，我們皮膚內的東西也有了轉變。就算是撿起一支螺絲起子這麼簡單的動作，我們的大腦也會自動調整，將這個工具納為身體的一部分。[161]我們確實能從螺絲起子的末端來感知事物。當我們握著一把螺絲起子伸出手時，會自動考慮螺絲起子的長度。我們可以用螺絲起子的前端探查角落和縫隙，從而理解我們正在探索的東西。我們甚至會立刻將手裡這把螺絲起子當作「自己的」螺絲起子，獲得它的所有權。當我們在更複雜的情境，使用更複雜的工具時，也有一樣的情形。我們駕駛的車子會瞬間自動變成我們的一部分，所以當斑馬線上的人被我們激怒而重重搥打車子引擎蓋時，我們會介意，會覺得那動作是針對自己，這並非總是合理，但是如果不把自我延伸到車子上，我們就沒辦法開車了。

我們的自我那可延伸的邊界，也能拓展至其他人，包含家人、情人以及朋友。母親能為孩子犧牲自己。比起手或腳，父親、兒子、妻子或丈夫對我們來說是否更不可或缺？要回答這個問題，某種程度上我們可以捫心自問：自己寧可失去哪一樣？自己願意為何者犧牲以避免失去？藉由認同書籍和電影中的虛構角色，我們實踐了這種永恆的延伸——這種永恆的交付自己。角色的悲劇和勝利，迅速且讓人信服地成為我們的經驗，儘管我們仍舊坐在自己的位子上，卻能夠展演各種現實，並在實際確定要踏上哪條路之前，實驗性地延伸自我，測試各種可能的途徑。當我們全神貫注於虛構的世界，我們甚至能夠成為「現實中」不存在的東西。在電影院的魔幻空間裡，一眨眼我們就能夠變成某種奇幻的生物。黑暗中，我們坐在快速閃爍的影像前面，變身為女巫、超級英雄、外星人、吸血鬼、獅子、精靈或木偶傀儡。我們感受角色所感受的一切，儘管那些經驗包括悲傷、害怕或恐懼，我們仍樂此不疲地付費換取這種特權。

除了認同虛構的戲劇角色，有時我們在競賽中也會以類似但更極端的方式認同整個團體。想想當你喜歡的球隊在與勁敵的重要比賽中獲勝或者落敗時，會發生什麼事？致勝的那一刻，所有球迷無需事先演練就能一致起身歡呼，彷彿他們有許多神經系統直接連接到眼前的比賽。球迷完全把球隊勝負當作自己的事，甚至穿上心中那位英雄的隊服，經常為他們的獲勝慶祝，次數多過在自己的日常生活中慶祝「真正」的勝負。即便是在生物化學或神經學上，這種認同都表現得非常深刻。舉例來說，「參與」競賽的球迷體內的睪固酮濃度，會隨著勝利或失敗的替代性經驗而提高或降低。[162]

i 這也是為什麼我們耗費了超乎預期的時間，才製造出能夠自主運作的機器人。知覺的問題，遠比我們直接且輕鬆地使用知覺來做推論要困難得多。事實上，知覺問題如此難解，導致早期的人工智慧一直在原地踏步（以當時的觀點而言），因為我們發現無形無體的抽象推理，甚至無法解決真實世界的簡單問題。布魯克斯（Rodney Brooks）這些先驅在一九八〇年代晚期和九〇年代早期提出，要將世界解析為可掌握的事物，移動中的身體是是必要的先決條件，而人工智慧革命也因此重獲信心與動力。作者注

這種認同的能力，展現在我們存有的各個層次。

我們的愛國情操也是類似的情形，國家對我們而言不僅是重要的，國家就是我們。在戰爭中，我們甚至可能犧牲個人，以保全國家的完整性。在大部分的歷史裡，這種犧牲生命的意願被視為可敬的、英勇的，是人類義務的一部分。但弔詭的是，直接導致這種結果的，不是我們的敵我意識，而是我們極度的社會化及相互合作的意願。如果我們能不只成為我們自己，也成為我們的家人、團隊與國家，那麼只需要憑深嵌於我們內部、驅動我們（和其他生物）保護自身軀體的內在機制，就能使合作變得非常容易。

❖ 順利運轉的世界才是單純的世界

如果只是觀看，很難理解現實那相互牽動的混亂。這是非常複雜的動作，可能需要我們一半的大腦才處理得來。現實世界中，一切事物都在變動轉換著，每個理論上獨立的事物，都是由許多更小的、理論上獨立的事物所構成，同時本身也屬於另一個更大的、理論上獨立的事物。這些層次之間的界線，以及同一層次內不同事物間的界線，客觀來說既不清晰也不明顯，我們必須以實際和務實的方式來建立。同時，只有在非常狹隘和特定的情境之下，才能保持這些界線的有效性。例如，我們以為知覺既充足又完整，但此種錯覺是只有在一切都按照計畫進行時，才能夠維持。這種情形下，我們看到的東西已經夠精確，因此沒有必要再深入探究。我們不必理解，甚至不必意識到汽車內部的複雜機械裝置，就能成功駕駛車輛。只有在機械故障或不小心撞到東西（或被撞到）的時候，我們才會突然注意到隱藏在汽車內部的複雜性。即便只是單純的機械故障（更別說遇到嚴重事故），至少在事件發生之初，這種注意力的侵擾總會引發焦慮感受，這是突發的不確定感所導致的結果。

我們所知覺到的汽車並不是一個事物或一個物體，而是能夠載我們去想去的地方的東西。事實上，只有當它不再能夠載著我們四處跑時，我們才會注意到它的全貌。只有當一輛車突然罷工，或者遇到事故而必須把車拖到路邊的時候，我們才被迫去了解與分析那些「使汽車成為能夠前進的東西」所需的無數部件。當車子故障時，我們對車子複雜性的無能為力馬上展露無遺，這會帶來實際的後果（無法去我們想去的地方），以及心理上的後果：平靜的心隨著車子的功能一起消失無蹤。通常我們必須仰賴修車廠及維修站的專家，為我們修復兩種功能：汽車的功能，以及我們知覺的簡單性。修車師即心理師。

儘管很少深入思考，但我們因此得以體認到，我們的視野出乎意料地粗略，相關理解也非常不足。在危機之中，當事物沒能按照期望進行的時候，我們轉向專業能力遠勝於我們的人尋求協助，修復期望與實際情境之間的落差。這一切都說明了車子的故障也能迫使我們面對社會大環境中的不確定性，我們通常對此不確定性視而不見，機械（以及修車師）只是其中的一小部分。被自己的車子背叛，使我們不得不面對一切未知事物：該買輛新車嗎？一開始就買錯了嗎？修車師有能力嗎？誠實可靠嗎？他的修車廠值得信賴嗎？有時候，我們也必須設想更糟糕、範圍更廣也更深入的狀況：現今的馬路是不是變得太過危險？我是不是變得（或一直都）太無能？還是太散漫或太不專心？或是老了？在我們的簡化世界裡，當習慣依賴的東西崩潰瓦解，我們覺知事物與自我的局限也就顯露無遺，於是那個我們視而不見、順勢忽略，卻始終存在的複雜世界就此突顯出來。在我們最初安居的圍牆花園裡，始終隱身但從未消失的毒蛇現身了。

❖ 我們只有在順利運轉的世界裡才是單純的你我

當事物運作失常時，我們過去一向忽視的東西就會一股腦湧現。當事物不再明確精準時，圍牆會崩塌，情況變得失序混亂。如果我們始終漫不經心，放任一切不管，我們一直拒絕去面對的事物就會自行湧上，以陰險的形式給我們迎頭痛擊，而且通常會在最糟糕的時機。這時，我們才會發現專心致志、目標明確以及細心留意給了我們什麼樣的保護。

想像一個忠貞的妻子突然發現丈夫不忠的證據。妻子與丈夫共同生活多年，一如既往地認為丈夫是可靠、勤奮、充滿愛心且值得倚賴的人。在婚姻關係中，妻子一直感到踏實安穩，或說她是如此認為。但丈夫漸漸變得沒那麼用心，也容易分心。他開始很老套地加班到夜深，毫無理由地被她所說與所做的一些小事激怒。某天，妻子在街上的咖啡廳看見丈夫與另一個女人在一起，互動方式讓人難以忽略，也難有合理解釋，過去她在這方面有限且失準的知覺，突然在此刻萬分痛苦地顯現。

妻子關於丈夫的理論崩解了，隨之而來的是什麼結果？首先，他變成了另一回事（另一個人），一個複雜、可怕的陌生人。這已經夠糟了，但這只是問題的一半。在遭受背叛之後，她關於自己的理論也崩解了，所以問題不在於她要面對一個陌生人，而是兩個。她的丈夫不再是她認識的那個人，但這個遭背叛的妻子也不再是原本的自己。她再也不是那個「被深愛的、安心的妻子，以及受珍視的伴侶」。奇怪的是，儘管我們都相信過去是永遠不變的，但她可能從來都不是。

過去不必然是它過去的樣子，即便它已經存在。現在充滿混亂與不確定，她的立足處不斷變動，我們的也是。同樣的，未來尚未到來，卻變成它不應該是的樣子。這個曾經有充分理由感到滿足的妻子，如今變成了「被矇騙的天真之人」嗎？或是「容易上當的蠢蛋」？她應該把自己當成受害者，還是共有型妄想的同謀者？她的丈夫又是……什麼呢？欲求不滿的愛人？誘惑的對象？精神病質的騙子？還是惡魔本身？他怎麼能夠如此殘忍？怎麼會有人這麼殘忍？她一直生活的家又是什麼？她怎麼可以如此天真？怎麼會有人這麼天真？她看著鏡子，她是誰？發生了什麼事？她的關係裡有什麼是真實的？有哪些部分真的存在過？未來會怎麼樣？當世界更深層的真實樣貌無預警地展現，一切都有可能發生。

一切都複雜得難以想像，一切都受到其他事物的影響。我們感知的僅是整個因果相連的大環境之中一個狹小切片，儘管我們竭盡所能逃避認清這樣的局限。然而，當事物的根基出現問題的時候，那用來掩飾我們知覺不足的細薄表層應聲碎裂，我們感官上的可怕匱乏因而浮現，所有珍視的一切化為烏有。我們僵住，像石頭般動彈不得。我們看到的是什麼？如果我們一直以來看到的都不足夠，那麼我們又該望向何處？

❖ 當我們不知道自己注視著什麼，我們看到的又是什麼？

世貿雙塔崩塌之後，這個世界變成什麼模樣？如果還有任何事物屹立不搖，那是什麼？當支撐世界金融體系的隱形支柱搖晃傾倒，從斷垣頹壁中跑出的是什麼樣的可怕野獸？當我們被捲入國家社會主義示威運動的熊熊大火與激情演出，或者當我們在盧安達大屠殺中因恐懼而麻木退縮時，我們看見的是什麼？當我們無法理解發生在我們身上的事情，無法判斷我們置身何處，不再認識我們自己，也不再理解我們周遭的一切，我們看見的又是什麼？我們沒有看見的，是那個我們熟知的、舒適的，由各種人格類型構成的工具（有用的物體）世界，甚至也沒有看見那些我們習以為常、能輕易避開的阻礙（儘管在平常足以構成困擾，但已經被我們克服）。

當事物崩解之際，我們所感知的，不再是那安適秩序的場景。依照聖經的說法，我們感知的，是恆常為水淹沒的空虛混沌（*tohu va bohu*）以及深淵（*tehom*）——永遠潛伏在我們單薄的安全感底下的混亂。根據人類最古老的見解，在太初之時，上帝正是從那樣的混亂中，以聖言創造出秩序（根據同樣的見解，我們這些男人與女人也是按照那聖言的形象而創造）。在我們最初（一段短暫的時間內）學會感知之時，也是從那樣的混亂中，萌生出我們曾經有幸經歷的任何穩定狀態。當事物崩解時，這正是我們所看見的混亂（雖然我們無法真正看見）。這一切的意義是什麼？

危機浮現。這是從某個未知的地方，突然冒出某個過去未有的現象（現象的英文phenomenon來自希臘文*phainesthai*，意指「發出光芒」）。這是永恆洞穴裡的不朽巨龍，從被打斷的沈睡中再現。這是幽冥世界，那裡會有怪物從深淵爬出。當我們不知道出現了什麼，或從什麼地方出現，我們要如何為突發事件做準備？當我們不知道該期待什麼，或該怎麼行動，我們要如何為災難做準備？可以這麼說，我們從過於緩慢笨拙的心智轉向身體，身體的反應可比心智快多了。

當事物在我們周遭崩解，我們的知覺感受消失，轉而採取行動。數億年來，在我們的思考甚至感官無法正常運作的危急時刻，我們古老的反射反應始終自動化且有效率地保護我們，這時，我們的身體準備好面對所有可能發生的不測，[163]一開始我們會僵住，然後身體的反射會漸漸轉變成情緒感受，也就是知覺的下一階段。是可怕的東西嗎？或是有用的東西？需要奮力對抗的東西？還是可以忽略？該如何確定？又何時才能確定？我們沒有答案。我們正處在一種代價高昂又耗費心力的備戰狀態，身體充滿皮質醇及腎上腺素，心跳加快，呼吸也變得急促。我們痛苦地意識到，自己的能力感與完整性已然消失，那只是一場夢。我們動用專為這一刻小心儲存的身心資源（如果我們夠幸運而擁有資源的話），為最糟——或最好的情況做準備。我們把油門猛踩到底，同時又急踩煞車。我們尖叫或大笑，我們感到厭惡或害怕，我們哭泣。然後我們開始分析這一團混亂。

於是，被騙的妻子心智逐漸失常，衝動地想對自己、姊妹、最好的朋友，甚至公車上的陌生人揭發一切，或保持沈默，然後在心裡不斷反芻。**哪裡出了錯？她做了什麼不可原諒的事？和她一起生活的這個人是誰？什麼樣的世界會發生這種事？什麼樣的上帝才會創造出這種地方？**面對這名住在她前夫軀殼裡令人惱怒的陌生人，她能跟他說些什麼？什麼樣的報復才能平息她的怒火？她能勾引誰來回敬這種污辱？她在兩種心情之間擺盪，一方面憤怒、恐懼、被痛苦擊潰，但另一方面，又為新發現的自由所帶來的可能性而異常激動。

她最後的安全基石其實一點也不穩固，一點也不可靠——根本稱不上基石。她的房子蓋在沙子構成的地基上。她在一層薄薄的冰面上滑行，掉入水裡就要溺死。她遭受如此嚴重的打擊，憤怒、恐懼與悲傷讓她氣力耗盡，遭背叛的感覺逐步擴大，直到整個世界都崩塌。她身在何方？**在地獄裡承受著所有恐懼**。她如何去到那裡？這個經驗，這趟進入事物下層建築的航行——這些都是知覺，處於初期形式的知覺；這份準備；對本來可能發生的事及可能依然存在的事的思索；這種情緒與幻想。這些都是她曾經熟悉的事物再次以簡單、舒適的形式出現之前（如果會出現的話），所需要經歷的深刻知覺經驗。這些是可能性構成的混亂再次接合到秩序的現實之前，會出現的知覺經驗。

回頭想想，「真有那麼意外嗎？」她捫心自問，也反問別人。事到如今，她應該為自己忽略那些細微卻真實存在、使她更確信但她卻逃避面對的警兆而感到內疚嗎？記得結婚之初，她每天晚上都熱切盼望與丈夫做愛。也許這樣的期待太高（或是應付不來），但是最近半年只做了一次？之前有好幾年，每兩、三個月才一次？有任何她真正尊重的人（包括她自己）能忍受這種情況嗎？

我非常喜歡傑克・肯特（Jack Kent）為孩子寫的一個故事，叫做《這裡沒有龍》。這是則很簡單的童話，至少表面上看起來是如此。我曾經讀了幾頁給多倫多大學的退休校友聽，並解釋其中的象徵意義[ii]。故事是關於一個小男孩比利，他有天早上醒來發現有條龍坐在自己的床上，跟家貓差不多大，相當友善。比利告訴媽媽這件事，但媽媽說根本就沒有龍這種東西。後來這條龍開始長大，吃光比利所有的鬆餅，很快就塞滿整個房子。接著媽媽開始用吸塵器打掃，但因為到處都被龍擋住，所以她必須從窗戶爬進爬出，花了她很長的時間。後來，這條龍就這樣帶著房子跑走了。比利的爸爸回到家後，發現以前住的地方只剩下一塊空地，幸好郵差告訴他房子的去向，他追了過去，爬上

ii 請參考彼得森（2002）的講座「殺死我們心中的龍」，影片最初由安大略電視台製播，可在以下網址取得：https://www.youtube.com/watch?v=REjUkEj1O_0。作者注

龍的頭跟脖子（現在已經長得很大，延伸到街上），跟太太還有兒子會合。媽媽仍然堅持龍不存在，但比利受夠了，他很堅持，說：「媽，這裡真的有龍。」這條龍馬上開始縮小，不久之後再度變得跟貓一樣大，現在每個人都同意這種大小的龍（1）是存在的，而且（2）比體型巨大的龍好多了。這時媽媽才勉強接受這個事實，有點哀怨地問牠為什麼要長得那麼大，比利平靜地說：「也許牠想要引起注意。」

或許就是這樣！這就是許許多多故事的寓意。一個家庭一點一滴陷入混亂，彼此間的不滿與怨懟持續累積，但一切亂七八糟的東西都被掃到地毯下，而龍就在那上面盡情享用食物碎屑。當意外與威脅降臨，這個家的共享社會及協議的秩序裂開或瓦解時，卻沒有人出來說一句話，反而一付若無其事的樣子。溝通需要承認可怕的情緒：憤怒、恐懼、孤單、失望、嫉妒、挫折、憎恨、煩悶，因此不管是什麼時候，維持當下的和睦總是比較容易，但在沒有人注意之處、在比利的房子裡以及所有類似的地方，龍卻慢慢長大。某天，牠以無人能忽略的姿態爆發出來，將房子從地基上拔起。然後，龍變成一場外遇，或長達數十年、耗費金錢與心力的監護權糾紛。然後，是激烈密集的冷嘲熱諷，而這些冷嘲熱諷原本可以疏散到表面和樂的多年婚姻中，以能忍受的程度，一次吵一個問題。三十萬個因為說謊、逃避或合理化而未浮上檯面的問題，像整批骨骸一樣藏在令人毛骨悚然的衣櫃裡，如今彷彿諾亞洪水般爆發，淹沒一切，但卻沒有方舟，因為根本沒人建造，儘管大家都覺察到風暴即將來臨。

永遠別低估疏忽之罪的破壞力。

或許這對關係破裂的夫妻，過去曾有一次、兩次，或甚至兩百次機會可以討論性生活。或許這對夫妻共享的身體親密，應該要有相應的心理親密，且程度要不相上下（雖然通常不是如此）。或許這兩人本來能為自己的角色奮鬥到底。近幾十年來，傳統家庭的勞務分工已然瓦解，特別是以自由及解放之名。然而，分工的瓦解所造成的混亂、衝突與不確定，更甚於去除限制之後所帶來的榮景。逃離暴虐後，隨之而來的通常不是樂園，而是毫無目標、困惑且匱乏的荒漠之旅。此外，缺乏一致認同的傳統（及其加諸的限制——通常令人不舒服，甚至不合理），就只剩三個困難的選項：淪為奴隸、蠻橫專制，或者彼此協商。奴隸只是遵照別人所說的去做（可能也樂於避開責任），並以這樣的方式解決複雜的問題，但這只是暫時解決。奴隸有反叛的精神。專制只是告訴奴隸該做什麼，並以這樣的方式解決複雜的問題，但這也只是暫時解決，專制使得奴隸身心俱疲，可想而知除了苦悶順從的人以外，什麼都不剩，畢竟誰能夠永遠過著這樣的生活？然而，協商需要雙方直截了當地承認龍的存在，即便那龍還小到無法直接吞噬勇敢對抗的騎士，也依然是難以面對的現實。

或許這對關係破裂的夫妻，可以更精準地具體指出自己想要的生活方式。或許這樣就能一起避免混亂的洪水突然湧出而淹沒彼此，而不是懶散怯懦地異口同聲說：「沒關係，這沒什麼好爭的。」但是婚姻中，很少有什麼是如此微不足道、不值得去爭的。這樣的夫妻就像關在籠子裡的兩頭貓，被存在於理論上的誓言困在婚姻中，直到其中一人或雙方都死去為止。誓言的存在，是為了讓你認真面對惡劣的情況。你真的希望幾十年的婚姻，每一天都被這些瑣碎的煩惱折磨嗎？

你心想：「噢，這我可以忍耐。」或許你也應該忍耐，你不是能真誠包容的完美典範。如果你指出另一半的咯咯笑聲聽起來像指甲刮黑板，他／她可能會（合情合理地）叫你去死，那麼問題也許在你身上，你應該成熟點，控制一下自己，然後閉上嘴巴。但是，或許用鬼吼鬼叫也不足以形容你的伴侶在社交聚會中的言行，那麼，你應該堅持你的原則，這種狀況下，免不了有一場（以和平為目標的）爭執，事實才會顯現出來。但你還是保持沈默，你說服自己，你之所以沈默，是因為你善良、愛好和平又有耐心（而這完全不是事實），於是地毯下的怪獸又長大了一點。

或許直接談論性的不滿足，會是俗話中那「及時的一針」[iii]——不是因為那很容易做。或許這位女士想要默默終結親密關係，因為她內心隱密地深藏著對性的矛盾態度，天曉得背後的理由是什麼。而這位紳士可能是糟糕又自私的情人。也許夫妻兩人都是如此。難道不值得為了處理問題而吵上一架？難道這不是人生很重要的一部分？也許提出以及解決這些問題（這很難說）會值得過兩個月悲慘的生活，把真相都告訴對方（但目的不是破壞或獲勝，因為那不是真相，那只是全面開戰）。

或許問題不在性，或許夫妻之間的每次對話都已演變成乏味的例行公事，因為沒有共同的冒險活動好讓這對伴侶維持熱情活力。比起負責地保持新鮮感，也許放任夫妻關係分分秒秒、一天天衰退還比較省事。畢竟只要稍不注意，活著的東西便會死去。「生活」跟「努力維持」是同一回事，而沒有人能找到如此完美的另一半，完全不需持續付出關心與努力維繫感情（此外，如果你遇到這個完美的人，他或她也可能會懷著合理的恐懼，逃離永遠如此不完美的你）。事實上，你需要的（畢竟這是你應得的）是與你同樣不完美的人。

或許背叛妻子的丈夫相當不成熟，也很自私。或許丈夫控制不住自己的自私。或許妻子沒有足夠的力量與氣勢阻擋丈夫的自私。或許妻子在孩子的教養上沒能與丈夫達成共識，於是把丈夫排斥在外，不讓他干涉生活大小事。或許這也讓他巧妙避開那些討厭的責任。或許孩子目睹這場檯面下的戰爭，恨意也逐漸在心中滋長，痛苦承受著母親的憤恨，同時與好老爸漸漸疏遠。或許她為他（或他為她）準備的晚餐冰冷又難以下嚥。或許所有未解決的衝突都令雙方心懷怨懟，雖然不發一語，但全都表現在行動上。或許這些沒被說出口的困境，開始腐蝕支撐這場婚姻的無形網絡。或許尊重慢慢轉變為輕蔑，但沒人放下身段去留意。或許愛也在不知不覺間慢慢轉變為恨。

所有事情在澄清與表達之後都變得顯而易見，也許妻子與丈夫都不想去看或了解，也許兩人有意讓事情留在一團迷霧之中，也許那團迷霧正是兩人製造，以掩蓋不想看到的東西。當這位女士從被殷勤追求的女人變成家裡的女傭或老媽子，她得到了什麼？性生活消失使她鬆了一口氣嗎？先生轉身離開之後，她是否就能對鄰居和母親抱怨得更起勁？也許暗地裡這令她更滿足，勝過任何婚姻中（不論多完美的）的任何好事。有什麼比得上這種拿手的受害者角色帶來的樂趣？「她真是聖人，嫁給這麼糟糕的人。她值得更好的。」這是她賴以為生的迷人神話，儘管是無意識的選擇（事情的真相太過不堪了）。也許她從未真的喜歡她的丈夫，也許她從未真的喜歡男人，現在也不喜歡。也許是她母親的錯——或是祖母的錯。也許她模仿她們的行為，也重演她們的困境，無意識地在無形中將這些行為傳遞給下一代。也許她是在報復父親、哥哥，或整個社會。

當丈夫在家中的性生活已經消失，他又得到什麼？他是否像烈士般心甘情願地配合，只向朋友吐苦水？他是否以此為藉口另尋新歡？他是否在進入婚姻之前不斷被女性拒絕，所以藉此合理化至今不減的怨恨？他是否因為自己無論如何都性感不起來，乾脆落得輕鬆，放縱自己發懶發胖？

也許夫妻倆都趁機把婚姻搞得一團亂，好向上帝報復（而或許唯有上帝才能夠整頓這場混亂）。

這些事情有個殘酷的真相：每一個自願放棄處理與理解、每個忽視問題而使婚姻失敗的理由，都會密謀聯手折磨那個被丈夫與自己背叛的女人。同樣的事也會發生在丈夫身上。不管是她、他、那對夫妻，或者我們，若想確保最後落得這種下場，那就**什麼都不要做：不要留心、不要回應、不要關注、不要討論、不要思考、不要努力和好、不要負起責任**。不要面對混亂、不要將混亂轉變為秩序——除了保持一派天真無辜，什麼都不做，只等著混亂湧上，將你吞噬。

如果逃避必然且無可避免對未來有害，又為何要逃避？因為所有紛爭與過錯底下都可能潛藏著怪物。也許跟太太或先生的爭執（或沒有爭執），揭示了這段關係將開始走向終點。也許**因為你是糟糕的人**，所以關係正在結束。很有可能，至少在某種程度上很有可能，不是嗎？解決實際問題所

iii 原諺語為「及時的一針能節省九針」，指及時處理才省事，否則等到問題擴大，便難以補救。編注

不可少的爭吵，會迫使人們同時面對兩種悲慘又危險的可能：混亂，即生命中（所有）關係的潛在脆弱性，以及地獄，即實際上你與你的伴侶可能都是那個因惰性與惡意而毀掉一切的糟糕的人。這是所有逃避的動機。但是逃避沒有用。

如果茫然度日會讓生活變得停滯發臭，為什麼還要這樣繼續？好吧，如果你不知道自己是誰，你可以躲到懷疑背後。或許你不是惡劣、冷漠、毫無價值的人。誰知道呢？你不知道，尤其如果你拒絕去思考這件事，而且你有各種理由不去思考。但不去思考你不想知道的事，並不會讓事情就此消失。你只是拿一份特定、具體且直接指出你真實過錯與缺失的有限清單，交換另一份模糊列出潛在缺陷與不足的較長清單。

既然了解事實能讓人掌握事實（即便不能成為這方面的專業，至少能成為誠實的業餘者），那為什麼要拒絕探究真相？你可能會說，萬一情勢真的很危急呢？在這時候，裝聾作啞、享受無知的幸福，難道不是比較好？不會，如果那頭野獸是真的！你覺得撤退、放棄武裝而不去對抗洶湧而至的重重困難，然後瞧不起你眼中的自己，真的是好主意嗎？你覺得放任災禍在陰影中壯大，同時你也逐漸畏縮退卻，並且變得膽小如鼠，真的明智嗎？做好準備，磨利刀劍，凝視黑暗，然後入獅穴捋獅鬚[iv]，難道不是比較好？也許你會受傷，很可能會受傷，畢竟人生就是一場苦難，但或許那樣的傷不至於要了你的命。

如果你一直在原地等待，直到拒絕探究的事來敲門，那麼事情必定不會如你所願。你最不希望的事一定會發生——在你最沒有防備的時候。你最不想面對的事，會在你最脆弱而它最強大的時候浮現，將你擊垮。

迴旋再迴旋，於逐漸擴大的迴圈裡，

獵鷹再也聽不見放鷹人的呼喚；
萬物崩解，核心潰散；
無法無天的失序蔓延世間，
血色染污的潮水四處橫流，
純真的儀典已然沈沒；
最好的失去一切信念，
最壞的滿懷狂烈激昂。[164]
（葉慈，〈二度降臨〉）

如果指出問題能夠帶來解方，為何拒絕指出來？因為指出問題便是承認問題存在，因為指出問題便是允許自己知道你想要什麼。比如說，希望從朋友或愛人身上得到什麼——得不到的時候，你也會清楚而準確地知道，然後非常具體地感受到椎心的、明確的刺痛。但你會從中學到一些東西，並在未來派上用場——在這一處椎心的刺痛之外，另一種選擇是隱隱作痛，那樣的鈍痛是來自持續的絕望、不明的挫敗，以及珍貴時光悄悄流逝所引發的惆悵。

為什麼拒絕指出問題？因為當你無法定義成功（因而使自己不可能成功），你也會拒絕對自己定義失敗，於是在失敗的時候你不會注意到，也不會感到痛苦。但這樣做是沒有用的！你沒有那麼容易受騙，除非你已經受騙太久！你會一直對自己的存在感到失望，進而輕視自己，也憎恨造成（或腐蝕）這一切的世界。

iv 典故出自《聖經》。比喻勇敢冒險，或大膽向重要他人告知可能令其不愉快的話或請求。編注想必某種啟示就要到來；
想必二度降臨就要到來。
二度降臨！這幾個字幾乎未說出口，
宇宙靈魂的巨大身影就
蒙蔽我的視線：在沙漠某處塵埃裡，
一具獅身人面的形體，
一雙如太陽空洞無情的凝視，
緩慢地移動雙腳，四周是
憤怒的沙漠之鳥舞動的影子。
黑暗再度降臨；但此刻我明瞭，
二十個世紀以來如岩石般沈睡，
被擺動的搖籃驚擾成夢魘，
是什麼樣的粗暴野獸，它的時機終於到來，
無精打采地走向伯利恆，等待新生？

如果遭背叛的妻子如今迫於絕望，決定面對所有支離破碎的過去、現在與未來，那會如何？如果她決定徹底整頓這團混亂，即便她在此之前一直逃避這件事，以至於她一想到要面對，就只覺得更虛弱、更迷惘呢？也許那份努力會幾乎要了她的命（但如今她無論如何都已踏上比死亡還糟糕的路），然而為了再次振作，為了擺脫困境，為了重獲新生，她必須好好理清真相始末，而過去她為求安逸，一直危險地把真相藏到無知的迷障與和平的假象中。在所有事物都崩潰瓦解的世界裡，她必須把自身具體悲劇的明確細節，跟存有那令人難受的普遍情境區分開來，兩者並不相同。「所有事物」——這是言過其實。陷入崩潰瓦解的，是特定的事物，而不是所有事物。是具體的信念令人失望，某些行動虛偽不實。那是些什麼？現在能怎麼修復？未來她能如何變得更好？如果她不願意或沒辦法理清這些，就永遠無法踏回堅實的地面。她可以透過一些想法上的精準性，一些言語上的精準性，一些對自身言語的信任，一些對上帝聖言的信任，重新拼湊她的世界。但也許最好讓事物停留在迷霧之中。也許目前她所剩的已經不多，也許她有太多自我尚未揭露、尚未開發。也許，她只是不再有力氣……

倘若她早一些展現關心、勇氣及真誠，或許就能從這些困境中脫身。如果她在自己的浪漫生活衰退的時候，就說出她的不快樂，會怎麼樣？更精準地說，如果在衰退第一次令她憂慮的時候說出來，會怎麼樣？或者，那並不令她憂慮呢？——如果她說出這種衰退或許應該要令她相當憂煩，但她卻反而很麻木，會怎麼樣？如果她曾經清楚地、謹慎地正視丈夫輕視她辛苦做的家務，會怎麼樣？她是否就會發現自己對父親與社會的怨恨（以及她每段關係因此染上的污點）？如果她好好解決了所有問題呢？她會變得多麼堅強？她有多大的可能不再逃避面對困難？然後，也許她就能照顧自己、家人與這個世界？

如果她能為了維護長期的真理與和平，不斷坦然承擔當下的衝突呢？如果她曾把婚姻中的每道細小裂縫都視為根基不穩且值得留意的警訊，而不是以溫和、遷就的態度忽略、容忍或一笑置之呢？也許她會變得不一樣，丈夫也是。也許婚姻仍然能維持，不論是形式上或精神上。也許兩人會變得更年輕，在生理上或心態上都是。也許她的家庭將屹立在更堅固的磐石上，而不是鬆軟的沙地裡。

當事物崩解，混亂再度現身，我們可以透過自己的語言建立架構，並重整秩序。如果我們謹慎且精準地發言，便能釐清事情，並把事情放在適當的位置上，然後設定新的目標——如果我們一起協商並達成共識，我們通常會共同航向那個新的目標。但如果我們發言既不謹慎也不精準，事物就會持續模糊不清，沒有人明確說出目標在哪裡，不確定性帶來的重重迷霧仍未散去，我們也無法穿越這個世界的艱難路段。

❖ 構築靈魂與世界

在人類存在的最高層次，精神（靈魂）與世界都是因著語言、透過溝通而組織起來。若事情的結果不合預期、不如所願，事情就會不如表面所顯露。生命若缺乏規矩，就沒辦法適當歸類。事情一旦出錯，人的知覺就會連同評估、思考與行動一起受到質疑。過失一張揚出來，糾結成團的混亂便會降臨，型態如同爬蟲動物，使人既困惑又動彈不得。然而那真實存在的巨龍（可能比其他任何存在的事物都還真實）也守護著珍貴寶物。當存有崩解成無法理解的極端混亂，嶄新與良善秩序的可能性也會潛伏在下方，要將之喚出，就必須仰賴清晰的思考——勇敢而清晰的思考。

盡可能在問題一發生的時候就立刻承認問題的存在。「我不快樂」是好的開頭（並非「我有權利不快樂」，以此作為解決問題的開端仍有問題），也許在當下的處境中，你有理由不快樂，或許換作任何正常的普通人，也都會生氣、痛苦。或者，也許你就是不成熟、愛發牢騷？留意這兩種情況至少有同樣的可能性就跟這個考量本身看起來一樣糟糕。你到底能多不成熟？可能毫無極限，但只要你承認自己的不成熟，至少有機會改正。

我們分析複雜糾結的混亂，指明事物的本質，也包含我們自己的本質。正是透過這樣的方式，我們富含創造力與溝通意味的探索，才能持續衍生及重建這個世界。我們從自願遇上的事物中獲取資訊並形塑自己，同時也形塑我們在那段相遇中寄身的東西。這很困難，但即便困難也無妨，因為另一個選擇更糟。

也許我們口中那名迷途的丈夫，是因為厭惡他的工作而感到疲憊與忿恨，因此忽略了與妻子的晚餐對話。也許他之所以厭惡自己的工作，是因為父親逼迫他選擇那樣的職業，且他太過懦弱或太過「孝順」而無法拒絕。也許妻子覺得直接抗議太過無禮、傷風敗俗，於是容忍丈夫的漠不關心。也許她痛恨父親的怒火，因此很小的時候就認定，所有的強悍和堅持都很失德。也許她認為如果她有任何個人意見，丈夫就不再愛她。要理清這些事情確實不容易，但是如果始終沒有查出問題，也不修復，損壞的機器只會繼續故障。

❖ 麥糠裡的麥子

精確性能讓人明辨事物。當壞事發生，精確性能把真實發生的一起糟糕事件，與其他同樣糟糕且本來可能發生卻沒有發生的事情區分開來。如果你在疼痛中醒來，你可能正在死去。世上有各種痛苦、可怕的疾病，你可能緩慢而悽慘地死於其中一種。如果你不向醫師描述你的疼痛，你的病痛就會不明。那可能是**任何**一種疾病，而且當然是糟到無法啟齒的那種（既然你連診斷性對話都要躲開，不願交代病情）。但如果你好好跟醫師說，運氣好的話，所有可能的可怕疾病都會崩落，露出唯一一個可怕的（或不那麼可怕的）疾病，或甚至化為烏有。於是你可以嘲笑過去的膽怯，而如果真的發生什麼問題，嗯，你已經準備好了。保持精確也許不能改變悲劇，但會趕走食屍鬼與惡魔。

你在森林裡聽得到但看不到的可能是一隻老虎，甚至可能是一群心懷鬼胎的老虎，一隻比一隻飢渴，一隻比一隻邪惡，還由一頭鱷魚領軍。但也可能不是。如果你轉身看看四周，可能會發現那不過是一隻松鼠（我真有認識的人被松鼠追著跑過）。你確定樹林裡有某個東西，但那通常只是一隻松鼠。如果你拒絕去看，牠就會是一隻龍，而你卻不是騎士，你是獅子面前的一隻小老鼠，是在大野狼的瞪視下無法動彈的小白兔。我並不是說那永遠都只是隻松鼠，很多時候，那確實是非常可怕的事物，但即便是真實生活中的可怕事物，影響力也遠不及想像中的可怕事物。那些在想像中太過可怕而讓人無法面對的事物，如果能還原到真實樣貌，固然仍很可怕，但已能實際面對。

如果你閃避責任，不正面迎擊意外，即便意外出現時還算是可以處理的程度，那麼現實本身會變得失序、混亂，無以為繼。然後意外會越長越大，吞噬所有秩序、所有感覺，以及所有的可預測性。現實一旦被忽略，就會自行變形（回復原狀），變成巨大的混亂之神，巨大神祕的無名怪物——人類從創世之初便努力對抗的掠食性巨獸。如果避談虛偽假象與真實情況的溝隙，這道溝隙就會越來越大，使人跌落，後果不堪設想。被忽略的真實成了迷惘與苦難的深淵。

仔細地、謹慎地告訴自己與其他人，你做過什麼、正在做什麼，以及要往哪裡去。搜尋正確的字詞，把字詞組織成正確的句子，再把句子組織成正確的段落。若能用精準的言語削掉枝蔓，讓過去露出本質，就能補救過去。如果當下的真實都能清楚說出口，就能不掠奪未來，讓時光流動。運用謹慎的思考和言語，便可望從眾多極可能不請自來、陰鬱又令人厭惡的未來之中，萃取出單一個精采的命運，證明生命有理由存在。上帝的全知之眼與神聖話語，就是以這種方式創造可托身的秩序。

不要把怪物寶寶藏在地毯下，牠們會漸漸茁壯，在黑暗中逐步長大，然後在你最意想不到的時候跳出來吞噬你。你會墮入晦暗迷惘的地獄，而不是升至明朗純善的天堂。勇敢而真實的話語才能讓你的現實變得單純、明確，可以寄身。

若你在辨別事物時仔細留心、慎選用詞，你就是在讓這些事物變得可以順利運轉，將它們從盤根錯節的基部分開。你讓它們變得單純，變得明確、實用，並簡化其複雜性。你讓它們變得可以接受、可以運用，而不至於被其中的複雜性、被伴隨而生的未知與焦慮給折磨致死。但如果你放任事物含糊不清，就永遠無法分辨事物，所有事物會相互滲透，使世界變得太過複雜而難以掌控。

你必須有意識地界定一段對話的主題，尤其是困難的對話，否則對話會很籠統，而籠統就太多了。這正是伴侶經常停止溝通的原因：每次爭辯，都會惡化成一個又一個出現過的問題、現存的問題，以及未來可能發生的災難。沒有人能夠討論「所有的事」，但你可以說：「就是這個（具體明確的東西）讓我不開心。這個（具體明確的東西）才是我想要的，但我也樂於聆聽建議，只要是具體的建議。這個（具體明確的東西）是你本來可以做到的，這樣我才不會繼續讓你和我的生活這麼痛苦。」但要這麼做，你也必須思考：到底出了什麼問題？我要的到底是什麼？你必須直截了當說出來，從一團混亂中召喚出宜居的世界。你必須使用真誠精準的言語。但如果你畏縮躲藏，你所逃避的東西會變身為巨龍，埋伏在你的床下，在你內心森林的幽暗深處——然後吞噬你。

你必須確認自己在過去的人生中處於什麼位置，才能知道你現在置身何方。如果你無法確切知道自己在哪裡，你就有可能在任何地方。任何地方這個範圍太廣，而且有些地方非常糟糕。你必須確認自己在過往人生中的位置，否則你無法到達你要去的地方：除非你已經位於A，否則不可能從A去到B，而如果你只是在「任何地方」，那麼你位於A的機會就微乎其微。

你必須決定你的人生要往哪裡去，因為唯有朝著那個方向前進，你才可能到達想去的地方。隨意遊蕩不會讓你前進，只會令你失望挫折，使你感到焦慮痛苦，也變得難以相處（然後充滿怨懟，接著亟欲報復，而後越來越糟）。

說出你的用意，這樣你就能發現自己的用意。按照你所說的去做，那麼你就能知道會發生什麼。然後注意觀察，留意你的錯誤，明白地指出來，並且努力修正。這就是找到人生意義的方法，也會讓你免於人生的悲劇，否則還能怎樣？

正視存有的混亂，面對無窮無盡的困難，確立你的目標，然後畫出前進的路線。承認你想要的，告訴周圍的人你是誰。縮小範圍，專注凝視，然後直直向前邁進。

說話要精準。

RULE ·11·

孩子玩滑板時，不要干擾他們

❖ 危險與駕馭

以前，在我工作的多倫多大學，有些孩子會在西德尼史密斯大樓的西側玩滑板。有時我就站在旁邊看著他們玩。那裡有表面粗糙、寬闊而低淺的水泥台階，從街道延伸至正門，台階旁是管狀的鐵欄杆，直徑約六公分，長約六公尺。那些瘋狂的孩子幾乎都是男孩，他們會往後退到台階頂端的十幾公尺外，一隻腳踩在滑板上，死命加速滑行。快要撞上欄杆之前，他們會稍微蹲低，單手抓起滑板，跳到欄杆上，讓板身順著欄杆一路往下滑，然後著地——有時他們能繼續穩穩站在板子上，有時會狠狠摔下來。但不管怎樣，他們很快就會再來一次。

有些人可能會覺得這樣很蠢，或許是吧，但其實也很勇敢。我認為這些孩子很了不起，他們應該獲得讚揚和由衷的欽佩。這樣的舉動當然很危險，但危險才是重點，他們就是想要戰勝危險。雖然穿戴適當的護具比較安全，但那樣就毀了——他們不是為了安全才這麼做，而是想要變強。唯有變強，才能真正安全。

我沒那個勇氣嘗試這些孩子做的事。非但不敢，也沒有能力。我絕對無法像現在YouTube上某些不怕死（當然也包括工作上需要）的人一樣爬上營建用塔式起重機。我討厭高，雖然搭飛機上升到七千六百公尺對我不成問題。我還曾飛過幾次碳纖維製特技飛機（甚至表演過鎚頭滾），也沒有問題，即便那在體能與心理上都非常有挑戰性。（表演鎚頭滾時，你要先將飛機垂直往上飛，讓飛機因為重力而失速，開始反向呈螺旋狀墜落，最後快速翻轉並朝下飛行，然後你將機身拉回，結束俯衝。或者，再也沒有下一場。）但我沒辦法玩滑板，尤其是從欄杆上滑下來，也沒辦法爬上起重機。

西德尼史密斯大樓的東側正對著另一條街，學校沿街裝設了一排邊緣粗糙、堅硬的混凝土花台，向下排列直到路邊。以前孩子也會去那裡玩，沿著花台邊緣卡板身，就像他們在大樓附近某座雕像的水泥基座上做的那樣。但沒多久，那些花台的邊緣每隔六十到九十公分都裝上了號稱「滑板終結者」的小鋼架。我第一次看到那些小鋼架的時候，想起多年前在多倫多發生的一件事：在小學開學前兩個星期，整個城市所有遊戲場的設施都不見了，原因是管理這類事物的法律變了，並掀起一陣跟可保性[i]有關的恐慌。儘管這些遊戲場夠安全，相關可保性也不受新法約束，而且通常是近期由家長出資設立，但還是被匆匆拆除了。這表示多倫多至少一年以上連個遊戲場都沒有。這段時間裡，我常常看到百無聊賴但又令人佩服的孩子在學校的屋頂上衝來衝去，不然就是跟貓還有不那麼大膽的孩子在泥地上東翻西翻。

我說那些被拆掉的遊戲場「夠安全」，是因為若遊戲場設計得太過安全，孩子不是不玩，就是會用自創的方式玩。孩子就是需要夠危險的遊戲場，才能不斷挑戰。人們（包含兒童在內，畢竟兒童也是人）並不追求將風險降到最低，而是尋求最適當風險。人們開車、走路、相愛、玩樂，以獲得自己想要的東西，但同時也驅策自己持續進步。因此，如果東西設計得太過安全，人們（包含兒童）就會開始想辦法把它們變得危險一點。[165]

如果沒有限制，而且還受到鼓勵，我們都願意冒險。冒險時，我們不但對自己的經驗依舊有信心，同時也能面對混亂，而面對混亂有助於我們成長，因此我們的本性就喜歡冒險（有些人更是比其他人還愛）。如果在玩樂的同時也能提升未來表現，我們便會感到振奮、心情激昂，否則我們就只是無意識且呆笨地四處移動，既不成熟又莽撞。若是被過度保護，當意想不到的、危險但也充滿機會的事情突然發生時，我們必然難以招架。

滑板終結者並不美觀。附近雕像的基座本來可能會被勤奮的滑板玩家撞得面目全非，現在倒是變得一副凶惡的模樣，像鬥牛犬的項圈一樣布滿金屬。大型花台上除了滑板玩家留下的磨損之外，也有不規則相隔的金屬防護裝置，看起來很寒傖，就像設計不良、不甘願又糟糕的事後補救。這些金屬裝置使得這個本應被雕像及植栽美化的區域，變成工廠／監獄／精神病院／勞動營之類的地方——當建築師或公務員不喜歡或不信任他們服務的對象時，就會蓋出這樣的地方。

這個醜得要命的解決方案編造一個謊言來合理化施行的理由。

❖ 成功與憤恨

若研讀深度心理學者，像是佛洛伊德、榮格以及該領域的先驅尼采等人的主張，你會了解每樣事物都有黑暗面。佛洛伊德深入探討夢境隱含的潛在意涵，他認為夢的內容通常旨在表達某些不恰當的願望。榮格相信每個得體的舉止都有一個邪惡的孿生手足：無意識的陰影。尼采探究了他名之為怨恨（*ressentiment*）的概念在激發那些看似無私但通常過分訴諸公義的行動時，所扮演的角色。[166]

> 因為使人從復仇心中解放出來：這對於我，乃是通往最高希望的橋，乃是長期雷雨後的彩虹。可是塔蘭圖拉毒蛛的願望當然不同。「讓世上充滿我們的復仇心的惡劣氣候，正是我們

i 保險術語，指某一項風險能不能受保。編注

所說的正義。」——他們互相如是說。「我們要向跟我們不同等的所有的人進行復仇和誹謗。」——塔蘭圖拉毒蛛的心發出這樣的誓願。「而且『爭取平等的意志』——這個意志本身今後應成為道德的名稱；我們要大喊大叫：反對一切有權力的人！」你們，平等的說教者，得不到權力的獨裁狂就這樣從你們心裡發出爭取「平等」的叫喊：你們最隱祕的獨裁欲就這樣以道德這個字眼進行偽裝。[ii]

無與倫比的英國評論作家歐威爾對這樣的事再熟悉也不過。一九三七年，他寫下《通往威根碼頭之路》，某種程度上嚴厲抨擊了英國上層階級的社會主義者（儘管他自己也傾向社會主義）。在這本書的前半部，歐威爾描繪了一九三〇年代英國礦工的駭人處境：[167]

一些牙醫告訴我，在工業區裡只要是三十多歲的人牙齒都會出問題。在威根，形形色色的人都建議我盡早把牙齒拔掉，「牙齒只會帶來不幸」，一個女人這樣跟我說。

威根碼頭的煤礦工人為了做那七個半小時一班的辛苦工作，必須在地底黑暗的環境中，走上（考慮礦井的高度，用爬行可能比較適合）大約五公里，不時撞到頭或刮到背。工作結束之後，還得爬回去。歐威爾描述說：「也許這就好比你在一天的工作前後都爬完一座小山。」而花在爬行的時間是沒有工資的。

歐威爾這本《通往威根碼頭之路》是為左翼書籍俱樂部所寫，那是一個支持社會主義的出版團體，每個月都挑選特定書籍發行。這本書的前半部赤裸裸刻畫礦工的個人處境，看過的人無不同情貧窮的工人，只有怪物才可能在讀完這些描述之後，仍繼續鐵石心腸：

才不久前，礦區的處境相較今日艱難許多。現在還有幾位非常年老的女性，她們從年輕就開始在地底工作，拖著一桶又一桶的煤塊匍匐而行，甚至懷孕時也依舊如此。

但是在書的後半部，歐威爾的關注轉向另一個問題：儘管當時的英國仍隨處可見明顯而殘酷的不平等，但社會主義仍相對不受歡迎。歐威爾的結論是，那些身穿毛呢套裝空談哲學思維、四處標認受害者並分送憐憫與輕蔑，還擺出社會改革者姿態的人，通常不如他們自己宣稱的那樣喜歡窮人。**實際上，他們不過是痛恨有錢人**，那份憎恨與嫉妒隱藏在虔敬、道貌岸然與自命清高的表象之下。但在潛意識裡，或者在奉行社會正義的左派陣營中，這樣的情形至今並無多大改變。我因為受到佛洛伊德、榮格、尼采以及歐威爾的影響，每當聽到有人異常高聲地宣稱：「我支持這個立場！」我都不禁想問：「那你反對什麼立場？」當這個人在抱怨、批評或試圖改變別人的行為時，這個問題似乎就格外重要。

我相信是榮格，提出了那最犀利精準的心理分析格言：**如果你無法了解為什麼某人會做出某件事，就去看看他那麼做的結果是什麼，然後回推他的動機**。這是一把心理解剖刀，雖不是萬用工具，有時可能切得太深，或者劃錯位置，但或許是最後的手段。不論如何，這在某些時候確實能帶來相當的啟發。

比方說，如果在花台邊緣及雕像基座裝上滑板終結者的結果，是造就一堆鬱悶的青少年以及不在乎美感的野獸派審美，那麼，也許這些就是這麼做的目的。若有人宣稱自己所作所為的最高原則是為別人利益著想，實在沒有理由認為這樣的動機是完全真心的。真正試著改善一些事情的人，通

ii《查拉圖斯特拉如是說》，引用自錢春綺譯本，大家出版，二〇一四年出版。編注

常不會想改變別人——或即便是的話，這些人也會負責地（先）改變自己。在那些為了阻止滑板玩家做出技術高超、勇敢又危險的動作而制定的規則背後，我看到那股逐步深入侵蝕的反人類力量蠢蠢蠢欲動。

❖ 更多關於克里斯的事

我先前曾提過我的朋友克里斯，他就是受到這股力量掌控，以致心理健康嚴重受損。糾纏他的其中一部分是罪惡感。克里斯在多個鄉鎮唸過小學和中學，遠至最北邊酷寒廣袤的亞伯達省大草原，畢業之前是在我先前提過的費爾維尤。在克里斯到處遷徙的經歷中，跟原住民小孩打架是稀鬆平常的事。平均而言，這些原住民小孩比白人小孩更凶悍，或者更容易動怒（背後有其原因）。這麼說一點也不誇張，我因為自己的經驗，相當清楚這一點。

我讀小學的時候有個朋友是梅蒂族（Métis）的孩子，他叫海克[iii]，但當時的情況複雜，我們的友誼因此不怎麼穩固。我和海克之間有著巨大的文化隔閡，他的衣服總是髒兮兮，言語舉止也比較粗魯。我是跳級生，而且外型看起來比實際年齡還小，海克則是高大、聰明、外型出色的孩子，而且很強悍。我們是六年級同班同學，班上的導師是我父親。有一次海克吃口香糖被抓，我父親說：「海克，把口香糖吐掉。你看起來就像牛一樣。」我輕聲笑了出來：「哈哈哈，海克是頭牛。」海克也許是頭牛，但他的耳朵可沒壞掉，他說：「彼得森，放學後你就死定了。」

那天上午稍早，海克跟我本來約好晚上去當地的寶石戲院看電影，看來這件事泡湯了。不論如何，那一天剩餘的時間過得很快——每當有痛苦與威脅蠢蠢欲動時，時間都過得很快。海克絕對有辦法痛扁我，所以放學後，我使勁衝向我停在學校外的腳踏車，但他已經在那裡堵我。我們繞著腳踏車對峙，他在一邊，我就在另一邊，我們就像「啟斯東警察」[iv]短片裡的角色，只要我繼續繞圈，他便抓不到我，但這個策略沒辦法永遠奏效。我大喊對不起，但他沒有因此冷靜下來。他的自尊心受損，要我為此付出代價。

我蹲下來躲在幾輛腳踏車後面，不斷留意海克的一舉一動。我大喊：「海克，我很抱歉，我不該說你是牛。我們不要吵架了。」他再次朝我逼近，我又說：「海克，對不起我說了那樣的話，真的。我還是想跟你一起去看電影。」這不是用來求饒的伎倆，我是真心的，否則也不會發生接下來的事。海克不再追著我繞圈圈，他瞪著我，然後哭了起來，後來就跑掉了。簡單地說，在我們那個酷寒的小鎮上，原住民與白人的關係就是這樣。後來，我再也沒能跟海克一起去看電影。

如果我朋友克里斯惹到原住民小孩，他不會反擊，也不會覺得他的自我防衛在道德上是合理的，所以他會乖乖挨揍。他後來寫道：「我們搶走了他們的土地，這是不對的，難怪他們會生氣。」隨著時間過去，克里斯逐步退出這個世界，一部分是因為他的罪惡感，他開始極度厭惡陽剛氣概或陽剛活動。他認為人們上學、工作或交女朋友所走的路，也通往北美殖民化、冷戰的恐怖核武對峙，以及地球環境惡化。他讀過一些關於佛教的書籍，體認到在當前全球處境下，人類在道德上有必要否定自身的存有。後來克里斯開始相信同樣的想法也適用於其他人。

我念大學的時候，有一小段時間與克里斯是室友。某天深夜我們去當地一家酒吧，然後走路回家。途中他突然將停放路邊的車輛上的後照鏡一一折斷，我說：「住手，克里斯。這樣搞那些車主，到底有什麼好處？」他告訴我，那些車主全都參與了人類毀滅一切的瘋狂行動，不管那些人遇到什麼都是活該。我說，報復這些過著普通生活的老百姓，完全無濟於事。

幾年後，我在蒙特婁念研究所時，克里斯突然出現了。他原本應該是來拜訪我，但當時他毫無

iii 為保護當事人隱私，此處的姓名以及個人細節都經過變造。作者注
iv Keystone Cops，出現在二十世紀早期喜劇默片中形象滑稽的笨警察。編注

目標，也感到迷惘，後來他向我尋求協助，最後搬進我們家。那時我已經結婚，與太太譚美及我們一歲大的女兒米凱拉住在一起。克里斯和譚美以前在費爾維尤就是朋友（克里斯也曾希望和譚美不只是朋友），這讓事情更加複雜——但不是你可能想像的那樣。克里斯一開始憎恨的是男人，但最後憎恨的是女人。他渴望女性，卻拒絕接受教育、拒絕工作，也拒絕慾望。他有嚴重的菸癮，沒有工作，無怪乎他對女人來說沒什麼吸引力，他為此非常苦悶。我試著說服他，他選擇的路只會導致進一步的毀滅，他需要謙卑一點，也需要過自己的生活。

有一天晚上，輪到克里斯做晚餐。我太太一回到家就發現公寓裡煙霧瀰漫，漢堡排在平底鍋裡瘋狂燃燒，克里斯跪在地上試圖修理爐腳上鬆脫掉落的零件。我太太明白他的伎倆，知道他是故意把晚餐燒焦。他痛恨下廚，痛恨這種女性化的角色分工（即便家務是以相當合理的方式分配，即便這點他心知肚明）。克里斯用修理爐子來掩護燒焦食物，讓他的行為變得合理甚至值得讚賞。當譚美指出克里斯的所作所為，他卻扮演起受害者，同時他心裡深藏的危險怒火也熊熊點燃。一部分的克里斯（不是好的那部分）確信自己比任何人都聰明，所以當譚美看穿他的把戲，他的自尊心便大受打擊。當時的場面很難堪。

隔天譚美與我散步到當地公園，我們需要離開那間公寓，儘管當時戶外是攝氏零下三十七度，冰寒徹骨、潮濕多霧。風起了。是那種考驗生命的惡劣氣候。譚美說，和克里斯住在一起實在難以忍受。我們走入公園，樹木只剩下一根根光禿禿的樹枝，直直向上隱沒在潮濕灰暗的空中。一隻因為尾巴長癬而毛髮稀疏的黑色松鼠死命抓著葉子落光的樹枝，身體劇烈顫抖，奮力抵抗強風。天氣這麼寒冷，牠為何出現在這？松鼠是半冬眠動物，只有在比較暖和的冬天才會出來。接著我們又看到另一隻松鼠，還有一隻，再一隻，又一隻……在這座公園裡，我們周圍都是松鼠，尾巴與身體的毛髮都有些脫落，緊抓著樹枝隨風搖擺，在要命的低溫裡發抖、凍僵。附近沒有任何旁人，這景象實在不可思議，也難以言喻，卻又十分貼切。我們來到上演荒謬主義的舞台上，這齣戲由上帝一手導演。在那之後，譚美很快帶著我們的女兒離開，到其他地方住了幾天。

同一年接近聖誕節的時候，我弟弟和他的新婚妻子從加拿大西部過來拜訪我們。我弟弟也認識克里斯，這三人都換上冬衣，準備到蒙特婁的市區走走。克里斯穿上黑色的冬季長外套，將頭上的黑色針織無邊帽壓得很低。他的外套是黑色的，長褲和靴子也是，人又高又瘦，還有點駝背。我開玩笑說：「克里斯，你看起就像連續殺人犯。」好笑，還真好笑。這三個人閒逛回來之後，克里斯看起來有點不高興，因為有陌生人闖進他的地盤，還是一對幸福的夫妻，這有如在他的傷口上撒鹽。

我們還算愉快地吃完晚餐，聊了會天，上床就寢。但我無法入眠。不對勁，有股不對勁的氣息。凌晨四點，我再也無法忍受，於是爬下床，輕敲克里斯的房門，不等他回應就走進他房間。果然不出如我所料，克里斯清醒地躺在床上，正盯著天花板。我在他的床邊坐下。我很了解克里斯，於是我說服他平息殺氣騰騰的怒火。之後，我回到床上繼續睡覺。隔天早上，我弟弟把我拉到一旁想談一談，我們坐下來，他問：「昨天晚上到底發生什麼事？我根本不能睡，怎麼了嗎？」我告訴他，克里斯昨天的狀況不太好。我沒有說的是，他運氣好，還活著——我們都是。該隱的靈魂昨日來訪，所幸我們都毫髮無傷。

那天晚上，當死神在空中徘徊，或許我是嗅到了某些氣味的變化。克里斯身上有種非常苦澀的氣味。他經常洗澡，但毛巾跟床單還是會沾染那股氣味，怎麼樣都洗不掉，那是一種心靈跟身體無法和諧運作的產物。我認識的一位社工師也認識克里斯，她告訴我，她非常熟悉這種氣味，她的每個同事也都知道，雖然大家只會悄悄討論。這位社工師和同事將這種味道稱為「不適僱用」的氣味。

不久之後，我完成了博士後研究，譚美和我從蒙特婁搬到波士頓，我們也有了第二個寶寶。克里斯不時會跟我通電話，也來找過我們一次。那時事情的進展還算順利，他在汽車零件店找到工作，試著改善生活。當時他狀況還不錯，但後來卻沒能持續。我從此不曾在波士頓見到他。將近十年之後（剛好在克里斯四十歲生日的前一晚），他又打了電話給我。這時我們全家已搬回多倫多。他帶來一些新的消息：他寫的一個故事即將以合集的形式，由一間小型但正規的出版社出版。他想讓我知道這件事。他寫了一些很棒的短篇故事，我全都讀過，我們曾經詳細地討論這些故事。他也是優秀的攝影師，眼光絕佳，富有創造力。隔天，克里斯開著他那輛老舊的皮卡（從費爾維尤時期開到現在的那輛傷痕累累的野獸），進入一片灌木林。他從排氣孔接了一條軟管到前方駕駛座。我彷彿能看見他就坐在那裡，從破碎的擋風玻璃向外望，邊抽菸邊等待。幾星期後，有人找到克里斯的屍體，我聯絡了克里斯的父親，他哽咽著說：「我優秀的孩子啊。」

前陣子我受邀到附近大學擔任TEDx講者。一位教授先上台發表演說，主題是他那相當迷人且需專門技術的工作，及工作使用的電腦智能介面（類似電腦觸控螢幕，但可擺放在任何位置），但他實際上談的卻是人類對地球存續的威脅。這位教授就跟克里斯還有許多人一樣，徹底成了反人類者。他不像我的朋友陷得那麼深，但在背後鼓舞著他們兩人的，是同一種可怕的精神。

他站在螢幕前面，畫面中呈現的是以慢鏡頭展示一間橫跨好幾個街區、無限延伸的中國高科技廠房，數百個身著白色制服的工人站在生產線後方，有如了無生氣且毫無人性的機械裝置，無聲地將A零件插入B凹槽中。這位教授告訴聽眾（全是聰明的年輕人），他與妻子決定只生一個小孩，還說如果大家希望自己成為有道德的人，也應該考慮跟進。我認為他的決定是經過適當的考量，但僅限於他個人的獨特情形（一個都不要生可能比較好）。許多現場的中國學生態度冷漠地坐著聽他說教，這些學生心裡想的，也許是自己的父母如何逃離毛澤東的文化大革命以及一胎化政策的恐怖陰影，也許是這些中國廠房如何大量改善人們的生活水準與自由度。後來的提問時間，有幾個中國學生的發言就提到這些事情。

如果這位教授知道自己的想法可能會導致何種結果，他會改變看法嗎？雖然希望答案是肯定的，但我不相信。我認為他有能力知道這點，但拒絕去了解，甚至可能更糟：他其實知道，但他不在乎——或者雖然知道，但還是執意如此。

❖ 自命為人類的審判者

不久以前，地球對於居住其中的人類來說，仍是廣袤無垠的地方。十八世紀末，達爾文的忠實擁護者，也是阿道斯．赫胥黎（Aldous Huxley）的祖父——傑出的生物學家湯馬士．赫胥黎（Thomas Huxley; 1825-95），他向英國國會表示，人類不可能耗盡海洋資源，因為根據他的判斷，即便人類全力捕獵，海洋的再生能力相對之下仍過於強大。而不過五十年前，卡森的著作《寂靜的春天》燃起了環境保護運動的火苗。[168]五十年！那沒什麼！那甚至不是昨天才發生的事。

儘管還不完美，但我們才剛發展出許多概念工具與技術，使我們開始了解生命之網。因此，當怒火因我們毀滅性的作為而燃起時，我們值得些許同情。有時我們因為無知而做出錯誤的事，有時我們雖然清楚知道，但還沒找到其他可行的替代辦法。畢竟即使是現在，生活對人類來說也不容易——不過數十年前，大多數的人類還處在飢餓、疾病及未受教育的狀態。[169]富裕如我們（世界各地都有越來越多的富人），也只享受了短短幾十年的富裕生活。即便現在，整個家庭沒有任何人罹患重大疾病的，也是幸運又罕見，但最終每個家庭還是都會面臨這樣的問題。脆弱且易受傷害的我們竭盡所能做到最好，而這星球待我們之嚴苛，更甚於我們對它做的，所以或許我們可以對自己稍微寬容一點。

畢竟，人類是相當獨特的物種，我們沒有同類，也不知道人類的發展是否有任何真正的極限。不久前，正當我們開始醒悟自己得肩負起整顆星球的責任之際，當時那些人類不可能辦到的事，如今一一實現。寫這個段落的前幾個星期，我剛好在YouTube上看到兩個並列呈現的影片，其中一個是一九五六年獲得奧運金牌的跳馬比賽片段，另一個是二〇一二年奧運銀牌的跳馬片段，畫面上看起來甚至不像同一種運動，或者說不像同一種動物。馬露妮（McKayla Maroney）二〇一二年所做的動作，在五〇年代會被視為超人才能辦到。跑酷這種源於法國軍事障礙訓練的運動，就像自由奔跑一樣不可思議，我在看這類運動表演的選輯時，完全無法掩飾內心的欽佩——有些孩子從三層樓高的建築物上跳下而毫髮未損，那很危險，但也令人讚嘆。此外，起重機攀爬者也勇敢到讓人膽戰心驚，極限山地自行車手、自由式單板滑雪者、征服十五公尺高巨浪的衝浪客及滑板玩家，也都如此。

先前我們討論過科倫拜高中槍擊案的兩個男孩，他們自命為人類的審判者，就像那位在TEDx發表演說的教授，雖然程度更為極端。他們也像克里斯，我那注定毀滅的友人。對於兩個殺手中文學素養較高的哈里斯而言，人類是一種墮落失敗的物種。一旦接受了這樣的前提，其背後的邏輯必然會浮現。如果某個東西是艾登堡[v]口中的瘟疫，[170]或羅馬俱樂部[vi]聲稱的癌細胞，[171]那麼能根除那個東西的人便是英雄，名副其實的地球救世主。一個真正的彌賽亞可能會堅持履行自身嚴格的道德邏輯，並消滅自己，而這正是典型受到無限恨意驅使的大屠殺凶手會做的事，甚至他們自身的存有也無法證明人類存在的正當性。事實上，他們正是透過自盡來展現自己義無反顧地投身毀滅。當今世上，沒有人能毫不遲疑地表示如果少了猶太人、黑人、穆斯林或英國人，生活就會變得更好，那麼，為什麼主張減少人類數量就能改善地球會成為高尚的提議呢？我無法不去注意到這些論述背後的不遠處躲著一張臉，像骷髏頭般咧嘴獰笑，正為世界末日可能到來而樂不可支。此外，為什麼那些經常站出來對抗偏見的人，似乎也常常覺得自己有責任譴責人類呢？

我曾見過大學生（尤其是人文學科）因為身為人類的一份子，受到這類地球護衛隊在哲學層次上的嚴厲譴責，出現了真正的心理健康問題。我認為這對年輕男性的影響更為嚴重。身為父權社會中享有特權的既得利益者，年輕男性的種種成就都被視為不勞而獲。身為強暴文化的潛在擁護者，他們在性方面也受到質疑。他們的抱負使他們成為這個星球的掠奪者。他們不受歡迎。年輕男性在國、高中以及大學的教育階段逐漸落後。我兒子十四歲時，我們談論到他的成績，他非常平靜地說，以男孩而言他的成績算相當好了。我進一步詢問，他說每個人都知道女生在學校的表現比男生好，那語氣透露出他很訝異我居然不知道這麼明顯的事。行筆至此，我正好收到最近一期的《經濟學人》，封面故事是什麼？「弱勢性別」——指的是男性。現在的大學有超過三分之二的科系，女學生的比例占一半以上。

現代社會中的男孩飽受折磨。相較於女孩，他們說難聽一點是比較不聽話，或者說好聽一點是比較獨立。在上大學前的整個學業生涯，他們都為此所苦。男孩不那麼親和友善（親和是人格特質，與憐憫、同理及避免衝突有關），也比較不容易受到焦慮與憂鬱的影響，[172]至少在兩性進入青春期之後是如此。[173]男孩對事物較有興趣，而女孩對人較有興趣。[174]引人注目的是，這些強烈受到生物因素影響的差異，在最積極推動性別平權的北歐社會中也最為明顯，當人們越來越大聲疾呼性別是由社會所建構時，上述發現卻剛好與這樣的堅持背道而馳。性別不是由社會建構，這並非在爭辯，而是數據告訴我們的事。[175]

男孩愛競爭、不喜歡服從，尤其在青少年階段更是如此。在這個時期他們亟欲逃離家庭，並渴望建立自己的獨立生活。這無異於挑戰權威。然而十八世紀晚期興建的學校正是不斷灌輸服從觀念的地方，[176]絕不寬容大膽和挑釁的行為，不論這些行為表現出一個男孩（或女孩）可以多麼堅毅、

v David Attenborough，英國廣播公司著名電視節目主持人與製作人，曾說過「人類是地球上的瘟疫」。編注

vi Club of Rome，非官方國際學術研究團體，於一九六八年四月成立於義大利羅馬，因而得名。主要探討全球性問題，並於一九七二年發表《增長的極限》一書，指出人類應停止「癌細胞式」的指數增長。編注

能幹。還有其他因素造就男孩的衰落，譬如說，女孩會玩男孩的遊戲，但男孩卻比較不願意玩女孩的遊戲，一部分理由是，若女孩在與男孩的競爭中勝出，便會受到讚賞，而且即便她輸給男孩也沒關係。但是，若男孩擊敗女孩，通常不會被認可，而他自己則通常不太能接受落敗。試想，兩個同樣是九歲的男孩與女孩打起架來，光是因為和女孩打架，這個男孩就已經被認為有問題。他如果贏了，會很可悲；如果輸了，人生可能同樣會完蛋——居然會敗給女生。

女孩可以在女孩的階層中獲勝，也就是精通女孩所重視的事情。若又能在男孩的階層裡獲勝，就更是錦上添花。但是，男孩就只能在男性階層中獲勝，若是在女孩重視的事情上表現優秀，只會讓他們失去在男孩及女孩間的地位，不僅傷害他們在男孩之間的聲望，也損及他們對女孩的吸引力。即使女孩可能喜歡她們的男性朋友，但不管這代表什麼，她們都不會被這些男性友人吸引。吸引她們的，是那些與其他男孩競逐地位並勝出的男孩。無論如何，如果你是男性，你就不能像對待男人那樣徹底擊敗女性。男生不能（也不會）跟女生進行真正的競賽，他們實在搞不懂要怎麼獲勝，所以遇到女生的競賽，男生就會退出。大學（尤其是人文學科）也即將變成女孩的競賽了嗎？這是我們想要的嗎？

大學（以及一般教育機構）的情況遠比基本統計數字顯示的更為嚴重。[177]如果去除所謂STEM學科（科學S，科技T，工程E，以及數學M，但不包含心理學），女／男比例更為懸殊。[178]占所有學系四分之一的醫療照護、公共行政、心理學與教育學系，主修學生將近八成是女性，而這個差距仍快速擴大。按照這個速度，十五年內多數大學科系的男性成員將變得寥寥可數，這對男性而言不是好消息，甚至可能是災難。但對女性而言，也不是好事。

❖ 事業與婚姻

在陰盛陽衰的高等教育機構，女性發現，連要安排一段夠長的約會關係，都越來越困難。因此，如果她們仍想談戀愛，就必須接受單次或者連續多次有性無愛的性關係。也許這在性解放上是一種進步，但我懷疑，我認為這對女孩來說是很糟糕的事。[179]男人與女人都渴望擁有穩定的愛情關係，但是對女人而言，這通常是她們最大的盼望。根據皮尤研究中心的統計，[180]從一九九七至二〇一二年，十八至卅四歲的女性族群中，認為成功的婚姻是人生最重要事項之一的人數，比例從廿八％上升到卅七％（增加超過三成[vii]）。同期間內，年輕男性抱持同樣想法的人數比例下降了一成五以上（從卅五％降至廿九％[viii]）。那段時間內，十八歲以上已婚人口的比例持續衰退，從一九六〇年的四分之三降至如今僅剩二分之一。[181]最後，年齡介於三十至五十九歲且從未結婚的成年人之中，男性表示從來都不想結婚的人數大約是女性的三倍（廿七％比八％）。

有哪些人無論如何都把事業看得比愛情及家庭還重要？為了成功，在高級的律師事務所每週工作八十個小時，這種犧牲真的值得嗎？如果值得，原因又是什麼？少部分的人（主要又是親和特質較低的男性）具有高度競爭性，希望不計一切代價贏得勝利。少部分的人認為這類工作本質上很吸引人。但大多數人不是這樣，也不會這樣。人生一旦有足夠的錢可以繳帳單，似乎就不會因為有錢而變得更美好。此外，大部分高績效且高收入的女性，擁有同樣高績效且高收入的伴侶——這對女性而言比較重要。皮尤研究中心的數據也指出，擁有理想工作的配偶，是近八成從未結婚但渴望婚姻的女性優先考量的目標（但只有少於五成的男性這麼認為）。

多數頂尖女律師在三十多歲放棄她們高壓的職涯，[182]美國前兩百大法律事務所之中，能領分紅的合夥人僅有十五％是女性。[183]近十五年來儘管有非常多女性擔任執業律師及專職律師，但這個數

vii（37–28）/28 = 9/28 = 32%。作者注

viii（35–29）/35 = 6/35 = 17%。作者注

字並沒有多大變動。法律事務所並非不希望女性留在職場獲得成功。不論女性或男性，優秀人才皆長期不足，法律事務所巴不得她們全留下。

離開的女性渴望一個能夠給她們一些私人時間的工作，在生活上也是如此。法學院畢業、完成實習、工作數年後，她們發展出其他興趣。這在大公司是眾人皆知（雖然不管男女都不會在公開場合對這件事侃侃而談）。我最近看到一位麥基爾大學的女性教授，對著滿屋子的女性律師合夥人及準合夥人談到托兒設施的缺乏，以及「男性定義的成功」如何阻礙她們的職涯發展，並導致女性離開。那裡的女性大部分我都認識，我與她們有過相當長時間的對談，所以我知道她們心裡明白那些對她們來說不是問題。她們都有保母，也負擔得起費用，早已將家務與必須處理的事情外包出去，也（徹底）了解成功是由市場定義，而不是與她們一起工作的男性。如果妳是多倫多的頂尖律師，每小時收費六五〇美金，而妳的日本客戶在星期天凌晨四點打電話給妳，妳還是會接，而且是立刻。就算妳才剛餵完寶寶喝奶，正要躺回床上睡覺，妳還是會立刻接，因為如果妳不這麼做，紐約一些野心勃勃的律師會很樂意接這通電話——所以是市場定義了這份工作。

受過大學教育的男性越來越少，對於想要約會與結婚的女性而言，這逐漸造成嚴重問題。首先，女性強烈傾向跟經濟層級相同或更高的人結婚，她們比較喜歡地位同等或者較高的伴侶，且在不同文化都這樣。[184]順帶一提，男性的情況就不是這樣，他們十分樂意跟地位同等或較低的對象結婚（根據皮尤研究中心的資料），雖然他們偏好比較年輕的伴侶。近年來，隨著條件優渥的女性越來越傾向[185]跟條件優渥的男性結為伴侶，中產階級也有越來越空洞化的趨勢。因為這個情形，加上男性高報酬生產性工作的機會逐漸減少（美國每六個達就業年齡的男性就有一人失業），婚姻逐漸變成有錢人的特權。我忍不住發現其中黑色幽默般諷刺的可笑之處：受到父權制度壓迫的婚姻如今居然變成奢侈品。有錢人為何要這樣虐待自己？

女性為何想要一個有工作且社會地位最好較高的伴侶？有相當的部分，是因為女性有了孩子之後會變得比較弱勢，所以需要有能力的人在必要時給予支持。這是相當合理的補償行為，但背後也有生物基礎。一個決心負起責任照顧一或多個嬰兒的女性，怎麼會想要同時照顧另一個成年人呢？因此，失業的男性是不受青睞的類型，而單身媽媽是另一個不受歡迎的族群。在沒有父親的家庭中長大的兒童，貧窮的可能性是四倍，而這代表這些兒童的母親也是窮人。沒有父親的兒童，也有相當高的風險成為藥物及酒精濫用者。兒童若跟親生父母住在一起，且父母是夫妻，那麼，相較於跟一或多個無血緣關係的父母同住的兒童，前者較少出現焦慮、憂鬱或青少年犯罪等問題。單親家庭的兒童，自殺可能性也是非單親家庭兒童的兩倍。[186]

大學的立場常強烈偏向政治正確，令這個問題更加惡化。反對壓迫的聲音越喊越烈，似乎恰與校內平權的程度形成正比（儘管那平權越來越不利於男性）。大學有些學科完全直接展現對男性的敵意，這些研究領域是以後現代／新馬克思主義為主流，宣稱西方文化尤其是種壓迫結構，是白人男性創造出來支配與排除女性（以及其他特定團體），而且，這種文化是憑藉著這種支配與排除的手段，才獲得了成功。[187]

❖ 父權制度：助力或阻力？

誠然，文化是種壓迫性的結構，**一直以來都是如此**，這是根本、普遍存在的事實。專制君王是象徵化的真理，原型化的穩定。我們從過去繼承而來的，是刻意盲目與過時。過去是鬼魂、機械與怪物，必須透過我們對生活的關注與努力，來挽救、修復與牽制。文化碾壓一切，把我們敲打成社會可接受的樣貌，埋沒我們極大的潛力，但也為我們帶來極大的收穫。我們說出的每個字都是先人的贈與。我們腦中的每個想法，某個更聰慧的先人都思索過。我們周遭（尤其是西方世界）那些極為實用的基礎建設，是祖先遺留下來的禮物，包括相對較不腐敗的政治和經濟體系，以及技術、財富、生命、自由、奢華與機會。文化一方面奪取，另一方面卻在某些幸運的地方給予更多。認為文化只帶來壓迫，這樣的想法既無知又忘恩負義，也很危險。但這並不是說（如我希望這本書的內容到目前為止已清楚表明的），文化不應該受到批評。

談到壓迫時，也需要思考**任何階級制度都會產生贏家及輸家**。贏家偏向認為階級制度合理，輸家則偏向批評階級制度，這是當然的。但是（1）集體追求任何有價值的目標都會導致階級出現（因為不論追求的是什麼，都會有些人表現得比較好，有些人表現比較差），而（2）目標的追求在很大程度上讓生命有了存續下去的意義。當我們順利朝深切渴望與珍視的事物走去時，我們也因此體會到所有使生命更加深刻而迷人的情感。投入追求目標的代價，是必然會產生成功的階級，得到的結果有好有壞，也成了無法避免的後果。因此，絕對的平等需要犧牲價值本身，而如此一來，人生就沒有值得活下去的理由。然而，我們可能會心懷感激地發現，一個複雜而細緻的文化能含納各種競賽及多個成功的玩家，且結構完善的文化能允許個人以各種形式參與競賽並贏得勝利。

認為文化是男性創造的產物，這也是偏執的想法。文化在象徵上、原型上及神話意義上都帶著男性色彩，這某種程度說明了何以「父權」這個概念那麼容易被接受。但文化絕對是人類的產物，而非由男性創造（更不必說白人男性，儘管他們也貢獻了該貢獻的部分）。歐洲文化總共只維持了四百年的主導地位（連主導程度最微小的時期也算進去），在至少以千年為單位的文化演進時間尺標上，四百年並不是可觀的跨度。再者，即便女性對於一九六〇年代女性革命之前的藝術、文學與科學沒有什麼實質貢獻（這我並不相信），但也由於有她們餵養孩童、下田耕作，男性才能長大成人，（極少數）男人也能騰出時間，使人類得以繁衍擴張，並努力往前邁進。

還有另一種理論：在整個歷史上，男性與女性都為了掙脫貧困與宿命帶來的龐大恐懼而苦苦奮鬥。女性在這個拚搏的過程中通常處於弱勢，因為她們除了擁有跟男性一樣的所有弱點，還負擔生產，體能也較差。回溯到二十世紀之前（當時就算是西方世界的人，每天也通常只需不到今日的一美元就能過活），除了兩種性別在生活中都會遭遇的骯髒、悲慘、疾病、飢餓、殘酷及無知，女性還需忍受月經對實際生活造成的嚴重不便、非預期懷孕的高發生率、生產過程死亡或重傷的可能性，以及養育過多年幼子女的重擔。或許這足以說明在近代科技革命之前（包含避孕藥的發明），多數社會為何對男性及女性有不同的法律與實質對待。在理所當然認定男性欺壓女性之前，至少應該先想想這樣的脈絡。

在我看來，所謂的父權壓迫比較像男性與女性持續千年以來，為了讓彼此免於貧困、疾病以及勞役，而進行一種不完美的集體嘗試。最近的穆魯根南特姆（Arunachalam Muruganantham）就是很好的例子，這個男人是印度的「衛生棉之王」，他為妻子在生理期必須使用骯髒的破布而感到難過。妻子告訴他，如果買那些昂貴的衛生棉，就沒錢買全家要喝的牛奶。於是他在接下來的十四年間陷入鄰居眼中的瘋狂狀態，只為試圖改善這個問題。他的妻子及母親甚至也曾被他著魔的實驗嚇到，短暫離開過他。當他再也找不到任何女性自願幫他測試產品，他就把豬血裝在囊袋裡，掛在身上作為替代的測試方法。我不認為他的行為是為了提升自己的知名度或地位。如今他那成本低廉又在地製作的衛生棉，已經遍及全印度，由女性經營的自助團體負責生產。他讓這項產品的使用者獲得了前所未有的自由。二〇一四年，這個高中輟學的人被《時代雜誌》評選為全球最有影響力的百大人物。我不認為穆魯根南特姆的主要動機是為了個人利益，他像是父權制度的一份子嗎？

一八四七年，辛普森（James Young Simpson）使用乙醚幫助一位骨盆畸形的婦女順利生產，之後他改用效果較好的三氯甲烷，第一個在三氯甲烷作用下誕生的寶寶便取名為「安娜斯蒂西亞」[ix]。到了一八五三年，三氯甲烷已累積足夠的正面評價，因此也用於協助維多利亞女王生下第七個孩子。

後來在相當短的時間內，各地都可進行無痛分娩了。有些人曾警告，這麼做是違背上帝對女人的訓示，是危險的，因為《創世記》第三章第十六節提到：「我必多多加增你懷胎的苦楚；你生產兒女必多受苦楚……」也有些人反對將三氯甲烷用在男性身上，這些人認為年輕、健康又勇敢的男人根本不需要麻醉。然而這些反對都徒勞無功，麻醉的使用快速擴散開來（遠比今日可能的擴散速度還快），甚至知名牧師也表明支持。

直到一九三〇年代，由哈斯（Earle Cleveland Haas）博士發明的第一個衛生棉條丹碧絲（Tampax）才初次問世，他以壓縮的棉花製作棉條，並以紙管設計了一個導管，以防有人因不願碰觸自己而心生抗拒。在一九四〇年代早期，使用棉條的女性占廿五%，三十年後變成七十%，如今則是每五人中就有四人使用，其餘的則使用衛生棉——具有超高吸水力，並以有效的黏膠適當固定（不同於一九七〇年代那種難以固定且體積龐大，外觀呈束帶狀，有如尿布的衛生棉）。試問，穆魯根南特姆、辛普森以及哈斯這三人是在壓迫女性還是解放女性？發明避孕藥的平克斯（Gregory Goodwin Pincus）又如何？這些務實、開明且堅韌的男士，有哪些作為表現出父權制度對人的鉗制？

我們為什麼要教導我們的年輕人，我們那極為傑出的文化是男性壓迫下的產物？受到這個主要假設所蒙蔽的學科，包含教育、社會工作、藝術史、性別研究、文學以及社會學，甚至法律也有這個趨勢。這些學科積極把男性視為壓迫者，且認為男性的行動本質上具有破壞性。此外，這些學科也經常直接推動激進的政治活動（相對於這些學科所處的所有社會常模而言是激進的），並視之為教育的一部分。例如，位於渥太華卡爾頓大學的寶琳朱伊特學院女性與性別研究所（The Pauline Jewett Institute of Women's and Gender Studies）便鼓勵以激進主義為使命。安大略省金士頓女王大學的性別研究學系「教授女性主義、反種族主義與酷兒理論，及以激進主義為核心的社會改革方式」，這代表有項推測可能是真的：這所學校支持大學教育首重培養特定類型的政治參與。

❖ 後現代主義與馬克思的魔掌

上述這些學科汲取不同來源，從而刻畫出自己的哲學，但全都深受馬克思人文主義者的影響，其中一個人物是霍克海默（Max Horkheimer），他在一九三〇年代發展了批判理論。任何關於霍克海默理論的簡要概述，必定會有過度簡化的問題，但他確實認為自己是馬克思主義者。霍克海默認為西方的個人自由原則或自由市場都只是一種偽裝，用來掩蓋西方的真實面貌：不平等、支配及剝削。他也認為智性活動不該只用於理解，更應投注於社會改革，並期望將人類從奴役之中解放出來。霍克海默與其法蘭克福學派的思想家同伴（最早是在德國，後來則在美國）有個目標：全面批判並改造西方文明。

近幾年更重要的是法國哲學家德希達（Jacques Derrida）的理論。德希達是後現代主義的領導者，崛起於一九七〇年代晚期，自述其思想是激進版的馬克思主義。馬克思認為文化是富人對窮人的壓迫，並試圖將歷史及社會狀況簡化為經濟問題。馬克思主義在蘇聯、中國、越南、柬埔寨及其他地方施行的時候，粗暴地重新分配經濟資源，廢除私有財產制，農村的人民被迫集體生活。結果是什麼？數千萬人死去，還有數億人受制於壓迫，而同樣的壓迫，仍在北韓這個碩果僅存的正統共產主義國家大行其道。馬克思主義帶來的經濟體系既腐敗又難以維持，導致世界進入漫長而極端險峻的冷戰時期，那些社會裡的公民過著充滿謊言的生活，背叛家人並且出賣鄰居——活在悲慘之中，沒有抱怨（或其他反應）。

馬克思主義思想對於飽學的烏托邦信奉者相當具有吸引力。喬森潘（Khieu Samphan）是赤棉政權

ix Anaesthesia，即麻醉之意。譯注

的創建者之一，一九七〇年代中期，他在成為柬埔寨名義上的元首之前，先在巴黎大學取得博士學位。他在一九五九年完成了博士論文，指出柬埔寨城市裡的非務農者從事的工作全無生產力，銀行家、官僚及商人對社會毫無建樹，只是寄生在農業、小企業及手工業所創造的真正價值之下。法國學界頒發博士學位給他，讚許他的想法。他回到柬埔寨之後，得到實踐理論的機會。赤棉政權清空柬埔寨的城市，將所有居民驅逐到農村，並且關閉銀行，禁止貨幣流通，破壞所有市場。有四分之一的柬埔寨人死於農村的殺戮場中。

❖ 永誌不忘：思想有其後果

共產主義在第一次世界大戰後創建蘇聯，當時人民帶著期待擁抱新領導者傳遞的烏托邦式集體主義夢想，這完全情有可原。十九世紀末社會秩序敗壞，導致一戰的戰壕與大規模屠戮，社會的貧富差距極大，大多數人像奴隸一樣辛苦工作，處境比歐威爾所描述的還要糟糕。雖然西方已經耳聞列寧在俄羅斯革命之後提出的恐怖言論，但遠在千里之外，仍很難衡量他的所作所為。俄羅斯當時正處在後君主制度的混亂之中，對於那些不久前仍受奴役的人們來說，各地的工業發展及財富重新分配的消息，給了這些人希望。更複雜的是，一九三六年爆發的西班牙內戰中，蘇聯（與墨西哥）支持民主主義的共和軍，並與基本上屬於法西斯主義的國民軍對抗。獲得納粹與義大利法西斯分子支持的國民軍，最後推翻了只建立五年、仍十分脆弱的民主政體。

美國、英國及其他各地的知識分子都對自己母國的中立立場心灰意冷，於是成千上萬個外國人湧入西班牙，組成國際縱隊為共和軍而戰。歐威爾正是其中一員，在當地擔任記者的海明威也同樣支持共和軍。關心政治的年輕美國人、加拿大人與英國人，都感到自己有道德義務停止談論，起身應戰。

這些都讓人們忽略了當時在蘇聯境內同時發生的事。正值經濟大蕭條的一九三〇年代，奉行史達林主義的蘇聯把兩百萬個富農，也就是當時最有錢的那些農民，驅逐到西伯利亞（而這些農民不過是擁有幾頭牛，雇了幾個人，或者比一般人多擁有一些土地）。從共產主義的角度看，這些富農是透過掠奪周遭的人來累積財富，有此下場實屬活該。共產主義也認為財富代表壓迫，私有財產都是偷竊，是該爭取一些平等的時候了。於是超過三萬個富農被就地槍決，更多富農死在那些心懷妒恨且不事生產的鄰居手上——這些人以共產主義集體化的崇高理念，掩蓋了自己的殺人意圖。

富農被視為「人民的敵人」，是尚未進化的猿人、社會渣滓與害蟲，以及道德敗壞的下流胚子。一位接受黨及蘇聯執行委員會的動員前往鄉村，特別殘暴的城市幹部宣稱：「我們要把這些富農都做成肥皂。」這些富農全身赤裸，被趕到街上，遭到毒打並被迫挖掘自己的墓穴，女人則被強暴。他們的私人財物被「徵用」，實際上意味著，這些人的家被洗劫得只剩下屋椽及天花板上的橫樑，所有東西都被偷光。在許多地方，富農以外的農民（尤其是婦女）起而抵抗，用自己的身體護衛受迫害的家人。這些反抗最後都徒勞無功。倖存的富農被流放到西伯利亞，通常都在半夜上路。火車在二月俄羅斯酷寒的嚴冬中啟程，一抵達那片針葉林荒漠，迎接這些人的是最不堪居住的房子。許多人死於傷寒、麻疹或猩紅熱，特別是孩子。

這些「寄生」的富農，通常是最有技術也最勤奮的農民。任何領域都是由極少數人貢獻大多數的生產力，農業也不例外。於是農產品的產量崩盤，鄉村僅剩的稀少農作物被搜刮並運到城市，那裡的人只得冒著被處死的風險，在收成之後跑到田野撿拾零星的穀粒餵養飢餓的家人。一九三〇年代，蘇聯的糧倉烏克蘭就有六百萬人死於飢餓，蘇聯政權的海報上更寫著：「吃掉自己的孩子是野蠻的行為。」

儘管這種暴行並非謠言，許多西方知識分子仍一貫正面看待共產主義。更令人擔心的是，第二次世界大戰使蘇聯得以與西方國家結盟，共同對抗希特勒、墨索里尼以及裕仁[x]。儘管如此，還是有些人睜大眼睛警戒著。蒙格瑞奇（Malcolm Muggeridge）早在一九三三年就在《衛報》發表一系列文章，描述蘇聯對農民的迫害。歐威爾知道史達林在搞什麼鬼，並將這些事情宣揚出去。儘管面臨許多嚴峻阻礙，他仍在一九四五年出版《動物農莊》，以寓言諷刺蘇聯政權。此書出版之後，許多理應十分清楚這一切的人卻仍長時間裝聾作啞，這種現象，沒有任何國家比得上法國，而在法國國內，沒有誰比得上知識分子。

二十世紀中葉法國最著名的哲學家沙特是眾所皆知的共產黨黨員（雖然未領有黨證），直到一九五六年他譴責蘇聯侵略匈牙利為止。然而他之後仍舊提倡馬克思主義，到了一九六八年蘇聯政府在布拉格之春[xi]期間猛烈鎮壓捷克斯洛伐克人民，他才真正與蘇聯決裂。

不久之後，索忍尼辛出版了《古拉格群島》，我們曾在前幾章廣泛討論這本書。正如先前所提（也值得再提一次），這本書最初在西方世界、而後在蘇聯體制內，徹底摧毀了共產主義的道德聲望。它以地下刊物的形式在暗地裡流傳，俄羅斯讀者有廿四小時的時間可以閱讀，之後便要把稀有的複印本交給下一位等候者。自由電台也向全蘇聯放送俄語朗讀版本。

索忍尼辛認為，若不是專制暴政與奴役勞工，蘇聯體制根本無法存續，而且，蘇聯政權最糟糕的暴行早在列寧時期便已播種（而西方的共產主義者仍舊為列寧辯護），是個人與公眾永無止境的謊言扶持了這個政權，其罪行不能一如其支持者所不斷辯稱的，得歸咎於單純的個人崇拜。索忍尼辛記錄了蘇聯政府對政治犯無邊無際的虐待，以及腐敗的法律制度與大規模屠殺。他更不厭其煩地詳述這一切並非一時的行差踏錯，而是深層共產主義哲學的直接展現。《古拉格群島》問世之後，沒有誰還能繼續支持共產主義——就連共產主義者也做不到。

這並不代表馬克思主義思想對知識分子（尤其是法國知識分子）已失去吸引力，它只是轉換了形式，某些人則是徹底拒絕學習。沙特指責索忍尼辛是「危險分子」，德希達更不著痕跡地以權力概念取代金錢概念，繼續宣揚他的想法。這類語言上的巧妙手法，讓這些仍盤據在西方知識金字塔頂端、不知悔改的馬克思主義者，找到方法延續其世界觀。社會不再是富人壓迫窮人，而是有權者壓迫每一個人。

按照德希達的說法，階級結構的衍生只是為了要納入（該結構的受益者）以及排除（其他所有因此而被壓迫的人）。這還不算激進的說法，德希達進一步宣稱，分歧與壓迫是內建在語言裡，也就是內建在我們實際用來簡化、因應這個世界的那些類別裡。「女人」之所以存在，是因爲男人透過排除她們而獲益；「男人和女人」之所以存在，是因為那個較異質的群體成員，藉由排除生理性別未定的極少數人而受惠；科學只會為科學家帶來利益，政治只會讓從政者獲得好處。在德希達的觀點裡，階級能存在，是因為階級藉由壓迫那些被遺漏的人而受惠。正是有這樣的不當之利，階級才得以蓬勃發展。

德希達有一句名言（雖然後來遭他否認）：「Il n'y a pas de hors-texte」——通常翻譯為「文本之外一無所有」，但他的支持者認為這是誤譯，相對應的語句應該是「沒有外在的文本」。而不管是哪一種，我們都很難不把這句話解讀為「一切都是詮釋」，這也是一般對德希達著作的解讀方式。

這種哲學思想的虛無與破壞性本質不容小覷，使人質疑「分類」這個舉動。除了原始權力，它否定任何區隔事物差異的理由。男人與女人之間的生理差異呢？儘管極大量跨學科的科學文獻都指出性別差異深受生理因素影響，對德希達以及他那些後現代馬克思主義的追隨者而言，科學不過是另一個權力遊戲，各種主張都有利於科學領域的頂尖人士，根本沒有所謂的事實。階級地位與聲望

x 即日本的昭和天皇，其在位期間經歷第二次世界大戰。譯注

xi 捷克斯洛伐克國內的一場政治民主化運動。編注

是技術與能力的結果？所有技術與能力的定義，不過是從中獲益的人所捏造出來，用以排除他者，自私地使自己受惠。

針對德希達的主張，有部分事實足以說明這些主張暗中為害的本質。權力是基本動機之一（「之一」，不是「唯一」），人們會為了晉升到最頂端而相互競爭，並在意自己在權力階層中的位置。但是，**權力在人類動機中扮演某種角色，並不表示它扮演了唯一角色，或甚至主要角色**（這就是隱喻中男孩與男人在哲學意義上的分水嶺）。同樣的，因為我們永遠不可能知曉所有事物，所以我們的觀察及談話內容，都取決於將某些事物納入考量，同時忽略其他事物（如同我們在法則十的廣泛討論）。但是，這並不表示宣稱「一切都是詮釋」或「分類只是一種排除」是合理的。要提防單一原因的詮釋——也要提防提供這種東西的人。

雖然事實無法為自己發言（就像在旅人眼前展開的廣袤陸地無法告知他該如何旅行其中），而且，雖然我們有數不盡的方式與物體互動，即使只是少數物體互動（甚至感知），但這不表示所有詮釋都同樣有效。有些詮釋會傷害你自己也傷害別人，其他則造成你與社會的對立；有些詮釋禁不起時間的考驗，其他則沒能帶領你到你想去的地方。這些限制有許多是數十億年演化出來的結果，已內建在我們身上。有些則是在我們社會化到能與他人和平地合作、競爭並從中獲益時衍生出來。而當我們學乖了，捨棄掉適得其反的做法時，則出現了更多詮釋。當然，有數不盡的詮釋，這無異於說有數不盡的問題，**但可行的解決方法非常有限**，否則人生就容易多了，然而實際上並非如此。

此刻，我有一些信念可能會被視為左傾，譬如我認為有價值的商品明顯傾向分布不均，這始終構成對社會穩定性的威脅，而我認為有充分的證據能夠證明這一點，但這不表示問題的解答顯而易見，因為我們仍不知道如何在不引發一大堆其他問題的前提下，重新分配財富。不同的西方社會嘗試了不同的做法，例如瑞典人盡可能在各方面做到平權；美國則反其道而行，假設更自由開放的資本主義所構成的財富創造之網，能像高漲的潮水般抬升所有船隻。但這些嘗試的結果並非就是一切，各國在相關做法上差異甚大，而且因為歷史、地理區域、人口規模及種族多樣性等差異，使得直接比較變得相當困難。但能確定的是，以烏托邦式平等之名強制進行的重新分配，絕對是一帖藥到命除的毒藥。

同時我認為（這可能也會被視為左傾）將大學的經營管理逐步改造為類似私人企業的做法，這樣是不對的。我認為管理科學是一門偽學科，我相信政府在某些時候能夠成為一股好的力量，並為一小部分必要的規則擔任必要的仲裁。雖然如此，我還是不能理解，有些機構與教育者刻意且明確主張要破壞支撐著他們的文化，為何我們的社會還要提供公共經費給他們？只要合乎法律，這些人絕對有權力提出意見與採取行動，但他們沒有理由要求公共經費。如果激進的右翼人士領取國家經費，假大學教育之名進行政治操作（就像激進左翼人士明顯在做的事），那麼進步主義者會吵到讓整個北美都震耳欲聾。

除了理論與方法虛偽不實，以及堅持集體的政治行動主義是道德之必要，這些激進的學科還潛藏了其他嚴重的問題。例如，沒有任何嚴謹的證據支持其核心主張：西方社會是病態的父權主義；歷史帶給我們的主要教訓，即男性（而非自然界）是壓迫女性的主要源頭（而非多數情況中看到的，男性是女性的伴侶或支持者）；所有階級制度皆以權力為基礎，旨在排除他人。然而，階級制度的存在有許多原因（有些可說是有效的，有些則否），而且從演化上來說極為古老。難道雄性甲殼動物也壓迫著雌性甲殼動物嗎？牠們的階級制度也應該被顛覆嗎？

運作良好的社會裡（不是與假想中的烏托邦相比，而是與其他現存或歷史上的文化相比），地位主要是由**能力**而非權力決定，是能力、本領、技術，而非**權力**，傳聞如此，事實也如此，這很顯然。沒有任何腦癌患者能有足夠的平等意識，去拒絕一個受過最好的教育、聲望最高，或許也是收入最多的外科醫師提供的服務。此外，在西方國家裡，最能有效預測長期成功的人格特質是智力（透過認知能力或智力測驗測得）和嚴謹性（特徵為勤奮與自律）。[188]但也有例外：企業家和藝術家的經驗開放性高過嚴謹性。[189]開放性也是重要的人格特質，跟語文智力及創造性有關，因此這個例外相當合理也可理解。從數學及經濟學的角度來說，這些特質的預測力非常高——以檢定力[xii]來說，在較嚴格的社會科學中，這些特質的預測力是所有實際測量過的項目中最高的。一組好的人格或認知測驗，有助於聘雇到較稱職的人，機率從平均五成提升至八成五。這些都是事實，如同社會科學中的任何事物一樣有足夠證據支持（這樣說可能出乎你的意料，但社會科學的實質效用確實比那些質疑的批評者所以為的還高）。因此，國家不僅支持片面的激進主義，也支持教化灌輸。我們不會教導孩子地球是平的，因此，關於男女或階級本質那些未經證實且在意識形態上過於武斷的理論，我們也不該教導給孩子。

認為科學可能會受權力的利益所扭曲，並警告或指出所謂的證據經常是由包括科學家在內的有權人士所決定，這麼做並非不合理（如果解構主義者願意到此為止）。畢竟，科學家也是人，是人都喜歡權力，就像龍蝦也喜歡權力——就像解構主義者也喜歡學問帶來的名聲，喜歡正當地攀上學術金字塔頂峰。但是，這不表示科學（或甚至解構主義）僅關乎權力。為什麼會相信這樣的事？為什麼會堅持這樣的信念？也許是因為**如果只存在著權力，那麼使用權力就具有完全的正當性**，不受證據、方法、邏輯，甚至是必要的連貫性之限，不受「文本外」任何東西的限制。如此剩下的，就只有意見與權力，導致權力的運用變得太過誘人，在這種情況下，權力絕對會被用來支持那些意見。舉例來說，後現代主義瘋狂又難以理解地堅持所有性別差異都是社會建構而成，而當我們掌握其背後的道德訴求——當我們終於徹底了解它對權力的合理化：**必須用權力來改變社會或消弭偏見，直到所有結果都公平為止**，那種瘋狂的堅持也就完全可以理解了。但社會建構主義的根本立場是期望消滅所有偏見，而非追求社會的公平正義。如果所有不公平的結果都必須消滅（不公平是一切邪惡的核心），那麼所有的性別差異就必須視為社會建構的結果，否則追求公平正義便會顯得太過激進，宣傳那些教條也會顯得太肆無忌憚。因此，這樣的邏輯順序是顛倒的，如此才能掩護意識形態。但有一個事實卻從未被提及：這樣的論述直接導致此一意識形態的內部矛盾。性別是建構出來的，但渴望進行性別重置手術的人，卻毫無爭議地被認定是困在女人身體裡的男人（或者相反）。**這兩者在邏輯上不可能同時為真，此一事實卻被忽略**（或者以另一個惡劣的後現代主張加以合理化：邏輯本身及科學方法，只不過是造成壓迫的父權體系之一）。

當然，我們也的確不可能讓所有結果都完全公平。首先，我們必須能夠測量結果，比較相同職位的薪資是相對較簡單的做法（雖然也會因為一些因素而變得更複雜，例如受雇的時間點，原因是不同階段會有不同的工作要求），但還有其他同樣適當的比較向度，像是任期長短、升遷速度及社會影響力。「同工同酬」的論點一引進，立刻連薪資的比較都變得非常複雜、不可行。原因很簡單：誰來決定哪些是相同的工作？這不可能做到，所以市場機制才會存在。更麻煩的是群體之間的比較問題：女人應該賺得跟男人一樣多，沒問題。黑人女性應該賺得跟白人女性一樣多，也沒問題。那麼我們是否應該根據所有種族因素來調整薪資？需要細分到什麼程度？要納入哪些種族類別才算符合「現實」？

以單一官方機構為例，美國國家衛生研究院列出的種族包含：美洲印地安人或阿拉斯加原住民、亞裔、非洲裔、西班牙裔、夏威夷原住民或太平洋諸島居民，以及白人。但美洲印第安人至少有五百個部落，把「美洲印第安人」視為一個基本的種族類別，依據的是什麼邏輯？美國奧賽治部

xii 統計名詞，即正確拒絕虛無假設的機率。編注

落的族人平均年收入為三萬美元，托赫諾奧哈姆族則是一萬一千美元，這些人同樣受到壓迫嗎？我們又該如何考量失能的問題？失能者的收入應該跟非失能者的收入一樣高，沒問題。表面上看來，這是高尚、富有同情心，也相當公平的主張。但什麼樣的人才算失能者？如果有人和罹患失智症的父母住在一起，這樣的人算失能嗎？如果不算，為什麼？還有智商比較低的人？比較不具吸引力的人？體重過重的人？有些人顯然因為自身無法掌控的問題，在人生旅途中背負著過於沈重的負擔，但實際上，很少有人從未在任何時刻經歷至少一次嚴重災禍——尤其如果把家人的處境也納入考量的話。那麼，你為什麼也不算失能者呢？一個根本的問題是：**群體身分可被拆解至個人層次**。這句話的每個字都應該要用粗體強調。每個人都是獨一無二的——並不是一些微不足道的差異，而是重要、明顯，且具有意義的獨特性。但群體成員的身分無法捕捉這種多樣性，就這樣。

後現代／馬克思主義的思想家未曾討論過這種複雜性，相反的，其意識形態的取向是嚴守單一事實（如同北極星），然後迫使一切繞著該事實旋轉。主張所有性別差異都是社會化的結果，就某種意義而言，既無法證實，也無法否證。因為只要我們願意付出相應代價，就可以將文化強加在群體或個人身上，如此一來，幾乎任何結果都能實現。舉例來說，我們從同卵雙胞胎的收養研究得知，[190]文化可以讓智力分數提升十五分（或一個標準差，大約就是一般高中生與國立大學學生的差異），但代價是財富落差會提升到三個標準差。[191]這意思大概是，兩個一出生就分開的同卵雙胞胎，如果第一個寶寶的家庭比八十五%的家庭都貧窮，第二個寶寶的家庭比九十五%的家庭都富有，這兩個寶寶的智商就會有十五分的落差。不只是財富，近期在教育上也證實了類似的情形。[192]我們不清楚要付出多少財富或差別教育的代價，才能換來更極端的轉變。

這類研究暗示了只要願意施加足夠的壓力，就能將男孩及女孩的先天差異減到最低，但這樣做絕非保證任一性別的人都有自行選擇的自由，反之，在那種意識形態的藍圖裡，並沒有選擇的空間：即使男性與女性的自發行為造成性別不平等的結果，也必然是由文化偏誤決定了這些人的選擇。這種意識形態帶來的結果是每個人都被洗腦了，只要性別差異存在，那些嚴格又愛批判的理論家就有道德義務去糾正。這表示那些已經相當具有平等意識，但對於養育工作不那麼感興趣的北歐男性，需要接受更多的再教育；對於工程不那麼感興趣的北歐女性原則上也是如此。[193]這種再教育可能會是什麼樣子？界線在哪裡？這些事情在被中止之前，往往已超過合理的界線。毛澤東那殘忍的文化大革命應該已經給過我們教訓。

❖ 男孩變成女孩

某一類社會建構論者把下列想法奉為圭臬：如果男孩能像女孩一樣社會化，世界就會美好許多。提出這些理論的人有幾點假設，首先，攻擊是學習而來的，因此我們可以避免教導這樣的行為；其次（用一個具體的例子來說），「男孩社會化的方式，應該與傳統上女孩社會化的方式一致，社會應該鼓勵他們發展社交互動中的正向特質，例如溫柔、善解人意、撫養、合作及美感鑑賞。」這些思想家認為，只有當青少年及成年男性「跟女性一樣遵從她們傳統上受到鼓勵的那套行為標準」，才會減少他們的攻擊行為。[194]

這樣的想法實在有太多錯誤，很難決定該從何討論。首先，攻擊並非只是習得的行為，它一開始就存在。可以這麼說，防禦及掠奪性攻擊具有古老的生理迴路基礎，[195]這些迴路相當基本，即使是所謂去皮質的貓（將這種動物腦中最大且最晚演化、占腦部結構絕大部分的區域完全切除），腦中也還有這些迴路在運作。這不僅表示攻擊行為是天生的，也是相當根本、基礎的腦部區域運作的結果。如果大腦是一棵樹，那麼攻擊行為（以及飢餓、口渴與性慾）就是這棵樹的樹幹。

與此一致的是，似乎有一小群兩歲男孩（大約五％）的先天氣質相當具有攻擊性，他們搶奪其他孩子的玩具，還會踢人、咬人和打人，但多數仍會在四歲之前有效地社會化。[196]然而，這不是因為他們被鼓勵要表現得像小女孩，而是他們在童年早期就被教導或以其他方式學會將攻擊傾向整合到更成熟圓融的日常行為裡。至少在某一方面，攻擊是追求卓越、銳氣、競爭力及獲勝的基礎，也是積極追求正直良善的基礎，「決心」就是它比較利社會且令人讚賞的樣貌。具攻擊性的幼童若無法在嬰兒期結束時讓自己的性情成熟一點，那麼在年齡稍長之後，原始的對抗性已無法帶來社交上的幫助，就注定會變得不受歡迎，且因為被同儕排拒，於是缺乏進一步社會化的機會，也很有可能變成社會的棄兒。這些人在青少年及成年時期仍有相當的反社會或犯罪行為傾向。但這絕不代表攻擊的驅力沒有任何效用或價值，至少對自我保護而言，它是必要的特質。

❖ 同情之惡

在我的臨床經驗中，許多（甚至是大多數）女性個案都面臨工作與家庭生活的困擾，但這不是因為她們太強悍，反而是因為她們的攻擊性不足。這類人通常會表現出較多女性特質，包括親和性（禮貌及同情心）與神經質（焦慮及情感易受傷），對這類個案的認知行為治療方式稱為「自我肯定訓練」。[197]攻擊性不足的女性（以及男性，雖然是少數）為別人付出太多，總是把周圍的人都當作不幸的孩子。她們也較為單純，認為所有社會交易都應該以合作為基礎，並且避免衝突（這表示她們避免直接面對關係與工作中的問題）。這類女性不斷為別人犧牲，或許聽起來善良，也絕對是某種具社交優勢的態度，但通常也會演變成適得其反的失衡現象：因為過於親和而竭盡全力討好別人，卻不會適時為自己挺身而出。她們假設別人的想法跟自己一樣，所以期望（而非確保）她們體貼的行為能獲得互惠的回報，但如果沒有獲得回報也不會說出來，因為她們不會或無法直接要求別人的認可。由於不斷卑躬屈膝，導致她們性格的陰暗面浮現出來，從此心懷怨恨。

我會教導過度順從的人去注意內心的怨恨，這種情緒雖然相當有害，但也相當重要。心懷怨恨的原因只有兩種：被別人占便宜（或允許自己被占便宜），或者愛抱怨卻拒絕負起責任並成長。如果你心裡感到憤恨不平，就去了解一下原因，或許可以跟某個你信賴的人討論這個議題。你是否孩子氣地覺得自己受了委屈？如果經過誠實的反思之後，你認為不是這樣，也許你真的被人利用，這表示你現在有道德義務為自己發聲，可能必須直接面對你的老闆、丈夫、妻子、小孩或父母，這或許意味著你需要策略性地蒐集一些證據，當你在面對對方時，就能舉出一些不當作為的實例（至少三樣），對方便無法輕易迴避指控。如果對方還是反駁，表示他們可能不願承認，但人們能夠用來反駁的理由很少超過四個。如果你還是相當堅定，對方會開始生氣、哭泣或逃開。像這種情況，留意對方的眼淚是相當有用的做法。理論上，眼淚可以用來激發控訴者的罪惡感，因為眼淚代表造成情感傷害與痛苦，但眼淚通常是生氣情緒帶來的，對方漲紅的臉便是一個有力線索。如果你能讓自己的指證挺過對方一開始的四個回應，迅速承受隨之而來的情緒，你就能獲得對方的注意——或許也能獲得尊重。但無論如何，這是不折不扣的衝突，既不愉快也不容易。

你也必須明白自己希望在這樣的情境中得到什麼，並且準備好要如何清楚表達自己的期望。一個好的做法是，明確告訴對方，你希望他們用什麼來取代過去或現在的做法。你可能會想：「如果他們愛我，就會知道該怎麼做。」這就是怨恨的聲音，在假設別人心懷惡意之前，先假設對方的無知。沒有人擁有直通你願望與需求的管道，即便你自己也沒有。如果你試著確切釐清自己想要的是什麼，你可能會發現那比想像中還要困難。那些壓迫你的人並不比你聰明，尤其在關於你的事情上。在你理清自己想要什麼之後，直接說出你希望對方怎麼做。盡可能提出小小的但合理的要求，不過要確定履行這樣的要求足以讓你滿意。如此一來，你便是在討論解方，而非只是討論問題。

具親和性、富有同情與同理心且厭惡衝突的人（這些特質會一起出現），讓別人踩在自己頭上，苦澀往肚裡吞。這些人為別人犧牲自己，有時到了太極端的程度，也無法理解為什麼沒有得到回報。親和的人容易順從別人，使自己失去獨立性，這種危機在神經質傾向高的人身上會放大。親和的人贊同任何人的建議，而非至少有時堅持自己的想法，所以會迷失方向，變得優柔寡斷、容易動搖。如果這些人又容易受到驚嚇或受傷，就更沒有辦法自行反擊，因為這樣會讓自己至少短期暴露在威脅及危險之下。技術上來說，這就是依賴型人格障礙症的發展路徑，[198]而這跟反社會型人格障礙症可能會被認為是兩個相反的極端，後者的組成特質是兒童與青少年時期的違法行為，以及成年期的犯罪行為。如果罪犯的相反就是聖人，那會非常美好，但實際上不是這樣。罪犯的相反是伊底帕斯母親，而這也是一種罪。

伊底帕斯母親（父親也可能扮演這種角色，只是相對較少）對她的孩子說：「我只為你而活。」她為孩子做所有事，幫忙綁鞋帶、切好食物，還太常允許孩子爬進她與另一半的被窩，這也是避開衝突的好方法，可以躲過不想要的求歡。

伊底帕斯之母跟自己、她的孩子以及惡魔做了約定，這個交易就是：「永遠不要離開我，這比什麼都重要，我會為你做任何事來回報。當你逐漸長大卻沒有更加成熟，你會變得毫無價值且因此感到痛苦，但你永遠不必擔負任何責任。你的所有過失，都是別人的錯。」不過孩子可以拒絕或接受這個交易，在這件事情上有些選擇的空間。

伊底帕斯母親是《韓賽爾與葛蕾特》故事裡的女巫。這個童話故事中的一對兄妹有新繼母，她因為當時正鬧飢荒，加上她認為這兩個孩子吃掉太多東西，於是命令丈夫把孩子帶到森林遺棄。這個丈夫服從他的妻子，把孩子帶到森林深處，讓這對兄妹自生自滅。正當這兩個孩子又餓又孤單地四處流浪時，奇蹟出現了，眼前是一棟房子，而且還不是普通的房子。那是糖果屋，是薑餅屋。如果是一個愛心、同理心、同情心、合作性都不過多的人，遇到這種情況可能會懷疑地問：「這是不是好得不太真實？」但孩子太小也太過絕望，因而不顧一切。

那棟房子裡住著一個和善的老婦人，那是焦慮兒童的救星，是輕拍你的頭、為你擦去鼻涕的手，身軀豐滿，隨時準備好犧牲自己來滿足孩子的所有願望。孩子在任何時候想吃任何東西，她都設法滿足，而且孩子從來不需要做任何事情。但這樣悉心的照顧也讓她變得飢餓不堪。她把韓賽爾關進籠子，打算快一點養胖他。她想檢查韓賽爾的大腿是否已經夠肥嫩，韓賽爾卻以一根老骨頭騙過她，讓她以為自己還很瘦。最後，老婦人再也等不下去。她把爐子燒熱，準備烹煮並吃掉她寵愛的孩子。葛蕾特顯然沒有被老婦人的百依百順矇騙過去，等她一鬆懈，就將這個和善的老婦人推進火爐。這兩個孩子趁機逃走，並且跟已徹底悔悟自己邪惡行徑的父親團聚。

在這樣的家庭裡，心靈是孩子最崇高的部分，而這部分總是最快被消磨殆盡。過多的保護會徹底摧毀成長中的心靈。

《韓賽爾與葛蕾特》故事裡的女巫就是所謂的恐怖母神，是陰性象徵中的黑暗面。我們本質上深刻的社會化，使我們傾向把世界視為一則故事，其中的角色包含母親、父親以及小孩。整體看來，陰性是文化範疇之外的未知本質，既有創造性又具毀滅性：她是母親保護的臂膀，也是時間的破壞元素；她是美麗的聖母馬利亞，也是棲居沼澤的女巫。十九世紀晚期，瑞士人類學家巴霍芬（Johann Jacob Bachofen）將這個原型實體與一個客觀的歷史事實混為一談，並提出人類歷史經歷的一系列發展階段。

大致上，首先（在最初一個有點混亂且無法無天的狀態之後）是母權制的階段[199]，這個社會的女性享有權力、尊重與崇高地位，以群婚與雜交為制度，不存在任何明確的父子關係。第二個階段是酒神戴奧尼修斯時期，這是過渡時期，原本的母權基礎被推翻，改由男性掌控權力。第三個階段是盛行至今的太陽神阿波羅時期，施行父權制度，每個女人都專屬於一個男人。雖然沒有任何歷史證據能夠支持巴霍芬的論點，但他的觀念在某些圈子裡還是深具影響力。例如在一九八〇與一九九〇年代，考古學家金布塔絲（Marija Gimbutas）提出一個著名論點，她認為新石器時代歐洲的特徵一度是以女神與女性為中心的和平文化，[200]但另一個侵略性的階級戰士文化壓抑、取代了這個文化，構成現代社會的基礎。藝術史學者史東（Merlin Stone）在她的著作《如果上帝是女性》[201]中也有類似論點。這一系列本質上為原型／神話的主張，在一九七〇年代女性主義的女性運動與母權研究的神學中成為試金石（埃勒〔Cynthia Eller〕在她的著作《母權史前時代的神話》中批評這些觀念，稱這種神學是「把人變高尚的謊言」）。[202]

榮格數十年前就接觸過巴霍芬的原始母權概念，但他很快便理解到，這位早期瑞士思想家所敘述的發展歷程，描繪的其實是心理真實而非歷史真實。人類將連翩浮想投射至外在世界，形成一個充滿各種星座與神祇的宇宙，而榮格在巴霍芬的思想中也看到同樣的投射歷程。榮格的研究夥伴諾伊曼在著作《意識的起源與歷史》[203]及《大母神》[204]中，延伸了他同事的分析。諾伊曼將佛洛伊德的戀母情結養育理論納入一個更廣泛的原型模式，他追溯了陽性象徵——意識的出現，並拿來對照陰性象徵——肉體（母親、母體）的起源。對諾伊曼以及榮格而言，意識（總是象徵陽性，即便是在女性身上）朝著光明奮力向上，因為帶著對脆弱與死亡的領悟，因此發展過程令人相當痛苦與焦慮。意識不斷受到誘惑，想陷進依賴與無意識的懷抱之中，擺脫自身存在的重擔。任何跟啟蒙、表達、理性、自我決定、力量與能力對立的事物，任何過度保護而導致窒息與毀滅的事物，都會加深這種病態的欲望。這種過度保護就是佛洛伊德的伊底帕斯家族夢魘，而我們正迅速將之轉變成社會政策。

恐怖母神是一個古老的象徵，舉例來說，在已知最早的手寫故事——美索不達米亞的創世史詩《埃努瑪．埃利什》[xiii]中，便以提阿瑪特的形象呈現。提阿瑪特是萬物之母，眾神及男人也都是她的子孫。她是生成一切形體的未知、混亂與本質，但她也是那個當自己的孩子輕率殺掉父親，並試圖倚賴剩餘的屍身過活時，採取行動誅殺自己孩子的女龍神。恐怖母神是無憂無慮的無意識靈魂，引誘著始終努力不懈的啟蒙與意識靈魂墜入幽冥世界那子宮般懷抱的保護之中。這就是年輕男性面對誘人女性時所感受到的恐懼，這些女性就是本質，隨時準備好在盡可能最深刻的層次，直接拒絕他們。沒有任何事物比這更能引發羞愧不安、侵蝕勇氣，並滋養虛無主義與憎恨感受——除了過度關心的媽媽那過於束縛的懷抱。

在許多童話及給大人看的故事中，她是《睡美人》裡的邪惡女王、黑暗的本質，也就是迪士尼電影裡的梅菲瑟。奧蘿拉公主的父皇母后沒有邀請這位黑夜主宰參加小女兒的洗禮儀式，於是國王和王后為了讓公主平安長大，便過度保護公主，想讓她避開現實中的迫害與危險。結果得到什麼？到了青春期，公主仍舊處在無意識狀態。那個陽性靈魂——她的王子，既是能夠從她父母手中拯救她的人，也是她那被陰性黑暗面的詭計給囚禁在地牢裡的意識。王子逃脫後，緊緊追逼邪惡的女王，終於使她變成惡龍，這意味著陽性象徵以真理與信念擊潰邪惡女王，找到了公主，並以一個吻喚醒了她。

或許有人會反駁說，女人不需要男人來拯救（就像迪士尼近期大力宣傳的電影《冰雪奇緣》的劇情）。這可能是事實，也可能不是。也許只有想要（或已經有）孩子的女人需要男人拯救——或至少支持及支援她。但無論如何，可以確定的是，女人若要被拯救，就需要意識，且如同上面所描述，意識是陽性象徵，自太初之時就一直是如此（以秩序與中介原則「道」這兩種樣貌存在）。王子可以是戀人，但也可以是女性自身的深切覺醒、清晰視野，以及堅韌獨立。這些在實際上與象徵上都是陽剛特質，因為平均而言，男性確實不如女性心思柔軟與親切和善，也較不容易焦慮以及受情緒所

xiii 阿卡德語，語意為「天之高兮」或「當在最高之際」。編注

苦。再說一遍：（1）那些已在各方面最朝性別平權邁進的北歐國家最是如此，此外（2）用來衡量這些事物的各項標準有著並不算小的差異。

陽剛特質與意識之間的關係，在迪士尼的電影《小美人魚》中也有象徵性的描繪。女主角愛麗兒相當女性化，卻擁有相當強悍的獨立精神，也因此即便她惹了最多麻煩，父親還是最寵愛她。她的父親川頓是國王，象徵已知、文化及秩序（帶有一抹專制統治者與暴君的意味）。因為秩序總是與混亂對立，所以川頓也有個對手，她名叫烏蘇拉，是八爪章魚，也是大毒蛇、蛇髮女妖、九頭蛇。因此，烏蘇拉與《睡美人》裡的惡龍／邪惡女王梅菲瑟（還有《白雪公主》裡愛嫉妒的老皇后、《仙履奇緣》裡的崔梅恩夫人、《愛麗絲夢遊仙境》裡的紅心女王、《一〇一忠狗》裡的庫伊拉、《救難小英雄》裡的梅杜莎小姐，以及《魔髮奇緣》裡的葛索媽媽）屬於同一類原型。

愛麗兒在失事的船隻上救起艾瑞克王子，並希望與他墜入情網。烏蘇拉誘騙愛麗兒放棄自己的聲音，交換變成人類三天。但是烏蘇拉相當清楚，失去聲音的愛麗兒不可能與王子交往，因為一旦失去說話的能力（失去道，失去神聖話語），她將永遠停留在無意識狀態，永遠離不開水底。

當愛麗兒沒能與艾瑞克王子結合，烏蘇拉便偷走愛麗兒的靈魂，納入她的巨大收藏中，跟乾枯扭曲的半人生物放在一起，以她的女性特質妥善保護著。而後川頓國王現身，要求烏蘇拉交還他的女兒。烏蘇拉給了他一個陰狠的提議：由他來代替愛麗兒。當然，消滅睿智的國王（再次強調，他代表父權體制良善的那一面）一直是烏蘇拉長久以來的邪惡計謀。後來愛麗兒獲釋，川頓國王則退縮回他早期自我的可悲陰影中。更重要的是，烏蘇拉得到川頓國王的神奇三叉戟，他神聖力量的來源。

對所有人而言（除了烏蘇拉以外），幸運的是，艾瑞克王子回來了，他用魚叉分散幽冥世界邪惡女王的注意力，愛麗兒便有機會襲擊烏蘇拉。烏蘇拉為了反擊，把身體脹大到有如怪獸，就像《睡美人》裡的邪惡女王梅菲瑟那樣。烏蘇拉掀起巨大的風暴，從海底舉起一整支海軍艦隊沈船，正當她準備殺了愛麗兒的時候，艾瑞克爬上一艘廢船，以損壞的船桅朝烏蘇拉猛烈撞擊，於是川頓與其他被禁錮的靈魂終於獲得釋放。川頓重獲力量，把愛麗兒變成人類，好讓她能永遠和艾瑞克在一起。這個故事說明了一個女人要變得完整，必須與陽剛意識建立關係，對抗可怕的世界（這個可怕的世界有時會現身，形式主要是她太有存在感的母親）。某種程度上，真正的男人能夠幫助女性做到這點，但沒有人依賴成性，對每個人來說才是較好的狀況。

小時候，有一天我跟朋友在外面打壘球，那是支混雜了男孩與女孩的球隊，當時我們的年紀都夠大了，開始用一種彆扭的方式關注異性。在團體中的地位逐漸變得重要且有強烈作用。當時我朋友傑克和我在投手丘附近互相槓上，你推我擠，而我母親剛好經過，她與我們的距離相當遠，大概將近三十公尺，但我還是立刻從她的肢體語言變化中看出她知道我們發生了什麼事。其他孩子當然也看到她，但她沒有停下腳步，就這樣走過去。我知道她很難受。她擔心我會帶著冒血的鼻子還有瘀青的眼睛回家。她大可以喊一聲「嘿！你們這些小鬼，住手！」或甚至衝過來阻止我們，但她沒有這麼做。幾年之後，當我因為青春期的煩惱而與我父親水火不容時，我母親說：「如果家裡太舒服，你就永遠不可能離開了。」

我母親是心地柔軟的人。她體貼、好合作，也很親切。有時還任由別人欺負她。當她結束在家育兒的工作並返回職場的時候，她發現自己很難直接面對男性。有時那些經驗讓她非常憤慨，那是某些她不時也會在夫妻關係中感受到的東西——父親總是一意孤行。但儘管如此，她並不是伊底帕斯母親。她培養子女的獨立性，即便有時這對她來說很不容易。她做了正確的事，雖然這也帶給她痛苦。

❖ 強悍起來，你這孬種

我年輕時曾有一整個夏天都在薩斯喀徹溫省中部大草原維修鐵道。在那個全是男人的工班裡，每個人到職後的前兩週都得接受其他人的考驗。許多工人是來自加拿大北部的克里族印第安人，他們大多相當安靜隨和，只有在喝醉酒之後才會露出他們的忿忿不平。這些克里族的工人過去不斷進出監獄，身邊的親友也大多如此，但他們覺得刑罰不過是白種男人體制的另一部分，並不以此為恥。再者，冬天坐牢既溫暖，又有充足穩定的食物來源。有一次，我借了五十塊美金給一個克里族工人，後來他沒有還錢，而是給了我一對書擋，那是他用加拿大西部橫貫鐵路最早的鐵軌做成，我一直收藏至今。那比五十塊美金更珍貴。

每當這個團體出現新人，其他工人必定會幫他取一個損人的綽號。我被錄取為正式員工之後，他們都叫我豪迪杜迪[xiv]（至今我還是有點不好意思承認）。我問那個幫我取綽號的人為什麼這樣叫我，他詼諧又無厘頭地說：「因為你看起來跟他一點都不像。」做工的男人通常非常搞笑，不過是以一種尖刻、嘲諷又污辱人的方式開玩笑（如同在法則九所討論的）。他們總是互相騷擾，部分是為了取樂，部分則是為了在永遠比不完的地位競賽中得分，但也有部分是想看看其他人對社會壓力的反應。這是角色評估歷程的一部分，也是兄弟情誼的一部分，如果運作良好（每個人都有對等的付出與收穫，而且互相忍讓），那些負責養家活口的男人才比較有辦法忍受甚至享受鋪設管路、鑽井取油、伐木採運和餐廳廚工這類又熱又髒、又苦又累，且至今幾乎還是由男人包辦的危險工作。

當上鐵路維修工之後不久，我的綽號就改成豪迪，這是很大的進展，因為這名字在西方有很好的意涵，而且跟那個愚蠢木偶的關聯也沒那麼明顯了。我後面進來的那個人運氣就不太好，他有個花俏的便當盒，這是個錯誤，因為咖啡色的紙袋才是合適又不招搖的常見裝備。他的便當盒有點太好又太新，看起來就像是媽媽幫他買的（而且還幫他裝好），於是這就變成了他的名字。便當盒不太有幽默感，什麼事都要抱怨，態度也很差，認為每件事都是別人的錯。他很容易生氣，腦筋也不太靈光。

便當盒無法接受他的綽號，更不能適應他的工作。他在回應工作或別人喊他綽號的時候，都一副自命清高的惱怒模樣。他不好相處，也開不起玩笑，這在工作團隊裡是很要命的。他帶著糟糕的幽默感，還有彷彿所有人都虧欠他的優越姿態過了三天之後，受到的騷擾就不只是取綽號了。他在鐵道上焦躁地工作，周圍大約有七十人左右，綿延超過四百公尺。突然間，不曉得從哪裡冒出一顆小石子朝他的安全帽飛去，直接命中並發出鏘的一聲，大大滿足了所有暗中注意的旁觀者。但是他的幽默感並沒有因此獲得改善，所以小石子越變越大。他常常在工作時陷入麻煩而忘了留意四周，然後「咚！」——一顆石頭就這樣精準打中他的頭部，引發他激動卻又不甚有效的暴怒。這種無聲的取樂就這樣在鐵道上擴散開來。幾天之後，仍舊不精明且帶著些許瘀傷的便當盒就再也沒出現。

男人在共事的時候，會在彼此身上強制實施一套行為準則：做好你的工作，盡你的本分，保持清醒，小心留意；不要抱怨，不要敏感；挺你的朋友；不要巴結；不要打小報告；不要死守蠢規則；套句阿諾·史瓦辛格的不朽名言，不要娘娘腔；不要整天想靠別人。永遠都不要這樣，永遠。那些騷擾是工作團隊迎接新人的方式之一，也是一種測試，看你夠不夠強悍？夠不夠有趣？是否有能力且值得信任？如果不是，那就快滾，就這麼簡單。我們不必對你感到抱歉，我們不想忍受你的自戀，也不想幫你做你的工作。

幾十年前，健美運動員阿特拉斯（Charles Atlas）發布了一則相當知名的漫畫廣告，標題為「讓麥

xiv Howdy Doody是美國一九四七到一九六〇年的兒童電視節目。該劇主角是一個穿著牛仔裝、臉上有雀斑的木偶，他的名字就叫豪迪杜迪（Howdy Doody），這個名字取自美國人日常口語中的「你好嗎？（how do you do?）」之諧音。譯注

克成為真男人的那次羞辱」，幾乎每本少男漫畫都能看到這則漫畫。主角麥克與一名年輕漂亮的女性坐在沙灘毯上，一個惡霸經過，把沙子踢到兩人臉上，麥克大聲斥責對方，那個較高大的惡霸抓住麥克的手臂說：「給我聽好，要不是你那麼瘦，乾乾癟癟，風一吹就走，我會打爛你的臉。」惡霸離開後，麥克對那女生說：「這個大壞蛋，總有一天我會找他算帳。」女生略帶挑釁地回道：「噢，算了吧，小男孩。」麥克回到家，想到自己瘦弱可悲的身材，於是買了阿特拉斯的課程。不久之後，他的體格有了改變。再次去到那個沙灘時，麥克一拳打在那名惡霸的鼻子上，那個現在對他另眼相看的女生緊抓著他的手臂說：「喔，麥克！你才是最貨真價實的男人。」

這個廣告會出名是有原因的，它用七個小格子就簡單扼要呈現出人類的性心理。這個過分瘦弱的年輕人尷尬又不自在，而且理應如此。他有什麼好？被另一個男人瞧不起，更糟的是，也被自己喜歡的女人瞧不起。但他沒有就此沈浸在憤恨之中，也沒有只穿著內衣、手上沾滿起司餅乾屑，躲在家裡的地下室打電動。他以阿德勒這位佛洛伊德最務實的同僚稱之為「補償性幻想」[205]的方式現身，這種幻想的目標並非實現願望，而是照亮真正的前進之路。麥克嚴肅看待他稻草人般的身形，決心鍛鍊更強健的體魄，更重要的是他實行自己的計畫。麥克從自己身上發掘出能超越現況的部分，成為這趟冒險的主角。他回到沙灘，狠狠揍了惡霸的鼻子。麥克贏了，最終成為他女友的人也贏了，所有人都贏了。

男人不會樂於忍受男性間的互相依賴，這件事明顯對女人有利。如同前面曾略微提及，現在有這麼多職業婦女之所以不結婚，部分理由是因為她不想要同時照顧小孩和拚命工作的男人。這一點還算公平。女人應該照顧小孩——雖然這不是她們全部的義務，而男人應該照顧女人及小孩——雖然這也不是他們全部的義務。但是女人不應該照顧男人，因為她必須照顧小孩，而男人不應該是小孩，這表示他一定不能夠依賴。這也是男人對於依賴的男人沒什麼耐心的原因之一。別忘了，邪惡的女人可能會養出依賴的兒子，也可能會支持甚至嫁給依賴的男人。但清醒的女人，則會想要一個同樣清醒的伴侶。

所以，《辛普森家庭》裡，在荷馬那反英雄的兒子霸子的小圈圈中，阿浮相當重要。如果沒有阿浮這個惡霸之王，憤恨易怒的蘇呆子、自戀又聰明的普林斯、溫和但猛吃巧克力的德國小孩，還有幼稚的孔安就會在學校橫行。阿浮提供懲治的功能。他是凶悍、自足的孩子，運用自己輕蔑別人的能力，決定了哪些是絕對不能做的幼稚、懦弱行為。《辛普森家庭》的精采之處，在於創作者拒絕膚淺地把阿浮描繪成無藥可救的惡霸。阿浮被一無是處的父親拋棄，也幸虧自私的浪蕩母親疏於照顧他，他活得很好，每件事都想過。他甚至讓徹底的改革派花枝愛上他，讓她沮喪又困惑（原因與《格雷的五十道陰影》風行全球的理由大致相同）。

如果在我們的意識中，溫和與無害成了唯一可接受的美德，那麼冷酷與強勢就會開始朝我們的無意識施展魅力。這代表，如果未來男人被過分要求女性化，他們反而會對嚴峻的法西斯政治意識形態越來越感興趣。《鬥陣俱樂部》可能是近幾年好萊塢電影中，除了鋼鐵人系列之外，最為法西斯傾向的大眾電影，完美示範了這種不可避免的吸引力。美國支持川普的民粹巨浪，就屬於這種發展，同樣的情況也發生在荷蘭、瑞典及挪威，這類較溫和且自由的國家近年來也冒出了形式遠遠更險惡的極右派政黨。

男人必須強悍一點。他們需要這樣，女人也希望他們這樣。只是，社會是以嚴格的要求去助長與強化這種強悍性，而女人可能並不認同過程中難免會有的尖銳及輕蔑。有些女人不願失去寶貝兒子，一直不能放手。有些女人不喜歡男人，寧可選擇順從的伴侶，即使他一無是處。這也給了她們許多自我惋惜，這種自憐所帶來的滿足不應被低估。

男人的強悍來自自我督促，也來自相互督促。在我的青少年時期，男生發生車禍的機率比女生高出許多（現在也還是如此），這是因為他們晚上會把車子開到結冰的停車場做旋轉特技，還會飆車或駕車從附近河邊一路穿越數十公尺高、沒有路徑的小山丘。男生也比較常打架、蹺課、斥罵老師，還有因為厭倦每次想上廁所都要舉手徵求許可，於是在年紀與體力足以進油井工作時就離開學校。男生比較常在冬天結冰的湖面上飆車，就像滑板玩家、起重機攀爬者以及自由跑者那樣，他們嘗試危險的活動，試著讓自己看起來有點用處。當這種嘗試歷程過了頭，男孩（以及男人）會不自覺踩到反社會行為的紅線，這在男性比女性更為常見，[206]但不表示所有冒險、大膽的行徑都屬於犯罪行為。

男孩們做旋轉特技的時候，同時也是在失控的情境中測試車子的極限、自己的駕駛能力以及掌控能力。他們斥罵老師的時候，是在衝撞權威，想知道世上是否真有權威——原則上，是在危機時能夠仰賴的那種權威。他們輟學，是去零下四十度的要命低溫環境中當鑽井工人。他們離開可以帶來更好未來的課堂，背後的動力不是懦弱，而是堅強。

正常的女人不會想要男孩，她們想要男人，能夠令她們滿足的人，能夠與自己抗衡的人。如果女人本身夠強悍，她們會想要更強悍的人。如果她們自己夠聰明，她們也會想要更聰明的人。她們希望對方能提供一些自己無法掙得的東西，這往往使得那些強悍、聰明又有魅力的女性很難找到對象：她們周圍很少有男人能超越她們而獲得青睞（就像一個研究描述的，能在「收入、教育、自信、智力、權勢與社會地位」各方面都更優異的人）。[207]男孩努力成長為男人時遇到的阻礙心態，同樣也影響著女性。當小女孩努力自食其力時，它同樣會吵鬧且自以為是地反對她們（「妳不能那樣做，太危險了」）。它否定意識、反人類、渴望失敗、嫉妒、憤恨且具毀滅性。沒有任何真正站在人性這一邊的人，會跟這種東西結盟。沒有任何希望自我提升的人，會允許自己接受這種東西的擺布。如果你覺得強悍的男人是危險的，那麼就等著看懦弱的男人有能力做出什麼吧。

孩子玩滑板時，不要干擾他們。

RULE ·12· 在路上遇到貓，就摸一摸

❖狗也可以

我打算直接用我養的一隻狗來開啟這一章。牠是美國愛斯基摩犬，基本絨毛犬類眾多變種中的一種。這種狗原名德國絨毛犬，但一戰爆發後，大家不願承認德國能出產任何好東西，因而改名美國愛斯基摩犬。美國愛斯基摩犬是最美麗的犬種之一，有著尖細且典型的狼臉，還有直立的耳朵、厚厚的長毛，以及捲曲的尾巴。牠們也非常聰明。我們家的狗叫做希可（名字是我女兒取的，她說，這在因紐特語[i]是「冰」的意思），特技學得很快，就算現在年紀大了也沒有問題。最近，在希可滿十三歲時，我還教牠一項新特技。牠原本已經會跟人握手，也能用鼻子頂著零食，我教牠同時做這兩個動作。不過，完全看不出來牠是否樂在其中。

我們在女兒米凱拉大約十歲時為她買了希可。牠是令人難以抗拒的可愛幼犬，有小小的鼻子及耳朵、圓圓的臉蛋、大大的眼睛，動作笨拙——這些特質會自動引發人類的照顧，不分男女。[208]這當然也包括米凱拉。她同時還忙著照顧鬃頰蜥、壁虎、球蟒、變色龍、鬣蜥，還有一隻重十公斤、

i 因紐特人是居住在北極圈內的北美原住民，屬愛斯基摩人的一支。譯注

身長八十一公分，名叫喬治的佛來米希巨型兔。牠會啃咬家裡所有的東西，還常常逃跑（市中心的居民在自家小型花園裡撞見牠，都被那大到不可思議的身軀嚇到）。米凱拉之所以養這些動物，是因為她對其他更像寵物的動物過敏——除了希可，牠的附加優點就是牠屬於低過敏原。

我們算了算，希可共有五十個綽號，涵蓋廣泛的情緒調性，反映出我們對牠的情感，以及牠的野獸習性不時帶給我們的挫折。渣狗（Scumdog）大概是我最喜歡的一個，但獵犬鼠（Rathound）、毛球（Furball）和臭狗狗（Suck-dog）也不錯。孩子們最常叫牠抓耙仔（Sneak）和吱吱（〔Squeak〕有時候會在字尾加上一個o），但偶爾也會叫牠親愛的（Snooky）、醜狗（Ugdog）及史諾菲[ii]（雖然非常不想承認）。雪球（Snorbs）則是米凱拉最近的首選，在分開一段較長的時間之後，米凱拉會用這個綽號來迎接牠，而且要用高亢、驚訝的音調才會有效果。

希可恰好也有自己的ＩＧ標籤：#JudgementalSikko（愛批評的希可）。

我沒有直接談論貓咪，而是先描述我的狗，這是因為我不希望違反「最小團體認同」這個社會心理學家泰弗爾（Henri Tajfel）發現的現象。[209]泰弗爾邀請他的研究參與者來到實驗室，請參與者坐在螢幕前面，螢幕上會閃過一些點，參與者必須估計這些點的數量。然後泰弗爾會依據參與者的估計是過高或過低，或者是正確或錯誤，來進行分組。接著要求參與者將錢分給所有組別的成員。

泰弗爾發現他的參與者並沒有平均分配，而是明顯偏袒自己的小組成員，不成比例地獎賞當下的自己人。其他研究用更隨意的方式分組，例如丟銅板，但這也沒有影響，即使參與者知道小組的形成方式，還是會偏袒同團成員。

泰弗爾的研究說明兩件事：第一，**人有社會性**；第二，**人有反社會性**。會說人有社會性，是因為人們喜歡自己小組的成員。會說人有反社會性，是因為人們不喜歡其他小組的成員。這背後確切的原因，一直都莫衷一是。我認為這可能可以解決一個複雜的問題：如何做到最佳化。假設有兩個或兩個以上重要因素，而每個因素都必須限縮其他因素才能最大化，這個問題就會出現。舉例來說，合作與競爭是相互牴觸的，然而這兩者在社會與心理層面都令人嚮往，於是就會產生這個問題。合作是為了確保安全、防禦危險及維繫友誼，競爭則是為了追求個人成長與提升地位。但是，規模太小的團體缺乏權力或聲望，無法抵禦其他團體的攻擊，因此加入這個團體的成員並沒有多大用處。然而如果團體規模太大，接近或攀上頂端的可能性便會下降，就很難領先群倫。或許人們之所以認同丟銅板決定的團體，是因為深切希望組織自己、保護自己，同時仍有合理的可能性躋身權力階級。所以人們會偏袒自己所屬的團體，因為這樣有助於壯大團體——在失敗的團體中努力晉升可不是什麼有用的策略。

無論如何，因為泰弗爾發現的極小團體效應，於是我在這個與貓相關的章節，先以描述我的狗來開場。否則光是標題只提到貓，光是我居然沒把犬科動物也放進那個應該寵愛的團體裡，就足以讓許多犬派人士反對我了。我也很愛狗，實在沒道理落得這種下場。所以，如果你喜歡親暱逗弄在街上遇到的狗兒，不要因此而討厭我，請放心，這也是我贊同的反應。同時，我也要跟目前所有感到被忽略的貓派人士道歉，因為這些人期待聽到貓的故事，但卻得先讀完所有跟狗有關的內容。如果我保證貓確實可以讓我把論點說得更清楚，而且最終我還是會回來討論貓，或許貓派人士就會感到滿意了。但首先，我們還是先談談其他部分。

❖ 生命的苦難與局限

正如先前討論過的，各個主要宗教的教義皆以不同形式呈現出人生而受苦這個觀念。佛教徒直

ii Snorfalopogus這個綽號由「史納菲」Snuffalopagus衍生而來，史納菲是《芝麻街》主角大鳥的好友，長得有點像猛獁象。但其他角色因為看不到他，一直以為他只是大鳥的假想朋友。編注

接說出來，基督宗教信徒以十字架說明，而猶太教徒則是紀念幾個世紀以來遭受的種種苦難。由於人類在本質上是脆弱的，因此這個推論成為各宗教偉大教義的普遍特徵。我們在身體或情感上都可能受傷，甚至支離破碎，我們也都必須承受老化與失落的摧殘。這是令人沮喪的事實，我們實在有理由懷疑在這樣的條件下人們該如何成長、活得幸福快樂（有時甚至只是想要活下去）。

我最近與一位個案談話，她的丈夫曾度過痛苦的五年，最後成功戰勝癌症。夫妻兩人在這段時間都相當勇敢地堅持不懈，但丈夫一直憂慮癌細胞可能會轉移並且惡化，這樣他就時日無多了。或許最困難的是，當你才成功克服前一個壞消息，還處在復原後的脆弱狀態，就得聽到這麼可怕的事。這種悲劇顯得格外不公平，讓人甚至無法相信希望，也通常足以導致真正的心理創傷。我的個案跟我討論了幾個議題，有些是哲學的、抽象的，有些則比較具體。我也向她分享一些我對於人類為何如此脆弱的想法。

我兒子朱力安在大約三歲時特別可愛，他現在已經長大二十多歲，但還是很可愛（我相信他看到這個讚美一定特別高興）。朱力安讓我大量思考幼兒的脆弱性。三歲小孩很容易受傷。他可能被狗咬、被車撞、被壞心眼的小孩推倒，也可能生病（有時就真的生病了）。朱力安常發高燒，有時還會併發譫妄。他發高燒時會出現幻覺，甚至跟我扭打，因此有時候我必須帶著他一起淋浴，讓他冷靜下來。很少有什麼比生病的小孩更讓人難以接受人類生命的根本局限。

比朱力安大一歲又幾個月的米凱拉也有一些狀況。她兩歲時，我會把她舉到我的肩膀上，帶著她繞來繞去。孩子都喜歡這樣。但我把她放回地上之後，她卻坐下來大哭，於是我就不再這麼做。看起來這個問題好像解決了——只有一個小小的例外，我太太譚美告訴我，米凱拉的步態好像怪怪的，但我看不出來。譚美覺得可能那跟她被我扛在肩膀上的反應有關。

米凱拉是開朗的孩子，非常容易親近。她大概十四個月大的時候，我們還住在波士頓，某天我跟譚美以及她外公外婆帶她去鱈魚角。到那裡之後，譚美跟她的父母走在前面，留我跟米凱拉在車上。我們坐在前座，米凱拉躺在陽光下，伊伊呀呀地說話。我傾身向前，想聽清楚她在說什麼。

「開心，開心，開心，開心，開心，開心。」

這就是她。

但是米凱拉滿六歲後，開始變得悶悶不樂。早上很難把她從床上挖起來，衣服也會穿上半天。我們一起走路去某些地方時，她會落在後面。她抱怨腳痛、鞋子不合腳，我們買過十雙不同的鞋子給她，也都沒用。她會打起精神去學校，行為舉止都很得體，但一回家看到媽媽卻哭了起來。

那時我們剛從波士頓搬到多倫多，所以猜想這些狀況是搬家的壓力造成。但後來情況並沒有改善，米凱拉上下樓梯時變得一次只能走一階，動作也開始像年紀比她大很多的人。如果握住她的手，她會抗議。（許久之後，有一次她問我：「爸爸，小時候你跟我玩『這隻小豬』時，我應該要覺得痛嗎？」我太晚想通了……）

一位當地診所的醫師告訴我們：「有時候小孩會經歷生長痛，那是正常的，但可以考慮帶她去看物理治療師。」於是我們照做了。物理治療師試著轉動米凱拉的腳跟，但腳跟沒動，這可不妙。物理治療師跟我們說：「你的女兒有兒童風濕性關節炎。」這不是我們想聽的，我們不喜歡這個物理治療師，所以我們回去原本的診所，那裡的另一位醫師要我們帶米凱拉到多倫多病童醫院，他說：「帶她去急診室，這樣才能比較快看到風濕科醫師。」好吧，米凱拉真的有關節炎，那個帶來壞消息的物理治療師是對的。米凱拉有三十七個關節發炎，屬於嚴重的多關節型幼年特發性關節炎(juvenile idiopathic arthritis; JIA)。原因？不明。預後？需接受早期多重關節置換術。

到底是什麼樣的上帝才會讓祂創造的世界發生這種事？更別說發生在一個純真又快樂的小女孩身上？不論是對信徒或非信徒而言，這個問題在根本上都無比重要。杜斯妥也夫斯基的偉大小說

《卡拉馬助夫兄弟們》就處理了這個問題（以及許多困難的狀況），我們曾在法則七討論過。杜斯妥也夫斯基透過伊凡這個角色，表達他對存有正當性的懷疑。如果各位還記得，伊凡是修道院見習修士阿遼沙那個善於表達、長相英俊且見多識廣的哥哥（也是最大的對手）。伊凡說：「你要知道，我並非不接受上帝，我不接受的是祂所創造的這個世界。這個上帝的世界，我無法認同。」

伊凡對阿遼沙說了一個故事：有個小女孩受父母懲罰，整夜被關在冰冷的屋外廁所（這是杜斯妥也夫斯基從當時報紙上取材而來的一個故事）。伊凡說：「你能想像這兩人在女兒整夜哭泣的時候，正呼呼大睡嗎？想想這個幼童，她無法理解發生在自己身上的事，凍僵的小小胸膛裡心臟急速跳動，流下柔弱的小小淚水，乞求『仁慈的耶穌』將她帶離這可怕的地方！……阿遼沙，如果因為某種原因，你被許諾了一個圓滿且完全平和的世界，但前提是你必須把一個幼童凌虐至死，比如那個在屋外廁所凍僵的小女孩……你會怎麼做？」阿遼沙拒絕了，他輕聲說：「不，我不會那麼做。」[210]上帝看似大方允許的事，他做不出來。

幾年前，我明白了與此相關的一些事情，那是關於三歲的朱力安（還記得他嗎？）我想著：「我愛我的兒子，他只有三歲，又小又可愛又俏皮。但我也為他擔心，因為他可能會受傷。如果我有能力改變這件事，可以怎麼做？」我又想：「我可以讓他變成六公尺高，而不是一百公分，這樣就沒人推得倒他。我可以用鈦金屬來改造他的血肉之軀，這樣如果哪個小鬼用玩具車丟他的頭，他也無所謂。他還可以透過電腦增強大腦功能。甚至如果他哪個部位損壞，也可以立刻換一個新零件。問題解決了！」但事實不然，問題並沒有解決，而且不僅是因為這些事情現階段根本做不到。以人為的方式強化朱力安，就等於摧毀他，他將不再是那個幼小的三歲自我，而變成了一個冰冷、鋼鐵般堅硬的機器人。那就不是朱力安了，而是一個怪物。透過這樣的想法，我逐漸意識到，一個人真正被愛的部分，與其局限密不可分。朱力安若不是那麼容易生病、失落、痛苦、焦慮，也就不會那麼幼小、可愛、惹人疼。既然我如此愛他，我決定就算他很脆弱，還是讓他保有本來的樣子就好。

我女兒的處境就比較艱辛一點。隨著她的病程進展，我開始在我們出門散步時將她揹在身上（不是扛在肩膀上）。她也開始使用那洛普先（naproxen）以及滅殺除癌錠（methotrexate），後者是一種強效的化療藥物。她還在全身麻醉下接受過幾次皮質醇注射（在手腕、肩膀、腳踝、手肘、膝蓋、髖關節、腳趾以及肌腱等部位）。這些治療暫時有些幫助，但她還是持續退化。有一天，譚美用輪椅推著米凱拉去動物園四處逛逛。

那一天並不順利。

米凱拉的風濕科醫師建議她使用培尼皮質醇（prednisone），這是一種皮質類固醇，長期用於對抗發炎。但培尼皮質醇有很多副作用，尤其是會造成嚴重的臉部腫脹，對一個小女孩來說，這些副作用是否好過關節炎，其實很難說。幸運的是（如果這個用詞適當的話），風濕科醫師告訴我們一種新藥，這種藥過去都只用在成人病患上。於是米凱拉成為加拿大第一個接受依那西普（etanercept）一種專為自體免疫疾病設計的「生物製劑」）的兒童。譚美最初幾次幫米凱拉注射時，不小心給了建議劑量的十倍。哇！米凱拉整個好了。動物園之旅結束後沒幾個禮拜，她便可以到處跑來跑去，還參加少年足球聯盟。整個夏天，譚美就一直看著她奔跑。

我們希望讓米凱拉盡可能掌控自己的生活，而金錢一直是她很大的動力。有一天我們發現她人在屋外，周圍堆滿了她小時候的書，正在向路過的人們兜售這些書。有一天晚上我要她坐下來，跟她說如果她能自己打針，我會給她五十美金。她當時八歲，掙扎了三十五分鐘，便握著針筒靠近她的大腿，完成了注射。下一次我給她二十美金，而且只能考慮十分鐘。接下來是十美金考慮五分鐘，我們在這個階段停留了很久。這是場交易。

幾年之後，米凱拉的症狀完全消失了，風濕科醫師建議我們開始讓她減藥。有些病童進入青春期之後，幼年特發性關節炎就會消失，原因不明。米凱拉的滅殺除癌錠開始從注射改為口服，接下來四年的狀況都維持得很好，直到某天她的手肘開始疼痛，我們又帶她回醫院。風濕科醫師的助手說：「只有一個關節出現急性關節炎的狀況。」並不是「只有」，兩個和一個差別不大，但一個卻遠超過沒有。一個的意思是，她的關節炎雖然會經緩解，但沒有隨著成長而消失。這個消息讓她頹喪了一個月，但她還是會去上舞蹈課，也會在家門前的馬路上和朋友一起打球。

九月米凱拉即將升上十一年級的時候，風濕科醫師帶來更壞的消息：核磁共振檢查發現她的髖關節退化。醫師跟米凱拉說：「妳不到三十歲，就得更換髖關節了。」或許在培尼皮質醇創造奇蹟之前，破壞早已發生？我們不得而知，但這是不祥的預兆。幾週後的某一天，米凱拉在她中學的體育館玩曲棍球時，髖關節卡住了，必須一跛一跛走下球場，疼痛也變得越來越劇烈。風濕科醫師說：「看來妳的大腿骨有部分已經壞死，不能等到三十歲才換關節，現在就要更換。」

當我與我的個案並肩而坐，她談到先生逐漸惡化的疾病，我們也討論生命的脆弱、存在的災難，以及死亡陰霾引發的虛無感。我從我兒子引發的思緒開始說起，而她就如其他有著相同處境的人那樣問著：「為什麼是我先生？為什麼是我？為什麼會發生這樣的事？」我領悟了脆弱與存有密不可分，而那是我能給她最好的答案。我告訴她一個古老的猶太故事，我想那是來自猶太《妥拉》的評注。故事的結構類似禪宗公案，是從一個提問開始：**試想一個無所不知、無所不在、無所不能的存有，這樣的存有缺少什麼？**[211]答案是，**局限**。

如果你已經擁有一切，能去任何地方，那麼你就再也沒有地方可去，再也沒有什麼能夠追求。所有可能存在的東西都已經存在，所有可能發生的事情也已經發生。因為這個緣故，上帝才創造了人類，故事也才能繼續。沒有局限，就沒有故事；沒有故事，就沒有存有。這個觀念協助我面對令人恐懼的存有脆弱性，也幫助了我的個案。我不想誇大這個觀念的重要性，也無意宣稱它終會讓一切都好轉。我個案的丈夫仍飽受癌症的折磨，如同我仍舊面對我女兒那可怕的疾病。但為了看清存在與局限有著千絲萬縷的關係，有些話還是要說。

雖然三十條車輻就能構成車輪，
但是車轂中央的孔洞，
才真正賦予了車輪效用。
雖然陶工揉捏陶土，
但若非形體內的空間，
也彰顯不出陶罐的功用。
沒有了門，房間無處進出，
沒有窗戶，它永遠都是間暗室。
這便是不存在的作用。[212]

在流行文化的世界中，這些體悟出現在DC漫畫的文化偶像超人的演變中，時間晚多了。一九三八年，西格爾（Jerry Siegel）與舒斯特（Joe Shuster）共同創作出超人。一開始，超人能夠移動汽車、火車，甚至船隻。他跑得比火車還快，也能「一躍而過高樓大廈」。而經過接下來四十年的發展，超人的神力開始擴大，在六〇年代末，他已經飛得比光速還快，並且擁有超強的聽力以及X光般的透視眼。他的眼睛能發出熱射線，還能讓東西結冰，一吹氣就能掀起颶風。他可以搬動整架飛機，面對核爆炸也鎮定如恆，還有不管受了什麼傷，他都能立刻痊癒。超人變得刀槍不入。

後來奇怪的事情發生了，超人開始變得很無趣。他的能力越是驚人，就越想不到他能做出什麼有趣的事。DC漫畫在一九四〇年代首度解決這個問題：超人變得容易受氪星石發出的輻射影響，那是他已毀滅的故鄉星球上的殘餘物質。最後，超人的弱點演變成二十多種，綠氪石會使超人變得虛弱，足夠劑量甚至可能令他死亡，紅氪石會使他行為怪異，紅綠氪石則會導致他突變（他曾因此在後腦勺長出第三隻眼睛）。

為了保持超人故事的吸引力，還必須使用其他技巧。一九七六年，超人被安排與蜘蛛人對戰，這是史丹·李（Stan Lee）爆紅的漫威漫畫（其角色塑造得較沒那麼理想化）與DC漫畫（即超人和蝙蝠俠的擁有者）首度的超級英雄跨界合作。為了讓這對戰顯得合理，漫威必須增強蜘蛛人的能力，然而這樣就破壞了遊戲規則。蜘蛛人之所以是蜘蛛人，是因為他擁有蜘蛛的能力，如果他突然獲得任何從前就出現過的能力，他就不是蜘蛛人，整個劇情也會變得一團混亂。

到了一九八〇年代，超人碰上了deus ex machine放大絕的危機，這是拉丁文，指「舞台機關送出來的神」，描述在古希臘及羅馬的戲劇中，全能之神奇蹟地從天而降，解救主角脫離險境。直到今日，在一些寫作手法低劣的故事裡仍然可以看到一些不合常理的魔法，或其他超乎讀者合理預期的離譜劇情，用來拯救陷入麻煩的角色，或彌補失敗的情節編排。有時漫威漫畫也會用這樣的手法挽救岌岌可危的故事發展，例如X戰警裡救生員這個角色就能發展出任何拯救生命所必要的能力。身邊有這樣的人實在很方便。流行文化裡還有大量這類的例子，譬如史蒂芬·金的《末日逼近》，故事結尾（小心有雷）就是由上帝親自摧毀小說中的邪惡角色。美國黃金時段的肥皂劇《朱門恩怨》，整個第九季（一九八五—八六年）最後被安排成是一場夢。影迷當然沒辦法接受這種編排，感覺就像遇到詐騙。在看一個故事的時候，只要使故事自圓其說的種種限制能夠前後一致，人們就會心甘情願暫時拋下懷疑。而創作者的責任，是遵守自己一開始的設定，如果創作者欺騙或作弊，粉絲會惱怒，接著就想把書扔進壁爐，或用磚塊砸了電視。

這種劇情安排也成為超人的困擾：他發展出如此極致的能力，在任何時候遇到任何危難，都能扮演拯救自己的「神」。結果到了一九八〇年代，這種特權幾乎消失殆盡。藝術家及作家伯恩（John Byrne）則成功起死回生，他重寫超人的故事，保留超人生平，但刪去許多新能力。超人再也無法舉起整個星球，或不把氫彈當一回事，還變得需要依賴太陽來獲得力量，就像日光版的吸血鬼。超人獲得一些合理的局限了。一個無所不能的超級英雄根本不是英雄，他並不特別，所以也就什麼都不是；他不需要努力對抗什麼，所以也就無從令人欽佩。**任何合理的存有，似乎都有其局限。**或許對於存有來說，除了維持靜態的存在，也需要生成（Becoming），而生成是指變得更好，或至少變得不同。唯有受到局限，才可能做到生成。

非常合理。

但這種局限帶來的苦難又該怎麼面對？也許存有所必須要有的局限是如此極端，以至於一切都應該摧毀。杜斯妥也夫斯基透過《地下室手記》主角的心聲，清楚傳達了這個想法：「所以你懂了吧，你可以對世界歷史有任何意見——任何以及一切能想到最病態的想像。除了一件事，那就是，你不能說世界歷史是合理的，合理這個詞太令人難受。」[213]就如我們提過的，歌德筆下存有的死對頭——梅非斯特，在《浮士德》明確表達出他對上帝創造宇宙萬物的反對立場。幾年之後，歌德寫下《浮士德》第二部，並讓這個魔鬼以略微不同的形式重述他的信念，正是為了更清楚闡明這個論點：[214]

過去了，什麼都沒有，過去與虛無是同一回事！
永恆的造化對我們有何意義？
片刻之間，一切的紛亂還不是終被忘卻。
「過去了」，這是什麼意思？

就像事情從未開始，
又像擁有般一再重來，
我寧可是永恆的空虛。

任何經歷過夢想破滅、婚姻終結，或家人被毀滅性疾病擊垮的人，都能理解這段文字。現實怎麼會如此令人難以忍受？怎麼會這樣？

也許就像科倫拜男孩所建議的（詳見法則六），不要活著比較好，也許甚至一切都不存在會更好。然而，抱持前面這個結論的人，是輕率地考量自殺這件事；抱持後面這個結論的人，則是輕率地考量某些更糟糕、更恐怖的事。這些人與毀滅一切的想法為伍，把大屠殺當兒戲，甚至更糟。即便最黑暗的地方，仍會有更黑暗的角落。而真正讓人膽寒的，是這些結論可被理解，甚至可能無法避免——雖然不至於無法避免付諸行動。理性的人在面對受苦的兒童時會作何感想？不就是那些理性、富有同情心的人，才會注意到自己腦海中縈繞著這些想法？一個好上帝怎麼會允許這般世界存在？

這些結論可能合理，可能可以理解，但仍暗藏一個嚴重的問題。符合這些結論的行動（如果不是想法本身），不可避免地讓情況雪上加霜。憎恨生命、蔑視生命（甚至是生命帶來的真正苦難），只會讓生命本身變得更糟糕，難以忍受的糟糕。那樣的行徑或想法，既沒有真正提出異議，也不帶有善意，只是一心渴望製造苦難，目的是為了讓人痛苦。這正是邪惡的本質。抱持那種想法的人，距離完全的暴行只有一步之遙。他們有時只是缺乏工具而沒有付諸實行。有時，就像史達林一樣，他們已將手指放在核彈的發射鈕上。

但是，在顯而易見的存在恐懼裡，我們是否有任何其他合理的選擇？在充斥著瘧蚊、娃娃兵以及神經退化性疾病這類事物的同時，存有本身是否真的具有正當性？如果在十九世紀，在恐怖的極權主義對數百萬人犯下駭人罪行的二十世紀之前，我想我還未必能對這個問題給出適當的答案。若非發生了大屠殺、史達林的大整肅以及毛澤東的大躍進這些事實，[215]我不會理解為何這種對存有的懷疑在道德上是不被允許的。我也不認為這些問題可透過思考來回答，思考無情地帶人走向深淵，它對托爾斯泰來說不管用，甚至可能對尼采來說也不管用，而在這類事情上，尼采無疑是思考得最透徹的人。但如果在最悲慘的處境下也不能仰賴思考，我們還剩下什麼？畢竟，思考是人類最高的成就，不是嗎？

也許不是。

儘管思考確實具有強大的力量，還是能被取代。當存在本身令人難以忍受，思考也就隨之崩潰。這種情況下（在內心深處），發揮作用的是**覺察**，而非思考。或許你可以從覺察這一點開始：當你愛著某個人的時候，**你並不是忽略對方的限制，正是這些限制才讓你愛著對方**。確實，這很複雜。你不必去愛對方的所有缺點，你只是接納它們。你不應該放棄嘗試讓人生變得更好，或放任苦難繼續存在。但在尋求改善的路途中，或許會有某些限制，是我們為了避免失去自己的人性而不願踰越的。當然，如果陽光依舊燦爛，而且你的父親沒有阿茲海默症、孩子都健康，婚姻也很和樂，這種情況下說「存有必須有其限制」然後開心地開始行動是一回事。如果事情沒那麼順利呢？

❖ 崩潰與痛苦

米凱拉的疼痛發作時，會有許多夜晚無法成眠。米凱拉的爺爺來看她時，給了她一些他的泰諾三號止痛藥（Tylenol 3s），這藥含有可待因成分，能幫助米凱拉入睡，但為時不久。先前幫助米凱拉緩解病況的風濕科醫師，已經不再有勇氣處理米凱拉的疼痛問題。這位風濕科醫師曾經開立鴉片製劑給一個年輕女孩，結果對方卻上癮了，於是她發誓再也不開這類藥物。她問米凱拉：「妳試過布洛芬（ibuprofen）嗎？」於是米凱拉知道醫師其實一無所知。布洛芬之於她，就像麵包屑之於飢餓的人。

我們找了一位新的醫師討論，他仔細聆聽，也給米凱拉一些協助。首先，他開了泰諾三號的處方，也就是米凱拉的爺爺曾經短暫分給她的那種藥。這麼做很有勇氣，醫師其實承受了很大的壓力，通常會避免開立鴉片製劑，尤其不敢開給兒童。但鴉片製劑真的有效。然而，泰諾的效果沒有維持多久，於是米凱拉開始使用疼始康定（oxycontin），一種被戲稱為土海洛因的類鴉片藥物。這個藥控制了她的疼痛，但也帶來其他問題。開始服藥一週後，譚美帶米凱拉出門吃午餐，米凱拉卻像喝醉一般，變得口齒不清，搖頭晃腦。狀況不妙。

我的弟媳是緩和醫療護理師，她認為除了疼始康定，我們還可以幫米凱拉補充利他能（Ritalin），一種常用於過動兒童的安非他命藥物。利他能讓米凱拉清醒許多，本身也有一些止痛的效果（如果你身邊有人承受過難忍的痛苦，這會是好消息）。但米凱拉的疼痛還是越來越劇烈，也開始跌倒，後來髖關節再度卡住，這次是發生在地鐵上，那天手扶梯無法運轉，她的男友只好抱著她爬上樓梯，然後搭計程車回家。地鐵對米凱拉來說再也不是可靠的運輸工具，於是那年三月我們為她買了一輛輕型小摩托車。讓米凱拉騎車其實很危險，但是讓她完全失去自由也很危險，我們選擇了前者。米凱拉通過了學習駕駛的考試，可以在白天騎車，並且有幾個月的時間可以取得永久駕照。

五月時，她接受髖關節置換手術，外科醫師甚至矯正了她原先半公分的腿長落差。骨頭也沒有壞死，只不過在X光上看起來有個陰影。米凱拉的阿姨及祖父母都來探望她，我們度過了幾天愉快的時光。但在手術之後，米凱拉隨即被安排住進一間成人復健中心，她是該中心近六十年來最年輕的住民。米凱拉有位年長的室友相當神經質，即使夜裡也不許關燈。此外，這位老太太無法到廁所如廁，必須使用便盆，她也不能接受房間門關上。但是她們的房間旁邊就是護理站，充斥著不間斷的警鈴聲及嘈雜的對話聲。在那個需要睡眠的地方，你卻無法入睡。復健中心在晚上七點之後謝絕訪客，安排米凱拉住進去的物理治療師也休假去了。在米凱拉告訴值班護理師她無法入睡的時候，唯一幫助她的人是中心守衛，他自願協助她換到另一間多人病房。那個值班護理師，正是在看到米凱拉分派的房號時笑出來的那個人。

米凱拉預計在這個復健中心待六個禮拜，入住三天後，當休假的物理治療師回來時，米凱拉已經能爬上復健中心的樓梯，也很快就熟練額外需要做的運動。她做這些事情的同時，我們在家中裝上必要的扶手，然後接她回家。所有疼痛及手術，米凱拉還應付得來，但那個糟糕的復健中心？那引發了她的創傷後壓力症狀。

六月時，米凱拉為了繼續合法騎她的小型摩托車，報名完整的重型機車駕駛課程。她不得不如此，但我們都非常擔心。萬一她跌倒怎麼辦？發生意外怎麼辦？第一天，米凱拉的訓練是駕駛一輛真正的重型機車，車子很重，她失手讓車子倒了好幾次。後來她看到另一個初學者從車上摔下來，一路滾過上課的停車場。第二天早上，米凱拉很怕再去上課，不肯離開床鋪。我們談了好一會兒，然後一起決定她至少應該跟譚美一起開車回到訓練場地。如果她真的沒辦法上課，可以待在車上，直到課程結束。在開車前去上課的路上，米凱拉找回了她的勇氣。當她領到證書的那一刻，班上其他人都起立為她鼓掌。

後來，米凱拉的右腳踝也惡化了。醫師打算把她受損的幾個大骨頭融合固定，但這會導致她腳部其他開始承受額外壓力的小骨頭也出現退化。或許這對八十歲的人來說並不是那麼難以忍受（雖然也不是件輕鬆愉快的事），但對年輕人而言，這可不是什麼解決辦法。於是我們堅持讓米凱拉接受人工置換術，雖然這是相對新的技術，而且等候名單有三年之久，根本等不到。受損的腳踝帶給米凱拉的疼痛比先前衰退的髖關節劇烈許多。在某個糟糕的夜晚，她變得情緒不穩也不講道理，我沒有辦法讓她冷靜下來。我知道她瀕臨崩潰。用緊繃二字也不足以形容。

我們花了好幾個禮拜，甚至好幾個月，絕望地鑽研各種置換手術，試圖評估何者比較合適，也問了印度、中國、西班牙、英國、哥斯大黎加、佛羅里達等地是否有可能讓米凱拉更快進行手術。後來我們聯絡到安大略省的衛生部，他們幫了大忙，為我們找遍全國各地，最後在溫哥華找到一位專科醫師。十一月時，米凱拉進行了腳踝置換，但手術過後她卻陷入極大的痛苦，原因是腳的位置不對，石膏把皮膚往骨頭方向擠壓。又由於她先前的用藥史已經使她產生了較高的耐藥性，因此診所不願意給她足量的疼始康定來控制疼痛。

米凱拉返家後，等疼痛一緩解，就開始逐步減少鴉片製劑的用量。儘管疼始康定確實有效，但米凱拉討厭這個藥，她說它讓她的人生變得灰暗。也許在這種情況下，減藥是好事吧。她迫不及待停了藥，有幾個月深受戒斷症狀所苦，出現夜間盜汗以及蟻爬症（感覺螞蟻在皮膚底下爬行）。她也變得無法感受任何喜悅，這是鴉片製劑的另一種戒斷效應。

這段期間我們大多不知所措。日常生活的壓力不會只因為有場災難擊垮了你就緊急煞車。所有該做的事，都還是得做。該如何應付這一切？我們學到幾件事：每天騰出一些時間討論與思考這個疾病或其他危機，以及應該怎麼應對處理。除了這段時間之外，都不要去討論或想這些事。如果不限縮這些事情的影響，你會筋疲力盡，也會讓惡性循環摧毀一切，這沒有任何幫助。儲備你的能量，你面對的是整個戰爭，而不是只有一場戰役。所謂的戰爭，就是由許多大大小小的戰役組成。你必須發揮你的作用，撐過每一次作戰。每當與那些危機有關的擔憂湧上心頭的時候，提醒自己，你會在預定的時間好好思考。這樣做通常很有效，因為讓你產生焦慮的那部分大腦，比較在意你有沒有擬定計畫，而不是計畫的細節。但是不要把思考的時間安排在傍晚或晚上，你才不會因此睡不著。如果沒能好好睡覺，所有事情會急速惡化。

改變你用來規劃生活的時間單位。在陽光普照、五穀豐收的美好時節，你可以規劃下個月、明年、接下來的五年，甚至夢想未來十年的生活。但是當你的腿被鱷魚下巴緊緊咬住的時候，是沒辦法這樣做的。「一天的難處一天當就夠了」出自《馬太福音》第六章第三十四節，通常解釋為「活在當下，不去管明天」。但這不是它的意涵。這段訓示必須在它所屬的山上寶訓的整體脈絡下解讀，而山上寶訓是將摩西十誡裡十個「汝不可為」，精煉成一個「汝應為之」的規範。基督囑咐他的信徒對上帝的天國以及真理保持信心，這是一個有意識的決定，認定存有在本質上是良善的。這是勇敢的行為。像皮諾丘的父親傑佩托一樣懷抱高遠目標，對著星星許願，然後朝著目標採取適當的行動。一旦你對準天堂，便能專心致志於當下。要小心謹慎，安排好你能掌控的事物，修復失序混亂的部分，讓已有的美好更上一層。只要小心謹慎，你就有可能處理得當。人類非常強韌，能夠承受許多痛苦與失落，但必須能夠看到存有中的美善，才能夠堅持不懈。如果失去這個部分，那就真正迷失方向了。

❖ 再談談狗——但最後會回到貓

狗很像人。狗是人類的朋友與夥伴，是社會化、階級化且已被馴化的動物。牠們在家庭的金字塔底部開心過活，以忠誠、崇拜與愛來回報人們給予的關注。狗真的很棒。

另一方面，貓則屬於自己。貓不社會化，沒有階級制度（除非湊巧），也只馴化一半。牠們不做動物特技，只依自己的意願去親近人。狗已經被馴服，貓則有自己的主意。貓願意跟人類互動，但憑的是自己千奇百怪的理由。對我來說，貓以近乎純粹的形式，展現了存有的本質。甚至，牠們是端詳人類並給予認可的那種存有類型。

當你在路上遇到一隻貓，許多事情都有可能發生。舉例來說，如果我看到遠處有一隻貓，我那邪惡的部分會想發出很大聲的「哧！」（前排牙齒抵住下嘴唇）來嚇嚇牠，這會使神經質的貓兒毛髮直豎並側身站立，讓自己看起來比較龐大。也許我不應該嘲笑貓咪，但這實在很難抗拒。跟貓有關的事情中，最棒的其中一件就是牠們會受驚嚇（還有牠們會立刻為自己的過度反應而惱羞成怒）。但如果我能適度克制自己，我會彎下腰並且呼喚那隻貓咪過來，這樣我就能摸一摸牠。有些時候牠會跑走，有些時候會完全忽略我，因為牠是貓。但也有些時候，貓會跑到我的身邊，把頭靠在我伸出的手上，一副開心的模樣。甚至有時牠會翻過身去，背拱起來，抵著髒兮兮的水泥地。（雖然貓擺出這個姿勢時，就算你伸出友善的手，也會被牠又咬又抓。）

我住的那條街對面有隻名叫小金潔的貓，牠是美麗的暹羅貓，非常冷靜沈著，若以五大人格特質來看，牠屬於低神經質傾向。神經質是焦慮、害怕以及情緒痛苦的指標。金潔一點都不討厭狗，跟我們家的狗狗希可是好朋友。當你呼喚金潔時，牠會翹起末端有一團小小糾結的尾巴，小跑步過街（有時牠會自己主動跑來），然後在希可面前翻身躺下，希可則會開心地搖尾巴回應。之後如果金潔也樂意，牠會靠近你一會兒。那是愉快的悠閒時光，在美好的日子裡，那是額外的一道亮光，在辛苦的日子裡，也能讓人暫時喘息。

即便在糟糕的一天，如果你仔細留意，還是有可能幸運遇到這種美好的小機緣，也許是在街上遇見穿著芭蕾舞衣跳舞的小女孩，或者在重視顧客的咖啡店裡喝到一杯特別好的咖啡。也許你可以忙裡偷閒十或二十分鐘，做些可笑的事情來分散注意力，或提醒自己嘲笑存在的荒謬性。我個人則是喜歡以一．五倍速度看一集《辛普森家庭》——只花三分之二的時間就能看完所有笑點。

也或許是你頭暈腦脹外出散步時，一隻貓出現在你面前，如果你去關心牠，會有那麼十五秒，你想起存有的種種奇蹟，然後稍稍彌補那伴隨著存有而來、無法根除的苦難。

在路上遇到貓，就摸一摸。

附：寫完這章沒多久，米凱拉的外科醫師就跟她說，她的人工踝關節必須移除，然後進行融合手術。未來她勢必要截肢。接受置換手術之後，米凱拉的疼痛持續了八年，關節活動度也依舊明顯受損，雖然兩者都已經比以前好一些。四天之後，她遇到一位新的物理治療師，他是身材高大、強壯且體貼周到的人，在英國倫敦專攻腳踝治療。他用手掌握住米凱拉的腳踝，當米凱拉一邊來回移動她的腳時，他一邊用力按壓了四十秒。結果一塊錯位的骨頭竟然滑回原本的位置，米凱拉疼痛的感覺消失了。她從來沒在醫療人員面前掉過眼淚，但當下她突然哭了起來。她的膝蓋也能伸直，現在能夠走比較長的距離，還能光著腳四處走動。她受損的那隻腳的小腿肌肉正慢慢長回來，人工關節的活動度也改善了。她在今年結婚，還生了一個小女娃，伊莉莎白，以我太太的亡母之名命名。

事情很順利。

到目前為止。

終章

我應該用這枝新發現的發光筆來做什麼？

二〇一六年底，我到北加州拜訪一位朋友與工作夥伴。我們整晚交談、一起思考，他一度從夾克拿出一枝筆來做點筆記，那是一枝配有LED燈的筆，尖端會發光，方便在黑暗中書寫。我心裡想：「不過又是個小玩意兒。」但後來從較隱喻性的角度思考，我卻深深被發光筆的概念打動。這裡面蘊含某種象徵與抽象意義：多數時候我們都置身於黑暗之中，而能夠照亮文字的書寫工具，可以為我們每個人引導方向。我跟朋友坐著交談時，我說自己也想寫點東西，問他能不能把那枝筆送給我當作禮物。當他把筆遞到我手上時，我發現自己非常高興。如今即使是在黑暗之中，我也能寫出明亮的文字了！將這件事情做好顯然相當重要，於是我嚴肅地問自己：「我應該用這枝新發現的發光筆來做什麼？」新約聖經中有兩節經文與這件事有關，我對此反覆思量許久：

> 你們祈求，就給你們；尋找，就尋見；叩門，就給你們開門。因為凡祈求的，就得著；尋找的，就尋見；叩門的，就給他開門。（《馬太福音》第七章第七至八節）

乍看之下，這不過是一段祈求上帝賜恩的誓約，展現了禱告的神奇力量。但無論上帝是何方神聖，都不單只是個願望滿足者。甚至即便是在沙漠中受惡魔試探的基督（如同我們在法則七「做有意義的事，而不是便宜行事」提到的），也不願意向他的父親求援。再者，每天都有絕望的人祈禱未獲回應。然而，也許是因為禱告者未能以適當的方式訴說自己的問題。也許我們總在遭遇挫敗或犯下大錯時，才要求上帝打破物理原則來施援，是很不合理的。也許在那些時候你不能本末倒置，只希望問題能夠神奇解決。也許你可以問問自己當下能做什麼來增加決心、強化堅毅的性格，並且找到力量繼續前進。也許你可以轉而要求了解真相。

在我們將近三十年的婚姻中，我與妻子有多次意見相左，有時是很嚴重的意見分歧。在某個深不可知的層次，我們的一體性似乎被打破，也無法透過對話就輕易弭平裂痕，而是情緒化地困在憤怒又焦慮的爭執裡。於是我們都同意在這種情況下，兩人應暫時分開。她待在一個房間，我到另一個房間。這往往很不容易，因為憤怒會使人想要擊敗、贏過對方，因此很難從激烈的爭吵中抽離。但這樣做可能還是好過冒險大吵一架，結果關係惡化到失去控制。

在獨處並試著讓自己冷靜下來的時候，我跟妻子都會問自己：**我們各自做了什麼，導致這個僵持不下的局面？不論那舉動多細微、多無關緊要……我們都犯了某些錯**。然後我們會再次重聚，分享彼此自問的結果：「**我的錯在於……**」

問自己這樣的問題，困難之處在於你必須真心想知道答案，但是**你不會喜歡那個答案**。與人爭執的時候，我們總希望自己是對的，對方是錯的。這麼一來，該犧牲與改變的就是別人，不是自己，我們比較希望是這種情況。如果錯的是自己，必須改變的也是自己，那麼我們就得重新衡量自己，包括對過去的記憶、現在的態度舉止，以及未來的計畫等等。然後我們必須決心變得更好，想出改變的方法，也必須真的去做。這會讓人筋疲力盡，因為需要重複練習來體會新的知覺型態，以及養成新的行為習慣。拒絕去了解、承認與投入比較簡單，轉移注意力不去面對事實，繼續視而不見也比較簡單。

但正是這樣的時刻，你必須決定你希望的是什麼，是證明自己是對的，或是擁有和睦的關係。[216]你必須決定是要堅持自己的觀點絕對正確，或是去傾聽與協商。就算你是對的，也無法為你帶來和平，因為只有另一半吵輸而成為錯的那一方，你才會是對的。這種情形重複一萬次，你們的婚姻就結束了（或是你就會希望婚姻結束）。若選擇擁有和睦的關係，你必須決心期望找到答案，更甚於成為正確的那一方。這是從你固執的偏見牢籠中逃脫的方法，是協商的必要條件，也是真正遵從法則二的原則（善待自己，就像善待任何你有責任幫助的人）。

妻子與我都了解，如果問自己這樣的問題，而且真心想要知道答案（不論有多羞恥、多害怕、多無地自容），那麼就會有某個記憶從內心深處浮現，那是你曾經在不遠的過去做了一件愚蠢的錯事。於是你可以回到伴侶的身邊，坦承自己的愚昧，並且（真誠地）道歉，而對方也能以同樣的方式待你，然後（真誠地）道歉，這麼一來，兩個傻瓜就能再次對話。或許真正的禱告是詢問「我做錯了什麼？我現在可以做些什麼，讓事情至少能稍微修正一些？」但你必須坦誠面對可怕的事實，必須接納自己不願意聽到的事。當你決定認識自己的過錯，就有機會修正過錯，也開闢了溝通的路線，通往所有能帶來啟示的想法。這可能就像你探問自己的良知，某種程度上，也像你與上帝的討論。

出於同樣的精神，我在桌前放著幾張紙，對自己提問：**我應該用這枝新發現的發光筆來做什麼？**我抱持著真心想知道答案的態度來問自己，然後靜候回應。我讓自己內在兩個不同的部分進行對話。我真誠地思考——或聆聽，就像法則九所描述的那樣（假設你聆聽的對象，可能知道一些你不知道的事），這個法則適用於自己，也適用於其他人。提出問題的（當然）是我，回答問題的（當然）也是我，但這兩個我並不相同。我也不知道答案會是什麼，只是等待答案從我內心的想像劇場浮現，等待話語從空無之中躍出。人們是如何想出某個讓自己驚訝的事？為何過去對於自己所想的事一無所知？新的想法從何而來？是誰、是什麼在思考這些想法？

既然在所有東西之中，我得到的是一枝發光筆，能在黑暗中寫出明亮的話語，而我希望能用它來做最好的發揮，所以我問自己這個相應的問題——然後有個答案幾乎是立即浮現了：**寫下你希望能銘記在自身靈魂的文字**。於是我寫了下來。這樣雖然很棒（當然，也有些浪漫的成分），但卻與遊戲無異。於是我提高賭注，決定提出我所能想到最困難的問題，然後靜待回答。畢竟，如果你擁有一枝發光筆，你應當用這筆來回答困難的問題。第一個問題：**明天我該做什麼？**答案是：**最短時間內最好的可能**。這個回答也令人滿意，結合了志向遠大的目標與最大效益的要求，是很值得一試的挑戰。第二個問題也循著同樣理路：**接下來一年我該做什麼？**答案是：**努力確保我的好作為只會被來年更好的作為超越**。這一點也很扎實，很棒地延伸了前一個答案所詳述的遠大志向。我告訴我朋友，我正試著用他送給我的筆進行一場嚴肅的寫作實驗，並徵求他的同意，把我目前的構想唸給他聽。那些問題（與答案）也引發了他的共鳴。很好，給了我繼續下去的動力。

接下來的問題為第一回合作結：**我的一生該做什麼？**答案：**放眼天堂，聚焦當下**。哈！我知道那是什麼意思。那是迪士尼電影《木偶奇遇記》裡，傑佩托對著星星許願時所做的事。這位慈祥的木雕師傅抬起雙眼，望向那高掛於人類日常俗務的塵世之上的閃爍鑽石，訴說著他最深切的盼望：他創造的小木偶能掙脫操縱自己的細繩，變成真正的小男孩。這也是山上寶訓所傳遞的核心訊息，雖然在法則四曾經談過（跟昨天的自己比，而不是跟今天的別人比），但還是值得再次重複：

> 何必為衣裳憂慮呢？你想野地裡的百合花怎麼長起來；它也不勞苦，也不紡線。然而我告訴你們，就是所羅門極榮華的時候，他所穿戴的，還不如這花一朵呢！你們這小信的人哪！野地裡的草今天還在，明天就丟在爐裡，上帝還給它這樣的妝飾，何況你們呢！所以，不要憂

慮說，吃什麼？喝什麼？穿什麼？這都是外邦人所求的。你們需用的這一切東西，你們的天父是知道的。你們要先求他的國和他的義，這些東西都要加給你們了。（《馬太福音》第六章第二十八至三十三節）

這一切所指為何？要適切地引導自己，而後（也唯有如此才能）專注於當下。企求良善、美好與真實，專注而謹慎地聚焦於每一刻所關切的事物。於俗世間勤勉不懈之餘，仍持續仰望天堂。全心投入當下的同時，也以同樣的方式全心投入未來。如此便擁有使二者完善的最大機會。

後來，我的思考從時間的運用轉向與他人的關係。我寫下這些問題與答案，並與我的好友分享：**我該如何對待我的妻子？對待她有如她是聖母馬利亞，她便可望生下拯救世界的英雄。我該如何對待我的女兒？當她的後盾，聆聽她，保護她，鍛鍊她的心智，並且讓她知道她若想要成為母親，是沒有問題的。我該如何對待我的父母？以行動來證明父母所經受的苦難有其意義。我該如何對待我的兒子？鼓勵他成為真正的上帝之子。**

尊重你的妻子，有如她是聖母，是去看見並支持她母親角色的神聖性（不僅是你孩子的母親，而是能夠滋養並創造更多生命力的人）。社會若忘卻這一點，沒有存續的可能。希特勒的母親給予希特勒生命，史達林的母親給予史達林生命。這些人的重要關係中有過什麼異常狀況嗎？很可能是的，因為以一個關鍵例子看來，母親角色對於建立信任感至關重要。[217]也許母職的重要性以及她們與孩子的關係都未獲足夠重視。也許女性在母親外表之下的真實作為，並未得到丈夫、父親及社會適當的關注。如果一個女性獲得適切、尊重與悉心對待，那麼她可能會生養出什麼樣的孩子？畢竟世界的命運繫於每一個嶄新的生命——幼小、脆弱且飽受威脅，但終將能夠運用語言、展現行動，在混亂與秩序之中維持優雅而不朽的平衡。

成為女兒的後盾？是鼓勵她去做任何她鼓起勇氣想要做的事，其中也包含真正欣賞她的女性特質：體認到擁有家庭與孩子的重要性，更甚於追求個人志向與職業發展，從而拒絕詆毀與貶抑此一重要性的誘惑。正如我們已討論過的，聖母與聖嬰之所以構成一幀神聖的圖像，並非毫無意義。若不再尊重這樣的圖像，不再視這樣的關係具有超越一切的根本重要性，社會也將不再存續。

以行動來證明父母所經受的苦難有其意義，是銘記所有前人（不只是父母）在過去每個艱苦時刻的犧牲為你換來的一切，感激由此所致的一切進展，而後據此緬懷與感激之心行為處事。現今我們擁有的一切，是他人付出極大犧牲的結果，許多時候，這些人犧牲的是自己的生命——為此我們行為處事時，當抱以虔敬之心。

鼓勵兒子成為真正的上帝之子，是期望他首重**做正確的事**，並在他這麼做的同時努力支持他。我認為，這便是犧牲的部分意涵：重視並支持你的兒子對良善的承諾超越一切（可說是包含他對於世俗的追逐、自身的安全，甚至是自己的生命）。

我繼續提問，而答案也在幾秒內浮現。**我該如何對待陌生人？**邀請對方來家中，待其如同手足，**如此那人便可能成為我真正的手足**。那是對他人伸出信任之手，如此他或她最好的那一面便得以展現，並以這樣的態度與我們相互交流。這是在尚未彼此了解的兩人之間，建立起共同生活可能性的神聖款待（sacred hospitality）。**我該如何對待墮落的靈魂？對其伸出真誠而謹慎的手，但不要一起陷落下去。**這相當精確地總結了法則三（結交希望你變得更好的朋友）涵蓋的內容，告誡你不要對牛彈琴，但也不要以你的優點掩飾缺失。**該如何對待這個世界？行為處事需體現存在比不存在更有價值**，如此在面對生存的悲慘處境時，你便不會更形憤恨與墮落。這是法則一（站直，抬頭挺胸）的精髓：懷抱信心與勇氣，主動迎戰世界的不確定性。

我該怎麼教育我的同胞？向對方分享我認為真正重要的事。這是法則八（說實話，或至少不要說謊）講述的內容，也就是以智慧為標的，將這些智慧提煉成文字，並且以真正的關切與關懷，彷彿其至關重要般地說出這些文字。這對於接下來的問題（與答案）非常重要：**我該如何面對一個被撕裂的國家？以傳遞真理的謹慎話語將它再度縫合。**若真要說的話，這番告誡的重要性在過去幾年已經越來越清晰：我們正在分裂、極化，並且偏離至混亂。這種情況之下，如果想要避免災禍，每一個人都必須如實呈現真理：並非那些證成我們意識形態的論述，也不是那些擴張我們野心的詭計，而是我們存在經驗的純然事實，我們應當告訴別人這些事實，使其得以認識與思索，而後我們才能找到共同的基礎，往前邁進。

我該為我的天父上帝做些什麼？犧牲我所擁有的一切珍貴事物，以求更臻完美。燒盡枯枝，如此新生的枝芽才得以繁茂。這是該隱與亞伯的慘痛教訓，在法則七關於意義的討論中會詳細說明。**我該怎麼對待說謊的人？讓對方繼續說，如此對方自會原形畢露。**法則九（假設聆聽的對象……）的重要性又再次顯現，正如新約聖經的另一個段落：

> 憑著他們的果子，就可以認出他們來。荊棘上豈能摘葡萄呢？蒺藜裡豈能摘無花果呢？這樣，凡好樹都結好果子，惟獨壞樹結壞果子。好樹不能結壞果子；壞樹不能結好果子。凡不結好果子的樹就砍下來，丟在火裡。所以，憑著他們的果子就可以認出他們來。」（《馬太福音》第七章第十六至二十節）

我們必須先揭露腐敗墮落之物，才可能進一步以健全完好的東西取代。這也是我們在法則七仔細闡述過的，而這些都關乎對以下問題與答案的理解：**我該如何看待覺證者？以真正不斷追尋著啟發證悟的人來替代。**這世上沒有所謂的覺證者，只有更進一步尋求啟迪的人。真正的存有不是一個靜止的狀態，而是一種過程；不是終點，而是一段旅程。這不是絕望固著於無論如何都永遠不完整的必然性，而是經由不斷遭逢未知的事物，進而持續轉化已知的事物。這說明了法則四（跟昨天的自己比……）的重要性。永遠將自己不斷轉化的過程，置於當前的存在狀態之上。這表示你必須承認與接受自己的不足，才能持續修正。當然這會相當痛苦，但也會是場好交易。

接下來的幾個問與答，構成另一個連貫一致的類別，這次關注的是不知感恩：**當我鄙視自己所擁有的，該怎麼辦？想想那些一無所有的人，並盡可能心懷感謝。**回想（有點像在開玩笑的）法則十二（在路上遇到貓，就摸一摸），同時也試著想想，你之所以在前進的過程中受阻，可能不是因為缺乏機會，而是因為過於傲慢，使你無法充分利用早已擺在你眼前的東西。這就是法則六（批評世界之前，先整理好自己的房間）。

最近我跟一個年輕人聊到這類事情。他幾乎不曾離開家人和家鄉，但曾有一次到多倫多聽我演講，然後到我家與我碰面。在截至目前為止的短暫人生中，他太過於孤立自己，且飽受焦慮的折磨。我們第一次見面時，他幾乎說不出話來。但儘管如此，去年他還是決定對這一切做點什麼。他從卑微的洗碗工做起，原本他大可輕蔑這件事，但他還是決心做好。他是如此聰明，因此當這個世界未能認出他的天賦時，他的確有資格憤恨，但他決定以真誠的謙卑接受這一切，這是不論他在何種機運之下，都能夠獲得智慧的先決條件。如今他獨自生活，這比住在家裡要好得多。他手邊也有了一些錢，雖然不多，但勝過一無所有，而且那是他自己賺來的。現在他能面對社交世界，並從隨之而來的衝突中得到助益：

> 智識來自對他人的認識，
> 但覺醒的人，能看見事物的原貌。

武力或許能夠勝過他人，
但若要勝過自己，則需要道。
擁有許多的人或許可謂富有，
但知足同時與道同行之人，
不僅富有，也擁有自我。[218] i

我的這位訪客雖然依舊焦慮，但他決心自我蛻變，只要他持續走在目前的道路上，過不了多久，他就會變得更有能力並且有所成就。但前提是，他接受了自己的卑微狀態，且充滿感激地從這樣的狀態中跨出同樣卑微的第一步。這樣做更勝於永無止境地等待果陀奇蹟般到來，也勝過傲慢、停滯、一成不變地活著，讓自己被憤怒、怨恨與行屍走肉的心魔包圍。

當我被貪婪吞噬時，該怎麼辦？謹記施比受更有福。這世界是分享與交換的公共舞台（又是法則七），而不是供人掠奪的寶庫。給予就是盡你所能，讓事情變得更好。人們心中的善意會對此給出回應，並且支持它、仿效它、倍增它、回報它、促進它，如此一切都將有所改善並向前邁進。

如果我破壞了心中的河川，該怎麼辦？去尋找活水，讓它洗滌大地。我與這個問題及答案的相遇尤其出乎意料。它與法則六（批評世界之前，先整理好自己的房間）最有關聯。也許應該從心理學的角度，而非專業技術層次來建構我們的環境問題。如果有更多人將自己打理好，這些人就能為周遭世界承擔更多責任，解決更多問題。[219]大家都知道，管理好自己比管理好一座城市還重要，征服內心的敵人比征服外在的敵人更困難。或許大環境的問題終究是關乎心靈，因此如果能將自己整

i 此段引文譯自《道德經》英文譯本第三十三章，《道德經》原文為：「知人者智，自知者明。勝人者有力，自勝者強。知足者富。強行者有志。不失其所者久。死而不亡者壽。」譯注

頓好，或許就能推及世界。當然了，身為心理學家，難道還會有別的想法？

接下來的討論是關於如何適當面對危機與心力交瘁的時刻：

當我的敵人贏得勝利時，我該怎麼辦？把眼光放遠，對這次的教訓心存感激。回到《馬太福音》：「你們聽見有話說：『當愛你的鄰舍，恨你的仇敵。』只是我告訴你們，要愛你們的仇敵，為那逼迫你們的禱告。這樣就可以作你們天父的兒子；因為他叫日頭照好人，也照歹人；降雨給義人，也給不義的人。」（第五章第四十三至四十五節）這是什麼意思呢？向敵人的成功學習，聆聽（法則九）對方的批評，你才能從其對立立場中，一點一滴收集能夠納入而後有助於改善的片段智慧。立志創造一個這樣的世界：與你意見相左的人也能看見光亮，從中醒悟最後獲致成功，如此在你追求更好狀態時，就能同時包容這些人。

當我疲憊與失去耐心時，該怎麼做？感激地接受向你伸出的援助之手。這句話包含雙重意義。第一重意義是，必須留意個人在現實中的限制。第二重意義是，需接受並感謝他人的支持，不論對方是家人、朋友、點頭之交或者陌生人。我們難免會疲憊、失去耐心，畢竟要做的事情太多，而擁有的時間有限。但我們不必單打獨鬥，唯有分散責任、共同努力、共享成就，才能讓正在進行的工作獲得豐碩成果並且充滿意義。

我該怎麼面對老化？以自身成熟的種種成就，取代年輕的無限可能。這呼應了法則三關於友誼的討論，以及蘇格拉底的審判與死亡的故事。這可摘要為：充分活過的生命，證明了自身的有限性。一無所有的年輕人擁有的可能性，可與年長之後的種種成就抗衡。任何時期的任一種狀態，都不必然是壞事。葉慈曾寫道：「人老了不過就是無用之人，枝桿上的破衣一件，除非，靈魂能擊掌高歌，且為那俗世塵衣上的所有殘破不堪，越歌越激昂。」[220]

該怎麼面對家中嬰孩的死亡？支撐我所愛的其他人，並療癒他的傷痛。面對死亡必須堅強，因為死亡是人生所固有。所以我告訴我的學生：努力做個在你父親喪禮上能讓每個哀痛者倚靠的人。還有一個崇高而可敬的志向：擁有面對逆境的力量。這與期望無憂無慮的人生截然不同。

下次危急的時刻，我該做什麼？專注於做出正確的下一步。洪水即將來臨，洪水總是洶湧而來，災難始終降臨在我們身上，正因如此，諾亞的故事才會成為原型。萬物崩解，核心潰散（在法則十〔說話要精準〕有過相關討論）。當一切變得混沌未知的時候，能給予你指引的，或許正是過去你立定崇高目標、專注於當下時所建立起來的品格。如果你的品格未能建立，你便無法克服危機時刻，屆時上帝將予以援助。

上述這一部分的討論，涵蓋了當晚我認為最困難的問題。孩子夭折也許是最糟糕的災難，經歷這樣的悲劇之後，許多關係會隨之破裂。面對如此可怕的事，儘管崩潰瓦解可以理解，卻未必無可避免。我見過人們在親人死去之後極力鞏固與家人之間僅存的關係。我見到這些人將注意力轉向還在的人，加倍投入與在世者的連結，給予支持。也因如此，所有曾被死亡狠狠撕裂的人，至少都能獲得某些重生。因此我們必須憐憫自己的哀傷，必須一同面對存在的悲劇。當冬日的暴風雪在外肆虐，我們的家可以是那個燒著暖爐歡迎我們的起居室，既溫暖又舒適。

死亡讓我們理解到生命的有限及脆弱，使我們變得恐懼、怨恨與孤立。但死亡也可以讓人醒悟，提醒喪親者不要忽視關愛自己的人。我曾經對我高齡八十的父母做了一些估算，結果令我膽戰心驚。這些估算是在法則五（別讓孩子做出令你討厭他們的事）也討論過的可厭算術，我粗略算過那些公式，好讓自己保持警覺。我每年都會去看我父母兩次，然後我們會相處幾個星期。除此之外，我們平常也會互通電話。但是八十多歲的老人家的預期壽命不到十年，這表示，如果我運氣夠好，能再見到我父母的次數也不超過二十次了。這是壞消息，但體認到這點，也讓我不再把這些機會視為理所當然。

接下來這部分的問題與答案，跟品格的發展有關。**對於沒有信仰的弟兄，我該對他說什麼？詛咒之王無法妥善評斷存有。**我堅定地相信，修復世界（毫無疑問是修繕工人的夢想）最好的方法，就是修復自己，正如法則六討論的那樣。除此之外，一切作為都過分冒失，都可能因為你的疏忽或無能而造成傷害。但那無妨，在你所處的位置上，還有許多可努力的地方。畢竟，你個人的過錯會對世界有害。你帶著意識自願犯下的罪孽（因為沒有其他字詞能夠表達），使情況變得比原先更糟。你的不作為、惰性及憤世嫉俗，使得你本來可望學會平息苦難、創造和平的那部分，也從這世上消失。這不是好事，這會讓人有無限的理由對世界感到絕望，並變得憤怒、怨恨，亟欲報復。

無法做出適當的犧牲，無法揭露自己，無法活在真實之中，無法說出實話——這全都使你更加軟弱。在這種衰弱的狀態下，你將無法在這世上成長茁壯，對自己或他人也不會有半點助益。你會愚鈍地承受失敗與苦難，這將腐蝕你的靈魂。否則還能如何呢？人生在順利之時都已經太過艱難，更何況在逆境之中？我從痛苦的經驗中學習到，沒有最糟，只有更糟，也就是因為這樣，地獄是個深不見底的黑洞，也總與前面提到的罪孽有關。在最要命的情況下，不幸的靈魂所遭遇的可怕苦難，在其自身的評判中，都可歸因於過去自己明知故犯的錯：背叛、欺騙、殘忍、疏忽、懦弱，以及最常見的——視而不見。遭受悲慘的苦難，同時明白是自己種下的惡果：這就是地獄。一旦身處地獄，就很容易詛咒存有本身。這不奇怪，但並不合理。**這就是何以詛咒之王無法妥善評斷存有的原因。**

在最好的時代與最壞的時代，在承平時期與戰事之中，你如何使自己成為別人倚靠的後盾？你如何為自己建立那樣的品格，使你在苦難與悲慘的境遇中，仍不與地獄來者結盟。我持續進行著這種提問與回答的過程，所有的問答都以某種形式與我在本書中提到的法則產生關聯：

我該如何使我的心靈變得強大？不要說謊，也不要做任何你鄙視的事。

我該如何使我的血肉之軀變得崇高尊貴？只將身體用於服侍我的靈魂。

我該如何處理最困難的問題？把問題當作人生之路的關口。

我該如何面對窮人的困境？努力以適當的範例，鼓舞對方破碎的心。

如果廣大的群眾向我揮手召喚，我該如何回應？無畏地說出那被背棄的真理。

大概就是這些。我還留著那枝發光筆，雖然後來不會用來寫過任何東西。也許當靈感來的時候，會有些什麼從我的心靈深處湧現。即使沒有，這枝筆還是幫我找到了一些文字，為這本書做出適當結尾。

我希望我的文字對你是有幫助的，希望它帶你看到某些你已經知道，但你卻不知道自己知道的事。我希望我所討論的那些古老智慧能帶給你力量，希望它能點亮你內在的星火。我希望你振作起來，打理自己的家庭，為社會帶來和平與繁榮。我希望按照法則十一（孩子玩滑板時，不要干擾他們），你能鼓勵那些受你照顧的人，並且使那些人變得更堅強，而不是過度保護他們，這反而會使對方變得更軟弱。

祝福你一切順利，也希望你能給予他人同樣的祝福。

你會用你的發光筆寫些什麼呢？

謝辭

寫這本書時，我至少可說是經歷了一段紛亂的時光。但我擁有許多可靠、能力強又值得信賴的人陪在身邊，我也為此感謝上帝。我要特別感謝我的妻子譚美，將近五十年來，她一直是我最棒也是最好的朋友。在我寫作的這段期間，在生活中其他不論多麼緊迫重大的任何事都持續發生的這些年，她都是絕對的支柱，始終誠實而穩定地給予我支持和實質的協助，並且很有組織條理也充滿耐心。我的女兒米凱拉、兒子朱力安，以及雙親華特（Walter）和貝佛莉（Beverley）也一直陪伴在我身旁，體貼地關照我，與我討論幾個複雜的議題，協助我組織我的思考、文字與行動；還有我的妹夫克勒（Jim Keller），他是一位傑出的電腦晶片設計師，以及我那永遠值得信賴又勇於冒險的妹妹邦妮（Bonnie）。辛伯格（Wodek Szemberg）以及貝琪爾（Estera Bekier）跟我多年來的友誼，在各方面對我而言都無比珍貴，一直在背後默默支持我的康寧罕（William Cunningham）教授也是如此。儘管無此義務，多吉（Norman Doidge）醫師還是願意為這本書撰寫與編修前言，他投注於其中的心力遠超過我最初的預期，還有他與他的妻子凱倫（Karen）不斷給予我們的友誼與溫暖，我們一家都銘記在心。我與我的編輯——任職於加拿大藍燈書屋的派耶特（Craig Pyette）合作得相當愉快，派耶特總是悉心留意細節，並且能夠婉轉地調控我草稿中過度迸發的熱情（有時是憤怒），使這本書有了更加審慎與平衡的內容。

我的好友赫維茲（Gregg Hurwitz）是小說家也是編劇，早在我撰寫此書之前，這本書的許多人生法則便已被寫進他的暢銷作品《孤兒刺客》裡，這對於本書的觀念是極大的讚美，也說明了它們的潛在價值以及對公眾的吸引力。在我撰寫與編纂此書期間，赫維茲還自告奮勇貢獻己力，全程擔任我的編輯與評論者，尖銳不留情面地猛力批評之餘，也妙趣橫生地諷刺挖苦；他幫我刪去多餘冗詞（至少其中一部分），並讓敘事扣緊思路。赫維茲更為我引介了施佛（Ethan van Sciver），也就是為這本書各章開頭繪製精美插圖的人。我很感謝施佛的協助，也要向他致意，他的圖畫為這本書增添了輕快明亮的感覺，天馬行空卻又溫暖熱情，使它不至於成為太過灰暗又充滿情緒的大部頭書。

最後，我要感謝我的經紀人哈汀（Sally Harding），以及她在庫克美德曼（CookeMcDermid）經紀公司的優秀同事們。沒有哈汀，這本書無法誕生。

尾注

1 Solzhenitsyn, A.I. (1975). *The Gulag Archipelago 1918-1956: An experiment in literary investigation* (Vol. 2). (T.P. Whitney, Trans.). New York: Harper & Row, p. 626.

2 如果你想認真思索龍蝦，可以從這本書開始：Corson, T. (2005). *The secret life of lobsters: How fishermen and scientists are unraveling the mysteries of our favorite crustacean*. New York: Harper Perennial.

3 Schjelderup-Ebbe, & T. (1935). *Social behavior of birds*. Clark University Press. Retrieved from http://psycnet.apa.org/psycinfo/1935-19907-007; see also Price, J. S., & Sloman, L. (1987). "Depression as yielding behavior: An animal model based on Schjelderup-Ebbe's pecking order." *Ethology and Sociobiology*, 8, 85–98.

4 Sapolsky, R. M. (2004). "Social status and health in humans and other animals." *Annual Review of Anthropology, 33*, 393–418.

5 Rutishauser, R. L., Basu, A. C., Cromarty, S. I., & Kravitz, E. A. (2004). "Long-term consequences of agonistic interactions between socially naïve juvenile American lobsters (Homarus americanus)." *The Biological Bulletin, 207*, 183–7.

6 Kravitz, E.A. (2000). "Serotonin and aggression: Insights gained from a lobster model system and speculations on the role of amine neurons in a complex behavior." *Journal of Comparative Physiology, 186*, 221-238.

7 Huber, R., & Kravitz, E. A. (1995). "A quantitative analysis of agonistic behavior in juvenile American lobsters (*Homarus americanus L.*)". *Brain, Behavior and Evolution, 46*, 72–83.

8 Yeh S-R, Fricke RA, Edwards DH (1996). "The effect of social experience on serotonergic modulation of the escape circuit of crayfish." *Science, 271*, 366–369.

9 Huber, R., Smith, K., Delago, A., Isaksson, K., & Kravitz, E. A. (1997). "Serotonin and aggressive motivation in crustaceans: Altering the decision to retreat." *Proceedings of the National Academy of Sciences of the United States of America, 94*, 5939–42.

10 Antonsen, B. L., & Paul, D. H. (1997). "Serotonin and octopamine elicit stereotypical agonistic behaviors in the squat lobster *Munida quadrispina* (*Anomura, Galatheidae*)." *Journal of Comparative Physiology A: Sensory, Neural, and Behavioral Physiology, 181*, 501–510.

11 Credit Suisse (2015, Oct). *Global Wealth Report 2015*, p. 11. Retrieved from https://publications.credit-suisse.com/tasks/render/file/?fileID=F2425415-DCA7-80B8-EAD989AF9341D47E

12 Fenner, T., Levene, M., & Loizou, G. (2010). "Predicting the long tail of book sales: Unearthing the power-law exponent." *Physica A: Statistical Mechanics and Its Applications, 389*, 2416–2421.

13 de Solla Price, D. J. (1963). *Little science, big science*. New York: Columbia University Press.

14 As theorized by Wolff, J.O. & Peterson, J.A. (1998). "An offspring-defense hypothesis for territoriality in female mammals." *Ethology, Ecology & Evolution, 10*, 227-239; Generalized to crustaceans by Figler, M.H., Blank, G.S. & Peek, H.V.S (2001). "Maternal territoriality as an offspring defense strategy in red swamp crayfish (*Procambarus clarkii, Girard*)." *Aggressive Behavior, 27*, 391-403.

15 Waal, F. B. M. de (2007). *Chimpanzee politics: Power and sex among apes*. Baltimore, MD: Johns Hopkins University Press;

Waal, F. B. M. de (1996). *Good natured: The origins of right and wrong in humans and other animals.* Cambridge, MA: Harvard University Press.

16 Bracken-Grissom, H. D., Ahyong, S. T., Wilkinson, R. D., Feldmann, R. M., Schweitzer, C. E., Breinholt, J. W., Crandall, K. A. (2014). "The emergence of lobsters: Phylogenetic relationships, morphological evolution and divergence time comparisons of an ancient group." *Systematic Biology, 63,* 457–479.

17 A brief summary: Ziomkiewicz-Wichary, A. (2016). "Serotonin and dominance." In T.K. Shackelford & V.A. Weekes-Shackelford (Eds.). *Encyclopedia of evolutionary psychological science,* DOI 10.1007/978-3-319-16999-6_1440-1. Retrieved from https://www.researchgate.net/publication/310586509_Serotonin_and_Dominance

18 Janicke, T., Häderer, I. K., Lajeunesse, M. J., & Anthes, N. (2016). "Darwinian sex roles confirmed across the animal kingdom." *Science Advances, 2,* e1500983. Retrieved from http://advances.sciencemag.org/content/2/2/e1500983

19 Steenland, K., Hu, S., & Walker, J. (2004). "All-cause and cause-specific mortality by socioeconomic status among employed persons in 27 US states, 1984–1997." *American Journal of Public Health, 94,* 1037–1042.

20 Crockett, M. J., Clark, L., Tabibnia, G., Lieberman, M. D., & Robbins, T. W. (2008). "Serotonin modulates behavioral reactions to unfairness." *Science, 320,* 1739.

21 McEwen, B. (2000). "Allostasis and allostatic load implications for neuro-psychopharmacology." *Neuropsychopharmacology, 22,* 108–124.

22 Salzer, H. M. (1966). "Relative hypoglycemia as a cause of neuropsychiatric illness." *Journal of the National Medical Association, 58,* 12–17.

23 Peterson J.B., Pihl, R.O., Gianoulakis, C., Conrod, P., Finn, P.R., Stewart, S.H., LeMarquand, D.G. Bruce, K.R. (1996). "Ethanol-induced change in cardiac and endogenous opiate function and risk for alcoholism." *Alcoholism: Clinical & Experimental Research, 20,* 1542-1552.

24 Pynoos, R. S., Steinberg, A. M., & Piacentini, J. C. (1999). "A developmental psychopathology model of childhood traumatic stress and intersection with anxiety disorders." *Biological Psychiatry, 46,* 1542–1554.

25 Olweus, D. (1993). *Bullying at school: What we know and what we can do.* New York: Wiley-Blackwell.

26 Ibid.

27 Janoff-Bulman, R. (1992). *Shattered assumptions: Towards a new psychology of trauma.* New York: The Free Press.

28 Weisfeld, G. E., & Beresford, J. M. (1982). "Erectness of posture as an indicator of dominance or success in humans." *Motivation and Emotion, 6,* 113–131.

29 Kleinke, C. L., Peterson, T. R., & Rutledge, T. R. (1998). "Effects of self-generated facial expressions on mood." *Journal of Personality and Social Psychology, 74,* 272–279.

30 Tamblyn, R., Tewodros, E., Huang, A., Winslade, N. & Doran, P. (2014). "The incidence and determinants of primary nonadherence with prescribed medication in primary care: a cohort study." *Annals of Internal Medicine, 160,* 441-450.

31 我將一些內容概述於 Peterson, J.B. (1999). *Maps of meaning: The architecture of belief.* New York: Routledge.

32 Van Strien, J.W., Franken, I.H.A. & Huijding, J. (2014). "Testing the snake-detection hypothesis: Larger early posterior negativity in humans to pictures of snakes than to pictures of other reptiles, spiders and slugs." *Frontiers in Human Neuroscience, 8,* 691-697. For a more general discussion, see Ledoux, J. (1998). *The emotional brain: The mysterious underpinnings of emotional life.* New York: Simon & Schuster.

33 這個議題的最佳專論可見於 Gibson, J.J. (1986). *An ecological approach to visual perception.* New York: Psychology Press.

另亦見於Floel, A., Ellger, T., Breitenstein, C. & Knecht, S. (2003). "Language perception activates the hand motor cortex: implications for motor theories of speech perception." *European Journal of Neuroscience, 18,* 704-708, 文中討論語言和動作之間的關係。針對動作與感知的關係，比較整體的評論可見於Pulvermüller, F., Moseley, R.L., Egorova, N., Shebani, Z. & Boulenger, V. (2014). "Motor cognition–motor semantics: Action perception theory of cognition and communication." *Neuropsychologia, 55,* 71-84.

34 Flöel, A., Ellger, T., Breitenstein, C. & Knecht, S. (2003). "Language perception activates the hand motor cortex: Implications for motor theories of speech perception." *European Journal of Neuroscience, 18,* 704-708; Fadiga, L., Craighero, L. & Olivier, E (2005). "Human motor cortex excitability during the perception of others' action." *Current Opinions in Neurobiology, 15,* 213-218; Palmer, C.E., Bunday, K.L., Davare, M. & Kilner, J.M. (2016). "A causal role for primary motor cortex in perception of observed actions." *Journal of Cognitive Neuroscience, 28,* 2021-2029.

35 Barrett, J.L. (2004). *Why would anyone believe in God?* Lanham, MD: Altamira Press.

36 For a decent review, see Barrett, J.L. & Johnson, A.H. (2003). "The role of control in attributing intentional agency to inanimate objects." *Journal of Cognition and Culture, 3,* 208-217.

37 在這方面我大力推薦榮格的高徒兼同事的著作，Neumann, E. (1955). *The Great Mother: An analysis of the archetype.* Princeton, NJ: Princeton University Press.

38 https://www.dol.gov/wb/stats/occ_gender_share_em_1020_txt.htm

39 Muller, M.N., Kalhenberg, S.M., Thompson, M.E. & Wrangham, R.W. (2007). "Male coercion and the costs of promiscuous mating for female chimpanzees." *Proceedings of the Royal Society (B), 274,* 1009-1014.

40 分析約會網站OkCupid，可導出許多有趣的統計數字，請見Rudder, C. (2015). *Dataclysm: Love, sex, race & identity.* New York: Broadway Books. 在這類網站上，同樣是由少數成員獲得絕大多數感興趣的詢問（帕雷托分布的另一個例子）。

41 Wilder, J.A., Mobasher, Z. & Hammer, M.F. (2004). "Genetic evidence for unequal effective population sizes of human females and males." *Molecular Biology and Evolution, 21,* 2047-2057.

42 Miller, G. (2001). *The mating mind: How sexual choice shaped the evolution of human nature.* New York: Anchor.

43 Pettis, J. B. (2010). "Androgyny BT." In D. A. Leeming, K. Madden, & S. Marlan (Eds.). *Encyclopedia of psychology and religion* (pp. 35-36). Boston, MA: Springer US.

44 Goldberg, E. (2003). *The executive brain: Frontal lobes and the civilized mind.* New York: Oxford University Press.

45 相關經典著作為Campbell, D.T. & Fiske, D.W. (1959). "Convergent and discriminant validation by the multitrait-multimethod matrix." *Psychological Bulletin,* 56, 81-105. 類似的想法亦詳盡闡述於Wilson, E.O. (1998). *Consilience: The unity of knowledge.* New York: Knopf. 這就是我們有五官的原因，讓我們可以用五重途徑生活，這五種不同性質的知覺同時運作且互相核對。

46 Headland, T. N., & Greene, H. W. (2011). "Hunter-gatherers and other primates as prey, predators, and competitors of snakes." *Proceedings of the National Academy of Sciences USA, 108,* 1470–1474.

47 Keeley, L. H. (1996). *War before civilization: The myth of the peaceful savage.* New York: Oxford University Press.

48「我漸漸看到，善惡的分界並不畫在不同國家之間、不同階級之間、不同政黨之間，而是畫在一個個人心之間。這條線會移動。在我們心中隨著年歲而游移。即使是在被邪惡征服的內心，依然有善的小型橋頭堡；即使是在道德最高尚的內心，依然……有尚未根除的小型角落藏著邪惡。自此我便明白，全世界所有宗教的真理都是與人類內心的邪惡搏鬥。要將邪惡完全排除於世界之外是不可能的，但是有可能將之限縮在每

個人的內心。」Solzhenitsyn, A.I. (1975). *The Gulag Archipelago 1918-1956: An experiment in literary investigation* (Vol. 2). (T.P. Whitney, Trans.). New York: Harper & Row, p. 615.

49 在這方面，我看過的最佳探討，就是拍攝反主流漫畫家羅伯特 · 克魯伯（Robert Crumb）事蹟的記錄片 *Crumb*，導演 Terry Zwigoff (1995)，Sony Pictures Classic 發行。這部記錄片帶著你認識怨恨、欺騙、傲慢、痛恨人類、性羞恥、揮霍的母親、專橫的父親，程度超乎你的想像。

50 Bill, V.T. (1986). *Chekhov: The silent voice of freedom*. Allied Books, Ltd.

51 Costa, P.T., Teracciano, A. & McCrae, R.R. (2001). "Gender differences in personality traits across cultures: robust and surprising findings." *Journal of Personality and Social Psychology, 81*, 322-331.

52 Isbell, L. (2011). *The fruit, the tree and the serpent: Why we see so well.* Cambridge, MA: Harvard University Press; see also Hayakawa, S., Kawai, N., Masataka, N., Luebker, A., Tomaiuolo, F., & Caramazza, A. (2011). "The influence of color on snake detection in visual search in human children." *Scientific Reports, 1*, 1-4.

53 Virgin and Child (c. 1480) by Geertgen tot Sint Jans (c. 1465- c. 1495) 這幅作品提供絕佳實例，畫面中的馬利亞、嬰孩基督和蛇位於一些中世紀樂器之上（嬰孩耶穌擔任指揮的角色）。

54 Osorio, D., Smith, A.C., Vorobyev, M. & Buchanan-Smieth, H.M. (2004). "Detection of fruit and the selection of primate visual pigments for color vision." *The American Naturalist, 164*, 696-708.

55 Macrae, N. (1992). *John von Neumann : The scientific genius who pioneered the modern computer, game theory, nuclear deterrence, and much more*. New York: Pantheon Books.

56 Wittman, A. B., & Wall, L. L. (2007). "The evolutionary origins of obstructed labor: bipedalism, encephalization, and the human obstetric dilemma." *Obstetrical & Gynecological Survey, 62*, 739–748.

57 也有其他的解釋：Dunsworth, H. M., Warrener, A. G., Deacon, T., Ellison, P. T., & Pontzer, H. (2012). "Metabolic hypothesis for human altriciality." *Proceedings of the National Academy of Sciences of the United States of America, 109*, 15212–15216.

58 Heidel, A. (1963). *The Babylonian Genesis: The story of the creation*. Chicago: University of Chicago Press.

59 Salisbury, J. E. (1997). *Perpetua's passion: The death and memory of a young Roman woman*. New York: Routledge.

60 Pinker, S. (2011). *The better angels of our nature: Why violence has declined*. New York: Viking Books.

61 Nietzsche, F.W. & Kaufmann, W.A. (1982). *The portable Nietzsche*. New York: Penguin Classics (Maxims and Arrows 12).

62 Peterson, J.B. (1999). *Maps of meaning: The architecture of belief.* New York: Routledge, p. 264.

63 Miller, G. (2016, November 3). Could pot help solve the U.S. opioid epidemic? *Science*. Retrieved from http://www.sciencemag.org/news/2016/11/could-pot-help-solve-us-opioid-epidemic

64 Barrick, M. R., Stewart, G. L., Neubert, M. J., and Mount, M. K. (1998). "Relating member ability and personality to work-team processes and team effectiveness." *Journal of Applied Psychology, 83*, 377-391; for a similar effect with children, see Dishion, T. J., McCord, J., & Poulin, F. (1999). "When interventions harm: Peer groups and problem behavior." *American Psychologist, 54*, 755–764.

65 McCord, J. & McCord, W. (1959). "A follow-up report on the Cambridge-Somerville youth study." *Annals of the American Academy of Political and Social Science, 32*, 89-96.

66 See https://www.youtube.com/watch?v=jQvvmT3ab80 (from *MoneyBART*: Episode 3, Season 23 of *The Simpsons*).

67 羅傑斯提出建設性人格改變發生的六種情形，第二種就是病人的「自我概念與經驗矛盾」，簡單講就是知道某事不正確必須改變。See Rogers, C. R. (1957). "The necessary and sufficient conditions of therapeutic personality

change." *Journal of Consulting Psychology, 21,* 95–103.

68 Poffenberger, A.T. (1930). "The development of men of science." *Journal of Social Psychology, 1,* 31-47.

69 Taylor, S.E. & Brown, J. (1988). "Illusion and well-being: A social psychological perspective on mental health." *Psychological Bulletin, 103,* 193–210.

70 英文的「sin」字源自希臘文 ἁμαρτάνειν *(hamartanein)*，意思是錯失標靶，引申出判斷錯誤、致命缺失的意思。See http://biblehub.com/greek/264.htm

71 See Gibson, J. J. (1979). *The ecological approach to visual perception.* Boston: Houghton Mifflin.

72 Simons, D. J., & Chabris, C. F. (1999). "Gorillas in our midst: Sustained inattentional blindness for dynamic events." *Perception, 28,* 1059–1074.

73 http://www.dansimons.com/videos.html

74 Azzopardi, P. & Cowey, A. (1993). "Preferential representation of the fovea in the primary visual cortex." *Nature, 361,* 719-721.

75 參見 http://www.earlychristianwritings.com/thomas/gospelthomas113.html

76 Nietzsche, F. (2003). *Beyond good and evil.* Fairfield, IN: 1st World Library/Literary Society, p. 67.

77 http://www.nytimes.com/2010/02/21/nyregion/21yitta.html

78 Balaresque, P., Poulet, N., Cussat-Blanc, S., Gerard, P., Quintana-Murci, L., Heyer, E., & Jobling, M. A. (2015). "Y-chromosome descent clusters and male differential reproductive success: young lineage expansions dominate Asian pastoral nomadic populations." *European Journal of Human Genetics, 23,* 1413–1422.

79 Moore, L. T., McEvoy, B., Cape, E., Simms, K., & Bradley, D. G. (2006). "A Y-chromosome signature of hegemony in Gaelic Ireland." *American Journal of Human Genetics, 78,* 334–338.

80 Zerjal, T., Xue, Y., Bertorelle, G., Wells et al. (2003). "The genetic legacy of the Mongols." *American Journal of Human Genetics, 72,* 717–21.

81 Jones, E. (1953). *The life and work of Sigmund Freud* (Vol. I). New York: Basic Books. p. 5.

82 有一篇短文將這些想法的摘要整理得很不錯，請見 https://www.britannica.com/art/noble-savage

83 Well reviewed in Roberts, B. W., & Mroczek, D. (2008). "Personality trait change in adulthood." *Current Directions in Psychological Science, 17,* 31–35.

84 針對這些問題，有一篇透徹、奠基於實證又可靠的討論，請見 Olweus, D. (1993). *Bullying at school: What we know and what we can do.* Malden, MA: Blackwell Publishing.

85 Goodall, J. (1990). *Through a window: My thirty years with the chimpanzees of Gombe.* Boston: Houghton Mifflin Harcourt.

86 Finch, G. (1943). "The bodily strength of chimpanzees." *Journal of Mammalogy, 24,* 224-228.

87 Goodall, J. (1972). *In the shadow of man.* New York: Dell.

88 Wilson, M.L. et al. (2014). "Lethal aggression in Pan is better explained by adaptive strategies than human impacts." *Nature, 513,* 414-417.

89 Goodall, J. (1990). *Through a window: My thirty years with the chimpanzees of Gombe.* Houghton Mifflin Harcourt, pp. 128–129.

90 Chang, I. (1990). *The rape of Nanking.* New York: Basic Books.

91 United Nations Office on Drugs and Crime (2013). *Global study on homicide.* Retrieved from https://www.unodc.org/documents/gsh/pdfs/2014_GLOBAL_HOMICIDE_BOOK_web.pdf

92 Thomas, E.M. (1959). *The harmless people.* New York: Knopf.
93 Roser, M. (2016). *Ethnographic and archaeological evidence on violent deaths.* Retrieved from https://ourworldindata.org/ethnographic-and-archaeological-evidence-on-violent-deaths/
94 Ibid; also Brown, A. (2000). *The Darwin wars: The scientific battle for the soul of man.* New York: Pocket Books.
95 Keeley, L.H. (1997). War before civilization: The myth of the peaceful savage. Oxford University Press, USA.
96 Carson, S.H., Peterson, J.B. & Higgins, D.M. (2005). "Reliability, validity and factor structure of the Creative Achievement Questionnaire." Creativity Research Journal, 17, 37-50.
97 Stokes, P.D. (2005). Creativity from constraints: The psychology of breakthrough. New York: Springer.
98 Wrangham, R. W., & Peterson, D. (1996). Demonic males: Apes and the origins of human violence. New York: Houghton Mifflin.
99 Peterson, J.B. & Flanders, J. (2005). Play and the regulation of aggression. In Tremblay, R.E., Hartup, W.H. & Archer, J. (Eds.). Developmental origins of aggression. (pp. 133-157). New York: Guilford Press; Nagin, D., & Tremblay, R. E. (1999). "Trajectories of boys' physical aggression, opposition, and hyperactivity on the path to physically violent and non-violent juvenile delinquency." Child Development, 70, 1181-1196.
100 Sullivan, M.W. (2003). "Emotional expression of young infants and children." Infants and Young Children, 16, 120-142.
101 See BF Skinner Foundation: https://www.youtube.com/watch?v=vGazyH6fQQ4
102 Glines, C.B. (2005). "Top secret World War II bat and bird bomber program." Aviation History, 15, 38-44.
103 Flasher, J. (1978). "Adultism." Adolescence, 13, 517-523; Fletcher, A. (2013). Ending discrimination against young people. Olympia, WA: CommonAction Publishing.
104 de Waal, F. (1998). Chimpanzee politics: Power and sex among apes. Baltimore: Johns Hopkins University Press.
105 Panksepp, J. (1998). Affective neuroscience: The foundations of human and animal emotions. New York: Oxford University Press.
106 Tremblay, R. E., Nagin, D. S., Séguin, J. R., Zoccolillo, M., Zelazo, P. D., Boivin, M., . . . Japel, C. (2004). "Physical aggression during early childhood: trajectories and predictors." Pediatrics, 114, 43-50.
107 Krein, S. F., & Beller, A. H. (1988). "Educational attainment of children from single-parent families: Differences by exposure, gender, and race." Demography, 25, 221; McLoyd, V. C. (1998). "Socioeconomic disadvantage and child development." The American Psychologist, 53, 185–204; Lin, Y.-C., & Seo, D.-C. (2017). "Cumulative family risks across income levels predict deterioration of children's general health during childhood and adolescence." PLOS ONE, 12(5), e0177531. https://doi.org/10.1371/journal. pone.0177531; Amato, P. R., & Keith, B. (1991). "Parental divorce and the well-being of children: A meta-analysis." Psychological Bulletin, 110, 26–46.
108 Eric Harris's diary: http://melikamp.com/features/eric.shtml
109 Goethe, J.W. (1979). Faust, part one (P. Wayne, Trans.). London: Penguin Books. p. 75.
110 Goethe, J.W. (1979). Faust, part two (P. Wayne, Trans.). London: Penguin Books. p. 270.
111 Tolstoy, L. (1887-1983). Confessions (D. Patterson, Trans.). New York: W.W. Norton, pp. 57-58.
112 The Guardian (2016, June 14). 1000 mass shootings in 1260 days: this is what America's gun crisis looks like. Retrieved from https://www.theguardian.com/us-news/ng-interactive/2015/oct/02/mass-shootings-america-gun-violence
113 The words of Eric Harris: https://schoolshooters.info/sites/default/files/harris_journal_1.3.pdf
114 Cited in Kaufmann, W. (1975). Existentialism from Dostoevsky to Sartre. New York: Meridian, pp. 130-131.

115 See Solzhenitsyn, A.I. (1975). The Gulag Archipelago 1918-1956: An experiment in literary investigation (Vol. 2). (T.P. Whitney, Trans.). New York: Harper & Row.

116 Piaget, J. (1932). *The moral judgment of the child*. London: Kegan Paul, Trench, Trubner and Company; 亦可參見 Piaget, J. (1962). *Play, dreams and imitation in childhood*. New York: W.W. Norton and Company.

117 富蘭克林(1916). *Autobiography of Benjamin Franklin*. Rahway, New Jersey: The Quinn & Boden Company Press. 取自 https://www.gutenberg.org/files/20203/20203-h/20203-h.htm

118 參見 Xenophon's Apology of Socrates, section 23, 取自 http://www.perseus.tufts.edu/hopper/text?doc=Perseus%3Atext%3A1999.01.0212%Atext%3DApol.%Asection%D23

119 同上，section 2。

120 同上，section 3。

121 同上，section 8。

122 同上，section 4。

123 同上，section 12。

124 同上，section 13。

125 同上，section 14。

126 同上，section 7。

127 同上。

128 同上，section 8。

129 同上。

130 同上，section 33。

131 歌德(1979b). Faust, part two (P. Wayne, Trans.). London: Penguin Books. p.270.

132 以下網站提供相當具參考價值的聖經各章節註釋：https://biblehub.com/commentaries，以下章節尤其值得參考：https://biblehub.com/commentaries/genesis/4-7.htm

133「除了一切不幸的始作俑者，還有誰能迸發如此深沈的惡意，混淆了人類族群的血脈，也使人間與地獄混雜交纏——一切作為都只為了激怒偉大的造物主？」米爾頓(1667). *Paradise Lost*, Book 2, 381-385. 取自 https://www.dartmouth.edu/~milton/reading_room/pl/book_2/text.shtml

134 榮格(1969). *Aion: Researches into the phenomenology of the self* (Vol. 9: Part II, Collected Works of C.G. Jung): Princeton, N.J.: Princeton University Press. (chapter 5).

135 http://www/acolumbinesite.com/dylan/writing.php

136 Schapiro, J.A., Glynn, S.M., Foy, D.W. & Yavorsky, M.A. (2002). "Participation in war-zone atrocities and trait dissociation among Vietnam veterans with combat-related PTSD." *Journal of Trauma and Dissociation*, 3, 107-114; Yehuda, R., Southwick, S.M. & Giller, E.L. (1992). "Exposure to atrocities and severity of chronic PTSD in Vietnam combat veterans." *American Journal of Psychiatry*, 149, 333-336.

137 參見 Hurpur, T. (2004). *The pagan Christ: recovering the lost light.* Thomas Allen Publishers. 在 Peterson, J.B. (1999). *Maps of meaning: The architecture of belief.* New York: Routledge. 亦有討論。

138 Lao-Tse (1984). The tao te ching. (1984) (S. Rosenthal, Trans.). Verse 64: Staying with the mystery. 取自 http://terebess.hu/english/tao/rosenthal.html#Kap64.

139 榮格(1969). *Aion: Researches into the phenomenology of the self* (Vol. 9: Part II, Collected Works of C.G. Jung): Princeton, N.J.:

Princeton University Press.
140 Dobbs, B.J.T. (2008). The foundations of Newton's alchemy. New York: Cambridge Universities Press.
141 例如，《以弗所書》(聖經欽定本）第二章第八至九節寫道：「你們得救是本乎恩，也因著信；這並不是出於自己，乃是上帝所賜的；也不是出於行為，免得有人自誇。」類似的看法也出現在《羅馬書》第九章第十五至十六節：「我要憐憫誰就憐憫誰，要恩待誰就恩待誰。據此看來，這不在乎那定意的，也不在乎那奔跑的，只在乎發憐憫的上帝。」新國際版聖經則將第九章第十六節重新闡述為：「因此，這並不是倚賴人的願望或努力，而是上帝的憐憫。」
142 Nietzsche, F.W. & Kaufmann, W.A. (1982). *The portable Nietzsche.* New York: Penguin Classics。此外，還包括尼采的 *Twilight of the idols and the anti-Christ: or how to philosophize with a hammer.*
143 Nietzsche (1974). *The gay science* (Kaufmann, W., Trans.). New York: Vintage, pp.181-182.
144 Nietzsche (19680. *The will to power* (Kaufmann, W., Trans.). New York: Vintage, pp.343.
145 Dostoevsky, F.M. (2009). The grand inquisitor. Merchant Books.
146 Nietzsche (1954). *Beyond Good and Evil* (Zimmern, H., Trans.). In W.H. Wright (Ed.), The philosophy of Nietzsche (pp.369-616). New York: Modern Library, p. 447.
147「讓我們的推測、我們的理論，代替我們死亡！我們仍能學著殺死自己的理論，而不是互相殘殺……比起烏托邦式的夢想，也許在未來的某天，我們更可能看見一種（理性或者科學的）態度獲勝，那是以理性批判淘汰自身理論與見解的態度，而非試圖淘汰彼此。」引自波普爾 (1977). "Natural selection and the emergence of mind." 於英國劍橋達爾文學院的演講。參見 http://www.informationphilosopher.com/solutions/philosopers/popper/popper/natural_selection_and_the_emergence_of_mind.html
148 更詳細的內容請見彼得森（1999）. *Maps of meaning: The architecture of belief.* New York: Routledge. 一書的序言。
149 Adler, A.(1973). "Life-lie and responsibility in neurosis and psychosis: a contribution to melancholia." In P. Radin (Trans.). *The practice and theory of Individual Psychology*. Totawa, N.J.: Littlefield, Adams & Company.
150 Milton J. (1967). *Paradise Lost,* Book 1: 40-48. 取自 https://www.dartmouth.edu/~milton/reading_room/pl/book_1/text.shtml
151 Milton J. (1967). *Paradise Lost,* Book 1: 249-253. 取自 https://www.dartmouth.edu/~milton/reading_room/pl/book_1/text.shtml
152 Milton J. (1967). *Paradise Lost,* Book 1: 254-255. 取自 https://www.dartmouth.edu/~milton/reading_room/pl/book_1/text.shtml
153 Milton J. (1967).. *Paradise Lost,* Book 1: 261-263. 取自 https://www.dartmouth.edu/~milton/reading_room/pl/book_1/text.shtml
154 更詳細的內容請見彼得森（1999）。*Maps of meaning: The architecture of belief.* New York: Routledge.
155 希特勒（1925/2017）。*Mein kampf* (M. Roberto, Trans.). Independently Published, pp. 172-173.
156 Finkelhor, D., Hotaling, G., Lewis, I.A. & Smith, C. (1990). "Sexual abuse in a national survey of adult men and women: prevalence, characteristics, and risk factors." *Child Abuse & Neglect,* 14, 19-28.
157 Rind, B., Tromovitch, P. & Bauserman, R. (1998). "A meta-analytic examination of assumed properties of child sexual using college samples." *Psychological Bulletin,* 124, 22-53.
158 Loftus, E.F. (1997). "Creating false memories." *Scientific American,* 277, 70-74.
159 引自羅傑斯（1952）。"Communication: its blocking and its facilitation." *ETC: A review of General Semantics,* 9, 83-88.

160 參見Gibson, J.J. (1986). *An ecological approach to visual perception,* New York: Psychology Press, 這是關於此議題的經典論文。關於語言與行動之關係的討論，亦可參見Floel, A., Ellger, T., Breitenstein, C. & Knecht, S. (2003). "Language perception activate the hand motor context: implications for motor theories of speech perception." *European Journal of Neuroscience, 18,* 704-708. 行動與知覺之關係的整體回顧評論，請見Pulvermüller, F., Moseley, R.L., Egorova, N., Shebani, Z. & Boulenger, V. (2014). "Motor cognition-motor semantics: Action perception theory of cognition and communication." *Neuropsychologia, 55,* 71-84.

161 Cardinali, L., Frassinetti, F., Brozzoli, C., Urquizar, C., Roy, A.C. & Farnè, A. (2009). "Tool-use induces morphological updating of the body schema." Current *Biology, 12,* 478-479.

162 Bernhardt, P.C., Dabbs, J.M. Jr., Fielden, J.A. & Lutter, C.D. (1998). "Testosterone changes during vicarious experiences of winning and losing among fans at sporting events." *Physiology & Behavior, 65,* 59-62.

163 部分（但不是全部）詳細內容，可見Gray, J., & McNaughton, N. (2003). *The neuropsychology of anxiety: An enquiry into the functions of the septalhippocampal system.* Oxford: Oxford University Press. 亦可參見Perterson, J.B. (2013). "Three forms of meaning and the management of complexity." In T. Proulx, K.D. Markman & M.J. Lindberg (Eds.). *The psychology of meaning* (pp. 17-48). Washington, D.C.: American Psychological Association; Peterson J.B. & Flanders, J.L. (2002). "Complexity management theory: Motivation for ideological rigidity and social conflict." *Cortex, 38,* 429-458.

164 Yeats, W.B. (1933). The Second Coming. In R.J. Finneran (Ed.). *The poems of W.B. Yeats: A new edition.* New York: MacMillan, p. 158.

165 在Vrolix, K. (2006). "Behavioral adaptation, risk compensation, risk homeostasis and moral hazard in traffic safety." *Strunpunt Verkeersveiligheid, EA-2006-95.* 文中有相關評論。取自https://doclib.uhasselt.be/dspace/bitstream/1942/4002/1/behavioraladaptation.pdf

166 Nietzsche, F.W & Kaufmann, W.A. (1982). *The portable Nietzsche.* New York: Penguin Classics, pp. 211-212.

167 Orwell (1958). *The road to Wigan Pier.* New York: Haecourt, pp. 96-97.

168 Carson (1962) . *Silent Spring* . Boston: Houghton Mifflin.

169 參見http://reason.com/archives/2016/12/13/the-most-important-graph-in-the-world

170 http://www.telegraph.co.uk/news/earth/earthnews/9815862/Humans-are-plague-on-Earth-Attenborough.html

171「地球得了癌症，那個癌細胞就是人類。」Mesarović, M.D. & Pestel E. (1974). *Mankind and the turning point.* New York: Dutton, p. 1. 這個觀念最初見於（引文亦來自）Gregg, A. (1955). "A medical aspect of the population problem." *Science,* 121, 681-682. 的681頁，並在Hern, W.M. (1993). "Has the human species become a cancer on the planet? A theoretical view of population growth as a sign of pathology." *Current World Leaders, 36,* 1089-1124. 文中有更進一步的研究。引自羅馬俱樂部的King A. & Schneider, B. (1991). *The first global revolution.* New York: Pantheon Books. 第75頁：「人類共同的敵人是人。為了能有新的敵人使我們團結在一起，我們提出了污染、全球氣候暖化、水資源匱乏、饑荒等符合這個需求的事。這些危機都來自人類的作為，唯有透過改變態度與行為才得以克服。真正的敵人，是人類本身。」

172 Costa, P.T., Terracciano, A., & McCrae, R.R. (2001). "Gender differences in personality traits across cultures: robust and surprising findings." *Journal of Personality and Social Psychology, 81,* 322-31; Weisberg, Y.J., DeYoung, C.G., & Hirsh, J.B. (2011). "Gender difference in personality across the ten aspects of the Big Five." *Frontiers in Psychology, 2,* 178; Schmitt, D.P., Realo, A., Voracek, M., & Allik, J. (2008). "Why can't a man be more like a woman? Sex differences in Big Five personality traits across 55 cultures." *Journal of Personality and Social Psychology, 94,* 168-182.

173 De Bolle, M., Fruyt, F., McCrae, R.R., et al. (2015). "The emergence of sex differences in personality traits in early adolescence: A cross-sectional, cross-cultural study." *Journal of Personality and Social Psychology, 108,* 171-185.

174 Su, R., Rounds, J., & Armstrong, P.I. (2009). "Men and things, women and people: A meta-analysis of sex differences in interests." *Psychological Bulletin, 135,* 859-884. 關於這類差異的神經發展觀點，可見 Beltz, A.M., Swanson, J.L. & Berenbaum, S.A. (2011). "Gendered occupational interests: prenatal androgen effects on psychological orientation to things versus people." *Hormones and Behavior, 60,* 313-7.

175 Bihagen, E. & Katz-Gerro, T. (2000). "Culture consumption in Sweden: the stability of gender differences." *Poetics, 27,* 327-349; Costa, P., Terracciano, A. & McCrae, R.R. (2001). "Gender differences in personality traits across cultures: robust and surprising findings." *Journal of Personality and Social Psychology, 8,* 322-331; Schmitt, D.P., Realo, A., Voracek, M., & Allik, J. (2008). "Why can't a man be more like a woman? Sex differences in Big Five personality traits across 55 cultures." *Journal of Personality and Social Psychology, 94,* 168-182; Lippa, R.A. (2010). "Sex differences in personality traits and gender-related occupation preferences across 53 nations: Testing evolutionary and social-environmental theories" *Archives of Sexual Behavior, 39,* 619-636.

176 Gatto, J.N. (2000). *The underground history of American education: A school teacher's intimate investigation into the problem of modern schooling.* New York: Odysseus Group.

177 參見 Statistics Canada 網站專文 "*Why are the majority of university students women?*" 取自 https://www.statcan.gc.ca/pub/81-004-x/2008001/article/10561-eng.htm

178 例子可參見 Hango. D. (2015). "Gender differences in science, technology, engineering, mathematics and computer science (STEM) programs at university." *Statistic Canada,* 75-006-X: 取自 http://www.statcan.gc.ca/access_acces/alternative_alternatif.action?l=eng&loc=/pub/75-006-x/2013001/article/11874-eng.pdf

179 不是只有我有這種感覺，例如可參見 Hymowitz, K.S. (2012). *Manning up: How the rise of women has turned men into boys.* New York: Basic Books.

180 參見 http://www.pewresearch.org/fact-tank/2012/04/26/young-men-and-women-differ-on-the-importance-of-a-successful-marriage/

181 參見 http://www.pewresearch.org/data-trend/society-and-demographics/marriage/

182 這一點在主流輿論已有廣泛討論，參見 https://www.thestar.com/life/2011/02/25/women_lawyers_leaving_in_droves.html; http://www.cbc.ca/news/canada/women-criminal-law-1.3476637; http://www.huffingtonpost.ca/andrea-lekushoff/female-lawyers-canada_b_5000415.html

183 Jaffe, A., Chediak, G., Douglas, E., Tudor, M., Gordon, R.W., Ricca, L. & Robinson, S. (2016). "Retaining and advancing women in national law firms." *Stanford Law and Policy Lab, White Paper*: 取自 https://www-cdn.law.stanford.edu/wp-content/uploads/2016/05/Women-in-Law-White-Paper-FINAL-May-31-2016.pdf

184 Conroy-Beam, D., Buss, D.M., Pham, M.N., & Shackelford, T.K. (2015). "How sexually dimorphic are human mate preferences?" Personality and Social Psychology Bulletin, 41, 1082-1093. 關於女性對伴侶的偏好如何隨著純粹生理（排卵）因素而改變的討論，參見 Gildersleeve, K., Haselton, M.G., & Fales, M.R. (2014). "Do women's mate preferences change across the ovulatory cycle? A meta-analytic review." *Psychological Bulletin,* 140, 1205-1259.

185 參見 Greenwood, J., Nezih, G., Kocharov, G. & Santos, C. (2014). "Marry you like: Assortative mating and income inequality." *IZA discussion paper No. 7895.* 取自 http://hdl.handle.net/10419/93282

186 關於此一悲傷的主題，有一篇很好的評論可供參考：Suh, G.W., Fabricious, W.V., Parker, R.D., Cookston, J.T.,

Braver, S.L. & Saenz, D.S. "Effects of the interparental relationship on adolescents' emotional security and adjustment: The important role of fathers." *Developmental Psychology, 52*, 1666-1678.

187 Hicks, S.R.C. (2011). *Explaining postmodernism: Skepticism and socialism from Rousseau to Foucault.* Santa Barbara, CA: Ockham' Razor Multimedia Publishing. 電子檔可在以下連結取得：http://www.stephenhicks.org/wp-content/uploads/2017/10/Hicks-EP-Full.pdf

188 Higgins, D.M., Peterson, J.B. & Pihl, R.O. (2007). "Prefrontal cognitive ability, intelligence, Big Five personality, and the prediction of advanced academic and workplace performance." *Journal of Personality and Social Psychology, 93*, 298-319.

189 Carson, S.H., Peterson, J.B. & Higgins, D.M. (2005). "Reliability, validity and factor structure of the Creative Achievement Questionnaire." *Creativity Research Journal, 17*, 37-50.

190 Bouchard, T.J. & McGue, M. (1981). "Familial studies of intelligence: a review." *Science, 212*, 1055-1059; Bordy, N. (1992). *Intelligence*. New York: Gulf Professional Publishing; Plomin R. & Petrill S.A. (1997). "Genetics and intelligence. What's new?" *Intelligence, 24*, 41-65.

191 Schiff, M., Duyme, M., Dumaret, A., Stewart, J., Tomkiewicz, S. & Feingold, J. (1978). "Intellectual status of working-class children adopted early into upper-middle0class families." *Science, 200*, 1503-1504; Capron, C. & Duyme, M. (1989). "Assessment of effects of socio-economic status on IQ in a full cross-fostering study." *Nature, 340*, 552-554.

192 Kendler, K.S., Turkheimer, E., Ohlsson, H., Sundquist, J. & Sundquist, K. (2015). "Family environment and the malleability of cognitive ability: a Swedish national home-reared and adopted-away cosibling control study." *Proceedings of the National Academy of Science USA, 112*, 4612-4617.

193 經濟合作暨發展組織（OECD）對此的反應，可見於"Closing the gender gap: Sweden"一文，文章中先是回顧統計資料，指出女孩的學業表現稍優於男孩，且醫療照護產業的女性人數也遠超過男性，但卻又繼續譴責現今男性在電腦科學領域中所占有的優勢。取自 https://www.oecd.org/sweden/Closing%20the%20Gender%20Gap%20-%20Sweden%20FINAL.pdf

194 Eron, L.D. (1980). "Prescription for reduction of aggression." *The American Psychologist, 35*, 244-252 (p. 251).

195 取自 Peterson, J.B. & Shane, M. (2004). "The function neuroanatomy and psychopharmacology of predatory and defensive aggression." In J. McCord (Ed.). *Beyond empiricism: Institutions and intentions in the study of crime.* (Advances in Criminological Theory, Vol. 13)(pp. 107-146). Piscartaway, NJ: Transaction Books; 亦可參見 Peterson, J.B. & Flanders, J. (2005). "Play and the regulation of aggression." In Tremblay, R.E., Hartup, W.H. & Archer, J. (Eds.). *Developmental origins of aggression.* (Chapter 12; pp. 133-157). New York: Guilford Press.

196 如同此篇研究的回顧評論：Tremblay, R.E., Nagin, D.S., Séguin J.R., et al. (2004). "Physical aggression during early childhood: Trajectories and predictors." *Pediatrics, 113*, 43-50.

197 Heimberg, R.G., Montgomery, D., Madsen, C.H., & Heimberg, J.S. (1977). "Assertion training: A review of the literature." *Behavior Therapy, 8*, 953-971; Boisvert, J.-M., Beaudry, M., & Bittar, J. (1985). "Assertiveness training and human communication processes." *Journal of Contemporary Psychotherapy, 15*, 58-73.

198 Trull, T.J., & Widiger, T.A. (2013). "Dimensional models of personality: The five-factor model and the DSM-5." *Dialogues in Clinical Neuroscience, 15*, 135-46; Vickers, K.E., Peterson, J.B., Hornig, C.D., Pihl, R.O., Séguin J. & Tremblay, R.E. (1996). "Fighting as a function of personality and neuropsychological measures." *Annals of the New York Academy of Sciences. 794*, 411-412.

199 Bachofen, J.J. (1861). Das Mutterrecht: Eine untersuchung über die gynaikokratie der alten welt nach ihrer religiösen und

rechtlichen natur. Stuttgart: Verlag von Krais und Hoffmann.
200 Gimbutas, M. (1991). *The civilization of the goddess.* San Francisco: Harper.
201 Stone, M. (1978). *When God is a women.* New York: Harcourt Brace Jovanovich.
202 Eller, C. (2000). *The myth of matriarchal prehistory.* Beacon Press.
203 Neumann, E. (1954). *The origins and history of consciousness.* Princeton, NJ: Princeton University Press.
204 Neumann, E. (1955). *The Great Mother: An Analysis of the Archetype.* New York: Routledge & Kegan Paul.
205 例子可參見 Adler, A. (2002). Theoretical part I-III: The accentuated fiction as guiding idea in the neurosis. In H.T. Stein (Ed.). *The collected works of Alfred Adler volume 1: The neurotic character: Fundamentals of individual psychology and psychotherapy (pp. 41-85).* Bellingham, WA: Alfred Adler Institute of Northern Washington, p.71.
206 Moffitt, T.E., Caspi, A., Rutter, M. & Silva, P.A. (2001). *Sex differences in antisocial behavior: Conduct disorder, delinquency, and violence in the Dunedin Longitudinal Study.* London: Cambridge University Press.
207 Buunk, B.P., Dijkstra, P., Fetchenhauer, D. & Kenrick, D.T. (2002). "Age and gender differences in mate selection criteria for various involvement levels." *Personal Relationships, 9,* 271-278.
208 Lorenz, K. (1943). "Die angeborenen Formen moeglicher Erfahrung." *Ethology, 5,* 235-409.
209 Tajfel, H. (1970). "Experiments in intergroup discrimination." *Nature, 223,* 96-102.
210 取自 Dostoyevsky, F. (1995). *The Brothers Karamazov*（由 David Fishelson 改編為戲劇）。Dramatists Play Service, Inc., pp. 54-55. 取自 http://bit.ly/2ifSkMn
211 不是用微波爐把墨西哥捲餅加熱到連自己都無法入口的那種能力（在「伯恩家的週末》這一集裡，荷馬這樣問〔《辛普森家庭》第13季第16集〕）。
212 Lao-Tse (1982). *The yao te ching.* (1984)(S. Rosenthal, Trans.).Verse II: The Utility on Non-Existence. 取自 https://terebess.hu/english/tao/rosenthal.html#Kap11
213 Dostoyevsky, F.(1994). *Notes from Underground /White nights/The dream of a ridiculous/The house of the dead* (A.R.MacAndrew, Trans.). New York: New American Library, p. 114.
214 Goethe J.W.(1979). *Faust, part two* (P. Wayne, Trans.). London: Penguin Books, p.270.
215 Dikotter, F. Mao's great famine. London: Bloomsbury.
216 參見 Peterson, J.B. (2006). Peacemaking among higher-order primates. In Fitzduff, M. & Stout, C.E. (Eds.). *The psychology of resolving global conflicts: From war to peace. In Volume III, Interventions (pp. 33-40).* New York: Praeger. 取自 https://www.researchgate.net/publication/235326060_Peacemaking_among_higher-order_primates
217 參見 Allen, L. (2011). Trust versus mistrust (Erikson's infant stages). In S. Goldstein & J.A. Naglieri (Eds.). *Encyclopedia of child behavior and development* (pp. 1509-1510). Boston, MA: Springer US.
218 Lao-Tse (1984). *The tao te ching.* (1984)(S. Rosenthal, Trans.). Verse 33: Without force: without perishing. 取自 https://terebess.hu/english/tao/rosenthal.html#Kap33
219 例如，想想偉大又勇敢的史萊特（Boyan Slat）。這個荷蘭年輕人不過二十歲，就已經發明了確實能夠做到這點且可獲利的技術，並運用於全世界的海洋上。這才是真正的環保主義者：參見 https://www.theoceancleanup.com/
220 Yeats, W.B. (1933). Sailing to Byzantium. In R.J. Finneran (Ed.). *The poems of W.B. Yeats: A new edition.* New York: MacMillan, p. 163.

生存的十二條法則
當代最具影響力的公共知識分子，對混亂生活開出的解方
12 RULES FOR LIFE: An Antidote to Chaos

作　　者　喬登・彼得森（Jordan B. Peterson）
譯　　者　劉思潔、何雪綾
校　　對　魏秋綢
協力編輯　郭曉燕
責任編輯　賴淑玲
內頁設計　黃暐鵬
行銷企畫　陳詩韻
總 編 輯　賴淑玲

出 版 者　大家出版／遠足文化事業股份有限公司
發　　行　遠足文化事業股份有限公司（讀書共和國集團）
地　　址　231新北市新店區民權路108-2號9樓
電　　話　(02) 2218-1417
傳　　真　(02) 8667-1065
劃撥帳號　19504465　戶名・遠足文化事業股份有限公司
法律顧問　華洋法律事務所　蘇文生律師
初版1刷　2019年5月
初版16刷　2024年4月
定　　價　520元
I S B N　978-957-9542-73-9

生存的十二條法則：當代最具影響力的公共知識分子，對混亂生活開出的解方／喬登・彼得森（Jordan B. Peterson）著；劉思潔，何雪綾譯
.－初版.－新北市：大家出版：
遠足文化發行，2019.05
　面；　公分
譯自：12 rules for life : an antidote to chaos
ISBN 978-957-9542-73-9（精裝）
1.生活指導
177.2　　108005847